索·恩 历史图书馆

苑默文　罗康/译

信仰与权力

阿拉伯世界的
裂变与重生

〔英〕法瓦兹·A.格吉斯/著
Fawaz A. Gerges

*Nasser, Qutb, and the Clash
That Shaped the
Middle East*

社会科学文献出版社
SOCIAL SCIENCES ACADEMIC PRESS (CHINA)

作者简介

法瓦兹·A.格吉斯（Fawaz A. Gerges），伦敦政治政经学院国际关系学教授，研究领域为中东政治、阿以关系、伊斯兰运动等，著有《究竟哪里出了错：西方与中东民主的失败》（*What Really Went Wrong: The West and the Failure of Democracy in the Middle East*）、《"伊斯兰国"：一部历史》（*ISIS: A History*）等。

译者简介

苑默文，1986年生于北京市宣武区，自由译者，人文历史研究者，喜爱欧亚大陆上的人文风景和古迹，译有《伊本·赫勒敦：天才的一生》等。

罗　康，自由译者。

索·恩 历史图书馆已出版书目

目　录

序　言

伊斯兰主义者、军官等反阿拉伯民族主义力量先锋是如何在穆斯林兄弟会领导下，塑造了后殖民时代阿拉伯政治发展进程的？为了回答这个问题，本书将从两个关系密切的重要人物——贾迈勒·阿卜杜勒·纳赛尔（Gamal Abdel Nasir）和赛义德·库特布（Sayyid Qutb）展开。

纳赛尔和库特布二人及其所发起的运动并非完全对立，甚至可以说他们彼此之间有重要的共通性。本书旨在打破那种传统分析中东政治的视角，即带有成见地、误导性地把他们二者视作彼此割裂、相互独立的个体。借助历史学、社会学和基于重大人物范式视角的详析，本书发现：阿拉伯民族主义和伊斯兰主义二者在许多层面上有相互依存、相互建构的特殊关系；此外，阿拉伯民族主义和伊斯兰主义二者具有"概念上的流动性"（Ideational Fluidity），即二者会互相借鉴其思想内核并向对方演变。因此，本书摒弃了简化论和历史虚无主义的视角，以避免从刻板印象出发去理解阿拉伯民族主义者和伊斯兰主义者。

民族主义者——既包括宗教性的民族主义者，也包括更为世俗的民族主义者——崛起的历史节点是在 19 世纪。虽然在民族主义的论述中，逐步形成的民族主义和伊斯兰主义政治势力可以上溯至 12 世纪并一直延续至 20 世纪 40 年代，但是他们尤其关注 1952 年 7 月在埃及发生的自由军官组织（Free

Officers）政变，这一事件标志着民族主义运动正式分裂成两股力量。埃及是最初的主要战场，之后民族主义者（阿拉伯主义者）和伊斯兰主义者之间的对抗逐渐蔓延到邻国，严重阻碍了阿拉伯结束殖民时代后作为独立国家的发展。毫无疑问，两大社会、政治力量的持续对抗，给阿拉伯国家的社会和经济造成了深刻的、难以磨灭的伤害。如今，民族主义者和伊斯兰主义者之间的裂痕，远超当初的更为深刻的存在主义意义上的分歧。

另外，为了理解阿拉伯民族主义和伊斯兰主义的冲突，本书将以"双传记"的形式来架构，"双传记"的主人翁一位是埃及总统、极具人格魅力的阿拉伯大众领袖贾迈勒·阿卜杜勒·纳赛尔，另一位则是给伊斯兰主义带来剧烈变革的理论大师赛义德·库特布。本书基于对他们同时代人的大量访谈，并借助文献资料和他们的传记，来生动解读和呈现埃及的这两位重要人物。他们两人不仅被对手神秘化，而且被各自的学生大大神秘化。在我们看来，纳赛尔更多是一个实用主义者，而不是一个死守理论的人，他不像他的世俗形象所暗示的那样，相反他对伊斯兰教也比想象的更开放。库特布则是一个比人们印象中更复杂的人，他有多维度的个性，真实的他与人们笔下的他之间有很大的不同。他的那些传奇故事通常是伊斯兰主义者故意曲解的。摒弃"一刀切"的视角，这本"双传记"可以让我们更好洞悉纳赛尔和库特布二人的人生及其所处不同时代的需要被重视的细微差异。

民族主义者和伊斯兰主义者之间的分歧给埃及政治带来了巨大裂痕，这种分歧也广泛存在于阿拉伯世界及中东地区的政治生态当中。然而，虽然常被政客和评论家简化成不可避免的二元分化，但实际上二者的对抗远比这种描述更复杂。二者争斗的焦点在于政府设置、权力和作为公共领域管理人的地位，而不是意识形态。

本书写作目的之一，是重构阿拉伯民族主义和伊斯兰主义的冲突史，并厘清这种冲突对埃及和邻近阿拉伯国家政府和社会带来的影响。民族主义和伊斯兰运动共同建构了一种"二元社会政治"。研究表明，两者间的互动密不可分，既是凶狠的对手，也是共生的伙伴，以至于我们无法用一种孤立的视角来恰当地认识它们中的任何一部分。关于纳赛尔、埃及、阿拉伯民族主义的著作汗牛充栋，同时，介绍库特布、穆斯林兄弟会和伊斯兰运动的书籍也相当多。但两类著作给读者呈现的都是在时空上未经整合的、孤立的图景，在某种程度上，这也是本书有所突破之处。既有的关于纳赛尔主义和民族主义的研究虽然也提到了库特布和穆斯林兄弟会，但更多是一种捎带的分析，而非分析的主线。与此类似，关于库特布和伊斯兰政治的研究也很少关注到纳赛尔民粹民族主义（Populist Nationalism）受到的持续支持和该团体的发展。虽然一些对伊斯兰主义的研究注意到了民粹主义者反对精英世俗主义，却没有注意到埃及的民族主义运动并不拒斥伊斯兰教，即便更"传统"的民族主义运动也是这样。与之相对的是，本书的分析不仅综述了上述两类已有的文献，还聚焦于 19 世纪晚期至今，尤其是 20 世纪 50 年代初以后的民族主义和伊斯兰主义之间的动态互动。[1]

我从 2006 年就开始断断续续地写这本书了，并花了两年的时间在不同的阿拉伯国家进行了实地调查，其间我进行了一系列深入的访谈，对象包括这些国家的主要活动人士、公共知识分子、政客和民间团体领导人。通过历史社会学（historical sociology）和历史专题（historical-thematic）的方法，这本书聚焦于历史上的群众运动、隐秘内斗、人物冲突和关键转折，以帮助我们严谨地洞察人的能动性。书中有丰富

xii

的人群描写（ethnographic）细节，包括已经离世的老人的证词，以及站在对抗前线的中年理论家们的证词。

就我个人而言，我已经研究这一领域的争议话题多年，本书试图厘清长久以来阻碍该地区政治转型和发展的分歧。比如说，这场冲突的持续性在 2013 年就显现了出来，在解放广场（Tahrir）大规模示威活动推翻了胡斯尼·穆巴拉克 (Hosni Mubarak) 的军事政权后不久，穆斯林兄弟会领导的民选政府和民选总统穆罕默德·穆尔西（Mohamed Morsi）上台，随后阿卜杜勒·法塔赫·塞西 (Abdel Fattah al-Sisi) 和埃及军方镇压了新上台的民选政府。埃及军方此举获得了民众的强烈支持，为此许多观察家感到惊讶。本书提供了用以理解埃及和邻近阿拉伯国家动荡的实证主义分析框架，即当前的动荡局面是民族主义和伊斯兰主义之间长期互动的延续。同时本书也为厘清参与对抗的各个组织的复杂性提供了框架。

本书以阿拉伯政治对话为框架，材料来源于民族志、详尽的一手资料、一对一采访和个人证词，那些提供重要证词的人一直处于阿拉伯民族主义和伊斯兰主义阵营之间激烈而持久的权力斗争前沿。在叙述方式上，本书提供了作为口述史的宝贵材料，展示了接受采访的历史人物所表达的观点和观点得以形成的背景环境，为我们了解社会运动的运行和发展提供了直接的个人视角。

在撰写本书时，与库特布仍在世的门徒和热情的支持者所进行的交流让我获益匪浅，他们加入了库特布的地下网络——秘密社（al-Tanzim al-Sirri），并且多年跟在库特布的身边，往返于铁窗内外。这些追随者为这位激进的伊斯兰理论家塑造了一种亲切的个人形象。虽然库特布的著作一直受学者争议，但他在狱中和地下的生活并没有得到完整和审慎的调查。[2]但显然他在狱中的那些年是至关重要的。正是在被纳赛尔主义者投入监狱的那些年里，库特布建构出了关于伊斯兰革命计划的理论思想，并打算将其投入实践中。跟随库特布在监狱内外隐居多年的门徒是最能澄清库特布的一些争议性术语和他整体思想的背景、目的和含义的人。根据这些门徒的证词，库特布曾花费大量时间来讨论他的思想并进一步细化不同方面的主题。他完全信任他的门徒，和他们分享他做过的梦和他对梦境的富有启示性（apocalyptic）的阐释。他们则手抄了库特布在狱中的大部分宣言和著作，并且在铁窗内外传播库特布的主张。这个追随者小圈子是库特布的"眼"和"耳"，正如他们所表现出的，他们愿意为库特布献出自己的生命。

在两年时间里，我花了数不清的时间认真倾听他们回忆和库特布在一起的时光。他们披露了一些不为人知的内情。他们告诉我库特布对纳赛尔的厌恶，库特布希望推翻这位埃及统治者及其治下的社会、政治结构，以避免阿拉伯陷入世俗民族主义和西化的陷阱。我极大地依赖这些第一手的采访、回忆和库特布同时代人的回忆录，以这些资料来重构他的一生——从一名具有世俗思想的公共知识分子到一名革命的伊斯兰主义者。我能够不受限制地进入库特布最核心圈，接触穆斯林兄弟保守派和少壮派活动分子，这给了我独一无二视角来调查这个秘密团体，也使本书得以近距离地查考库特布的足迹和行动，以此来填补这方面研究中的巨大缺口。

最开始时，他的大多数门徒很不乐意和一个陌生人倾诉他们的历史、创伤，以及他们的颠覆行动和在监狱中的年月。他们害怕我作为一个外人，有什么"不可告人的计划"，除此之外，他们还害怕面对那些痛苦的回忆。他们中的大多数人都在监狱中待了近十年，尽管年事已高，但仍然处于安全部门的监视之下，他们的电话是被窃听的，日常行动更是受到监视。我做了大量努力来让他们相信我的学术性，让他们知道我的目标是重构库特布的故事，尤其是他的狱中岁月。我特别强调了他们的观点和证词的重要性，他们提供的信息让我们能够重新了解伊斯兰主义剧烈变革的萌芽及关键发展期的历史。我鼓励他们用自己的话来叙述他们的故事及他们对各个事件的看法，并记录下在库特布的"秘密社"中的角色和参与。我提醒他们，库特布那一代人已经所剩无几——他们是库特布秘密的把关人和库布特内在思想的直接见证者。我恳求他们分享对库特布地下革命的见解，以及他领导"秘密社"的理念。我警告说，除非能够重述这些事，否则库特布"秘密社"的故事将会随着老人的去世一同消亡，而把库特布及其追随者贬为恐怖分子的官方说法将会大行其道。我争辩说，为了他们的导师库特布，他们有责任澄清事实。

我不后悔自己的恳求，因为事实证明，这些幸存者是解开库特布之谜的钥匙，他们在 20 世纪 50 年代和 60 年代的重大事件中发挥了重要作用。他们的叙述极具历史意义，因为这些内容填补了关于在受押期间穆斯林兄弟会中出现的内部角力和裂痕的研究空白。在我们的访谈过去整整十年后，这些裂痕并没有消弭或减少，反而扩大和严重了。因此，库特布的门徒们终于对我敞开心扉，纠正那些历史记录了。"我们很久以前就应该从自己的角度来讲述这件事了"，身高 6 英尺（约 182cm），现年 80 岁的艾哈迈德·阿卜杜勒·马吉德承认，他仍然是一名热忱的库特布追随者。"说出我们圣战事业的真相，以及为什么反抗纳赛尔统治，符合我们的利益。我们没有什么可羞愧的，我们冒着生命危险捍卫伊斯兰教，"阿卜杜勒·马吉德和我熟识了以后如是说，"我们的沉默和惰性损害了我们的事业，让当局把我们描绘成恐怖分子。"[3]

为了接受我的采访，几个月前，阿卜杜勒·马吉德拒绝了一位著名的激进伊斯兰主义者的采访请求。后来，他为我安排

和秘密社领导成员们进行了数次访谈。除了给我珍贵的回忆录 xv
和其他未出版过的关于库特布派发展的阿拉伯语手抄本以外，
阿卜杜勒·马吉德花了20多个小时带我一步步了解1954年穆
斯林兄弟会和自由军官组织发生冲突后是如何走上极端化和军
事化的道路。他极少抱怨我的问题具有侵入性和批判性。会面
长达好几个小时，经常让我们在深夜时无法入睡。他反而慷慨
地用加糖的茶、土耳其咖啡和阿拉伯美食招待我。作为一个连
呼吸都困难的、十分虚弱的男人，他似乎急于从沉重的历史负
担中解脱出来，历史的包袱就像大石头一样把他慢慢压倒。他
经常表示遗憾和失望，因为很少有人研究伊斯兰主义者和民族
主义者之间的长期战争，在他看来，这是"两种意识形态、两
种身份和两种截然相反的生活方式之间的对抗——伊斯兰教与
反叛教"。"很大一部分责任落在了我们自己的肩上，因为我
们担心，曝光我们的圣战旅程会让伊斯兰教的敌人受益。我
们曾害怕揭开旧伤疤，重新燃起人们对伊斯兰主义者运动的怀
疑。我们也从来不想违反穆斯林兄弟会表达的保持沉默的意
愿"，他这样说道。4

　　和阿卜杜勒·马吉德类似的其他重要异议人士承认，思想
层面的隐匿和社会层面走向地下，阻碍了他们的视野和判断，
使他们很容易成为阴谋论的猎物。艾哈迈德·拉义夫（Ahmed
Ra'if）曾是穆斯林兄弟会地下组织的中层成员，他曾和库特
布的追随者们一同被囚禁，现在他是伊斯兰主义者中的知情
者。5他曾说道："记住，我们（政治伊斯兰主义者）被社会化
为一种部落心态，一个人对另一个人抱有深深的怀疑。"已经
80岁高龄但仍精力充沛的拉义夫解释说："我们看待世界的方
式是非黑即白的——有真主之智慧者与处于不信教、蒙昧状态
者（hakimiyya vs jahiliyya），在我们眼中，外人是险恶和
带有威胁性的；我们受到恐惧的胁迫，担心任何与陌生人和外

人的互动会带来危险。"在安排我和库特布同期的最高层成员访谈的过程中，拉义夫起到了重要的作用，这些高层人员就包括我前面提到的阿卜杜勒·马吉德。[6]拉义夫被认为是穆斯林兄弟会的官方编年史家和出版人，他和各种伊斯兰主义流派都保持着联系，他告诉我，问题在于伊斯兰主义者被灌输了盲目遵从的思想，他们抛弃批判性的思考；他们习惯认为敌人无处不在。

　　我的耐心就这样得到了丰厚的回报。我得到了自由接近库特布大部分门徒的机会，而且还能接触到他在秘密社里的心腹人物。那些已经七八十岁的老人把我介绍给更年轻的库特布派，这些人试图将革命的火种传递下去。一次又一次，库特布的追随者们告诉我，到 20 世纪 50 年代末，他们的导师已经大体上取得了对穆斯林兄弟会的控制，并试图将这个怯懦的伊斯兰主义组织革命化。据他同时代的追随者说，尽管 1966 年纳赛尔希望通过将库特布送上绞刑架来扑灭库特布之火，但他的"殉道"为几次圣战浪潮提供了动力。库特布的拥护者说，库特布知道，他的血将会成为困扰穆斯林"暴君"的诅咒，是给渴望牺牲和渴望文化复兴、政治复兴的全球穆斯林社群 (umma) 的"及时雨"。

　　除了对库特布的支持者进行采访外，我还采访了几十位库特布一代的穆斯林兄弟会老成员，他们告诉我，他们反对库特布劫持伊斯兰主义团体，把它变成了革命先锋。这些上了年纪的人远离了库特布的颠覆思想，他们强调库特布在监禁期间的行动并非代表穆斯林兄弟会，穆斯林兄弟会的正统领导层并没有批准他的地下活动。库特布的追随者和批评者都对这种说法进行了激烈的争论。我采访的更年轻的穆斯林兄弟会活动人士对保守派有自己的看法，他们认为保守派的威权主义和对变革的迟滞，已经将伊斯兰主义组织冷冻在了历史之中，拖延了它的发展和民主化。穆斯林兄弟会内部的争论表明，伊斯兰运动内部存在意识形态和代际分歧。穆斯林兄弟会从一开始就并非坚如磐石，内部充满对政治强人、政治野心和意识形态的分歧。穆斯林兄弟会成员的自我观点认为组织的历史常态是联结的，但与之相去甚远，该组织内部出现了严重的分裂，甚至出现了内部敌对派系的叛乱。

　　同样，我也用了很长一段时间采访了仍然健在的自由军官组织一般成员和高级顾问，其中包括纳赛尔的长女胡达（Huda），她是纳赛尔在任最后几年中的私人秘书；纳赛尔的心腹密友穆罕默德·哈桑宁·海卡尔（Mohamed Hassanein Heikal）；以及其他纳赛尔跌宕起伏、剧烈变化的一生的见证者。我的目标是能够理解纳赛尔世界观的延续性和变动性，并了解塑成其性格和行为的最重要因素。这个想法是为了避免把人们对纳赛尔的主要叙述视为理所当然，反之，我要回溯他的一生，通过分析在不同阶段和各种关键转折点中的纳赛尔，来完成他和他所处时代的更完整、更复杂的写照。考虑到年轻时纳赛尔经历过的 20 世纪 20、30 和 40 年代的动荡时期，我并不惊讶于他和其他像是安瓦尔·萨达特（Anwar Sadat）之类的自由军官也加入过穆斯林兄弟会，并且是准军事网络"al-Tanzim al-Khass"（机密部门）的活跃成员。

　　由于篇幅有限，我无法列出过去二十年来所有从百忙之中抽出时间来回答我的问题的人。但是以下这份缩略版名单包括了关键参与者、相关人士和公共知识分子。他们花了无数时间陪着我反思他们的人生历程，并忍受我提出的带有批判性、争议性的问题。我不止一次地采访他们，而且一定反复损耗着他们的耐心。这些人包括：马蒙·胡岱比（Ma'mun Hudaybi）、穆罕默德·马赫迪·阿基夫（Mohamed Mahdi

Akef）、马哈茂德·伊扎特（Mahmoud Izzat）、赛义德·艾德（Sayyid Eid）、马哈茂德·萨巴格（Mahmoud al-Sabbagh）、阿里·阿什马维（Ali Ashmawi）、艾哈迈德·阿德勒·卡迈勒 (Ahmed Adel Kamal)、法立德·阿卜杜勒·哈勒克（Farid Abdel Khaleq）、艾哈迈德·阿卜杜勒·马吉德 (Ahmed Abdel Majid)、艾哈迈德·拉义夫 (Ahmed Ra'if)、阿卜杜勒·马吉德·沙奇里 (Abdel Majid al-Shazili)、阿卜杜勒·阿勒·阿伍德·穆萨（Abdel A'l Aw'd Musa）、阿卜杜拉·拉什万（Abdullah Rashwan）、阿布·艾拉·马迪（Abu El-Ela Madi）、艾萨姆·苏丹（Essam Sultan）、阿卜杜勒·穆奈姆（Abdel Moneim）·阿布·福图赫（Abu al-Futuh）、伊萨姆·伊尔彦（Issam al-Iryan）、卡迈勒·哈比布（Kamal Habib）、蒙塔塞尔·扎亚特（Montasser al-Zayat）、赛义德·纳济里（Al-Sayyed Nazili）、艾哈迈德·阿萨尔（Ahmed al-Assal）、希尔米·加扎尔 (Hilmi al-Jazzar)、贾迈勒·苏丹 (Gamal Sultan)、"哈桑·卡拉特"（"Hassan Karate"）、亚西尔·萨阿德 (Yasser Saad)、萨尼·伊斯梅尔 (Sani Ismail)、马姆杜·伊斯梅尔 (Mamdouh Ismail)、易卜拉欣·扎法拉尼（Ibrahim Za'farani）、赛义夫·阿卜杜勒·法塔赫 (Seif Abdel Fattah)、纳迪娅·穆斯塔法 (Nadia Mustafa)、穆罕默德·阿马拉 (Mohamed Ama'ra)、穆罕默德·阿卜杜勒·萨塔尔 (Mohamed Abdel Sattar)、阿德勒·阿卜杜·巴里 (Adel Abd El-Barri)、穆罕默德·贝什尔 (Mohammed Beshr)、艾萨姆·哈达德 (Essam al-Haddad)、易卜拉欣·扎法拉尼（Ibrahim Za'farani）、希沙姆·哈马米(Hesham El-Hamamy)、哈立德·毛希丁（Khaled Mohieddin）、穆罕默德·哈桑宁·海卡尔（Mohamed Hassanein Heikal）、胡达·阿卜杜勒·纳赛尔（Huda

Abdel Nasser）、穆罕默德·法耶克（Mohamed Fayek）、
萨米·沙拉夫（Sami Sharaf）、阿卜杜勒·贾法尔·舒克
尔（Abdel Ghafar Shukr）、迪耶丁·达乌德（Diaeddin
Dawoud）、奥萨马·巴兹（Osama El-Baz）、侯赛因·阿
卜杜勒·拉扎克（Hussein Abdel al-Razaq）、塔里克·毕
什里（Tariq al-Bishry）、赛义德·雅辛（Sayyed Yassin）、
阿德勒·侯赛因（Adel Hussein）、马迪·侯赛因（Magdi
Hussein）、拉德万·赛义德（Radwan al-Sayed）、瓦希德·
阿卜杜勒·马吉德（Wahid Abdel Majid）、穆罕默德·赛
义德·赛义德（Mohamed al-Sayed Said）、谢里夫·尤尼
斯（Sherif Younis）、穆斯塔法·卡迈勒·赛义德（Mustafa
Kamel al-Said）、贾玛尔·班纳（Gamal al-Banna）、哈
桑·哈奈菲（Hassan Hanafi）、胡萨姆·塔马姆（Hossam
Tammam）、胡萨姆·艾萨（Hossam Eisa）、萨拉赫·阿卜
杜勒·马塔尔（Salah Abdel Mat'al）、沙利夫·阿卜杜·马
吉德 (Sharif Abu al-Majid)、阿卜杜·瓦哈卜·马西里 (Abed
al-Wahab al-Masiri)、拉法特·赛义德·艾哈迈德 (Ra'fat
Sayyid Ahmed)、穆罕默德·萨利姆 (Mohamed Salim)、塔
瓦克尔·卡尔曼 (Tawakkol Karman)、萨阿德丁·奥斯曼尼
(Saad Din Otmani)、穆罕默德·哈姆道伊 (Mohammed El
Hamdaoui)、拉德万·济亚德 (Redwan Ziadeh)、乌萨玛·
阿卜杜勒·哈勒克（Ussama Abdul Khaleq）、纳比勒·阿
卜杜勒·法塔赫 (Nabil Abdel al-Fatah)、赛义德·齐玛尼
(Sayyed al-Qemani)、萨阿德·艾丁·易卜拉欣 (Saad Eddin
Ibrahim)、穆罕默德·赛义德·赛义德 (Mohamed Al Sayed
Said)、贾拉勒·阿明 (Galal Amin)、海尔丁·哈希布 (Kheir
al-Din Haseeb)、巴哈特·柯兰尼 (Bahgat Korany)、艾哈
迈德·优素福·艾哈迈德 (Ahemd Youssef Ahmed)、瓦利

德·卡吉哈（Walid Kazziha）、内玛提·古埃内那（Ne'mat Guenena）、巴赫曼·巴克提亚里（Bahman Baktiari）、萨米尔·舍哈塔（Samer Shehata）、布尔汗·哈里翁（Burhan Ghalioun）、贾迈勒·马塔尔（Gamil Mattar）、迪亚·拉什万（Diya Rashwan）、阿米尔·舒巴基（Amr el-Shobaki）、哈桑·艾哈迈德·阿布·塔里布（Hassan Ahmed Abou Taleb）、阿里·菲赫米（Ali Fehmi）、艾哈迈德·萨贝特（Ahmed Thabet）、萨米尔·米库斯（Samir Mirkus）、奥萨马·加扎利·哈尔布（Osama Al-Ghazali Harb）、穆罕默德·萨拉赫（Mohamed Salah）、卢拉·达加尼（Rula Dajani）、穆罕默德·达加尼（Mohamed Dajani）、拉希德·索赫（Raghid El-Solh）、马纳尔·肖巴吉（Manar El-Shorbagy）、艾哈迈德·索布西·曼苏尔（Ahmed Sobhi Mansour）、沙基尔·鲁伊比（Shakir al-Louibi）、纳迪娅·阿布·马吉德（Nadia Abu Majid）、哈吉姆·阿明（Hazem Amin）、陶菲克·阿克利曼多斯（Tewfick Aclimandos）、阿德勒·哈马德（Adel Hamad）、鲁特菲·玛姆勒（Lutfi Ma'moul）、达拉勒·比吉里（Dalal al-Bizzri）、贾迈勒·阿梅尔（Gamal Amer）、优斯里·穆斯塔法（Yousry Moustafa）、拉西勒·加莱贝赫（Rahil Gharaibeh）、阿卜杜勒·拉义夫·乌拉比亚特（Abdul Laif Arabiyat）、穆利威·塔里（Muriwed Tell）、塔里克·塔里（Tariq Tell）、艾米丽·哈比布（Emile Habib）、纳希德·哈塔尔（Nahed Hattar）、穆斯塔法·哈马内（Mustafa Hamarneh）、拉提·舒拜拉特（Laith Shubailat）、穆罕默德·苏莱曼（Mohamed Suleiman）、穆罕默德·亚杜米（Mohammed al-Yadoumi）、穆罕默德·哈坦（Mohammed Qahtan）、哈立德·艾哈迈德·布海里（Khaled Ahmed al-Buhairi）、哈姆德·哈塔尔（Hamoud al-Hatar）、阿卜杜勒·

卡利姆·艾尔雅尼（Abdul al-Karim al-Eryani）、纳比勒·索菲（Nabil al-Sofee）、纳赛尔·叶海雅（Nasser Yehia）、穆罕默德·萨迪克（Mohammed Sadiq）、阿卜杜勒·哈米德·巴拉卡特（Abdel Hamid Barakat）、哈比布·阿里奇（Habib al-Ariqi）、纳吉布·赛义德·贾尼（Najib Said Ghanem）、哈勒布·齐尔什（Ghaleb al-Qirshi）、阿卜杜勒·瓦哈卜·安西（Abdul Wahab al-Ansi）、贾米勒·安西（Gamil al-Ansi）、曼苏尔·赞达尼（Mansour al-Zandani）、哈桑·载德（Hassan Zaid）、阿卜杜勒·巴里·塔希尔（Abdul Bari Taher）、纳斯尔·塔哈·穆斯塔法（Nasr Taha Mustafa）、乌玛特·萨拉姆·阿里·拉佳（Umat al-Salam Ali al-Raja）、阿卜杜·穆罕默德·君迪（Abdu Mohammed al-Jundi）、费萨尔·穆卡罗姆（Feisal al-Mukarom）、玛鲁夫·巴克西（Ma'ruf al-Bakhi）、玛安·巴舒尔（Maan Bashour）、马苏德·哈米德（Massoud Hamed）、哈吉姆·萨利姆（Hazem Salem）、贾米勒·阿布·巴克尔（Jamil Abu Bakr）。

这些学者和公共知识分子，如萨阿德·艾丁·易卜拉欣（Saad Eddin Ibrahim）、巴哈特·柯兰尼（Bahgat Korany）、贾米勒·马塔尔（Gamil Mattar）、谢里夫·尤尼斯、纳比勒·阿卜杜勒·法塔赫（Nabil Abdel Fatah）、穆罕默德·赛义德·赛义德（Mohamed al-Sayed Said）、赛义德·雅辛（Sayyed Yassin）、贾迈勒·班纳（Gamal al-Banna）、海尔丁·哈希布（Kheir al-Din Haseeb）、法立德·阿卜杜勒·哈勒克（Farid Abdel Khaleq）、陶菲克·阿克利曼多斯（Tewfick Aclimandos）和拉希德·索赫（Raghid El-Solh），不仅完成并超越了使命，而且更进一步提供了知识上的洞察，巩固了我的论述和论点。我深深地感激他们至关重要的投入和帮助。

xix

感谢我在西方的几所大学的同事们，他们阅读了整篇或部分章节的手稿，提供了非常宝贵的意见，他们当中有已故的弗雷德·哈利迪（Fred Halliday）、詹姆斯·皮斯卡托利（James Piscatori）、查尔斯·崔普（Charles Tripp）、哈吉姆·坎迪勒（Hazem Kandil）、雅思敏·佳尼（Jasmine Gani）、阿维·沙勒姆（Avi Shlaim）、穆罕默德·阿尤布（Mohammed Ayoob）、埃尼德·希尔（Enid Hil）、纳德尔·哈希米（Nader Hashemi）、扬·威尔金斯（Jan Wilkens）和菲利珀·迪奥尼吉（Filippo Dionigi）。

自从 2009 年加入伦敦政治经济学院（LSE）以来，我有幸拥有一群聪明且博学的博士生，他们在为手稿做最后润色时给予了我极大的帮助。我对我的研究助理艾尼萨·哈达迪（Anissa Haddadi）读完整部手稿并提供宝贵的反馈意见表示无限感激，这些反馈丰富了我的分析。我无法想象有比艾尼萨更好的研究助理了，而且我十分期待她将要完成的博士论文《纳赛尔、库特布时期埃及的国家认同、规范和政治：被渴望的社会》，这篇论文通过理论视角探讨了与本书类似的主题。

我也要感谢麦克·法库哈博士（Dr. Mike Farquhar），他曾是 LSE 的博士候选人，他对部分章节做了文字编辑工作。他出色的分析大大完善了这本书的内容。我非常感激威斯敏斯特大学穆斯塔法·门沙维博士（Dr. Mustafa Menshawy），他对阿拉伯语原始资料做了锲而不舍的调查研究，他对本书的贡献是巨大的。穆斯塔法在两年的时间里和我紧密协作，我们一起填补了这一研究领域中重要的经验主义研究空白。我还没有感谢玛德莉娜·C. 德尔加多博士（Dr. Magdalena C. Delgado），她曾是 LSE 的博士候选人，编辑了本书的前三章；以及伦敦政治经济学院的博士生努尔·巴扎兹（Noor Al-Bazzaz），感谢她对第一章的编辑；感谢 LSE 的博士候选人安德莉娅·德西（Andrea Dessi）阅读了一些章节。

感谢艾瑞克·克拉汉（Eric Crahan），他是普林斯顿大学   xx
出版社的编辑，他与我分享了非常有价值的洞见，帮我重新编
辑了手稿，使其更为流畅。我也要感谢我的经纪人詹妮弗·利
昂丝（Jennifer Lyons），多谢她一直以来的支持和友谊。

这是一本用爱完成的作品，也许它不可避免地会成为我的
家人的负担，因为我在进行实地调查时不得不长期离家并花上
数不清的时间写作。这本书要献给诺拉和孩子们，我对他们的
爱和支持怀有不尽的感激，感谢他们让我有宝贵的时间来完成
写作。诺拉，一名政治经济学家，她一如既往地无私和配合，
她指出了政府作为公共社会商品调配者的重要性，以及中东地
区的政府在社会各种力量和阶层角力中扮演的公共领域卫士角
色之重要性。在我们远足时，刚拿到耶鲁大学法律学位的长子
巴萨姆提醒我应该用全球对比的方法来理解阿拉伯世界的现代
历史。在他看来，这一地区暴力血腥的角力并非独一无二，而
且并非注定永远延续。与之相反的是，他认为该地区的斗争和
其他地区发展的历史循环模式是相似的。我的女儿安玛莉是伦
敦大学亚非学院法律和性别研究专业的研究生，她令人信服地
提出我的研究应该把更多的注意力放在法律和性别问题上，把
法律和性别问题作为从殖民主义中努力获得解放的关键变量，
同样也将其作为研究在后独立国家父权、男性主导的统治精英
阶层的关键变量。我的另两个女儿十九岁的汉娜和十六岁的莱
伊思常常感慨我为什么总是不在家。她们常常念叨，为什么那
些书要写那么久？这本书是我的作品，但同样也属于他们。

法瓦兹·A.格吉斯

2018 年 1 月 16 日

前　言

　　2011 年 2 月，埃及前总统穆巴拉克因大规模反政府示威活动辞职，这使埃及陷入了伊斯兰主义与世俗民族主义的两极分化之中。最终，两极分化的态势导致（2012 年 6 月）上任的首位民选总统穆罕默德·穆尔西也被军方推翻，穆尔西代表的是伊斯兰抵抗运动组织——穆斯林兄弟会（al-Ikhwan al-Muslimun, the Muslim Brotherhood）。随着由阿卜杜勒·法塔赫·塞西领导的军政府掌权，穆斯林兄弟会的抗议者遭到暴力镇压，上千人被杀，上万人被捕。值得关注的是，对穆斯林兄弟会的镇压得到了世俗民族主义者和革命派的巨大支持，这些数以百万计的人一开始就反对穆尔西掌权，并上街痛斥穆尔西独裁政府所主导的反动压制。

　　更引人注目的是，军方主导的新政府和他们的支持者随即宣传对于埃及来说具有重大象征意义的历史人物——贾迈勒·阿卜杜勒·纳赛尔，并将自己等同于纳赛尔的政治继承者，以期为己方执政奠定合法性基础。纳赛尔，埃及的第二位总统，在很多方面，都是给这个国家奠定了基础的政治人物。实际上，这位年轻、有领袖魅力的军官在 1954 年至 1970 年的总统任期里曾以各种各样的方式镇压穆斯林兄弟会。塞西政府、国家媒体、公共评论员们试图重新将纳赛尔树立为一个强有力的象征，纳赛尔在自己的时代借助具有世俗倾向的阿拉伯民族主义意识形态，战胜了伊斯兰主义者。[1] 由于没有自己的明确的意识形态，当代民族主义者和世俗主义者便用纳赛尔主义的论调和口号来填补他们的意识形态真空。他们将穆斯林兄弟会描绘成不可信、危险的组织。他们坚持认为，伊斯兰主义团体有宏大的计划——废除埃及民族主义国家身份（Egyptian nationalist state）并实现伊斯兰化。解放广场有巨幅纳赛尔海报，反伊斯兰主义激进人士将对已故总统纳赛尔的怀旧色彩投射在塞西身上，《卫报》驻开罗的连线记者曾讽刺说，尽管纳赛尔是穆斯林兄弟会想要遗忘的那个人，但他却是新埃及人灵魂中的一部分。[2]

民族主义者与伊斯兰主义者之间裂痕的起源

从多方视角来看，最近出现的镇压浪潮就像是埃及政府在更早的 1948 年、1954 年和 60 年代后半叶对穆斯林兄弟会镇压的回响。埃及是最初的主要战场，但是民族主义者与伊斯兰主义者之间的斗争也蔓延至邻近国家，破坏了中东脆弱的后殖民国家的发展。今天，民族主义者与伊斯兰主义者之间的分歧不仅在埃及政治中存在，而且也存在于整个中东地区和其他地区。这种分歧已经根深蒂固，并被赋予关乎生死存亡的巨大意义。著名的世俗主义者、猛烈批评伊斯兰主义者的叙利亚诗人阿多尼斯（Adonis）在阿拉伯语报纸《生活》（al-Hayat）上激进地提出伊斯兰主义者和具有世俗倾向的民族主义者之间的角力具有不同文化、不同文明的性质，在文化和文明上的分歧要多于政治上或意识形态上的分歧；这种分歧关系到阿拉伯人认同感的未来。[3]在类似的论调中，穆斯林兄弟会把推翻穆尔西的"法西斯政变"描绘成对整个伊斯兰主义进程的攻击，甚至将其扩大到西方化的世俗精英意识形态对伊斯兰教的攻击。对伊斯兰主义者来说，与具有世俗倾向的对手展开的斗争是信仰者和不信教者（kufr）之间的角力。[4]虽然世俗民族主义者和宗教民族主义者都将他们之间的对抗描绘成文化、认同，甚至是文明上的冲突，但是这些论述没有提到的部分才是各方展开斗争的真实目的——对政府、权力和公共领域监护者地位的争夺。

本书以这一意义深远的裂痕为线索，回溯了当代埃及的历史。自 20 世纪初以来，伊斯兰主义者和民族主义者的政治力量的崛起都源于他们的共同斗争，即在统一战线上反抗英国殖民主义，反对被控与占领国勾结的国内政治体制。此外，本书特别关注了 1952 年 7 月推翻君主制的政变后，这两股主要的政治力量之间冲突的根源。民族主义者和伊斯兰主义者之间的冲突常常被参与者和外部观察者描述为彻头彻尾的二元对立、必然的冲突，但实际上充满着模糊和复杂性。这种分歧在一系列随机事件、个人冲突和司空见惯的政治对抗中出现并得到巩固。在他们的对抗中扮演推手角色的是权力而不是意识形态。如果真是这样，那么如何解释伊斯兰主义者和民族主义者之间的对抗升级为一场你死我活的全面战争并持续到今天呢？为什么冲突的双方随后都赋予这种对立以文化和关乎生存的意义呢？民族主义者和伊斯兰主义者将文化作为反对对方的武器，这反映了后殖民社会中主要社会力量怎样的身份认同和想象？冲突双方又用怎样的方式重现了西方殖民主义体制，以至于新体制里仍充满了统治和消灭异己（the Other）的言论？最后，这一旷日持久的对抗给国家和社会带来了怎样的负担，造成了怎样的后果，它会对埃及和邻近阿拉伯国家的国家认同和制度建设产生何种程度的影响呢？

自由军官组织和穆斯林兄弟会：苦乐参半的联结

1952 年革命之前，穆斯林兄弟会和自由军官组织曾一同

努力推翻英国支持的埃及国王。尽管它们的联合现在被证明是
具有争议的，但是将这件事放在当时的环境中考量，我们就
可以看到这两股最重要的社会和政治力量存在很多共性。这两
股社会力量都致力于实现反殖民主义的阿拉伯和伊斯兰社会改
革。他们计划的核心是争取民族解放，并赋予国家抵抗外来影
响和西方化的权力。20 世纪前半叶，民族主义和伊斯兰主义的
公共知识分子和活动人士都把包括宗教、语言和传统在内的文
化看作助推转型的关键。双方都把文化当作自己的武器，甚至
强调己方文化的某些方面和要素是优于对方的。他们的目标是
交织在一起的，因为他们有一个共识，即民族的解放和国家的
独立需要文化复兴和群众觉醒。"个人和社会的转型"（Islah
al-fard wa-l-mujtama'）是祖国（埃及）从殖民者的控制下获
得解放的前提。双方拥有共同的社会学意义上的发展计划，他
们都明白，政治上的解脱和救赎与认同感、社会公平和文化改
造息息相关。他们都认为埃及正处于由国际势力与当地的"第
五纵队"串通一气的阴谋之中。他们都相信埃及急需一位政治
强人，能够让腐败的政客和叛徒无立足之地，保护埃及社会免
受国内外敌人的伤害。他们都自封为人民的卫士和先锋队，向
民众承诺自由，承诺让民众从苦难与不平等中得到解脱。按照
敏锐的埃及文化评论家谢里夫·尤尼斯的说法，这两群人之间
发生暴力冲突的原因并不是他们之间有着极端的不同，而是他
们事实上太过于相似，都把拯救被束缚的国家视为自己的责
任，他们都想使历史重新回到正轨。尤尼斯对这两个组织都
持批评态度，用他的话来说："穆斯林兄弟会和自由军官组织
之间的冲突是对强权和威权的争夺，因为他们持有相似的世
界观。"5

　　直到 20 世纪 50 年代末，自由军官组织和穆斯林兄弟会
发生冲突之后，阿拉伯民族主义者和伊斯兰主义者之间的意识

形态界线才真正变得清晰僵化起来。在他们彻底决裂之前，双方彼此间的区别是模糊的，他们都在挖掘阿拉伯和伊斯兰传统的思想和道德文化遗产。他们都高度重视认同感、"正统性"（asala）和现代性，而且用类似的方式来看待埃及和邻近阿拉伯国家面临的挑战。按照他们的观点，埃及和邻近的阿拉伯国家面临的问题在于如何回应西方的殖民统治，如何推动政治和经济赋权运动，以及如何发起一场文化复兴运动。他们都把埃及看作从西方统治下让阿拉伯人和穆斯林获得解脱和实现复兴的先锋。以穆斯林兄弟会的创立者哈桑·班纳（Hassan al-Banna）为例，他热情拥护埃及人的民族主义，他把民族主义看作伊斯兰信仰的延伸。法立德·阿卜杜勒·哈勒克是哈桑·班纳的门徒和支持者，在回忆后者时，他说哈桑·班纳曾说伊斯兰教和爱国之间不存在矛盾。"哈桑·班纳是一名信教的民族主义者，他常常提醒我们先知当初在不得不离开麦加时曾流下泪水，而且如果不是被迫，先知是绝对不会离开的。"对于哈桑·班纳来说，阿拉伯民族主义是伊斯兰文化不可分割的一部分，伊斯兰教既提出了"地域民族主义或本土民族主义"，也指出了"泛阿拉伯民族主义"。[6] 因此，在 1952 年自由军官组织掌权之前，民族主义者和伊斯兰主义者长久以来都把自己定义为和殖民"他者"对立的人。正是反殖民"他者"的旧力量的重组，反过来加剧了他们的分裂。[7] 在血腥程度上，他们之间的战争比对殖民者的战争更残酷。他们双方都拒绝承认对方的人性，并将对手描绘成叛徒，甚至是异教徒。

8　　　尽管它们曾经联合在一起，但是自由军官组织和穆斯林兄弟会的关系像生意场上的关系那样复杂。和穆斯林兄弟会相比，自由军官组织不具备属于自己的社会基础，他们希望利用伊斯兰主义运动的组织化网络来提升自己的形象。但是在 1949 年接替去世的哈桑·班纳担任总训导师（Supreme

Guide）的哈桑·胡岱比（Hassan Hudaybi）的领导下，穆斯林兄弟会努力借助年轻军官来登上权力高峰。双方都希望扫除旧制度的余弊并按照自己心中的图景来重构国家和社会，尽管除了攫取权力以外，他们都没有预先制订治国计划。政变爆发后不久，自由军官和穆斯林兄弟会成员的兴趣和宏大志向发生冲突。真主的战士（胡岱比和穆斯林兄弟会）和国家的战士（纳赛尔和自由军官们）之间短暂的蜜月期中断，基于利害关系的联合被他们对权力的渴望腐蚀。他们都认为自己应该作为新埃及的舵手来规划这个国家的命运，他们都希望能与其他阵营实现联合，但对方只能是自己身边的配角。双方都感受到了巨大的利益和与之对等的风险。双方都赌定对手会在危险边缘前让步，但事实上双方都没有退缩。

这场权力对决只用了不到两年时间就让曾经的盟友变成了仇敌。穆斯林兄弟会于 1954 年威胁到纳赛尔的权威，接下来就遭到纳赛尔怒火的冲击。纳赛尔在 20 世纪 50 年代和 60 年代残酷地镇压了穆斯林兄弟会，抓捕了上千名穆斯林兄弟会成员，其中包括高级领导人胡岱比和赛义德·库特布。正如我们将会看到的那样，这场血腥的对抗成为埃及和周边地区政治史上一个起决定性作用的时刻。穆斯林兄弟会遭受了被大规模关押的屈辱，这导致和助推了双方之间旷日持久的战争。长期对决消耗了阿拉伯世界两股最重要的政治和社会力量，并造成了深远的影响：它们的争斗造成了阿拉伯社会的两极分化和军事化，这让后殖民时代的阿拉伯政治发展处于畸形状态，而且播下了长久不衰的威权主义种子。

纳赛尔的自由军官组织与胡岱比的穆斯林兄弟会的决裂促成并加快了国家安全部门的建立，这个机构被用来维护政权，它的触角遍及各处而且具有侵入性。它们之间的暴力冲突在两个重要方面塑造了"民族国家认同"（al-dawla al-wataniyya）。首先，新的军政统治者将维稳作为政府的优先议题，尤其是以牺牲制度建立为代价，保障国家（内部）的安全和政权生存。最终，国家安全压过了个人自由与政治组织自由。埃及政府同时强调自由和国家安全为我们呈现出纳赛尔主义政治最自相矛盾的一面。当纳赛尔建立起各个层次的安全部门以实施他野心勃勃的社会计划并保护他的"革命"时，安全系统也开始运作，并围绕资源和影响力展开竞争，最终形成了相互敌对的权力中心。军方也直接卷入官僚对立之中。它成立了一个属于自己的安全机构分支，更关注来自内部的威胁而非外部威胁。当安全部门开始侵入埃及人日常生活并实施控制时，最初由纳赛尔和自由军官们建立的军政府已经变成某种凶恶、压迫性的政权。而且，埃及军队的维稳导向（securitization）、政治导向（politicization），加之缺乏专业、透明的决策机制，在一定程度上导致埃及在 1967 年 6 月对抗以色列的六日战争和 1956 年苏伊士运河危机中遭受屈辱失败。

其次，自由军官组织和穆斯林兄弟会，或更概括地说阿拉伯民族主义者与伊斯兰主义者的决裂塑造了道德经济（moral economy）和他们面对西方列强、犹太复国主义（锡安主义，Zionism）以及发展路线图等议题时的宏大叙事。他们都视自己为反霸权、反殖民的力量，承诺实现社会公平，承诺将带领国家走出贫困和文化衰败的困境。他们把彼此间的对立描绘成更广义的反对外国势力和控制的抗争之延伸，同时也是对自由、本真和尊严的追求。每个阵营都指责对方是外部势力的爪牙，他们意图控制阿拉伯人和穆斯林的命运，他们阻挠阿拉伯人的统一和伊斯兰世界的团结。尽管阿拉伯民族主义者和伊斯兰主义者都将对方描绘成面目丑恶的敌人，但是他们对自我和他者的宏大叙事和观念却像镜像一样相似。一篇伦敦政治

10

经济学院的论文探讨了埃及的国家认同及其形成，作者在论文中揭示了对权力的争夺导致两股力量全都陷入社会敌对主义（social antagonism）的陷阱之中，他们都渴望用自己的方式来塑造埃及的未来，并且尽可能让对方无法参与其中，社会敌对主义是这一局面和他们认同感中的不确定因素导致的直接结果。

认同感的不稳定因素导致国族认同分裂成"纯粹"对立、相互排斥的两个极端，这种状况在殖民体系对埃及人的"他者化"（Othering）过程中也有所体现，它视埃及人为非现代的国民，人们在这种"他者化"的扩散中分裂成相互排斥的两极：一边是现代埃及人，他们更像是欧洲人的精英阶层，他们反对非现代的埃及大众，他们认为埃及大众还没有"被重造"（reformed）。[8] 虽然自由军官组织和穆斯林兄弟会都认为行动的重要性优于理论，但他们也发展出了一种葛兰西式的对意识形态的理解，即将意识形态看作可以制造集体意志的有力工具，它可以用来动员民众，用来培养各方人员的服从性和忠诚感。归根结底，自由军官组织和穆斯林兄弟会都成了他们各自意识形态体系的俘虏，这种意识形态的牢笼限制了他们的政策选择，也让他们付出了战略上的代价。

最后，纳赛尔对穆斯林兄弟会的血腥镇压导致伊斯兰主义运动内部出现了极端化和军事化的趋势。随着大量穆斯林兄弟会成员在20世纪50年代和60年代被关押进条件恶劣的监狱并遭受虐待和凌辱，该组织开始变形并分裂出一种更加极端化的伊斯兰激进主义。这一时期的埃及监狱孕育出一种具有颠覆性、革命性特征的伊斯兰主义，它认可以暴力手段来推进国家和社会翻天覆地的转型。这一颠覆性伊斯兰主义运动的目标不仅是以一个将《古兰经》作为政治基础的政府来代替纳赛尔主义者的"叛教"政府，而且要改变主流穆斯林兄弟会并使其接受自己的革命愿景。在此后几十年里人们耳熟能详的暴力伊斯兰主义（violent Islamism）或圣战运动（jihadism）的诞生，其缘起和思想根源都和20世纪五六十年代的这段历史有关。

纳赛尔与库特布

要重新审视埃及历史中这段充满不确定性的时期，自然要分析两位灯塔式的阿拉伯政治人物——贾迈勒·阿卜杜勒·纳赛尔和1966年遭到处决的赛义德·库特布。这两位领袖见证了新一批后殖民社会精英先是团结在一起共同反对殖民随后又分道扬镳的过程。穆斯林兄弟会与纳赛尔主义者决裂后，由社会精英组成的不同阵营开始像先前打击外国占领者那样残酷地打击彼此。随着双方的角力被赋予文化和关乎生死存亡的意义，本书中关于纳赛尔和库特布的生平经历凸显了两人在根本上存在的不确定性本质，从原则上说，他们在本质上可以互换，并且没有什么不同之处。两人的政治生涯都体现出一种思想的易变性，其中包括在完全不同的意识形态两极之间来回游移。两人在年轻时都曾站在未来双方会相互拥护的立场上。纳赛尔曾在20世纪40年代加入穆斯林兄弟会的地下组织，而年轻的库特布则在20世纪20年代和30年代竭力挞伐在他眼中普遍存在于埃及社会的落后的宗教、社会和历史习俗。

两人在很大程度上都属于反殖民时代，他们都具有先天的对文化更新、国家复兴的渴望与关注。在纳赛尔和库特布的成长过程中，文化、文明对发展的驱力作用仍然在埃及及其周边地区受到争论。在阿拉伯世界之外，知识分子长久以来都在强调启蒙运动给欧洲带来的一系列革命，并随之而来的国家复兴和经济、技术的发展。在埃及，1798年拿破仑的远征带来

的文化渗入意味着，从 19 世纪开始，文化和宗教在现代社会
中扮演的角色也将在埃及引发持续争论。这个话题也得到贾迈 12
勒丁·阿富汗尼（Jamal al-Din al-Afghani）、穆罕默德·阿
卜杜（Mohammad Abduh）等伊斯兰作家与在埃及寻求庇护
的世俗阿拉伯思想家，以及那些呼吁政教分离的人的讨论。但
是，到 20 世纪 40 年代，数十年来的殖民主义和意识形态真
空触发了宗教在文学圈和政治圈中的回归和宗教激进主义的出
现。阿拉伯－伊斯兰文化给独立后的国民认同提供了思想框
架，阿拉伯－伊斯兰文化可以经过策划和再加工，培养反对
外国占领的民众。反殖民的民族主义者既把文化看作统治的工
具、西方统治的基础，又将其看作获得解放的手段。一方面，
欧洲殖民势力利用文化之力宣称西方人对阿拉伯人和穆斯林的
优越性；另一方面，反殖民的民族主义者有意识地选择依靠自
己本土的民族文化作为重新获得（政治）代理权、（民族）自
信和尊严的方法。

在他们寻求带领埃及大众脱离悲惨的贫穷和社会文化上的
衰败的过程中，按照他们的观点，纳赛尔和库特布都为达到上
述目的而试验了不同的方式和观念，这在 1919—1922 年革命
后表现得最明显。而且，在 1953—1954 年分道扬镳之前，他
们拥有相同的意识形态，即和旧政权战斗并努力地创造一个本
土政治人物领导的新秩序。两人都专注于如何从殖民统治下争
取独立，保护埃及主权的问题。他们寻求的自由意味着社会和
经济的发展，这将使埃及摆脱寄生资本主义，他们都认为寄生
资本主义是殖民控制的延伸。

纳赛尔是自由军官组织的领袖，这一身份奠定了他在后殖
民时期埃及和历史上的地位。1952 年爆发的运动推翻了埃及
的君主制。各个军事派别组成了一个成分多元的组织，但是作
为这场运动的领导者，纳赛尔的影响一直是巨大的。最初，他

更喜欢在幕后工作，曾要求资历丰富的军官穆罕默德·纳吉布（Muhammed Naguib）担任自由军官组织的官方挂名领导人。然而，激烈的敌对很快就出现在这两位各怀野心的军人之间。人民十分爱戴纳吉布，这一态势直接威胁到纳赛尔对制定决策的革命指导委员会（Revolutionary Command Council，RCC）的掌控，这两名军人也对独立后的埃及有着不同的愿景。当穆斯林兄弟会试图和纳吉布建立友好关系时，纳赛尔便动手清除了这位已经变为敌人的前战友。正如接下来第二章将讨论的，经过多次政治争端和冲突，纳赛尔终于成功地取代纳吉布成为埃及总统。如果说纳赛尔最初难以赢得民心，那么他反帝、反殖民的呼声，以及他推翻殖民资本主义造成的社会经济不平等的承诺最终使他受到拥戴。也许对于埃及民众来说，最让纳赛尔得到民众喜爱的是他在演讲中一再使用阿拉伯语方言，特别是在对普通埃及人讲话的时候。与包括王室在内的旧政权不同的是，纳赛尔特别关注他的听众，他会根据听众身份的不同来调整演讲内容，给人一种每个埃及人在他的思想中都有一席之地的印象。在某种程度上，他利用自己的社会愿景，包括社会正义、尊严和经济发展，来巩固与埃及人的有机联系。纳赛尔与人民之间的特殊关系赋予他对重塑埃及和国家身份认同的更大控制权。

20世纪50年代后半叶，纳赛尔阐明了阿拉伯民族主义者意识形态和社会主义政治纲领，目的是巩固他在埃及和阿拉伯邻国的领导地位。他对阿拉伯民族主义的工具化运用是为了塑造埃及人的国家认同，这种认同感镶嵌在反殖民、反霸权的修辞中，并且包含正统、尊严和解放的论述。学术评论者阿齐兹·阿泽姆（Aziz al-Azmeh）指出，埃及主义（Egyptianism）和阿拉伯民族主义远非一组相互矛盾的概念，事实上，两者是互补的，埃及主义在总体上属于民族主义概

念体系，它不是一个专门和阿拉伯主义（Arabism）对立的概
念，这样的定义"使埃及主义与阿拉伯主义结合成为可能，并
使两者界限相互淡化"。[9]大多数对纳赛尔的阿拉伯民族主义
的解释都把注意力放在他对意识形态的追求和反帝的努力可能
带来的地缘战略优势，然而，他对阿拉伯民族主义的工具化运
用同样也为他在国内获得了合法性。实际上，这些国内和地缘
战略上的作用是相互支持和相互补充的。[10]

　　尽管他对民众持明显的开放态度，但纳赛尔并不允许出现
反对者和政治多元主义，因为在他看来，这些对后殖民时期的
埃及来说根本就是消费不起的奢侈品。他把埃及人的国家和人
民的团结放在考量的第一位，把自由民主政治和多党制看作对
社会和谐与国家团结的威胁。在他年轻时，他曾对政治机构面
对占领势力时的无力和奉承深感失望。纳赛尔把多党制看作贪
腐的根源，也是造成拥护资本主义的上层阶级和贫苦大众之间
巨大经济鸿沟的根源。他也曾指责旧有的政治精英要对大多数
埃及普通民众日益扩大的分裂和去政治化负责。他打算清除由
各主流政党组成的新系统并将其看作旧政权的余孽，他担心在
国家独立后立刻放开政治将使旧势力重新夺取权力。最终，纳
赛尔用新的精英阶层替代了旧的精英阶层。事实上，自由军官
垄断了政治生活，而且将国家控制延伸至宗教机构，他们用这
样的方法极端地重建埃及社会和经济。纳赛尔和他的同志们，
就像穆斯林兄弟会一样，扮演着先锋队的角色。一旦获得了权
力，他们就表现得像一个当权者，捆绑国家并把国家当作实施
其野心计划的载体。泛阿拉伯民族主义者和泛伊斯兰主义者在
这一点上，从根本上来讲，都属于中央集权运动，他们两者的
区别只在于各自意识形态目标的不同。民族主义者和伊斯兰主
义者都不具备建立新制度或者重构他们所接手的后殖民国家并
进行制度改革的远见。相比建立起制度、赋予公民权利和保障

公民参与，他们更在乎的是行使权力。

尽管纳赛尔声称他可以预见未来埃及全民参与的民主，但是他的注意力主要集中在垄断权力上。从一开始，纳赛尔和他在自由军官组织中的支持者就主导了革命指导委员会并且极力限制不同声音的表达。[11] 另外，革命指导委员会边缘化了其他政治参与者，其中就包括穆斯林兄弟会，这一做法为纳赛尔主义政府朝着威权统治方向转变做了条件准备。相似地，政变期间和政变之后的穆斯林兄弟会记录显示，该组织很少见民主行事的迹象。事实上，下一章的内容将提到，只要穆斯林兄弟会在新生秩序中获得权力，他们就会支持纳赛尔的反民主措施。与此情形相似的是，2012 年，穆斯林兄弟会不愿和埃及的世俗势力展开对话，而且不顾大规模的抗议决心修宪，致使军方夺权并罢黜了穆尔西。此外，塞西政府重新掌权后，一直果断地试图让反对派噤声。因此，这些发生在不同时间内的实例表明民族主义者和伊斯兰主义者的做法是相似的，他们都削弱了国家的作用，将其变成了实行高压政策的功能主义工具。

事实上，从一开始，纳赛尔就按部就班地开始了清除反对者的行动，而且着手反对任何可能会威胁到他统治的政治异动。他取缔了所有在旧政权中有过政治参与经历的政党，并且残酷镇压了独立的左翼人士和 50 年代末期出现的改革声音，他们当时已经组织起来呼吁更广泛的政治参与和更为激进的经济改革和外交政策改革。纳赛尔奉行的阿拉伯社会主义没有给予独立的社会主义者空间，许多独立的社会主义者都在被关押了几年后被迫加入执政党。同样的状况也出现在纳赛尔和埃及共产主义者之间，虽然共产党人是纳赛尔的阿拉伯社会主义理论纲领的一分子，但是他们从未被允许参与政策制定。不仅如此，尽管纳赛尔和苏联保持着良好关系，在英国占领期间遭到严厉镇压的共产党运动在纳赛尔的统治下被进一步摧毁，大部分共产党员遭到关押并被送至强迫劳动营。

随着自由军官们严酷地镇压各支政治力量,其中也包括对
共产主义者和独立社会主义者的镇压,纳赛尔和他支持的世俗
民族主义者经常被视作在二元对立中和伊斯兰主义者对立的一
方。这种具有误导性的两分法已经主导了人们对中东政治的惯
常思考。对于这一研究的重要结论是:民族主义和伊斯兰主义
在过去和现在既不是铁板一块的统一运动,也不是在意识形态
上团结一致的运动,反而这两种运动中都包含差异化的政治观
点以及不同的个人和派系。然而,尽管纳赛尔主义政府对广泛
的政治对手都有所动作,但是它针对穆斯林兄弟会成员实施了
多次迫害,并且强调现政权全力反对和打击伊斯兰主义组织,
这种对伊斯兰主义组织的打压成为后殖民时代阿拉伯政治中的
一个显著特征。1954 年是一个关键转折点。一个穆斯林兄弟
会地下分支的成员试图暗杀纳赛尔,这件事给自由军官组织提
供了对伊斯兰运动实行镇压的最直接理由,并且为消灭埃及政
治中一个关键的对手提供了借口。当时,穆斯林兄弟会是唯一
有能力与纳赛尔的统治竞争并挑战其霸权的反对力量。如果能
在政治舞台上清除穆斯林兄弟会,就意味着纳赛尔可以在国内
政策和外交政策上游刃有余,而且可以在不受任何外部妨碍的
情况下实施他的社会计划。这是自由军官组织和穆斯林兄弟会
之间意志力的较量。

穆斯林兄弟会把民族主义者和伊斯兰主义者之间的角力看
作一场生死存亡的零和冲突,这一斗争为纳赛尔发动残酷镇压
进一步提供了理由,并使得纳赛尔利用政府来独揽宗教事务,
以达到巩固统治的目的。因此,从 1954 年起,穆斯林兄弟会
开始面对国家安全机构的攻击,后者的目的是让穆斯林兄弟
会解体并取消它作为在野派的政治合法性。纳赛尔主义政府无
所不用其极地打击穆斯林兄弟会并一步步巩固自己对社会的掌

控。这其中包括肉体上的镇压和对穆斯林兄弟会上千名成员的

17　抓捕、监禁和对其文件的收缴。纳赛尔政府的行动还包括笼络宗教势力，他们把众多宗教团体纳入政府给定的框架内并动员它们来消弭伊斯兰主义者的反对声音。

除了人力和物力的消耗，泛阿拉伯民族主义者和泛伊斯兰主义者在殖民统治结束后展开的长期斗争导致政府 – 社会关系脱离正常化的轨道，破坏了具有凝聚力的国家认同的形成。泛阿拉伯民族主义者和泛伊斯兰主义者通过垄断社会空间、主导话语权和将政治军事化的做法，把斗争当作社会最基础的立足点。结果就是埃及去殖民化胜利后并没有迎来根本的制度变革和社会变革，没有让军队 – 安全机构重组，没有改变精英阶层的志向和统治者与被统治者之间的关系。

在持续的斗争背景下，赛义德·库特布在穆斯林兄弟会内部脱颖而出，成为可以和纳赛尔在意识形态影响力和政治遗产上媲美的人物。在纳赛尔掌权之初，库特布就已经是一位著名作家，即使在被纳赛尔监禁后，他仍继续创作越来越多的具有巨大影响力的激进伊斯兰主义作品。此外，库特布在狱中还领导了一个与穆斯林兄弟会有联系的地下准军事派别，这对伊斯兰运动构成了直接和明显的威胁。利用这些方式，他和穆斯林兄弟会的主要领导人物争夺领导权，以推进和实施一种革命性的伊斯兰意识形态，这种意识形态的影响至今仍在埃及和世界各地蔓延。1966 年，纳赛尔主义政府处死库特布，但这一做法也进一步巩固了库特布留下的政治遗产。

从那以后，库特布的理论和宣言滋养、启发一批又一批武装的伊斯兰主义者，但是许多把库特布当作榜样的极端主义者本身就误解了库特布的思想和主张。作为一名曾经最重要的武装分子，卡迈勒·哈比布（Kamal Habib）就曾受到库特布武装斗争号召的鼓舞，他表示："我们用我们想要的方式来解

读库特布的宣言，但没有考虑库特布当时恶劣的监狱环境以及书写宣言时所处的社会背景和政治环境差异。"在某种程度上，在埃及人和阿拉伯人的一般想象中，纳赛尔和库特布都已经成为神话般的人物，具有修辞方面的作用，他们所唤起的形象常常被用来服务于特定的政治和意识形态目的。[12] 纳赛尔的形象可以有多种解释，与之相反，库特布在意识形态上则是更加固化和引发分歧的。哈比布认为，库特布政治遗产的生命力在于一劳永逸地构建了"伊斯兰教法（shari'a）作为一种更崇高生活方式和行动指南的非凡魅力"。阅读和解释库特布的原话已经不再重要，因为他的最基本概念——伊斯兰教法的魅力——为激进宗教分子的多种解读开辟了道路，哈比布还补充说："像我这样对世俗现状不满的年轻人滥用他的思想，库特布不应该为此负责，因为每一代人都创造了属于他们自己的赛义德·库特布。"[13]

　　库特布在监狱中完成的作品最终影响的范围远远超过埃及。2001 年"9·11"恐怖袭击事件后，他的著作在西方尤其是在美国再度受到关注。在各个图书馆，库特布的著作一再被学者借阅，他们希望能从他的著作中找到一些线索来了解"基地"组织（Al Qaeda）等极端派别受到的是怎样的引导和鼓动。除了本·拉登（Osama bin Laden）和艾曼·扎瓦希里（Ayman al-Zawahiri）以外，库特布在美国也被视为"恐怖哲学家"（philosopher of terror）。在这样的语境下，库特布也遭到了极糟糕的曲解，他的形象以讽刺漫画的形式呈现。这种状况反映出纳赛尔的阿拉伯民族主义和库特布的泛伊斯兰主义的对抗已经扩大到超级大国之间，即美苏冷战的范畴。这两个主要的社会运动向外部输出它们的思想，并果断地投射它们的价值观和世界观。纳赛尔尝试将阿拉伯国家联合起来，并尽可能地将埃及的影响力最大化。这使他与美国对立，同时在相对较小程度上也与苏联对立。华盛顿将纳赛尔的阿拉伯民族主义视为对其在该地区的重要利益和当地盟友的威胁，多次与这位埃及领导人发生冲突，试图削弱他的影响力。讽刺的是，在整个冷战期间，美国都和以伊斯兰为基础的国家和运动结盟，以抗衡纳赛尔的激进世俗阿拉伯民族主义，以及社会主义和共产主义。对于阿拉伯民族主义者来说，美国对"阿拉伯国家"的敌意和阴谋坚定了民族主义者的信仰，并在埃及于 1967 年 6 月在"六日战争"中遭遇大败时达到高潮。然而，这场战争的失败也标志着世俗阿拉伯民族主义的衰落和伊斯兰主义的重新崛起。

在库特布的一生中和整个冷战期间，尽管他发表了严厉的反西方言论，但他的弟子们却更积极地反对苏联共产主义而不是美国的自由资本主义。伊斯兰主义者和美国发现自己身处同一战壕，既要对抗纳赛尔的世俗阿拉伯民族主义，也要对抗苏联在伊斯兰世界的扩张。尽管库特布警告说和美国的对抗是不可避免的，原因是后者具有的十字军精神和帝国主义图谋，但他还是把打击内部敌人放在首要位置。从 20 世纪 50 年代中叶到 1989 年冷战结束，库特布的追随者都在和纳赛尔主义等激进世俗民族主义和社会主义的支持者作战，其中只有极少数的例外情况。他们默认和美国结盟，这种实利主义政治立场在 1979 年苏联入侵阿富汗时达到顶峰。由于基础不稳固，1989 年苏联军队仓皇撤离阿富汗后，武装的伊斯兰主义者和美国的外交政策之间的非正式联盟就崩解了。随着冷战结束，美国成为没有对手的超级大国，在这样的情况之下，美国的外交政策和伊斯兰主义者之间的动态关系经历了戏剧性转变——和谐、共存的关系让位于零和博弈。

伊斯兰主义者中的一小撮极端派虽然在国内受困并遭遇攻击，但他们中的大部分人都受到了库特布思想的影响，不仅决心破坏美国的全球利益，还要把战争引向美国本土。这与过去反殖民伊斯兰运动斗争的方式截然不同。伊斯兰武装分子做出的这一关键决定把美国城市当作目标，给全球政治带来了巨大的负面后果，引发了一系列反应和反制行动——美国在全世界范围内的反恐战争。从那时候开始，美国发动了多次战争打击伊斯兰武装分子，后者则扩大了他们在全世界范围内对西方利益和亲美穆斯林统治者的攻击。

20

　　这些都不是为了表明纳赛尔和库特布之间的对抗与"9·11"恐怖袭击事件之间有直接的因果关系。尽管艾曼·扎瓦希里和本·拉登都内化了库特布的世界观，但库特布和他们二人之间的关系并不是一种连续统一体（continuum）。通过"9·11"恐怖袭击事件，我们可以看到阿拉伯民族主义和伊斯兰主义间的长期对峙所带来的痛苦和余孽，以及库特布的思想和经历是如何在年轻的激进穆斯林中找到了肥沃的土壤的，这些激进穆斯林把自己的理解强加在库特布的生活和作品上。虽然伊斯兰激进主义者已经发生变化，改变了他们的关注点、目标和策略，但他们一直受到库特布思想的滋养，他们自认为是两极化世界的牺牲品和不公的受害者。这就解释了为何库特布的政治遗产是导致近期伊斯兰主义者和美国决裂的重要变量。

库特布派和纳赛尔主义者的声音

　　以纳赛尔为代表的民族主义者和以库特布为代表的伊斯兰主义者之间旷日持久的冲突值得关注。纳赛尔和库特布的社会运动不是完全相反的，而是在三个方面相互映照：（1）后殖民时代的失望塑造了他们理想化的抱负；（2）他们的战略目标未能实现；（3）他们的社会运动是威权主义的。因此，本书的目标是克服在分析阿拉伯政治和社会秩序时采用片面的非此即彼的方法，虽然这在过去是一种占主导地位的分析方法，但新的方法将为阿拉伯民族主义与伊斯兰主义的辩证分析提供具体的、个人化的模式。

为了达到上述目的，本书为纳赛尔和库特布以及以他们为代表的运动提供了一个独到的见解。民族主义者与伊斯兰主义者之间的冲突更多是对权力和政治地位的争夺，而不是观念和意识形态上的争夺。参与历史斗争的不同人物是形成两个运动之间的紧张和冲突，甚至合作的重要因素。

与对纳赛尔的主流叙述形成鲜明对比的是，本书中呈现的纳赛尔形象来自他的同伴的描述，他的政治立场在1952年政变之前仍然表现出摇摆性和不确定性，直到他掌权后才得以明确。纳赛尔的生命旅程中充满了未知，他一直处在探索发现并逐渐发展其政治观念的过程中。当我与纳赛尔的同代人和心腹密友交谈时，我刨根问底地向他们询问纳赛尔内心对穆斯林兄弟会的态度发生改变的原因，以及后来对该组织发动血腥镇压的原因。按照见证了革命指导委员会内部争论的知情者的说法，新生军事政权的决策部门、纳赛尔本人和自由军官曾经乐意让穆斯林兄弟会成为一个地位较低的合作伙伴，但拒绝赋予他们在关键决策上的否决权。年轻的纳赛尔上校雄心勃勃，意志坚定，他清除了潜在的对手，逐渐巩固了自己的权力。据他身边的心腹密友说，在政变后的两年里，纳赛尔可能并不知道该往哪里走，也没有一张关于未来的蓝图，但他从未忘记自己的最终目标：独自统治埃及。纳赛尔的女儿说："我父亲对权力的兴趣并非出于个人利益，他完全是为了把埃及从一个遭受殖民统治的、落后的国家转变成一个自由、现代化的强国。他知道大多数埃及人生活在非人的条件下，佃农尤其如此，他想要把人们从悲苦中解救出来。的确，他急于缓解埃及穷人的困境，结束这个国家对西方的依赖。"[14] 然而，纳赛尔的朋友

和敌人都有一个共识，即纳赛尔的目标是建立自上而下、中央
集权的统治秩序，在这种秩序中，他有一个范围很小的核心圈
子，这个核心圈子是国家的最终裁定者。从一开始，纳赛尔就
在有目的地系统性打击敌对势力，以瓦解旧政权中包括司法制
度和党派制度在内的正式制度和代议制度，并着手巩固军方的
统治。

22

　　尽管熟识纳赛尔的人承认，纳赛尔最初和穆斯林兄弟会
的冲突是非预期的，是围绕权力争夺的，但是他们坚持将两者
之间的冲突视为更为意识形态化和出于本能的冲突。在这样的
诠释中，他们采取了与库特布支持者相似的立场，以类似的措
辞描述二者的分裂。值得一提的是，构成本书主题的权力和意
识形态之间的关系是易变的。权力和意识形态这两个变量是彼
此关联的，它们将在本书的分析中凸显出来。更明确地说，该
论点的主旨是：意识形态与权力的关系是相互作用或彼此构成
的，但是两者并不平等，也就是说意识形态的确起到了作用，
但是它的重要性要次于权力。总结来说，阿拉伯民族主义者和
伊斯兰主义者之间的对抗是两大阵营对影响力和政治霸权的
争夺，而非意识形态本身的对抗，尽管在双方的冲突于 20 世
纪 50 年代和 60 年代愈演愈烈时，冲突本身也被赋予意识形态
色彩。

　　按照主导话语权的纳赛尔主义者的说法，穆斯林兄弟会
和"阿拉伯反动派"（Arab reaction，沙特阿拉伯及其盟友）
是同谋，它们的目的是消灭阿拉伯民族主义运动领袖——纳赛
尔。穆斯林兄弟会是反革命逆流的先锋，是美国和英国一手策
划成立的，他们是顶替不向美英低头的阿拉伯民族主义政府
的傀儡。纳赛尔阵营把自己和伊斯兰主义者之间的对抗看作
对抗美国及其地区盟友的延伸，这场对抗的范围更广，也更加
危险。纳赛尔的助手说，纳赛尔确信美国要发动一场代理人战

争来反对他，并且在埃及和周边阿拉伯国家部署政治伊斯兰主义者作为美国的政治代理人和同盟。萨米·沙拉夫（Sami Sharaf）是纳赛尔的幕僚长和替他保守秘密的人，按照他的说法，纳赛尔在 1966 年把库特布送上绞刑架是因为他说这么做将会给埃及内外的伊斯兰主义者致命一击。沙拉夫还补充说，纳赛尔相信处死库特布还会沉重地打击他的外国敌人——沙特阿拉伯及其超级庇护者美国。[15]

23　　　讽刺的是，库特布和他的追随者相信纳赛尔是邪恶的犹太复国主义 – 美国联盟（Zionist-American）的代理人，他们的目的是在伊斯兰国家内部削弱伊斯兰并稀释其在国家和社会中的影响力。我遇到的每一个库特布派人都认同这种近乎阴谋论的论调，即纳赛尔是名特工，是美国人的工具，在一定程度上也是苏联的工具。与此相似的是，穆斯林兄弟会的领导人也相信是美国和苏联煽动纳赛尔对抗伊斯兰主义运动，因为伊斯兰主义运动伤害了它们在中东地区的战略利益。

　　此外，阿拉伯民族主义者注意到，政治威权主义削弱了纳赛尔主义国家，使其在面临内部和外部挑战时显得十分脆弱。在他们看来，这最终导致以色列在 1967 年 6 月的六日战争中，彻底击败了"中东最强大的军队"——埃及军队。哈立德·毛希丁是自由军官组织的成员，也是纳赛尔的朋友，曾参加 1952 年政变，他曾哀痛地表示："所有事情都是围绕着纳赛尔展开的，他已经变成个人崇拜的对象，而牺牲掉的则是持久制度的建立。"[16] 穆罕默德·法耶克承认，纳赛尔"将面包和黄油置于个人自由之上，虽然它们并不是相互排斥的"。从革命的开端一直到 1971 年被安瓦尔·萨达特总统逮捕、收监，法耶克一直是纳赛尔最重要的助手之一。"缺少监督、制衡和透明度的统治毁掉了我们的制度，尤其毁掉了我们的军队。纳赛尔在无意中制造了一个处于他统治下的警察国家。"这是纳

赛尔内部小圈子中一名受到信任、忠诚的成员发出的声音。[17]

其他人则认为纳赛尔从未放松警觉，他处心积虑、密谋多年推翻了旧政权，随之以草木皆兵的心态上台统治埃及。按照负责对年轻人进行意识形态灌输的阿卜杜·贾法尔·舒克尔（Abdel Ghafar Shukr）的说法，1961年纳赛尔坚决地提出要建立一个准军事组织，以此来对抗埃及和邻近阿拉伯国家中的复辟势力。按照舒克尔的看法，在纳赛尔的信念中，革命行动和正式制度相对立。[18] 了解纳赛尔政府内部动态的舒克尔说，制度在纳赛尔政府中是存在的，却被纳赛尔及其手下系统地削弱，因此权力集中在"唯一领袖"（al-za'im）的手中。"因此，当纳赛尔在1970年突发心脏病去世时，纳赛尔主义者的整个政治计划就像一颗熟透的果子一样自然掉落了。"[19]

主流叙事将1967年纳赛尔在六日战争中的失败描述为伊斯兰主义者随后巩固其在埃及和中东其他地区霸权的唯一最重要的变量，但与此相反，经过我与事件参与者、活动人士、政治家和持不同意识形态的公共知识分子的交谈，上述情形的原因指向萨达特的上台和他对埃及的控制。萨达特对他的前任留下的遗产发起了正面进攻。正如萨达特坚称的那样，这位"虔诚的总统"通过同伊斯兰主义者和海湾地区"石油美元"进行非正式结盟来建立起自己的合法性，他运用国家力量促成埃及在经济、政治和社会上的巨变。对纳赛尔的阿拉伯社会主义的反抗来自该政权的权力结构。伊斯兰主义者和民族主义者并不像我们认为的那样团结，这两股力量经历了内部纷争，面临内部叛变。包括伊斯兰主义者和民族主义者在内的活动人士从1971年起记录了萨达特领导团队采取的措施，这些措施包括通过赋予宗教性团体权力，以分裂和削弱世俗民族主义者和社会主义者的力量。

蒙塔泽·扎亚特（Montaser al-Zayat）是伊斯兰武装组

织前成员，20 世纪 70 年代他还是一名大学生，如今则是一名重要的伊斯兰主义者，同时也是一名律师。他表示，萨达特的上台标志着宗教活动人士命运的关键转变。"萨达特统治时期是伊斯兰运动的黄金时期。他准许我们在校园内外组织和招募追随者，并且从纳赛尔的监牢里释放了穆斯林兄弟会成员。他为 70 年代席卷伊斯兰世界的宗教复兴做出了贡献。"扎亚特如是说道。[20] 扎亚特还承认他们这代人起来反抗萨达特是他们犯下的一个战略错误。"我们如果有耐心和坚忍，可能已经渐渐使埃及社会转型为真正的伊斯兰社会。"易卜拉欣·扎法拉尼（Ibrahim Za'farani）就此也表达了同样的观点，他在 70 年代是一名持伊斯兰主义观点的学生，现在是亚历山大港的穆斯林兄弟会领导人。他说："我们这代人的生活是正常的，我们并未生活在恐惧和秘密的地下活动中，因为萨达特对伊斯兰主义者持积极的态度，我们曾拥有我们的前辈们做梦都不敢想的好机遇。"[21] 然而，这些 70 年代的宗教活动人士和大学生却从未信任过萨达特，他们以萨达特的实际行为来判断他。"我们知道萨达特在利用宗教达到政治上的目的。"赛义夫·阿卜杜勒·法塔赫（Seif Abdel Fattah）如是说，他现在是一名积极的伊斯兰学者和政治人物。"他无法愚弄我们，因为我们是有意识且是政治化的。"[22] 瓦希德·阿卜杜勒·马吉德（Wahid Abdel Majid）是一名自由派公共知识分子，他也强调了石油、金钱、权力和全球化在 70 年代各伊斯兰国家转型过程中扮演的关键角色。"萨达特操控着人们心中的希望、恐惧和贪婪来埋葬纳赛尔主义，并且将自己描绘为带来救赎的领袖。"阿卜杜勒·马吉德如是说道。他并不打算隐藏对萨达特的鄙视："他为他的把戏冠以宗教之名，通过操纵宗教符号的方式重新构建社会和政治空间。"[23]

然而，有证据表明，萨达特是一个推动者，他系统地为新宗教政治铺平了道路，并从20世纪70年代开始主导公共空间。纳赛尔把阿拉伯民族主义放在优先地位并赋予其权力，萨达特则是培养一种宗教化倾向。在这两种情况下，这个后殖民、后独立的国家拥有了一种能够使其建立持久霸权的意识形态。

按照穆斯林兄弟会的说法，伊斯兰主义者在20世纪80~90年代和21世纪头十年的优势并没有带来变革或改革运动，相反，它继续助长了伊斯兰主义者和阿拉伯民族主义者之间的内战。参与者和活动人士表示，这个伊斯兰主义组织已经被深刻的分歧撕裂了，一方是忠于库特布的超级保守分子，另一方是一群充满活力的年轻改革派人物。这两支内部力量在意义重大的政治、社会和战略问题上彼此争夺，他们在穆斯林兄弟会内部运行中也有针锋相对的争夺。改革派呼吁对保守派加以彻底的改革，以改变他们眼中的专制、父权制和保守派缺乏透明度的局面。

我详细地采访了这些改革派人士，其中包括一些高级成员，比如穆罕默德·阿卜杜勒·萨塔尔（Mohamed Abdel Sattar），他是20世纪70年代的一名改革派领袖，也是一位专业科学家，他十分了解穆斯林兄弟会的内部情况并且在90年代后半叶被穆巴拉克关押了三年；此外，还有艾哈迈德·拉义夫（Ahmed Ra'if），他在思想上属于穆斯林兄弟会派，但是他已不再是该组织任何附属机构的成员，他曾作为库特布的"坦齐姆"（Tanzim）的一员在监狱里待过几年，但他以跳出伊斯兰教的思维模式而自豪；法立德·阿卜杜勒·哈勒克，他本是穆斯林兄弟会的最高领袖，但是因不忍被指责在内部的权力争夺中有所偏倚而退出。[24]

阿卜杜勒·穆奈姆·阿布·福图赫（Abdel Moneim Abu al-Futuh）和法立德·阿卜杜勒·哈勒克等内部批评人士有一个相对的共识：穆斯林兄弟会没有与过去彻底决裂，伊斯兰运动内部无论是在认识论上还是在心理上都没有统一起来。按照这些重要人物的说法，最高领导层依然固守着一种以受害者心态、以对他者的恐惧和怀疑为基础的世界观。[25]

然而，领导权遇到的挑战只是事情的一半，按照改革派成员的说法，伊斯兰运动的意识形态结构本身也起到了抑制作用。阿布·福图赫表示："穆斯林兄弟会在招募成员和灌输信条的过程中进行一种简单的自我复制。"在多次访谈中，诸如阿布·福图赫、阿布·艾拉·马吉迪和阿卜杜勒·萨塔尔之类的改革派人士都认为，穆巴拉克政权和保守派在孤立和僵化穆斯林兄弟会方面利益和态度一致。穆巴拉克将穆斯林兄弟会作为一种威胁（faza'a），将其描绘成对内外稳定的威胁，认为他自己的政治威权主义是为了遏制伊斯兰主义者而不得不采取的必要之法。穆斯林兄弟会的保守派则通过反复宣称该组织因受当局压迫而面临危险，以此来抵制改革派进行组织改革的要求。因此，内部批评人士指责穆巴拉克政权的威权统治加强了穆斯林兄弟会内部隐蔽、偏执的文化。与此同时，这些持有不同政见的人指出，极端保守的领导人对穆巴拉克政权施加的政治压迫加以利用，当作他们对穆斯林兄弟会组织加以严控的正当理由。[26]

在应对年轻的改革派成员咄咄逼人的指责时，穆斯林兄弟会中的保守派采用了两种防卫手段：一方面，他们否认对方批评的实际准确性；另一方面，他们对改革派描述的他们行使特权的行为加以辩护。1999 年，哈桑·胡岱比的儿子马蒙·胡岱比接替创始人班纳成为总训导师，在任职期间，他直言不讳地告诉我，成员们必须服从高层领导。[27] 马蒙·胡岱比的继任者是穆罕默德·阿克夫（Mohamed Akef），他在面对改革派成员的指责时也毫不愧疚，当时改革派指责他在 21 世纪的头十年不愿更积极地反对穆巴拉克政权，他反驳道："我不会拿组织的未来冒险，无视穆巴拉克政权，引发全面对抗。"

"那些呼吁我们上街抗议的批评者没有考虑到严重的后果。和其他小团体不同，我们（穆斯林兄弟会）作为最大的组织，要仔细权衡并负责任地行动。我们不会给安全部队提供更残酷镇压我们的理由。我必须保护我们的运动。"[28]至于让保守派占优而排挤改革派的问题，阿克夫也并不在意。"我的大门对那些守纪律、经常与我沟通的成员是敞开的。不该怪罪守规矩的人。"阿克夫愤怒地说。[29]

马哈茂德·伊扎特 2006 年底在开罗洛达街区的伊斯兰运动总部担任类似于穆斯林兄弟会秘书长的重要职位，他同样将改革者视为"输不起的人"，声称他们"不代表基层，也没有自己的选民"。在面对威权独裁、缺少透明度的指控时，他回应说："穆斯林兄弟会定期举行选举，也实行协商制度（shura，又译舒拉）。我们拥有自己的机制来选择道德上符合要求的参选人，而不是那些有政治野心的个人。"[30]他也驳斥了认为从 20 世纪 70 年代开始，持有库特布派世界观的顽固派就已经把持穆斯林兄弟会并阻碍伊斯兰运动向前发展的说法。作为例证，他举例说，在总训导师办公室（Guidance Office）中是存在多元观点的，但同时他也强调他们是团结在穆斯林兄弟会的大家庭之中的。他还指出，伊斯兰运动在 90 年代曾经和非伊斯兰政党联合，并共同作为候选人参与议会选举。面对停滞、僵化的指责，他回应说："你不可能阻止变化，因为变化是'生命法则'（sunnatal-hayat），我们全力拥抱好的变化；但是（我们）拒绝外国影响腐蚀我们的信仰和文化，"伊扎特如是给我上了一课，"我们不在乎那些诋毁者，他们只是嫉妒并充满愤恨，希望兄弟会受到伤害。"[31]

针对旧领导层的强硬否认，改革派领导人阿布·富图的亲密盟友、年轻的中间派人士希沙姆·哈马米（Hesham El-Hamamy）指出，80 年代和 90 年代是丧失了机遇的 20 年：穆

28

斯林兄弟会没有解释它对国家认同持什么样的哲学观点，有什么样的计划或纲要，他们没有回答如何处理政府和社会之间关系的问题。而且，哈马米指出，穆斯林兄弟会的内部势力反而对阿布·福图赫、阿卜杜勒·萨塔尔、马吉迪、穆罕默德·阿里·贝什尔（Mohamed Ali Beshr）等改革派人士做出的努力和呼吁加以拒斥，上述改革派人士想要将他们对各项事务的看法编成法规，提出实实在在的政策提案。[32] 哈马米表示，上述动作将带来一场内部革命并实现穆斯林兄弟会的权力机制转型。"即便各种情形都对我们不利，这仍是一场改革派必须战而胜之的战斗。因为在可以预见的未来，老一辈将继续手握优势，使伊斯兰主义运动陷入停滞和瘫痪。"[33] 哈马米毫不迟疑地表示，内部角力将决定穆斯林兄弟会的未来，也将决定埃及和阿拉伯地区的未来。穆巴拉克下台后埃及发生的事情证明了哈马米的话是有先见之明的。穆斯林兄弟会上台后紧接着就出现了和军方领导的民族主义者的血腥对抗。

本书写作安排

本书的主体部分按主题来研究和理解历史，以历史社会学来描述阿拉伯世界中两股最主要的社会力量之间的角力。本书主要关注重要人物的思想和行动，基于对贾迈勒·阿卜杜勒·纳赛尔和赛义德·库特布同时代人的采访和文本资料，重点分析二人的生平。借助以个人为基础的研究方法和对参与民族主义－伊斯兰主义斗争的人的采访内容，本书得出了一个强有力的结论，即民族主义和伊斯兰主义都不是单一的或意识形态上统一的运动；相反，它们涉及视角的复杂多样性，以及不同个人和派别的参与。通过关注集体行动、隐藏的内部角力和个人冲突，本书也让人们更好地理解自独立以来民族主义者和伊斯兰主义者之间存在争议的政治模式。从某种意义上讲，本书借用了艾瑞克·霍布斯鲍姆（Eric Hobsbawm）的观点，将历史视作一种延续行为（act of continuance），这种历史延续产生了可以被追溯和比较的模式和周期。[34] 与最近的大量文献不同，这些文献大多对解释或预测当下"革命"相关事件感兴趣，而本书则是理解阿拉伯世界现代史的一种批判性尝试。整体来看，本书各章节的视野超越了对世俗民族主义者和伊斯兰主义者之间泾渭分明、一成不变的二元对立（binary division）分析。相反，它呈现的是一幅具有流动性和复杂性的图景；一方面两个阵营存在交流和互动，另一方面两个阵营内部都存在分歧。理解民族主义者与伊斯兰主义者之间的暴力冲突是理解当代阿拉伯国家和伊斯兰国家政治的基础，包括不信任和怀疑的危机，以及占据伊斯兰主义者想象力的仇杀心理。

第一章和第二章介绍了 20 世纪 40 年代埃及兴起的伊斯兰主义和民族主义政治潮流的背景，它们诞生于半自由主义政治（semi-liberal politics）崩溃之际，在此之前，半自由主义政治一直是激进主义的主要形式。本书首先追溯了拿破仑远征埃及的影响及其与 19 世纪晚期文化复兴的联系。在当时埃及出现的文化复兴潮流中，宗教和世俗作家都致力于研究欧洲人的政治思想，他们也由此开始积极地参与埃及的反殖民斗争。这些章节还概述了在殖民框架内巩固自由政治体制是如何妨碍其人民群众获取政治上的合法地位和行动范围的。这两章的主要论点是，英国帝国主义者和埃及国王的蓄意阻挠（obstructionism），加上半自由主义政治家本身未能兑现他们的诺言，导致埃及进入了挫折、重组、集体行动和争议政治的时期。正是在这种背景下，民族主义和伊斯兰主义这两股社群主义力量崛起，成为准自由秩序的批评者，为 1952 年的政治动荡埋下了伏笔。

30

第三章以 1952 年自由军官政变之后的时期为重点，考察了自由军官组织和穆斯林兄弟会之间的关系以及这两个团体内部的暗流涌动。实际上，这两股势力从内部来看都分裂出多条阵线和多个权力中心。第三章特别关注了纳赛尔与纳吉布的裂痕、哈桑·胡岱比对穆斯林兄弟会合法性和权威的争夺，以及穆斯林兄弟会领导人和自由军官组织领导人之间日益加深的敌意。纳赛尔和胡岱比的个人交锋在这里起了重要作用，播下了不信任和不满的种子，最终导致了这两个运动走向暴力对抗。自由军官组织和穆斯林兄弟会之间的决裂绝非命中注定，而是前者不愿意分享权力，后者渴望在革命后参与重要决策导致的。尽管冲突本来是可以避免的，但是双方走上了一条血腥又艰苦的道路。

在第四章将会讲到埃及君主制被推翻后，纳赛尔领导的军政府开始确保自己能够牢牢地把权力掌握在自己手中，并通过利用意识形态和完善国家安全机构来确保上述目标达成。此外，纳赛尔迅速出击，清除了埃及所有有组织的政治对手，包括在旧政权时期运作的政党、马克思主义者，最终也包括穆斯林兄弟会。各方政治势力都受到了镇压，但纳赛尔对当时最强大的社会组织穆斯林兄弟会的打击尤其血腥，这为两者间延续数十年的痛苦对抗埋下了伏笔。出于同样的原因，这场冲突催化了以赛义德·库特布为代表的伊斯兰革命派别的出现。这场血腥争斗最终造成了影响现代中东的裂痕，这一裂痕直到今天仍在继续，它不时地使阿拉伯世界陷入仇恨的恶性循环，并且这种仇恨的表达只会变得越来越野蛮。

第五章、第六章、第七章和第八章主要围绕故事的核心人物纳赛尔和库特布。这些章节强调，事实上，这两个人在各自的生活中都经历了许多阶段，他们都曾在不同的时间点或多或少地对伊斯兰主义或世俗民族主义表现出同情、理解。他们并非注定要扮演他们最终要扮演的历史角色，而是经由曲折的道路到达最终目的地，他们的历史角色在很大程度上是由个人野心和在变化的历史环境中的权力斗争塑造的。在某种程度上，不难想象这两个人最终会处于对方的位置。

第九章主要讨论的是库特布和穆斯林兄弟会的关系，他直到 1953 年 3 月才加入该组织，并下决心要领导该组织的一个派系，该派系的成员在 1954 年纳赛尔镇压之后从事地下准军事活动。在这一章里，民族主义者和伊斯兰主义者在人们心中势不两立的刻板形象进一步变得复杂化，双方都被描绘成一个单一的集团。事实上，库特布和穆斯林兄弟会的关系很复杂，常常令人担忧。库特布决定领导被称为"秘密社"的武装派别，这一决定相当于一场反对穆斯林兄弟会传统建制派的内部政变，从思想领域转向激进政治实践领域这一决定是受他的政治野心和决心刺激产生的。

第十章和第十一章考查了 1966 年库特布被处决后的时期，埃及军队在第二年被以色列军队以压倒性的优势击败，随后埃及和阿拉伯国家发生政治转变。许多学者认为 1967 年 6 月的六日战争为阿拉伯民族主义敲响了丧钟，并为伊斯兰激进主义浪潮提供了空间，在接下来的十年里，伊斯兰激进主义在埃及和阿拉伯邻国加快了扩张步伐。事实上，正如本书第十章和第十一章提出的，这一时期政治化伊斯兰激进主义的兴盛——其中大多数激进形式都受到库特布的启发——很大一部分原因是伊斯兰主义者得到了纳赛尔的继任者安瓦尔·萨达特提供的国家支持，此举是萨达特夯实自己的权力基础的手段。在 1973 年石油禁运导致石油价格飙升之后，保守的、石油资源丰富的海湾君主国施加了新的强大影响力，埃及国内的这种势头转变也是得到了他们的支持。

与此同时，第十二章探讨了纳赛尔和穆斯林兄弟会在 20

世纪 50 年代和 60 年代是如何分裂的，尤其是这段时间催化了库特布领导的激进潮流的出现，以及如何影响了随后几十年的伊斯兰运动本身。从 70 年代到现在，受库特布影响的极端保守的保守派在穆斯林兄弟会内部仍然是极强势的存在，他们打压一些年轻的改革派成员。在本章中，中间派和改革派成员讲述了保守派是如何把持决策权并让穆斯林兄弟会在过去的三十年里停滞不前，保守派还阻止改革派发起的改革伊斯兰运动，阻止向着更开放、透明、灵活、民主方向前进的努力。按照这些活动人士的说法，伊斯兰运动在思想引导和社会治理层面都已经变得创造力匮乏，它没有将其庞大的体量转化为社会资本和社会治理能力。本章内容翔实地描述了伊斯兰主义潮流内部的角力和伊斯兰主义者中间越来越深的世代、社会和意识形态分野。这些伊斯兰主义者内部的分野事实上导致了穆斯林兄弟会所遭遇的系统危机，2012 年该组织在埃及掌权后，危机暴露无遗。系统危机部分解释了穆斯林兄弟会在 2011 年 1 月 25日革命期间和革命之后犯下的大大小小的错误，这些错误削弱了穆斯林兄弟会在公众眼中的地位。

　　最后的结语部分解释了 1 月 25 日"革命"后民族主义者和伊斯兰主义者在更宏观的历史角力中的冲突。这场冲突反映了两个运动是如何沉浸在过去的纠葛中的，双方都仍然困囿于自己对本我和他者的叙述和概念中。本章节开启了对 2013 年埃及政治变动和推翻穆斯林兄弟会支持的穆尔西总统事件的背后推手的调查。本书特别关注由安全部门和军队主导的深层和广泛的对新伊斯兰霸权的抵抗。然而，正如这一章强调的那样，早在穆斯林兄弟会赢得埃及选举之前，就已经出现了威胁其凝聚力、阻碍其继续掌权的内部分歧。穆斯林兄弟会领导成员提供的原始叙述为读者揭示了一场僵化而狭隘的运动，由一个极端保守的小圈子主导，他们抵制变革并垄断权力。按照

这些参与者的说法，保守派成员从来没有忘记和原谅20世纪
五六十年代的"灾难"（muha'n），并怀有对民族主义者进行
报复的渴望。因此，旧伤疤远未愈合，加之巨大的分歧，民族
主义者和伊斯兰主义者之间的裂痕进一步加深和固化，演变出
比20世纪五六十年代更加血腥、代价更高昂的对抗。正如我
们将要看到的，这条战线已经从埃及延伸到包括突尼斯、利比
亚和叙利亚在内的邻近阿拉伯国家，这场斗争卷入了一场新的
区域性冷战。

　　总体来说，本书探讨形塑了阿拉伯世界近150年历史的两
大主题及其动态发展，即相对世俗的民族主义的发展和具有伊
斯兰认同的社会政治与激进主义力量的发展。这两股力量形成
了一种二元对立定义的社会政治生活，本书提出，它们的相互
作用——既是激烈的竞争，也是共生的合作——如此深刻，以
至于如果把它们视为独立的历史动因，就无法正确理解这两股
力量。

第一章

埃及的"自由时代"

　　被现代埃及国家边界包围的领土的历史和文化遗产长期以来受三个影响圈影响：阿拉伯－伊斯兰、非洲和欧洲的影响圈。[1]然而，1789 年拿破仑统治下的法国占领了埃及，使影响力的天平向北倾斜，向欧洲倾斜。拿破仑的远征代表的并不仅仅是一次军事冒险，这次远征被表述为一次"文明传教"，要将法国大革命的理想——自由、平等和博爱——带到尼罗河谷。[2]虽然法国人只占领了埃及四年，但他们留下了深远的影响，他们推翻了马穆鲁克精英阶层，建立一个行政委员会（diwans）并由当地人士来领导，领导层包括伊斯兰宗教学者（ulama）、法官和显要人物。[3]在统治埃及时期，拿破仑通过高压政治和意识形态相结合的方式来维护他的统治，强调伊斯兰与共和价值观具有兼容性，并推动建立一个将政治置于宗教体制中运行的伊斯兰共和国。无论拿破仑政策背后的政治宣传目的是什么，他的入侵给埃及带来了一个问题，即"国民

本我"（national self）问题。在寻找"本我"的过程中，一些促成埃及自我定义的新发展出现了：马穆鲁克政权的错位有利于当地势力参与，文化融合，阿拉伯语报纸引入，以及官方媒体组织出现，当时法国人出版了一份名为《埃及通讯》（Courierdel'Egypte）的政治刊物。

　　法国失败以后，埃及迎来了穆罕默德·阿里王朝的统治，在这段时期，埃及出现了一系列改革，包括国家权力的集中

化，建立国家机器和官僚系统，建立医学院和语言学院并改善教育体系，实施税收和土地改革。这些政策让军队和警察逐渐埃及化，除此之外还促使民族主义情绪高涨，新生的本土精英决心积极参与国家事务。与此同时，埃及作为奥斯曼土耳其帝国行省的正式地位限制了独立的国家认同的发展，因为国家官员仍旧把埃及描述为伊斯兰大家庭中的一个重要成员。在整个穆罕默德·阿里王朝时期，宗教和民族主义言论一直像照镜子一样彼此相似。

但是，在从拿破仑入侵到赫迪夫伊斯梅尔统治的到来——"赫迪夫"是奥斯曼土耳其帝国统治下的埃及总督的头衔，埃及的国家认同是在反复与欧洲进行互动和比较的过程中形成的。穆罕默德·阿里和他的王朝推行的现代化工程是为了使埃及在经济、军事和行政上更像欧洲。然而，欧洲势力对埃及内部事务的干预越来越深入，在1882年英国占领埃及时到达顶点，这一事态发展导致了分裂和混乱，对埃及人"国民本我"的出现产生了持久的影响，并随后对该国的政治表达产生了影响。

本章回顾了这些变化及其在英国殖民框架内的表现。它概述了政治舞台的开放和殖民主义的巩固如何影响埃及自由政治的发展，进而影响国家认同形成的过程。

这里将提出两种观点。第一，欧洲势力对埃及经济的大力干预及欧洲人在埃及的殖民扩张导致埃及人的身份认同的转变，即从自己是"欧洲他者"的互动者转变为"欧洲他者"的对立者，在认同感形成的过程中，伊斯兰教充当了埃及构建"政治本我"的锚点。这种民族主义和宗教的融合反映了国家政治共同体意象的出现，在这个国家政治共同体中，私人领域和公共领域之间的边界，以及它们在构建"国民本我"中的作用，还未被重新讨论和确定。第二，尽管英国人和埃及准自由派精英传播了他们的自由主义理想，但殖民框架建立在权威而非共识的基础上，这一事实阻碍了一个凝聚一心且不同政治社群都能参与讨论和协商的制度的形成。

国家的问题：伊斯兰教、国民、现代化和殖民主义

穆罕默德·阿里及其王朝推行了一系列政策，这些政策最终关注的事务是将国家机器中央集权化和现代化，特别是要实现军队、官僚体系、基础设施的中央集权化和现代化，试图将埃及转变为一个欧洲强国。虽然伊斯梅尔帕夏（Isma'il Pasha）声称"埃及是欧洲的一部分"，但是各种现代化手段只是加剧了两个崛起中的欧洲帝国——英国和法国——对埃及独立和主权的侵蚀。在向欧洲金融家和政府寻求资金以支撑其雄心勃勃的现代化项目时，阿里王朝错误地以过高的利率借款。此外，地方性腐败让埃及政府无法承担和偿还债务。欧洲势力利用埃及的负债来加强对伊斯梅尔的控制，并削弱了王室对国家机器的控制。比如说，公共债务委员会（Caissedela Dette）是为了协助埃及政府向欧洲各国政府偿还债务而成立的国际委员会。该组织在1876年成立，1876年至1882年，又辅之以英国和法国金融机构的一个联合小组，共同管理埃及的经济事务。在埃及人民眼中，赫迪夫失去的控制权也让他作为国家统治者的正当性和权威性受到损害。

埃及有大量人口居住在乡村，埃及债务危机也直接影响了乡村社区。穆罕默德·阿里的第四子穆罕默德·赛义德帕夏（Muhammad Sa'id Pasha）和他的孙子伊斯梅尔帕夏推行了新法，其最终目标是结束封建体系，但是这样的法律难以真正地推行。19世纪60年代，美国内战的爆发导致埃及棉花产业迅速膨胀，虽然精英和乡绅阶层从中获利巨大，但农民没有得到多少好处，在土地价格暴涨的情况下尤其如此。其结果是，

土耳其 – 切尔克斯社区（Turco-Circassian）的精英[4]、乡绅名流以及受到奥斯曼帝国保护条约[5]保护的欧洲人购买了大量土地，而农民则发觉一次次的加税让他们越发地难以为继。1878年至1879年，该国爆发了一波农民起义，但被军队残酷镇压。随着不满情绪在民众中持续发酵，穆斯林学者开始反省关于国家、本我和现代性的问题。

当穆斯林学者在伊斯兰教的文集中寻求文化复兴时，另一些学者则以发掘欧洲启蒙运动思想资源的方式来寻找进步的驱动力。[6]为了在这两种相对的思想流派之间架起桥梁，另一群学者希望将"文化正统性"与欧洲自由主义思想结合在一起。他们有选择地借用欧洲的思想，认为完全模仿或完全拒绝欧洲的政治和社会模式都不能为埃及的觉醒或复兴提供动力。尽管这三个流派在世界观和哲学观念上有所不同，但他们都具有前瞻性，相信普遍进步、领导力和行动力，将民族国家看作关键的政治组织，也将其视作他们复兴大计的关键着眼点。这一文化复兴计划是拿破仑入侵引发的文化适应过程的延续，随后由穆罕默德·阿里进一步推进。

19世纪中东与西方之间的新一轮对话发生在一个孕育着社会紧张和斗争的关键时刻。一些知识分子就工业革命及其对社会和工人阶级的不利影响进行了辩论。尽管中东地区的学者赞扬欧洲取得的进步，但他们充分意识到欧洲社会内部的争论和社会阶层之间日益加重的不平等。越来越多的埃及和穆斯林公共知识分子开始从主要的欧洲批评家的视角来看待欧洲大陆的现代生活，其中包括社会主义学说，该学说强调了围绕自由主义形成的穷人的困窘、人们对个人主义越来越深的痴迷和少数人的富有。这些阿拉伯作家直接质疑纯粹以欧洲蓝图为模型的现代化的可行性和有效性。[7]例如，贾迈勒·阿富汗尼（Jamal al-Din al-Afghani）和阿卜杜拉·纳迪姆（Abdullah al-Nadim）的目标是观察欧洲的进步，吸取适当的教训，同时找到第三条道路，实现一个基于尊严和平等的社会理想。这让穆斯林学者将目光投向圣西门、罗伯特·欧文、皮埃尔·普鲁东和卡尔·马克思等欧洲社会主义思想家。[8]

尤其是贾迈勒开创了最具创新性的思想，在埃及掀起关于民族自豪感和宗教复兴的讨论。[9]他批判性地审视了理性、哲学、科学、宗教和社会凝聚力在促进文化复兴中的作用和地位。阿富汗尼从伊本·赫勒敦（Ibn Khaldun）等伊斯兰思想家和法国历史学家与政治人物弗朗索瓦·基佐（Francois Guizot）那里获取灵感，[10]他主张伊斯兰教并不仅仅是一种宗教，而是一个文明体系，其内部包含推动一场新觉醒的必要因子。对阿富汗尼来说，这种觉醒需要回归先知和四位正统哈里发所确立的原则，他们都十分谦逊，将社会公义置于个人富裕之上。阿富汗尼提出，合格的穆斯林统治者并不一定是民主的，但是他应该奋力为伊斯兰改革付出心力；换句话说，伊斯兰需要一个马丁·路德。阿富汗尼在讨论西方的思想和历史时，也将穆斯林社群面对的挑战和西方思想与历史联系起来。他认可"欧洲他者"的角色在伊斯兰文明复兴之路上占有一席之地。但是对于西方，他也抱有矛盾的心态，这种心态在其他的穆斯林知识分子中也同样存在，它在 20 世纪阿拉伯 – 伊斯兰世界民族主义和国民意识产生的过程中扮演了关键角色。这些作家一方面希望效法欧洲的进展甚至超越之，另一方面肯定其民族认同的正统性并且将民族认同作为摆脱欧洲占领者的途径。

对于阿富汗尼来说，西方成为一个愿景，虽然有一段和欧洲对立的过程，但伊斯兰能够通过西方确立自己伦理和道德上的优越感。他的想法在反殖民主义中定型，他相信通过反抗占领者可以赢得独立，而且他也支持埃及的主权认同并且将它视作其信仰的延伸。阿富汗尼的两个最重要的概念也反映出他的反欧立场。他用伊斯兰文明的概念来描述埃及的过去和现今意识之间的延续性,他还声称埃及未来的国家角色将是穆斯林社群的地区性领导者。他对发展过程的线性观点提出反对,认为历史的发展是循环性的;通过与欧洲他者及其符号的辩证关系,伊斯兰文明的本真特征将被重新找回,甚至重新焕发活力。这个想法旨在通过将社会主体围绕伊斯兰概念进行重组来实现与欧洲文艺复兴类似的思想进步。

　　反对欧洲的过程再次反映出他抱持的伊斯兰社会主义概念。在阿富汗尼眼中,伊斯兰社会主义是《古兰经》中的政治信条,也是一种意识形态,其原则得到先知本人和四位哈里发的清晰表述。阿富汗尼利用伊斯兰社会主义的概念批评物质主义,并连续不断地将伊斯兰社会主义和西方的社会主义加以比对,他驳斥后者是脆弱且虚弱的。阿富汗尼提出,这种脆弱性源于西方社会主义仅仅是对社会经济发展的一种反映,未能扎根于西方的社会宗教理想。相较之下,伊斯兰社会主义和伊斯兰教的教导、阿拉伯文化之间存在先天的联系,和西方的民族主义不同,伊斯兰社会主义是对伊斯兰社会理想真正的明确表述。阿富汗尼提出,通过揭示、重申埃及真正的伊斯兰认同,埃及将能够确定其国民特性并确保埃及在穆斯林社群中的关键角色。19世纪末,埃及发生了国民意识和反殖民主义向着共同的目标合流的变化,但是很多人仍把阿富汗尼呼吁的从奥斯曼帝国中分离的目标视为激进观点。如果法国人和英国人的作用越来越重要,当欧洲的殖民主义严重破坏了普通埃及人的生活时,知识分子越来越难以将欧洲视作进步性刺激因素,但伊斯兰教仍然为身份认同提供了一个强大的框架。在这样的情形下,当然会有人认为切断和奥斯曼土耳其帝国的所有联系是一件高度危险的事情,当时埃及的奋斗目标已经从将埃及欧化变换为将埃及从殖民统治下解放出来。

41

关于如何最好地实现埃及现代化和结束英国殖民统治的激烈争论在"乌拉比革命"期间达到顶峰，这一历史名词指的是埃及的军官和贵族在 1879 年至 1882 年发动的一场运动，领导者是陆军上校艾哈迈德·乌拉比（Ahmad Urabi）。革命者有三个目标：打破一小群土耳其 – 切尔克斯精英对军权的垄断；打破外国人对埃及金融和政治的控制；从英国人手里夺回军事主导权。[11] 伊斯兰宗教学者自 1798 年起就以宗教为旗帜发起了反对法国占领的抗议活动，他们清晰地以伊斯兰教作为战斗口号，而乌拉比革命既反映出反殖民运动越来越清晰的民族主义特征，也反映出伊斯兰信条是社会认同的基础。这种双重志向（民族主义、伊斯兰主义）的认同解释了为什么军人、警察、商人、行会和农民都参加了乌拉比革命，也解释了为什么乌里玛既与宫廷保持距离，又和与之竞争的乌拉比革命人士保持距离。尽管从穆罕默德·阿里时期开始，乌里玛的势力就已走向衰落，但是阿兹哈尔大学直到 19 世纪末仍为整个奥斯曼帝国提供教师。作为道德权威的代表和捍卫者，乌里玛在社会上仍然享有特权地位。面对欧洲势力对埃及越来越严重的蚕食和赫迪夫向欧洲势力屈服的局面，埃及是否应该继续留在奥斯曼土耳其帝国中的讨论成为乌拉比运动内部和乌里玛圈子内部辩论的热点。

对于乌拉比运动来说，反对赫迪夫的运动也意味着埃及和奥斯曼土耳其帝国之间的官方联系和依附地位变得不确定，这也会给穆斯林社群带来问题；反对赫迪夫运动将会公开地使埃及在地区和世界上的地位遭到质疑。这一左右为难的状态也反映在民族党（National Party）发表于 1882 年 1 月的宣言中，乌拉比民族主义者宣布他们决心获得独立地位和建立自治政府，同时也宣布忠诚于哈里发，以此显示对全球穆斯林社群的忠诚。这份宣言表明了埃及民族主义的民族基础和伊斯兰基础之间的联系和交织。运动的参与者和各股社会势力的战略性目标趋于推翻欧洲势力并推翻宫廷。

十分有趣的是,乌拉比团体的构成表现出了民族主义运动内部同质性的缺乏和乌里玛内部的分裂。有一些乌里玛的高级成员从始至终都支持乌拉比运动,而其他一些高级成员最初则是很勉强地参与乌拉比运动。相似的是,阿富汗尼的狂热信徒——伊斯兰现代主义思想家穆罕默德·阿卜杜(Mohammed Abduh)和极正统派教士谢赫伊莱什(Sheikh Illaish)都成为乌拉比运动中重要人物。比如,阿卜杜一边宣扬和传播遭到驱逐的阿富汗尼的观点,一边积极地参与乌拉比运动。他很快就成了乌拉比民族主义者反对派的民众组织领导人之一,他们呼吁体制性的政治和社会改革,这样的改革可以在埃及人的自我管理中让人民扮演更重要的角色。[12]尽管民族主义运动具有异质性,但宗教是将新一代埃及人定义为一个政治共同体的主要框架。这些民族主义运动的参与者——世俗主义者、半世俗主义者、宗教现代主义者和正统宗教人士的集合体——的最终目标聚焦在反殖民主义上。这场反对殖民主义的斗争掩盖了他们对一个独立埃及的政治表述的不同看法。

与在应对其他地区民族主义和行动主义觉醒时一样,英国人迅速调集了一支大型远征军队来镇压乌拉比运动,并成功于 1882 年在泰勒凯比尔(Tel el-Kebir)的战斗中击败了革命军。[13]英国殖民者试图镇压顽固的乌拉比运动并使之销声匿迹,他们流放和关押了这场运动的领导者,乌拉比本人被流放到斯里兰卡。在回忆录中,他指出英国的军事介入是乌拉比运动失败的主因。[14]尽管英国人声称他们对埃及的占领只是暂时的,但是英国的占领又延续了 75 年。

19 世纪末的自由主义之辩

在占领埃及后，英国为维护自己的控制所采取的第一个措施是查禁所有支持乌拉比运动的报纸，[15] 这既针对记者，也针对民族主义者。[16] 尽管在埃及内部的审查越来越严格，英国人还是鼓励一群基督教世俗作家从黎巴嫩移民到开罗。1884 年，雅古博·萨鲁夫（Ya'qub Sarruf）和法里斯·尼姆尔（Faris Nimr）——两位黎巴嫩学术圈和知识分子圈中的活跃人士启程来到了埃及。在黎巴嫩时，这两位都是叙利亚新教学院（现在被称为贝鲁特美国大学）的教师，他们打算出版一本专注于现代科学技术的杂志。他们的杂志遭到知识分子中最保守分子的强烈反对，甚至他们的雇主也对他们的世俗主义越来越不满。相比之下，他们来到埃及首都后，英国当局却允许他们重新开办《精英》（*al-Muqtatal*）杂志。1892 年时，同样来自叙利亚新教学院的茹尔吉·扎伊丹（Jurji Zaydan）出版了另一本出版物，名为《新月》（*al-Hilal*）。这两份杂志拥护科学而不是宗教在文明进步中起到的关键作用。给杂志供稿的作者包括什波里·舒梅伊勒（Shibli Shumayyil），他是一个达尔文主义、唯物主义和社会主义的狂热支持者。1897 年，反对教权主义的黎巴嫩记者法拉赫·安通（Farah Antun）离开的黎波里前往开罗，在那里创办了一本名为《星期五》的杂志，出版了卢梭、厄内斯特·勒南等人的法文作品。值得注意的是，安图恩既是叙利亚作家拉希德·里达 (Rashid Rida) 和穆罕默德·阿卜杜 (Mohammed Abduh) 等伊斯兰现代主义者的朋友，也是他们在思想上的对手。

尽管国籍不同，这些作家却促进了阿拉伯人之间的对话，世俗主义思想将再次质疑宗教在这个国家的地位。这反过来促进了埃及国家政治领域的进步和国家共同体的巩固。尽管当局一再压制，但是关于伊斯兰教、民族主义和进步之间相互作用的政治辩论仍在继续。

在 20 世纪的头十年，民族主义者视魅力非凡的穆斯塔法·卡米勒 (Mustafa Kamil) 为他们的领袖，他强烈反对英帝国主义，但与法国保持联系。他的观点与埃及知识分子所面临的地缘政治现实有着内在的联系。卡米勒最初在法国、赫迪夫阿巴斯·希尔米二世和苏丹阿卜杜·哈米德（Sultan Abdul Hamid）那里得到了反英支持，他们都曾在物质上支持过卡米勒的行动。[17] 作为他反英斗争的一部分，阿巴斯·希尔米二世支持了由卡米勒和其他埃及人，如艾哈迈德·鲁特菲·赛义德 (Ahmad Lutfi al-Sayyid) 等建立的民族复兴协会 (Society for the Revival of the Nation)，该组织不久后就发展为民族党 (National Party)。1900 年，在政府的支持下，卡米勒创办了《旗帜报》(*al-Liwa*)，通过它来传播组织的观点。然而，随着 1904 年《英法友好协定》(Anglo-French Entente Cordiale) 的签署，卡米勒脱离了赫迪夫，转向了奥斯曼帝国苏丹。1906 年 6 月，在丹沙微事件 (Dinshawai Incident) 之后，他领导了一场反对赫迪夫和英国殖民政府的起义。丹沙微事件是丹沙微村的村民和一群外出猎取鸽子的英国军官之间爆发的冲突，该事件导致英国士兵死亡。被卷入的埃及人被拖到英国军事法庭，结果是四个不识字的农民被处以绞刑，另有许多人遭到关押。英国人对农民实施的残酷镇压激起了全国人民的愤慨，人们感到埃及受到外国仇家不断的羞辱。卡米勒借助国际媒体来发泄他对殖民当局的愤怒和失望，并且在 1906 年 7 月 11 日在法国的《费加罗报》(*Le Figaro*) 上发表了一封言辞激烈的控诉信，揭露了殖民主义的血腥残暴并公开嘲弄了庭审过程中独立司法的缺失。这件事和它的后续影响"对埃及民族主义运动比卡米勒十二年来的奔走呼号产生了更大的效果"。[18] 卡米勒

45

领导的革命的一个关键特征是，它是和平的，围绕着他在报纸上发起的运动展开，包括阿拉伯语的《旗帜报》，以及另外两家英语和法语出版物，它们都传播和宣扬了民族党的观点。丹沙微事件在欧洲自由主义者中间引起轩然大波，英国的自由政府"宣布了一项新政策，目的是让埃及尽快为建立自治政府做准备"。[19]1907 年 5 月，强硬的殖民主义者克罗默勋爵 (Lord Cromer) 从埃及总领事的职位上退休。克罗默勋爵以身体欠佳为由离职，部分原因与丹沙微事件和随后的争议有关。卡米勒和其他民族主义者将他的离任视作他们长久以来反抗英国殖民统治的胜利果实。[20]

在这段自由主义和民族主义政治的繁荣期，各个政党应运而生。克罗默勋爵的继任者艾尔顿·格斯特 (Eldon Gorst) 的半自由主义意识形态在一定程度上推动了这一进程。虽然格斯特政策的目的是巧妙地巩固英国的控制，但他们也允许同时进行政治 – 宪法和激进的行政改革，比如让更多的埃及人担任政府职位。[21]仅在克罗默勋爵离任的 1907 年，就有 9 个新政党成立，其中包括民族党 (al-Hizbal-Watani)、社群党 (al-Umma)、立宪改革党 (al-Islahala al-Mabadi al-Dusturiyya)、自由党 (al-Ahrar)、贵族党 (al-Nubala')、埃及党 (al-Masri)、共和党 (al-Jumhuri) 和神圣社会主义党 (al-Ishtraqi al-Mubarak)；其中的三个政党将会掌控埃及人的政治生活半个世纪之久。[22]尽管这些政党的社会基础是范围狭窄的精英人士，但就大多数埃及人关心的核心问题，如英国占领问题，各党派的议程差异很大。埃及政治环境的改变反映出经济发展惠及了新兴的中产阶级。在英国占领之后，税收大幅增加，但由于面临着来自越来越多无地农民和不满的地主家庭的大规模叛乱威胁，埃福林·巴林 (Evelyn Baring，也就是后来的克罗默勋爵) 的殖民政权维持低税收政策，这使得由拥有土地的家庭组成的新中产阶级得以巩固并逐渐崛起，他们逐渐变成土地资本家和企业家。丹沙微事件过后，英国人对民族主义情绪的高涨采取了更为软化的立场，并将一些埃及人纳入政府部门，他们被允许在政府推行改革。

在 20 世纪最初的十年里，埃及的新中产阶级已经在殖民制度中发展出了一种既得利益，他们的民族主义被一种信念压制，他们坚信可以依靠在教育、行政和伊斯兰法律领域推行自由主义改革来实现独立。一个恰当的例子是穆罕默德·阿卜杜和萨阿德·扎格鲁勒 (Sa'ad Zaghloul) 在英国殖民政府中的地位，以及拉希德·里达直到 20 世纪 10 年代中期对英国人的包容立场。

三个最有影响力的政党中第一个出现的是社群党，由一群富有的名流、杰出的政府官员和年轻的情报学者于 1907 年 9 月成立。社群党的纲领得到了拥有土地的埃及精英阶层的拥护，也吸引了杰出知识分子的支持，他们通常是爱资哈尔的反叛成员，包括艾哈迈德·鲁特菲·赛义德、塔哈·侯赛因 (Taha Hussein)、穆罕默德·侯赛因·海卡尔 (Muhammad Hussein Haykal) 和穆斯塔法·阿卜杜勒·拉齐克 (Mustafa Abdel Raziq)。社群党通过其官方报纸《新闻报》(*al-Jarida*) 传达了自己的计划，它呼吁和英国人合作，反对泛伊斯兰主义并谨慎地反对赫迪夫。社群党同样强调埃及人需要自力更生，获得独立要依靠自己的努力。[23] 它追求的是自由派和西化政策，关注建立国家，提倡国民团结，鼓励贸易和发展工业，推动教育自由和新闻自由，提倡女权和民主。社群党的主要发言人是艾哈迈德·鲁特菲·赛义德，他也是《新闻报》的编辑。他毫不掩饰地拒斥埃及继续和奥斯曼帝国保持政治联系的观点，并明确地支持"将伊斯兰教从公共领域驱逐"的世俗民族主义。[24] 赛义德提出，埃及的现代化应该"像欧洲人那样以希腊和罗马

47

经典为蓝本"[25]来实现。和赛义德的观点形成对比的是穆罕默德·阿卜杜，他在宗教领域（伊斯兰教）和世俗领域（现代性）之间寻求妥协。

第二个建立的政党是民族党，它拥有社会基础，发展势头良好。民族党是穆斯塔法·卡米勒在 1907 年 10 月成立的，他宣布"埃及独立"是民族党的根本和必要目标。[26]民族党的主要目标是使英国军队离开埃及并要求赫迪夫批准一部宪法，限制他手中的巨大权力。民族党主张加强与伊斯坦布尔的关系，这一政策的基础是它坚信结束英国的占领需要得到奥斯曼帝国的支持。[27]尽管卡米勒的民族主义中保留伊斯兰认同，但他的门徒中也包括维萨·瓦西夫（Wisa Wasif）和莫库斯·汉纳（Murqus Hanna）这样的科普特基督徒，卡米勒呼吁埃及的基督徒和穆斯林团结在国家的旗帜之下。[28]

第三个重要的政党通常被称为立宪改革党，它成立于 1907 年 12 月，创建者是一群忠于赫迪夫的宫廷人物。他们的喉舌是《拥护者报》（*al-Mu'ayyad*），由谢赫阿里·优素福（Sheikh 'Ali Yusuf）领导，这份报纸宣扬切断和奥斯曼帝国的联系，转而把注意力集中在确保"英国人兑现其在占领埃及时做出的承诺"上。[29]

其他的小党，比如自由民族党（Hizb al-Watani al-Hurr, the Free National Party），它甚至比新祖国党和立宪改革党更为直接地呼吁和英国占领者保持更紧密的联系，这是围绕改革、教育和西方化等口号的政治框架的一部分。自由民族党的报纸《穆卡塔姆报》（*al-Muqattam*）认可英国在埃及的政策，它认为，在先进的欧洲国家影响和监督之下建立稳定的行政系统是实现改革的最佳之路。[30]成立于 1908 年的显贵党（Hizb al-A'yan）代表的是埃及的土耳其社群残余势力，他们呼吁和奥斯曼帝国及英国占领者保持更为紧密的联系。与此同时，主要由科普特人组成的独立埃及人党 (Hizb al-Mirsryyin al-Mustaqillin) 呼吁国家机构政教分离，要求埃及和苏丹统一以及对外国人和少数族裔实施更广泛的保护。

埃及自由开放社会的繁荣受到英国殖民当局所施加限制的严重阻碍。格斯特一度抛弃了他的宽松政策转向更为严苛的政策，他使用紧急手段和法律来压制各个政党的领导者。[31]1909年3月施行的立法案让内政官员可以暂停或关闭报社而不必经过司法程序。[32]另一项法律规定记者有可能在刑事法庭而不是轻罪法庭受审。这些法令为关闭与新祖国党有关的报社并关押出版人员埋下了伏笔。《埃及方圆报》(*al-Qutral-Misri*)的艾哈迈德·赫尔米 (Ahmet Helmi) 是这一时期的一个著名案例。[33]

殖民当局对社会主义政党的打压十分猛烈。1908年，神圣社会主义党刚成立，英国人就关闭了它。同样，1914年，殖民当局关闭了一家社会主义者创办的杂志《未来》(*al-Mustaqbal*)，这本杂志的创办人是萨拉马·穆萨 (Salama Musa)，他是一名记者兼作家，出生在一个富裕的科普特家庭。在法拉·安通和什波里·舒梅伊勒的影响下，穆萨也在开罗成立了一个社会主义者团体。即使是法律允许的政党也遭到立法上的限制，它们从未被允许享有行政权，权力完全掌握在英国殖民当局手中。[34]即使这些政党在民众中得到很大支持也无济于事。[35]

对言论自由的限制导致埃及人的政治生活呈现出两个新特点：第一，秘密地下社团出现，据报道，到1911年已有27个地下组织；第二，正如民族党领导人穆罕默德·法立德决定搬往土耳其，作出表率那样，"政治出走"(politics of exile) 作为一种坚持反对英国殖民主义的抗争方式开始出现。[36]

在20世纪最初十年，活跃在埃及的各个政党反映出埃及社会精英阶层态度的异质性，他们对宫廷、英国人和奥斯曼帝国持有不同的态度，既没有形成共同的愿景，也没有就一个独立的埃及国家的身份认同达成民族共识。世俗主义者观念的传播常常能得到英国人的大力支持，对伊斯兰教的压制是民族主义的潜在基础，奥斯曼帝国持续的衰落都极大地促进了宣扬自由主义价值观的政党的发展，它们只是坚信资本主义是实现现代性的载体。这些不同的党派都宣扬自由主义价值。从某种程度上说，它们成立的动机更多是完善自我，很少是建立一个具有凝聚力国家。

20 世纪 20 年代的世俗自由政党华夫托党

20 世纪最初 20 年间显现出的埃及政治图景的活跃和多元在第三次民众革命时达到顶峰，这场革命的领导者是萨阿德·扎格鲁勒，革命发生在 1919—1922 年。革命的结果是 1922 年 2 月 28 日颁布《独立宣言》，该宣言赋予埃及有限的独立权。在施行了一年之后，新宪法使扎格鲁勒的自由华夫托党一度主导了埃及政治。事实上，从 1922 年到 1953 年自由军官们宣布解散所有政党之间的这段时期常常被视作现代埃及政治的"自由时代"。[37] 然而，这样的标签简化了英国占领下更为复杂的不自由的现实。尽管埃及名义上独立，但体现欧洲人法律优越性的治外法权制度和混合法庭仍然存在，直到 1936 年《英埃条约》签订后才有所改变。尽管这一时期充满了乐观情绪和活力，但埃及王室（更不用说英国）持续的独裁统治，让这个半自由主义计划从一开始就注定要失败。准自由主义时代的内在失败和最终崩溃，为 30 年代后期之后极右翼民族主义和伊斯兰主义团体的崛起铺平了道路。[38]

1919 年，扎格鲁勒的人民革命反对英国的统治，反对第一次世界大战期间殖民统治下的经济困难和苦难。与乌拉比和卡米勒的运动不同，扎格鲁勒的革命目标是更进一步的政治独立和经济平等。然而，扎格鲁勒的革命是新一代民族主义领导人发动的，这些人既不相信世纪之交出现的泛伊斯兰的亲奥斯曼帝国情感主义，也不支持穆斯塔法·卡米勒民族党的"浪漫主义"。[39] 相反，扎格鲁勒的一代人接受的是世俗的自由派的观点。[40] 到 1918 年，新的民族主义领导人普遍意识到地主、金融业者、工业和商业企业家都和政治独立有着巨大的利益关切。[41] 在第一次世界大战结束后的一系列和平会议中，扎格鲁勒和他的支持者在全国的各种组织和团体中收集证词，希望能组成一个代表团获准和英国官员协商埃及独立事宜，英国当局则大力压制这些新的民族主义者的领导力。英国军事部门说服了内政部出手阻止这些代表团。英国人也阻止华夫托人士和任何其他的代表团去往伦敦或巴黎，并强迫扎格鲁勒在马耳他和塞舌尔流亡。在英国没收证词并拒绝了他们的旅行许可后，华夫托派成功扩大了他们运动的规模，在全国范围内组织了抗议示威，运输工人、法官和律师的罢工，甚至暴力攻击了英国军事人员。面对越来越难以压制的动荡局面，英国当局最终同意了扎格鲁勒和与他持同一立场人士的要求，让他们成为独立的代表人和发言人参与埃及独立事宜的磋商。[42] 胜利果实的象征就是 1922 年 2 月 28 日的《独立宣言》，在这份宣言中英国政府在原则上认可了埃及是一个独立的主权国家，尽管在实践中允许殖民的英国继续干涉埃及的内政。

1923 年 9 月，扎格鲁勒身边的华夫托组织正式成为一个政党，他们的目标是让埃及从英国那里获得完全的独立，建立立宪政府，保护公民权利和埃及在苏丹和苏伊士运河的主权。[43] 尽管华夫托党后来成为主导埃及人政治生活长达 20 多年的力量，但是从一开始，他们就面临阻碍他们达成目标的种

51

种困难。这些困难包括宪法的权力集中在国王手中，宪法成了国王实现其独裁统治的工具，还有英国人不断蓄意阻挠。从原则上讲，宪法的颁布宣告了埃及人政治生活新纪元的到来，这部宪法是前所未有的根本性文件。尽管 1882 年通过的《基本法》（Basic Law）是一座重要的政治里程碑，正式规定了内阁和议会之间的权力分立，确保了议会成员的独立，但它没有包括一部宪法，也没有涉及个人的权利或义务。相比《基本法》，1923 年宪法坚持了自由主义的衡量标准，比如专门制定了 21 条，阐述了埃及人的权利和义务，其中包括保护通信隐私，信仰、宗教和言论自由。[44]

但是，1923 年的宪法被证明存在巨大的瑕疵，因为它赋予了国王广泛的权力，包括选择和任命首相的权力、用王室法令解散内阁的权力、否决众议院（Chamber of Deputies）颁布的法律的权力、任命参议院主席和参议院 1/5 成员的权力，以及最为重要的解散民选议会的权力。[45]1925 年召开的首次议会反映出宫廷和华夫托党之间的矛盾以及宪法的先天缺陷。在 10 小时之久的开幕阶段结束后，国王解散了华夫托派人士主导的集会，以报复他在开幕致辞时华夫托派人士在台下高喊"扎格鲁勒万岁！"的口号。国王重申了他的权威并嘲讽了他一直憎恶的立宪。[46]他也对宪法条文十分不满，因为虽然宪法条文赋予了他巨大的权力，但是它也给了埃及公众以力量，这就为选举做好了准备，选举将迫使国王允许他厌恶的华夫托党人组建政府。另一个有争议的观点是，1923 年的宪法重申了外国人在埃及的权利的优越性，这清楚地表明殖民当局对宪法施加的影响。

在接下来的 20 年中，试行宪政的可行性不断受到威胁，宫廷努力通过建立王权专制取而代之。此外，尽管在 20 世纪 20 年代允许埃及独立，但英国驻埃及办事处并没有放松对其前殖民地的铁腕政策。英国的干预，特别是代表王室的干预，对宪政时期的合法性和可持续性造成了沉重打击。华夫托党的民族主义议程、所拥有的广泛支持和发动群众的重要能力让英国殖民者感受到了威胁。[47]结果是，在整个 20 年代，在埃及政治事务中只要有英国参与，其目标就是以镇压手段削弱华夫托党的影响力，手段包括实施戒严法，关押扎格鲁勒和其他民族主义者领袖，一次又一次地出动军舰和坦克向埃及精英阶层发号施令。英国人偏爱和非华夫托派人士的内阁共事，除非他们要商定只有华夫托党能够实现的英埃条约。[48]比如说，在 1924 年 11 月，英国介入华夫托党内阁的事务，这是因为扎格鲁勒政府为了落实 1923 年宪法，开始将国家机构"埃及化"，并将此举作为国家真正独立的宣示。[49]这种埃及化的举措直接削弱了英国官员的实权，因此英国官员向扎格鲁勒发出最后通牒强迫他辞职。[50]英国人制定了反对扎格鲁勒政府的方针，提供机会让"理性的埃及人维护自己的权利"。[51]英国人在 1926 年又一次干涉埃及内政，扎格鲁勒的政党赢得了当年的普选，但英国人强迫扎格鲁勒谢绝新近组成的内阁所提供的总理职位。为了让扎格鲁勒认识到他们的威慑力，英国人派出战舰到亚历山大港，让扎格鲁勒和他的支持者亲眼看到了英国人发出的信号。[52]英国在 1927 年第三次干预，当时议会推动在管理军队方面获得更大的自治权，任命埃及指挥官取代英国领导层，改善埃及学员的训练，并扩大作战部队。在英国人的压力之下，华夫托人士支持的阿卜杜勒·哈勒克·萨尔瓦特（Abdel Khaleq Tharwat）内阁不得不接受延续旧有条款的安排，确保了英国总监察长（inspector general）对埃及军队的指导和管控。[53]然而，直到 1928 年英国第四次公然干预华夫托党穆斯塔法·纳哈斯（Mustafa Nahhas）内阁时，[54]英国驻埃及的代表劳埃德勋爵（Lord Lloyd）才深信，议会制度不适合

53

作为治理埃及的手段。[55] 劳埃德勋爵不仅强烈要求国王不要批准议会通过的法律，并且越来越希望将议会解散。他提议采取一系列行动来避免"华夫托党获得对陛下发号施令的力量，在这种情形出现之前应该采取必要的措施来将华夫托党除掉，以免陛下的最高权威受损，以及被迫使用大量军力才能将他们压下去"。[56]

保护英国利益的目标直接削弱了埃及的独立性，并播下了与埃及历届政府冲突的种子。[57] 总的来说，英国人和埃及国王是在埃及拥有最大权力的政治势力，他们是立宪失败的根本原因。从一开始，双方都将宪政视为对其霸权的威胁，并不遗余力地遏制它在社会中的发展和巩固。最重要的是，英国当局和特立独行的国王为了自己狭隘的利益而牺牲了宪政，在思考为什么民主没有在阿拉伯土地上扎根的问题时，这一点值得一提。

20 世纪 30 年代和 40 年代的政治、经济幻灭与解放斗争

尽管华夫托党最初公开批评 1923 年宪法赋予国王的巨大权力，但是华夫托党遵循着游戏规则，他们并不曾限制国王在宪法上的特权，也不曾挑战宫廷对宪法文件一次又一次的违反。最终，华夫托党的政治短视和对权力自私自利的追求也侵蚀了立宪的基础。扎格鲁勒希望能从新宪法规定的安排中获得政治利益。他甚至为他最初批评的草案喝彩，以这样的姿态拥抱"现代原则"，并宣布所有权力都来源于"人民"。[58]

1936 年，埃及和英国签署了《英埃条约》。这份条约在理论上束缚了英国人的双手并将他们的军事存在主要限制在苏伊士运河地区。随着埃及在 1922 年取得名义上的独立，这份条约让英国和华夫托派首相穆斯塔法·纳哈斯领导的埃及代表团

多年来的协商内容得以正式化。华夫托党和它的领导人庆祝该
条约让埃及获得了真正的独立。但是，所有派别的民族主义批
评人士都指出，这份条约虽然遏制了英国对埃及主权的侵犯，
但是英国人保留了他们在其核心利益受到威胁时可以随时介入
埃及内部事务的权力。实际上，这份条约进一步深化了华夫托
党支持者之间的分歧，他们中的许多人都认为民族主义议程受
到损害，而民族主义议程正是华夫托党得以存在的正当理由。
华夫托党没能实现工人劳动者和乡村人口的利益，也没能遏制
两次世界大战之间人民生活费用的攀升，它的信誉基础进一步
遭到侵蚀。

　　20 世纪 20 年代初期扎格鲁勒革命之后的乐观情绪，到 30
年代末已经让位于对国家和人民处于奴役状态的预感。埃及的
命运、政治和经济都不掌握在自己手中。居住在埃及的英国人
一直把持着埃及政治，并通过对王室提供支持来反对经合法选
举产生的代表和政党，这种状况也宣示了人民意愿的无效。英
国频繁介入埃及内部事务，而且常常暴力镇压示威者和异议
者，这样的情形不断地在生活的方方面面提醒着埃及人应该反
抗英国的殖民统治，驱逐英国的势力，即便是诉诸武力也在所
不惜。腐败的政治阶层在捍卫埃及国家利益时表现得既软弱又
扭捏，这也在埃及人中间形成了一定程度的共识。

　　在过去，埃及的企业家和银行家刺激了埃及的经济活动，
他们把国家发展视作他们策略的核心目标。但是，久而久之，
自私自利的政治关系网允许外国利益长时间地主导埃及的经济
生活，阻碍了以土地改革和扩大本土制造业为基础的国家综合
发展，这种发展本应提高公民的福祉，并将城市工人阶级和农
民从极端贫困和困境中解救出来。[59] 土地改革和扩大本土制造
业的愿景受到了限制，原因是大多数的自由派政党都是由拥有
地产的资产阶级组成的。在两次世界大战之间的几年中，随着

55

工业的繁荣和金融行业的发展，资产阶级在这些新生的经济领域中发展出了相关利益。他们关注自己的利益，这种情形就解释了为何华夫托党政府不曾采取或实行任何彻底的农业改革，也没有通过任何法案来关照工人阶级的权益。[60]

历史上，埃及是资本主义世界体系的原材料和初级产品生产国，虽然简化历史可能会忽略一些复杂性或细节，但总体来说，大多数埃及人既不拥有生产资料，也未能享受到成果，只有一小部分上层显要人物、地主和商人例外。默里斯·迪布 (Marius Deeb) 的重要著作《埃及的政党政治》(*Party Politics in Egypt*) 提到，外国公司更愿意雇用常驻的外国人，而"埃及人很少有机会在商业领域找到工作"。[61] 这意味着虽然国立小学入学人数增长了 3 倍，开罗大学的学生人数也增长了 2 倍，但是人民面临高失业风险。[62] 在失业和经济前景黯淡的局面下，正在兴起的中产阶级和工薪阶层都感到被排斥和边缘化。到 20 世纪 30 和 40 年代，被殖民者和殖民者之间的分歧越来越大，开罗重构的城市空间也说明了这一点。埃及首都开罗成了一个被隔离成不同区域的城市，最富有也最发达的区域是欧洲人和外国侨民居住的，而最贫穷和最不发达的地区居住着埃及人。[63]

工薪阶层和佃农的处境尤其糟糕。20 世纪 20 年代初期的棉花价格崩盘，指标数值 (index figure) 从 1920 年底的 200 下降到 1921 年 3 月的 20，这导致人均国民收入下降了 10%，农民受到的打击尤其严重。[64] 工人的状况在 30 年代大萧条时也变得同样艰难，国家面临着社会危机和"严重的经济紧缩"。[65] 埃及的出口额在 1928~1933 年下跌了 1/3，部分原因是世界棉花价格从每坎塔尔 (qantar)26 美元降到 10 美元。[66]

执政的政治精英没有通过立法来改善城市贫困工人的悲惨状况，反而挤压新兴的工会，以进一步削弱日益壮大的工人阶

级运动。在整个20世纪20年代和30年代，有三个主要原因
导致工会组织几乎没有获得发展。第一，各政党"通过组织各
自的工会寻求控制工业劳动力，并把工会当作政党机器的附属
品"。[67] 比如，1930年10月，华夫托党组建了贸易工会，由
来自王室的阿巴斯·希尔米 (Abbas Hilmi) 亲王领导。在希尔
米"1933~1934年脱离了和华夫托党的联合并组建了埃及劳
工党 (Egyptian Labour Party)"[68] 之后，华夫托党又在1935
年组建了另一个工会。与之类似的是，自由派人士也组建了他
们自己的工会，由达乌德·拉提布 (Dawoud Ratib) 领导。甚
至连不受欢迎的伊斯梅尔·西德基 (Ismail Sidqi) 政府也设立
了劳工部 (Labour Bureau)。[69] 第二，这些工会并不能代表所
有劳动者，因为占埃及劳动力绝大多数的农业劳动者被排除在
外。这二十年间，华夫托党继续依靠自己在各省的代表人、指
派人和乡镇耆老来控制农业劳工的选票。[70] 第三，华夫托党颁
行了新法律，限制了贸易工会的行动。第一届华夫托党政府加
强了1923年的《结社法》(Law of Associations/Assembly)
以打击工会的行动，而且它在更早的时候修改了《刑法典》
(Penal Code) 的部分内容，允许当局采取有效行动来反对劳工
运动，这些行动被认为是在散播具有破坏性的无政府主义和反
立宪主义思想。包括有期徒刑在内的法律手段被用来反对政府
官员、公职雇员和交通系统部门的罢工。[71]

　　华夫托党在执政前后对待劳工组织的态度形成了尖锐的
对比，它曾和工人站在一起反对外国管理者对劳工的歧视性做
法，常常作为工人和政府之间的调停人。[72] 在回应心怀不满的
中低阶层成员时，华夫托党实行了社会改革，虽然这些改革
"无非就是增加个人在资本主义精英系统中的机会"。[73] 比如说，
华夫托党成立了农业银行为中小土地持有人提供紧急贷款，但
是"农业劳动力仍然没有得到加入工会的许可和土地改革，而

这些已经成为革命前埃及面临的重大社会问题，但是农业劳工最多只能得到一些口头上的承诺"。[74]

58 　　不断加深的政治分歧和悲惨的社会经济状况引发了严重的权力危机，最终导致统治精英阶层信用破产，其中包括那些最初的目标是挑战外国企业和资本的本土资本家。在普通民众眼中，政治和经济精英已经把国家主权摆在了狭小的贩售台上待价而沽。[75]虽然埃及的企业家和银行家曾在国内通过诸如埃及集团和埃及银行之类的计划来刺激经济活动，但是最终他们都沦为贪婪和利益交换的牺牲品，和国外资本串通起来谋取私利，牺牲更广泛的国家发展策略。华夫托党实施的政策适得其反，不顾更广大民众利益，被证明是埃及最可怕的敌人。人民对华夫托党的支持度下降，它也陷入内部争吵之中，争吵导致了领导层的分裂，他们纷纷出走组建自己的政党。这种内部分裂反而被国王利用。[76]最后，第二次世界大战爆发导致的通货膨胀进一步激进化了人们的观点，继续侵蚀华夫托党的信誉。结果是持有更激进论调的新组织出现在政治事业中，它们在不满的人民那里得到越来越多的支持。

　　华夫托党未能扩大自己的社会基础，尤其是没有在被称作"城市中产阶级"的阶级中扩大其社会基础，这些人是受过教育的城市中产阶级、工薪阶级和佃农。华夫托党由此也就失去了道德的指向标，背离了民族主义情感的初衷，消耗了自己的政治资产。许多高层成员道德沦丧且腐败。20世纪30年代中期到40年代，华夫托党为了自身利益与英国合作，牺牲了埃及的主权和尊严。它越来越不受欢迎，自称"国家良心"的言论也不再引起广泛共鸣。[77]尽管与国王的冲突逐渐侵蚀了其政治计划，但华夫托党依然执意推进计划，最终引发了人们对其所代表的自由宪政派的强烈反对。通过依赖殖民制度的威权框架，并使自身成为特定阶级利益的代理人，华夫托党和其余的政治精英与英国和王室一道，扼杀了政治自由，同时也扼杀了新生的政治社群。政府中的精英没能清晰地表达人民的要求，也未能在埃及是一个政治社群而不仅仅是一个国民想象中的社群的概念基础上实现不同社会阶层之间的真正对话。在立宪过程中，随着对自由派精神失去信任，埃及人越来越多地转而支持"真实性、正统性"的口号，革命行动成为带来改变的更可行的选择。

第二章

反殖民斗争和地下政治的黎明

在殖民统治下，越来越多的人被剥夺了选举权，这导致地下政治出现，并逐渐成为解放斗争的工具和武器。这一发展促使伊斯兰主义和民族主义两大政党发生冲突，并从根本上造成了埃及的分裂，给当代埃及的认同感和政治上留下了一道深深的伤疤。从 20 世纪 40 年代末至 50 年代初发生的分裂中，我们可以做两个重要的猜想。首先，埃及自由宪政的失败加深了亲英旧政权与人民之间的分歧，也促进了私人空间的政治化，表现为埃及革命地下运动或准军事组织的涌现。其次，在埃及政治共同体想象的核心中，自我／他者、国家／人民、公共／私
人之间呈现出尚未解决的二分形态，这反映了反殖民民族主义运动内部在军事和宗教角色上的分歧。这些分歧的出现为1952 年 7 月的政变和之后的暴力冲突埋下了伏笔。

20 世纪 40 年代的解放斗争

在第二次世界大战期间，尽管有各种条约规定了埃及的主权，英国人仍然把至关重要的帝国利益置于埃及利益之上。成千上万的英国和盟军军队涌向开罗更进一步提醒了埃及人他们的希望和志向落空。虽然有名义上独立的保证，但这个国家并不能将命运掌握在自己手里，而且它的统治精英在面对外国势力，尤其是英国人时表现得软弱又屈服。现状已无法忍受，随

着人们对像华夫托党等建制政党的信任逐渐消失，支持激进方案的情绪在全社会广泛蔓延。穆斯林兄弟会和埃及青年党是两种激进的替代政治的例子。穆斯林兄弟会运动是 1928 年由小学老师哈桑·班纳建立起来的。埃及青年组织最初是由律师艾哈迈德·侯赛因（Ahmed Hussein）在 1933 年成立的一个协会，1938 年发展成为一个激进的政党。在这两个群体中，埃及青年党反映出埃及对欧洲法西斯主义的认可并且越来越接受用暴力来达成政治目标。该党标榜的是极端民族主义和反对殖民主义的混合，他们的座右铭是"真主、祖国、国王"。埃及青年党建立了一支名为"绿衫军"（al-Qumsan al-Khadra'）的准军事组织，借此加强其反殖民立场和极端主义宗教世界观，并宣扬武力和自我牺牲的必要性。[1] 埃及青年党从在欧洲兴起的纳粹和法西斯主义运动中获得了启发和动力，他们和这些运动建立了具体的联系并且参加了 1936 年的德国纽伦堡大会。[2] 尽管埃及青年党强调宗教是独有的道德力量，可以给埃及带来文化复兴和光荣，但是青年党的方法和穆斯林兄弟会的方法有所不同。

62

　　与穆罕默德·阿卜杜提倡的开明伊斯兰愿景不同，穆斯林兄弟会提出了一种激进的伊斯兰主义计划，呼吁建立一个以《古兰经》为基础的政府并且拒绝把殖民框架作为改革的工具。[3] 虽然在穆斯林兄弟会成立初期，哈桑·班纳愿意在政治体系内工作，他和宫廷来往的信件也证实了他的这种态度，他在信中常常呼吁改革，但国王一再拒绝并不让他参与政府事务。班纳对腐败的政治精英和王室感到愤怒，很快就采取了超越政府的方法把穆斯林兄弟会变成不属于任何传统政治类型的组织。他坚持穆斯林兄弟会的非政治本质，将它定义为一个追求用《古兰经》来创造出"新士气"的"慈爱"社团，以"真主的知识"打破"物质主义的黑暗"。[4] 在整个 20 世纪三四十年代，穆斯林兄弟会日益壮大，在受欢迎程度、成员人数和阶层代表上超越了华夫托党。华夫托党的失败意味着城市新兴的中产阶层（专业人士、政府公务员），拥有土地的中层乡绅、市绅，以及大地主贵族中的民族主义者之间的社会联合已经分裂。[5] 这种联合保障了社会和政治的和谐，各个群体和阶层一同参与了示威、罢工和投票。科普特人等宗教少数派曾被纳入"民族主义者"议程中，很有影响力的华夫托党秘书长马克拉姆·奥贝德（Makram Ebeid）本人就是科普特人。在意识到穆斯林兄弟会的计划和意识形态的威胁性后，科普特人把这个组织视为疏远又有敌意的组织。与此相对应的是，科普特领导人发起了一场"复兴科普特民族主义的运动来对抗穆斯林兄弟会的激进伊斯兰主义思想"。[6] 狭隘观念（parochialism）和地方性集体意识（local asabiyya）浸入埃及人的社会肌理中，预示着缓慢的"自由主义之死"。宗教价值替代了自由派和民族主义情绪，它和人民的幻灭感一同产生作用，其影响将长期投射在埃及的政治发展中。

威权主义社会运动和政党的出现反映了 20 世纪 30 年代和 40 年代政治日益转向激进的宗教话语。激进的宗教和政治思想以及暴力本身都是埃及立宪主义被不断滥用和破坏的结果，而立宪主义的滥用和破坏则应归咎于国王、英国人和主要政党。雄心勃勃的革命和反霸权团体在埃及立宪主义的裂痕中成长。[7] 这些极端运动中的一些派别表现出了对欧洲法西斯主义的认可，但这只是一时之势，法西斯主义仍是一种社会边缘现象。同样，背景多元的公共知识分子的激进化和越来越多地利用宗教语言，也与当时的历史环境直接相关。20 世纪初，由于西方 18 世纪末出现了东方学研究，并且在 19 世纪末和 20 世纪初逐渐对伊斯兰学者产生影响，伊斯兰教成为西方和中东学术研究的一个重要课题。另外一个因素是殖民传教者想要"改革"

被殖民者的努力。像阿富汗尼和拉施德·理达这样的作者通过论证宗教在欧洲文明和身份的构成以及欧洲科学、军事和经济的崛起中发挥了关键作用，验证了他们将伊斯兰教作为文化更新和现代化的发动机的概念。另外，奥斯曼帝国的解体造成了伊斯兰权威的破碎，这种局面使得各种各样的社会运动都争先恐后地重新给伊斯兰下定义，以符合他们各自的独特路线。对于中东和北非的阿拉伯人民来说，第二次世界大战加重了经济困难，这种局面进一步加强了对伊斯兰规范和价值观的重视，人们将伊斯兰规范和价值看作一种有吸引力的框架，我们应该在这样的背景中理解埃及的社会与政治冲突。

形势变化的结果是，主要的现代主义思想家和华夫托党开始在他们的话语中使用伊斯兰符号和修辞。在早期，像塔哈·侯赛因、阿巴斯·阿卡德（Abbas al-Aqqad）以及穆罕默德·侯赛因·海卡尔这样的现代主义者采取宣扬欧洲文化，贬低传统价值观的态度。后来，现代主义思想家采取了一种浪漫主义的方式，主张退回到伊斯兰教史诗般的早期黄金时代，放弃早先对宗教遗产的批评态度，塔哈·侯赛因在他的《先知传》（*Ala hamish al-sira*）中充满感情地演绎了先知的生平。[8] 相似地，重要的立宪派人士海卡尔写了一系列关于先知和最初几位哈里发的作品，他用煽动性的语言强调他写作背后的动机是揭露"（基督）教会领袖和西方殖民者"反伊斯兰教的阴谋。他还说希望人类可以在伊斯兰教中找到"所追求的新文明"。[9] 阿巴斯·阿卡德关注伊斯兰教鼎盛时期，写出了一系列关于"天才们"（abqariyyat）的著作，在这些作品里他强调早期伊斯兰教的辉煌并着重描写伊斯兰历史上那些卓越、具有领袖魅力的领导者。[10] 这些现代主义作家呈现历史反思和悔意的作品强化了穆斯林兄弟会之类的以宗教为基础的社会运动的世界观，并为激进团体呼吁将纯粹的伊斯兰模式作为埃及变革的唯

64

一工具奠定了基础。正如一位西方学者所表述的那样，"知识分子们放弃了他们先前的坚持——理性主义和以西方文化为取向——却无法产生任何可行的受伊斯兰启发的替代方案"。[11]

引人注目的是，从 20 世纪 20 年代起，奉行世俗民族主义的华夫托党和国王都开始收买传统的宗教机构来打压对方。1927 年，当时由华夫托派控制的议会通过立法，将宗教学校和机构的控制权从爱资哈尔校长转移到教育部，国王支持爱资哈尔人士，他们反对新法案的口号是"打倒议会"。在 1930 年华夫托党政府倒台之后，国王任命自己人，谢赫穆罕默德·扎瓦希里为爱资哈尔的校长。在 20 世纪 40 年代，爱资哈尔大学发现自己处于宫廷和华夫托党的对立之中。国王和他的盟友们认识到了宗教机构在反对华夫托党和立宪决议的斗争中可以发挥重要的作用。[12] 以国王法鲁克为例，他沉迷于酒色是众所周知之事，然而当 1942 年 2 月 4 日英国坦克包围了他的宫殿，强迫他受辱地任命穆斯塔法·纳哈斯为首相以后，法鲁克国王留起了大胡子并按时参加星期五的主麻拜（聚礼日礼拜）。尽管他的动机并不为人所知，但是法鲁克展示出来的虔诚要么是对英国占领者的藐视，要么是在遭到世俗的华夫托党和霸权的外国当局的羞辱后的某种反动转变。尽管法鲁克滥用和利用神圣权威，宗教机构仍保留了挑战宫廷的意愿和能力。这一点在 1945 年法鲁克与其妻埃及公主法丽达（Farida）离婚后得以证明。当时，他要求爱资哈尔的宗教长老谢赫穆斯塔法·马拉吉（Sheikh Mustafa al-Maraghi）颁布一条教令禁止法丽达再婚，但是长老拒绝了他的要求，这使得法鲁克勃然大怒。[13]

在这个时期，另一个改变埃及政治的重大变化是巴勒斯坦日益紧张的局势，这推动了激进自治政治的兴起，泛阿拉伯主义在肥沃的新月地带扎根，同时也把阿拉伯问题带进了埃及。丢失巴勒斯坦对埃及当局合法性的打击比任何其他的地区性变动或国际变动都更严重，它进一步让埃及的政治图景激进化。
阿拉伯主义最初被用来反抗奥斯曼帝国对阿拉伯人民的控制，
后来逐渐发展为对抗殖民者并确立埃及身份的一种手段，以应
对帝国主义。

20世纪二三十年代，随着犹太复国主义者（锡安主义者）
和巴勒斯坦人之间的冲突愈演愈烈，所有邻近的阿拉伯国家都
受到了影响。巴勒斯坦的悲剧引起了持各种信仰的阿拉伯人的
共鸣，使他们想起欧洲长期的殖民统治。对阿拉伯人，以及许
多非阿拉伯穆斯林来说，巴勒斯坦的悲剧代表着殖民欧洲对弱
势群体犯下的又一恶行。普通埃及人害怕犹太复国主义者征服
这片土地及其圣地，他们同情巴勒斯坦人，许多人自愿与他们
并肩作战，死在战场上。此外，埃及异见人士和反对派从一开
始就把国内殖民主义解放和巴勒斯坦解放联系起来。许多人相
信，只有埃及打破了它的殖民枷锁，巴勒斯坦才能获得自由。

但是即便如此，埃及官方对巴勒斯坦人的支持仍是有限
的。主流政党和王室都没有在巴勒斯坦问题上投入太多社会和
物质资本。20世纪20年代，埃及政治家们把更多的精力放在
国内政治斗争上，目的是结束英国人在埃及的长期存在，而不
是关注邻国阿拉伯和伊斯兰国家的事务。[14] 正因如此，埃及政
府并未在20世纪20年代积极地参与巴勒斯坦事务，尽管它在
30年代变得更为积极。[15] 在1938年7月，"华夫脱青年和巴
勒斯坦青年举行会议，并通过决议，呼吁穆斯林和阿拉伯人代
表巴勒斯坦团结起来"。[16] 自由派立宪主义者也采取了亲巴勒
斯坦的立场。该党领导人之一、埃及参议院主席穆罕默德·侯
赛因·海卡尔曾在1937年发出警告，指出了"在巴勒斯坦建
立犹太国家的内在危险"。[17] 尽管有这些声明，但埃及的统治
精英们过度沉迷于在国内争夺政治优势，没有表现出对巴勒斯
坦的兴趣或做出真正的支持。海卡尔日记中的内容更好地解释

66

了政治精英为何对巴勒斯坦问题犹豫不决：

> 埃及不同政党中的政治人物［面对巴勒斯坦问题］都持有消极的态度，这是无比高超的智慧。埃及和英国关系问题和在两国关系中的各项事务都要求埃及完全投入并使出浑身解数。这些努力如果被放在巴勒斯坦或其他事情上的话，将会危害到埃及人的独立斗争。萨阿德·扎格鲁勒帕夏和其他政治人物都直言不讳地表明了这种立场。[18]

67　　总的来说，政治精英希望保护埃及不受巴勒斯坦争议事态的影响，并防止反对派组织利用巴勒斯坦人的困境作为打击政府的武器。20 世纪 20 年代，阿拉伯人和犹太人就西墙的地位问题在耶路撒冷爆发了抗议活动，自由宪政政府甚至审查了埃及媒体上的反犹太复国主义（锡安主义）文章，以免这些报道激怒国内舆论。埃及首相伊斯梅尔·西德基甚至下令驱逐了许多在巴勒斯坦冲突后逃至埃及的巴勒斯坦人。[19]

在这样的背景下，继任的几届政府对巴勒斯坦事态都只是胡乱草率地回应，用一些权宜之计来平息国内舆论并弱化其他阿拉伯国家的声音。1937 年，当埃及公众对英国皮尔委员会（British Peel Commission）巴勒斯坦地区分而治之的提议表示愤慨之时，摄政委员会（Regency Council）主席穆罕默德·阿里亲王（Prince Mohamed Ali）避免了和英国人对抗。他没有扮演更为主动的角色来直接支持巴勒斯坦人，他反而给英国外交部和在巴勒斯坦的英国高级专员写信建议英国成立阿拉伯 – 犹太联邦（Arab-Jewish federation）。[20]

面对埃及政治机关对巴勒斯坦的冷淡、麻痹态度，包括伊斯兰主义者、民族主义者、女权主义者、学生团体、作家和年轻军官在内的埃及社会各界人士行动起来，他们聚集在一起支持巴勒斯坦人，给政府施加压力，要求政府也和他们一道支持巴勒斯坦的抗争。非执政党派的民族党宣布，他们全力支持巴勒斯坦人的斗争并且和其他组织一同呼吁在 1947 年 9 月 16 日这一天举行亚历山大城 16 小时大罢工，以抗议联合国分治决议。这些组织还响应了阿拉伯高等委员会（Arab Higher Committee）[21] 提出的在 10 月 3 日举行整个阿拉伯世界的全面罢工以抗议联合国决议。年轻人聚集在爱资哈尔清真寺呼吁人们支持罢工。

　　在自始至终支持巴勒斯坦人权益的团体中，埃及女权主义联盟（Egyptian Feminist Union）由胡达·沙拉维（Huda Sha'rawi）于 1923 年建立，致力于投票权、教育、着装自由等女权事务。[22] 沙拉维等人后来把议程扩展到了更广泛的民族主义诉求上面，包括反抗英国占领。1936 年大罢工是巴勒斯坦人的第一次重大抗争运动，女权主义者联盟立即发起了公众募捐，各地的女性团体也积极地筹集善款。[23] 此外，他们还向英国政府、国际联盟和国际妇女组织发出电报，要求它们加入埃及人的行列，谴责犹太复国主义移民到巴勒斯坦。[24]

　　埃及政治机构拒绝对巴勒斯坦提供直接支持，这为埃及出现的新的激进政治行动者创造了机会。青年埃及党（Young Egypt）是最早呼吁为巴勒斯坦民族事业募集私人捐款的团体之一，他们也呼吁人们抵制锡安主义者的商品，并拒绝皮尔委员会的分治方案。青年埃及党的创立者艾哈迈德·侯赛因写道，这份分治提案的目标是把阿拉伯国家与亚洲的其他国家割裂开来，以阻碍埃及和邻国的经济和文化合作。[25] 联合国在 1947 年 11 月举行投票，投票结果是将巴勒斯坦分治，在巴勒斯坦建立起一个犹太人国家，侯赛因呼吁组建武装组织在巴勒斯坦战斗。他甚至带领他的党员组织了一支义勇军，他们来到叙利亚，构建了保卫巴勒斯坦的第一道防线。[26]

68

穆斯林兄弟会带头支持巴勒斯坦人事业，提供的支持比任何反对派组织都多。穆斯林兄弟会动员埃及公众舆论反对锡安主义者的威胁，并且派出了他们的地下组织"机密部门"作为在巴勒斯坦的武器。穆斯林兄弟会的成员们积极地在巴勒斯坦参与武装斗争，赢得了坚定、勇敢的声誉。他们为巴勒斯坦受害者收集援助物资并招募战士来到巴勒斯坦。机密部门甚至在埃及攻击了犹太人和他们的生意买卖，既有合法抵抗，也有针对平民的非法暴力行动。后来，因为对埃及政治人物和在埃及的外国人进行恐怖主义攻击，该机密部门变得声名狼藉，穆斯林兄弟会的最高层领导人称这个准军事组织最初建立的目的是保卫巴勒斯坦人；[27] 这是对巴勒斯坦事业重要性的承认，尽管其建立和扩张远不止为巴勒斯坦而战——我们将在后文对此加以讨论。

埃及最终在巴勒斯坦问题上采取了一些更具体的措施，这在很大程度上是因为埃及宫廷试图用这样的策略来战胜像穆斯林兄弟会和青年埃及党这样的激进组织，而且国王十分热衷于和这些组织保持相似的步调。[28] 因此在 1946 年，埃及王室呼吁阿拉伯国家首脑会面，此后发表了一份公报，坚定地批评了同年英美调查委员会提出的关于犹太人加速向巴勒斯坦移民的调查建议。[29] 法鲁克也命令他的战争大臣穆罕默德·海达尔（Mohamed Haydar）做好向巴勒斯坦派兵的准备。他的这一命令并没有知会首相马哈茂德·法赫米·努克拉什（Mahmud Fahmi al-Nuqrashi），后者最初坚决反对埃及军事介入巴勒斯坦地区。[30] 尽管收到了埃及驻耶路撒冷领事发回的几份报告，描述了犹太军队在组织上的优势，但埃及的领导层并未充分认识到犹太武装力量的强大。[31] 在海达尔收到进军巴勒斯坦的命令后，他天真地告诉内阁："埃及军队能够不靠其他阿拉伯国家的帮助，在 14 天内独自占领犹太人的首都特拉维夫。"[32] 疏

忽、狂妄和无知是埃及对巴勒斯坦所持官方立场的特点，这对
宪政秩序的可信度和合法性造成了严重的损害。

　　此外，法鲁克国王追随父亲的脚步，梦想成为伊斯兰世界
无可争议的领袖。值得一提的是，法鲁克国王的父亲福阿德国
王（King Fu'ad）梦想能复兴哈里发制度，并自封为哈里发，
为此在 1926 年召开了开罗会议，以实现他的梦想。与之相似，
法鲁克国王希望利用巴勒斯坦事业来完成更大目标，让自己成
为阿拉伯和伊斯兰世界的领袖，压过外约旦和沙特阿拉伯的国
王，而后两位也将巴勒斯坦事业看作他们的战略战利品。法鲁
克国王很忌惮外约旦国王阿卜杜拉的地区性野心，尤其是忌惮
他对包括黎巴嫩和阿拉伯巴勒斯坦在内的大叙利亚的图谋。事
实上，法鲁克介入 1948 年巴勒斯坦战争的一个主要原因是他
希望"遏制阿卜杜拉，防止他在阿拉伯舞台上获得进一步的影
响力和权力"。[33]

　　努克拉什首相反对法鲁克军事介入巴勒斯坦的背后，既有
政治原因，也有军事原因。他认为，如果寄希望于英国从苏伊
士运河地区撤军，埃及不应该让自己在巴勒斯坦战争中暴露军
队的薄弱之处。[34] 法鲁克国王为了让他的首相相信介入冲突的
好处，承诺会有足够的武器，并暗示英国将在武器和弹药供应
上提供帮助。这位被英国官方媒体嘲讽为"小男孩"的年轻埃
及国王拿出的承诺根本不具备事实上的基础。[35]

　　1948 年的巴勒斯坦战争是灾难性的，它激起了人们对埃
及政治体制的愤怒和失望，因为它充分暴露了军队的弱点以及
政府在强军建设上的不足。从某方面来说，国王和政府把军队
派往巴勒斯坦的举动相当于政治自杀，因为他们完全知晓军队
既没有武装完备，也没有做好实战准备。他们低估了在巴勒斯
坦战场上被犹太人非正规武装羞辱给年轻军官的心理和意志造
成的影响。在埃及军队撤离之前，年轻的军官们就下结论认为

70

真正的战场在埃及内部，他们比任何时候都更为坚定地要把国家掌握在他们手里。贾迈勒·阿卜杜勒·纳赛尔就是在巴勒斯坦的军人之一。

71   纳赛尔和同僚们经历了埃及官方鲁莽政策所造成的致命后果。从巴勒斯坦归国后，纳赛尔宣称参加巴勒斯坦战争的经历使他和他的战友们确信"最伟大的圣战在埃及"，而不在国外。[36]对这些青年军官来说，从"狼群"手中"解救祖国"成了他们的个人目标和战略上的优先考量。[37]很多人都把君主政体和英国殖民势力看作他们被新生的犹太国家羞辱的原因所在。这些民族主义军官和穆斯林兄弟会以及其他激进分子一同开始暗中策划推翻英国人支持的君主。从极右翼到极左翼，反对派寻求用革命的方法颠覆旧政权。这是一个值得关注的关键点，两次世界大战之间的几年见证了政治空间的去政治化，这是由目光短浅的精英阶层造成的，他们更关注资本主义的权力模式和自我膨胀，而不是人民的愿望、关切和意志。他们缺少具有前瞻性、普遍性的政治观点，政府不明智地创造了意识形态真空，里面充满了各种地下组织和准军事团体。立宪主义变成了一片废墟。

纳赛尔和穆斯林兄弟会的共谋

    有两个特殊团体——穆斯林兄弟会和心怀不满的民族主义军官们——带头谋划反对君主政体，并组织了相互勾结的地下组织。尽管在伊斯兰主义者和民族主义者之间，他们在关乎最高权力的问题上存在许多不同之处——尤其是真主至上还是国家至上的问题，但是他们在关于政府、国家或社群、发展和福利，以及政治自治的理解上有许多惊人的相似之处。他们出自相似的社会和阶级背景，主要是来自小资产阶级（petite

bourgeoisie）和胸怀抱负的中产阶级，这是正在崛起的社会
阶层，他们的目标是掌控政府。两者在人们想象中的差别极大
地被他们之间的相似性和共同点抵消了。他们在反对殖民势力
和君主的斗争上更加相似。从 20 世纪 40 年代末到 50 年代初，
伊斯兰主义激进人士和民族主义军官们一同成功地把自由派势
力和立宪力量清除出了埃及。这时，他们的利益重合，而且都
在等待机遇给旧政权祭出致命的一击。

　　到 40 年代末，穆斯林兄弟会已经成为难以消灭的政治和
社会运动。这在很大程度上得益于成员数量和资金的大幅增
长，资金来自会员费、遗产和所属企业的获利。[38] 理查德·
米歇尔（Richard Mitchell）在其重要著作《穆斯林兄弟会》
（*The Society of the Muslim Brothers*）中指出："很明显，该
组织确实接受了富有或富裕的穆斯林的捐款，他们认为该组织
的工作有一定价值。"[39] 这些贡献者的政治和经济利益和"穆
斯林兄弟会本身宣称的目的"重合。[40] 另外，穆斯林兄弟会的
宣教号召（da'wa）和不同政见在虔诚的中产阶级商人和城市
工匠中引起了共鸣，削弱了例如华夫托党等老牌政党的社会基
础。随着其成员数量和社会影响力增加，这个伊斯兰主义团体
的政治野心也不断膨胀。

　　在整个 40 年代，哈桑·班纳，穆斯林兄弟会的创立者，
都在努力地丰满该组织的羽翼并确保它在埃及国内的高压环境
中占据自我保护的优势地位，让它有能力在必要的情形下发起
攻势。哈桑·班纳建立了一个精锐的机密部门，该部门由军官
组成，他们要么是穆斯林兄弟会的成员，要么是和穆斯林兄弟
会持有相同观点的军官。[41]

　　穆斯林兄弟会和其他广泛参与泛伊斯兰运动的组织一起，
投入了大量时间和精力招募军官，他们还把对军方的渗透当作
一项既定方针。主流伊斯兰主义者和激进伊斯兰主义者都把发

73　动一场军事政变看作获取权力、改革社会的最有效方法。为了给共同的敌人决定性的一击，穆斯林兄弟会和同谋者们相互需要。在机密部门中也招募了自由军官组织中对当局不满的军官。机密部门一度还吸收了像纳赛尔和萨达特这样的杰出人物，他们曾宣誓效忠哈桑·班纳。作为机密部门和特别部门的缔造者，哈桑·班纳很自然地期待并肩战斗的青年军官们也能听从他的指挥。

穆斯林兄弟会和持不同政见军官们的关系在兄弟会与君主政权的反复冲突中得到巩固。在 1948 年 12 月，努克拉什首相命令穆斯林兄弟会解散。这一决定导致他本人丧命，当月晚些时候，他遭机密部门成员（一名军官）暗杀。尽管哈桑·班纳否认和努克拉什被杀有任何瓜葛，他声称"那些参与暗杀的人既不是兄弟会成员也不是穆斯林"，但是穆斯林兄弟会和当局之间的全面对抗已经注定。努克拉什首相的继任者易卜拉欣·阿卜杜·哈迪（Ibrahim Abdel Hadi）的主要责任之一就是督促针对哈桑·班纳的暗杀复仇行动。在来年 2 月，哈桑·班纳遇刺身亡，这次暗杀是铁卫队（Iron Guard）策划和实施的，该部门是法鲁克国王的私人医生优素福·莱沙德（Yusuf Rashad）建议国王下令成立的，首相卫队长官穆罕默德·瓦斯菲·贝克（Muhammed Wasfi Bek）负责指导该部门的运行。[42]

努卡拉什和哈桑·班纳的遇刺远非相互孤立的事件，这两起暗杀发生在穆斯林兄弟会和国王法鲁克越来越频繁的武装对抗之下，他们此时都把使用武力看作实现各自政治计划的战术。除了杀死哈桑·班纳，国王的铁卫队也瞄准了其他政治人物，比如在 1944 年 10 月被暗杀的阿明·奥斯曼（Amin Othman），他的被杀和他试图帮助华夫托党重新获得权力有关。[43] 虽然哈桑·班纳被杀，但穆斯林兄弟会仍旧努力地填补

国王和华夫托党的失败统治所留下的权力真空，虽然公众对华 74
夫托党的表现失望，但该党仍然是最受欢迎的政党。穆斯林兄
弟会成功争取到了法律判决，勒令其解散的命令被取消。由于
内政大臣有权力按照自己的喜好驳回判决，穆斯林兄弟会也做
出公关努力来确保法庭结果不会改变。[44] 内政大臣福阿德·萨
拉杰丁（Fuad Serajeddin）是华夫托党内部有影响力的人物，
也是其领导人穆斯塔法·纳哈斯的心腹密友——出于务实的考
虑，他同意撤销解散穆斯林兄弟会的命令。他希望能利用穆斯
林兄弟会来抵消共产主义者越来越大的影响，让这两支异见团
体互相对立：如果穆斯林兄弟会和共产主义者相互在公共领域
上使出全力对抗，他们攻击政府的注意力就会被分散。[45] 当时
华夫托党的执政团队同意与穆斯林兄弟会共存。

　　民族主义者军官们希望能得到穆斯林兄弟会的支持，因为
后者的权力基础很广泛，而且他们双方的战略目标都是从殖民
霸权中获得独立。青年军官们把伊斯兰主义者视为解放斗争中
的天然盟友，并认识到伊斯兰主义者能在必要时投入一支有效
的战斗力量。他们十分欣赏穆斯林兄弟会在巴勒斯坦战争中和
在苏伊士运河地区抵抗英国军队时的军事表现。正如我将在后
面的章节中更多探讨的那样，穆斯林兄弟会和军官们之间的短
暂蜜月加速了 1952 年君主政体的灭亡。

　　建立在脆弱基础上的宪政在 1952 年彻底瓦解了，最先开
始的是 1952 年 1 月 26 日的大火烧毁了开罗上百个象征着欧
洲势力的娱乐场所，随后的七月政变彻底推翻了国王。当旧秩
序坍塌时，国王的外国后台表现得极度孱弱。在开罗大火之后，
法鲁克国王力促美国大使杰斐逊·卡弗里（Jefferson Caffery）
介入埃及，制止英国军事介入开罗和三角洲的意图。[46] 国王同 75
时还呼吁英国、美国干预阻止政变。政变刚发生时，法鲁克坚
持要美国大使保证他的安全并陪同他离开埃及。[47] 从广义上讲，

这次政变标志着美国政治影响力的上升，英国力量被削弱。

发动政变的自由军官组织和给政变提供了支持的穆斯林兄弟会都声称自己是这场革命的领导者。然而，自由主义倾向的政治建制派的下台，为新的民族主义和伊斯兰主义精英的崛起铺平了道路，他们的世界观和洞察力与旧秩序截然不同。与旧政权相反，本土主义精英，包括民族主义者、伊斯兰主义者和左派，优先考虑非殖民化、社会正义和发展，以及社群主义，而不是个人自由和宪法权利。这些新上台的本土精英一方面憎恶外国势力和资本与国内的统治阶级之间的罪恶联盟；另一方面，他们想要控制政府，确保和过去一刀两断。在怨恨和野心的驱使下，自由军官和盟友们最优先的事情就是清理埃及旧政权，消除其意识形态、象征、制度和权力结构，并代之以一个本土主义政府。一个重新焕发深层活力的政府将引领国家实现复兴、独立和现代化。立宪制度将被一种革命秩序取代，这种革命秩序不需要制衡，也不需要法律和制度约束。1952 年政变也是为了一雪 1948 年在巴勒斯坦的耻辱并恢复被英国控制的傀儡君主阉割的军队的权力、威望和信誉。[48] 毫无疑问，到 1954 年，正如第二章和第三章所述，自由军官已经"粉碎或冻结了国内的每一个政治反对派，走向军事独裁"。[49]

对穆斯林兄弟会来说，政变使他们更接近实现哈桑·班纳的梦想，即重建一个新的国家，在这个国家中，伊斯兰法律将成为国法，就像伊斯兰教早期那样。[50] 穆斯林兄弟会和自由军官组织的不同方案反映了未解的自我 / 他者、国家 / 人民，以及公共 / 私人二元对立，这些对立深嵌于英占时期人们对埃及政治共同体的想象和实践中。

第三章

自由军官组织和穆斯林兄弟会

自 1952 年纳赛尔和自由军官组织上台后，他们开始巩固对政府的控制。该政权最初与穆斯林兄弟会保持着良好的关系。这两个运动并非截然不同，相反很容易在统治过程中找到合作的方法。最重要的是，这两个运动在埃及独立、对政治体制失望和反对英国占领等方面意见一致。然而，除了这些实际考虑外，自由军官组织和穆斯林兄弟会，以及整个民族主义运动，从未就后殖民地埃及的共同且包容的愿景达成共识。两个团体之间的猜忌和敌意在自由军官政变后立即浮出水面，这在政变前是不存在的。虽说两大运动存在着意识形态上的不同，但他们却在权力和决策问题上大打出手。穆斯林兄弟会一方领导层的固执和失策尤其严重，拒绝以资浅合作伙伴的角色与纳赛尔合作，这导致了他们关系的破裂。

另外，纳赛尔和哈桑·班纳的继任者哈桑·胡岱比之间的相互厌恶和两个阵营内部的分歧让双方的撕裂越来越严重。在两群人之间的分裂加深时，纳赛尔努力在军队中确立自己对竞争对手的统治地位，随后再依次打击政治领域中的其他对手们。直到这位新军事领袖稳定了新政权并开始占据优势时，他才开始对穆斯林兄弟会下手并抓捕了包括顶级领导层在内的上千名穆斯林兄弟会成员，打算一举击垮伊斯兰主义者运动。在回顾自由军官组织和穆斯林兄弟会自 1952 年起关系变化的每一个阶段时，显而易见，现实政治以及对权力和认可的渴望，而非对意识形态的追求，是数十年冲突的根源，这种冲突一直在塑造后殖民时期与后独立时期阿拉伯世界多数国家的身份。

自由军官组织：缺失革命路线图

在 1952 年 7 月 23 日，一个被称作自由军官组织的秘密军事团体领导了一次成功的政变，推翻了一个在全国人民看来代表殖民者利益的傀儡君主。尽管他们相对轻松地攫取了权力，但纳赛尔和他的军队并没有在掌权之后如何治理国家的具体计划。他们缺少清晰且成熟的策略来应对政变后的事件，这一说法得到了穆罕默德·哈桑宁·海卡尔的确认。此人是一名记者，后来是纳赛尔的心腹密友，也是纳赛尔统治的官方编年史作者。他曾在政变发生之后长时间地和纳赛尔等人密切往来，海卡尔说，尽管年轻军官们精力旺盛而且学东西很快，但他们缺少路线图，而且对未来"没有丝毫的概念"；虽然自由军官们并没有详细的计划，但是 7 月 23 日发生的这场政变慢慢转变成了一场彻底的革命。政变虽然成功了，但革命仍需努力。
79 纳赛尔尤其决心为革命制订一个明确的计划，"纳赛尔热衷于绘制一个蓝图，描绘一个未来的愿景"，海卡尔告诉我。[1] 他对他们当时是如何共同讨论革命的哲学和前路的进行了描述。海卡尔先前曾暗示他就是纳赛尔《革命的哲学》（*Philosophy of the Revolution*）背后的写手，但是在详谈这件事的时候，他则告诉我他只是帮助纳赛尔组织想法和修饰论述。[2] 在 2013 年海卡尔 90 岁生日那天，他毫不掩饰地表达了自由军官们的革命缺少理论立足点的看法，他对一名记者说他们"根本毫无计划。他们的梦想是推翻君主，认为君主统治是一切罪恶的根源，剩下的则都是空想"。[3]

公开的英国和美国的官方文件也表明从政变第一天开始，

犹豫不决的情况就十分明显。政变领导人的唯一目标是"清理
军队"，去除腐败军官，但这也是共识结束的起始点。[4] 甚至
在面对时任首相是否应该辞职的关键问题时，自由军官组织
名义上的领导人穆罕默德·纳吉布也表现得踌躇不定。[5] 随着
政变一天一天过去，军人集团的要求从最初的确保国王的腐败
伙伴辞职演变为推翻国王本人的统治。[6] 因此，在最开始时把
自由军官们团结在一起的因素是强烈的民族主义情感和对掌控
国家、让埃及扮演更重要的地区角色的渴望。但是，一旦权力
在手，先前的自由军官运动领袖纳吉布和非正式的政变幕后指
挥者纳赛尔就开始了一段痛苦的角力，军事组织受到了分裂的
威胁。从那时候起，军官们的目标就转移到了新的目标上——
巩固自身指挥革命的权力。然而，有一个问题一直没有得到回
答——新的革命指挥权将表达出怎样的团体精神特质呢？

　　虽然重整自身行动体系和巩固政变后的权威花费了时间，
新革命秩序的团体精神特质很快就显现出来——自上而下的威
权。在政变发生后，猜忌代替了团结，政治游戏转变为军事角
逐。跌宕起伏后，纳赛尔成了一名强人，他以精准的手段在自
由军官组织的内部和外部架空了对手和反对者们。不论他们的
长期目标是否与确保埃及摆脱殖民势力的控制，获得独立，确
立埃及在阿拉伯世界中的地位有关，纳赛尔领导下的自由军官
们的重心更在于如何巩固他们自己的权力和控制。纳赛尔优先
考量的是巩固军权和清洗旧政权中的代表，即大地主、银行家
和商人以及他们的外国盟友。埃及的批评人士认为自由军官运
动是一个自我封闭的、秘密性质的运动，是一种始于 20 世纪
30 年代，并在 40 年代占据主导地位的鼓吹社群主义和身份政
治的延伸体。按照文化批评家和历史学家谢里夫·尤尼斯的说
法，"自由军官们天生就有王权专制的特点"。[7] 从某种角度上
看，"君主制并没有被系统性地推翻，因为自由军官们仍然拥

80

护着这一隐秘且准军事化的威权文化"，尤尼斯如是指出。[8] 这位年轻的埃及批评家还注意到，从社会学角度上看，旧政权和新政权之间并未决裂。

在纳赛尔及其追随者开始展开对军队内部反对者的反扑时，威权文化逐渐主导了自由军官群体。从那时候起，被纳赛尔及其追随者视作威胁的自由军官开始被锁定为攻击的目标。很多组织成员都在关键事务上持有多元观点，军队应该在埃及的政治生活中扮演何种角色的问题尤为关键。一部分人要求军队将权力交还给一个由选举产生的公民政府并卸甲归营，而另一部分人则坚持军队应该对新秩序的过渡加以引导。作为自由军官组织中的中坚分子和纳赛尔的密友，哈立德·毛希丁则认为，人们对采用何种措施，尤其是让政治和社会转型保持在什么程度的问题完全没有共识。至于针对纳赛尔快速地笼络多数选票、打击异议者的说法，毛希丁则不愿给出一个明确清晰的说法。[9]

忙于消除内部对立和巩固权力的埃及新领导者未能为政变后的国家政治体制确立明确的愿景。新政治秩序缺乏应当围绕的意识形态基础和既定原则，这再次暴露出了军事革命者的差异性。自由军官中主要的意识形态分裂常常被描述为纳吉布领导的民主阵营和纳赛尔领导的反民主阵营，但是需要强调的是，他们任何一方都对民主化不感兴趣。尽管他们有各自不同的革命性和保守立场，纳赛尔和纳吉布在意识形态上可谓大同小异。纳赛尔的亲近盟友直言纳赛尔并不相信民主。他的目标是建立一个由他控制的独裁统治并由他推行社会改革。

在研究的过程中，我反复被纳赛尔的亲密盟友们告知纳赛尔并不是一个民主人士，并且他也从未说过自己是。在社会化的过程中，他成了一个潜伏地下的、威权文化的领导人，而且他相信自由资本主义民主等同于欧洲殖民主义，是不适合

81

埃及国情的。考虑到埃及的悲惨处境，他坚信本国和外国资本将买通选票并劫持革命。尽管纳赛尔呼吁对埃及的社会和政治系统实行根本性的改革，但是纳吉布并没有坚定地反对纳赛尔和自由军官们视为头等大事的土地改革。[10] 另外，纳吉布也几乎从未推动过民主制度的建立。例如，他曾在 1953 年 2 月许诺举行选举，但是在 1954 年 1 月，他发布了一份声明，宣布解散所有政党并没收其不动产和资金。在为这一行为辩护时，他表示这些政党一直在制造不满，和外国政府合作并滥用自由，将社会推入党派政治的乱局中。[11] 此外，他还重新恢复了在 1952 年 8 月被废止的媒体审查制度，并且宣布设立从军政府转型到公民政府的三年过渡期，以此来推迟权力交接。事实上，自由军官组织中几乎就没有民主人士。自由军官们系统地对多党制和旧政权的权力体系加以分解，实行《政党组织法》（Qanoun Tanzim al-Ahzab）就是一个例子，该法案在 1952 年 9 月 9 日由内阁正式施行。尽管他们曾承诺政党法将会在国家委员会（State Council）的监督下公正执行，但是承诺从未兑现。[12] 在纳吉布的自传中，他深知国家委员会的决定标志着政府转向政治威权主义，并对此流露出悲伤之情，而且他承认《政党组织法》的目的是剥夺旧社会阶级的政治继承，清算政治对手，尤其针对仍然是最大和最受欢迎政党的华夫托党。[13] 尽管革命指导委员会的两位成员优素福·希迪克（Yusuf Siddiq）和哈立德·毛希丁提出了反对意见，但是该法案还是得到了国家委员会的支持。[14] 在解散了所有政党一周后，革命指导委员会组建了解放大会（Hay'at al-Tahrir），这是一个宣传机构，用以替代被解散的传统政党，也用来给政治表演搭台。在现实中，解放大会体现了自由军官们在一党专政体系中建立一个先锋队的初步尝试。[15] 该机构在形式上是以纳吉布为首脑，并由军界人物，尤其是那

82

些有政治表演经验的军官主导，吸引了其他政党中动机不明的心怀不满者和煽动者。尽管纳吉布是大会的最高首脑，但事实上纳赛尔才是握有实权的背后推手。[16]

　　与其说着力于建立更自由的政治空间和改革机构，不如说自由军官组织更关注去殖民化、独立和应对巨大的社会矛盾和经济不平等，这类问题在乡村地区尤其严重。尽管他们对谁来负责处理这些问题和肃清国内旧有阶级的力度没有达成一致，但是在提升国力、社会发展、土地改革，而不是自由化革命上，拥有共同的标准。这样的变化见证了 1953 年 2 月 10 日临时宪法的诞生，宪法完全没有提到 1923 年自由派宪法中政府各机关之间的权力制衡。按照法律教授萨尔瓦特·巴达维（Tharwat Badawy）的说法，新宪法中最突出的特点是"把立法和行政权力交到了同一只手中，然后又让 [这只手] 不受任何限制，让它能够自由、轻松地实现革命目标"。[17] 因此，尽管自由军官们有一个社会愿景——建立一个充满正义、平等和尊严的社会，但他们的愿景并没有建立在一套意识形态原则上。于是，自由军官们未能摆脱殖民政权所特有的威权主义和政治窒息，正如其前任一样，它也被权力政治和内部斗争左右。

纳吉布与纳赛尔的角力：实利政治与权力追逐

　　争吵越来越严重并逐渐威胁到新生的革命政府，纳吉布和纳赛尔的关系也不断恶化。纳赛尔的传记作者叙述了纳赛尔和纳吉布之间越发强烈的对立："这个代表革命的人背后有着民众的支持，但他并没有代表任何实质性的东西。然而，察觉到自己在街头的力量以及纳赛尔和他年轻战友们的弱点，纳吉布试图摆脱他们。"[18] 领导人之间的激烈冲突让自由军官运动分裂成了两个阵营，最终导致深层的撕裂。军队内部斗争的关键例子发生在 1953 年 1 月，当时的革命指导委员会宣布羁押 35 名炮兵团军官，罪名是密谋反对新政权。[19] 一个革命法庭匆忙组建起来并草率地判决这些军官有罪并将他们送进了监狱。这些人在 1954 年 3 月获释，以镇压另一起被指控的叛乱，发动叛乱的是在权力斗争中和纳吉布一同反对纳赛尔的骑兵团军官。自由军官组织中的高级领导层激烈地对抗并指派自己喜爱的军事指挥官来为己方牟利。历史学家艾哈迈德·哈姆罗什（Ahmed Hamroush）就曾是一名自由军官，他指出虽然自由军官在内部的斗争中把民主作为口号，但是他们的斗争焦点是权力和个人。[20] 随着权力斗争越发激烈，革命指导委员会对对手的打击也越发凶狠。穆罕默德·赫加齐（Mohamed Hegazi）曾经是一名反抗纳赛尔的军官，他参加了骑兵军官一次激烈的会议，他们反对延长过渡时期的军队统治，他的话十分具有预见性：

> 宪法被暂停。议会被暂停，公共权利受到限制，新闻受到审查，革命委员会在没有咨询任何人的情况下全体一致接管了权力。甚至没有人能与发动这场革命的自由军官进行商议。这意味着我们正走在通往军事独裁的道路上。[21]

遭受新政权怒火的军官甚至包括一些曾经最亲密的盟友。比如说优素福·希迪克上校，他本人曾因为在自由军官政变中的关键作用而受到盛赞，但他也成了被攻击的目标，因为他和他的支持者呼吁军队归还权力和恢复议会。优素福·希迪克在 1953 年 2 月从革命指导委员会中辞职并流亡瑞士。[22] 同年 8 月，他秘密返回埃及，但随即就遭到了软禁。在 1954 年 3 月，他给纳吉布写了一封公开信，要求他组建联合政府，通过组织新议会选举来让联合政府得到信任，但是这封公开信并未带来多少改变。他在军事监狱中被监禁了一年，随后又和他的妻子在家中被软禁了两年。[23] 贾迈勒·哈马德（Gamal Hammad）撰写了第一本关于政变后的自由军官们的作品，随后他声称希迪克仅仅是因为"支持民主"便"付出了沉重代价"。[24] 不管是不是支持民主，希迪克绝不是唯一因反对纳赛尔的观点而受到迫害的军官。另一个自由军官成员艾哈迈德·邵基（Ahmed Shawqi）是官阶仅次于纳吉布的军官，他被判处了十年监禁，罪名是 1954 年 3 月他在报纸上发表了一篇文章，指控革命指导委员会的独裁和干涉政治。他用尖锐的言辞总结了自己的要求："[回]到你们的军营里去。"因为这件事，邵基被送到了革命法庭的审判席前，审理一直从 1953 年 10 月持续到 1954 年 4 月，对他的指控是"在军队中搅动不满情绪并致使[国家]陷入危险"。[25] 被革命指导委员会当作对手的军官们也面临关押、流放和酷刑。比如说，胡斯尼·达曼霍里（Hosni al-Damanhouri）遭到了革命指导委员会成员萨拉赫·萨利姆（Salah Salim）的严重酷刑折磨，被扣的罪名是在军队中寻衅滋事。[26] "我们成了相互撕咬的鱼。"纳吉布在他的回忆录中坦言，这是对军事政权早期准确的象征性描述。[27]

最终在 1954 年，为了反对那些和纳吉布结盟的成员和对他控制革命指导委员会不满的成员，纳赛尔驱逐了总统纳吉布。纳吉布不愿意束手就擒，他和穆斯林兄弟会取得了联系并打算用谋略击败年轻的上校。穆斯林兄弟会和自由军官组织在政变前数月里就建立了联系，但他们之间的关系在军官政变成功后迅速恶化了。穆斯林兄弟会曾希望在政变后担任重要的政治角色，但是他们发现自己被纳赛尔及其支持者一步步地边缘化。他们现在和纳吉布一派意外地结成了同盟。将军和伊斯兰主义者都憎恶纳赛尔。[28] 此外，他们也有共同的利益：穆斯林兄弟会认为纳吉布比精明又具侵略性的纳赛尔更容易打交道，而纳吉布十分看重穆斯林兄弟会所拥有的权力基础和动员民众的能力。从 1953 年至 1954 年初，穆斯林兄弟会成员加入了亲纳吉布的示威游行中，他们和纳赛尔的支持者几乎在国家的每一个日常事务上对抗。纳吉布也寻求了华夫托党的支持并和穆斯塔法·纳哈斯见了面，后者因被认为失去了政治行动力而被大赦。[29]

纳赛尔被纳吉布的变节激怒了。他试着让这位年长的对手陷入孤立。按照艾哈迈德·哈姆罗什的说法，一个革命指导委员会的成员甚至建议暗杀纳吉布，但是这一提议被极有影响力的自由军官成员阿卜杜勒·拉蒂夫·巴格达迪（Abdel Latif al-Baghdadi）驳回。[30] 在 1954 年 2 月，忠于纳赛尔的军队将纳吉布软禁了起来，此前纳吉布已经宣布辞职，因为他遭到了纳赛尔盟友们的辱骂、骚扰和排挤。[31] 当支持纳吉布的大规模游行示威在开罗的街道爆发，与人数较少的支持纳赛尔的示威者针锋相对的时候，骑兵团发起了叛乱。革命指导委员会掉转矛头并在 3 月重新恢复了纳吉布的职务。在反击行动中，纳赛尔迅速任命自己为总理，让他的最亲密盟友阿卜杜勒·哈基姆·阿密尔（Abdel Hakim Amer）担任陆军指挥官。抗议示威活动持续发酵，革命指导委员会接受了"民主转型"。[32] 尽管纳赛尔颁布了"325 宣言"，让军队回到营房去，但是他已经在革命指导委员会里填满了他靠得住的成员。[33]

纳吉布并不是铁腕纳赛尔的对手，后者运筹帷幄，等待时机给出致命一击。他动员了他在革命指导委员会内部的盟友和贸易工会，并且暂时改进了和穆斯林兄弟会的关系，正如我们将会在后文中讨论的，他最终压制了纳吉布并且将其再次软禁。这件事标志着纳赛尔霸权的到来。他不仅击败了主要对手，还压制了那些反对他的军官。经过两年斗争，1954 年，纳赛尔已经牢牢地掌控了革命指导委员会。

在 2006 年，我和哈立德·毛希丁进行了两次长时间采访，他向我描述了一个富有激情又偏执的领袖，他有条不紊地从权力高位上除掉了对手，也清除了不支持他的军官。2012 年 5 月去世的毛希丁就是其中一个。"纳赛尔不能容忍任何人威胁到他的权力。"他如是说。[34] 对纳赛尔本人来说，他花了两年时间将想象中的或是真实的对手清理出军官群体，然后在革命指导委员会和军队要职上安排自己人。他还用了两年时间来雕琢自己的言论，让自己从军官同僚中脱颖而出，并迎合埃及民众以提升形象。在多个场合中，他几乎失态，不得不重新调整战术来应对对手。他本可能轻易输掉这场斗争，被软禁甚至丧命的人有可能是他自己。但是，他比周围的人和军队内部的对手更精明，也更幸运。在每一次面临危机时，纳赛尔都会比上一次更为决断，将埃及按照他的想法重塑，并压制住诋毁者和批评者。在我和纳赛尔的亲近朋友与军官盟友的谈话中，他们都回忆到了纳赛尔令人惊异的专注力、顽强和掌控局面的意愿。他紧紧地握住了他手里的牌，并用策略胜过了朋友和敌人。

除了进行内部清洗外，核心的自由军官还试图摧毁旧政权，并对来自各政治派别的对手进行打压。从一开始纳赛尔就知道他将会面对来自旧社会阶级及其盟友们的抵抗和反对，这些人在国家的各个部门中都根基稳固。纳赛尔开始坚信自由军官们只有打破旧有的权力结构并拆解其网络和制度才能实施革命并给埃及带来转型。因此，革命指导委员会迅速采取措施以反对旧政权的权力中心和标杆人物，占用其财富和产业并禁止他们参与政治活动。那些没有逃离埃及的旧政治人物遭到了关押并且被带到军事法庭上进行极为不公的审判。例如 1952 年 9 月，军事警察逮捕了和旧政权有关联的 43 人，其中包括 1952 年 7 月 23 日政变当天在任的首相纳吉布·希拉利（Naguib al-Hilali）和内政大臣穆尔塔达·马拉吉（Murtada al-Maraghi）。其他重要的被关押者还包括易卜拉欣·阿卜杜勒·哈迪，他是有影响力的"赛迪耶党"（al-Hayyaa al-Sa'diyya party）领袖。[35] 革命法庭在 1953 年 10 月判处阿卜杜勒·哈迪死刑，罪名是"蓄意串通外国，图谋伤害政权和国家最高利益，背叛祖国和革命原则"。[36] 虽然这一判决后来被时任总统的纳吉布改为终身监禁，但法院仍然下达了另外五个死刑判决，其中三个被执行。其他遭到新政权关押的年长政治人物还包括六位华夫托党的领导人，为首的是该党精神领袖穆斯塔法·纳哈斯的密友福阿德·萨拉杰丁。和国王密切合作过的宫廷人士也遭到了羁押，包括法鲁克国王的媒体官员卡里姆·萨贝（Kareem Thabet）、宫廷总管哈菲兹·阿非非（Hafiz Afifi），以及王室成员阿巴斯·希尔米和赛义德·哈勒姆（Said Haleem）。与此同时，纳哈斯和他的妻子被软禁在家，面临谍报活动、里通外国、散布关于新生军政府的谣言的指控。[37] 同样，对这些旧政权政治人物的审判依旧缺少公正的法律程序。他们被闭门因禁，那些指控只是第一次念给被告听，完全没有法律调查或是问询过程。[38]1952 年 7 月 23 日政变的官方编年史作者艾哈迈德·哈姆罗什提到，在法庭房间的门上有这样的话："在你找到他们的地方杀死他们。"[39] 这句话的后半部分是"在他们放逐你的地方放逐他们"。这清楚地表明这场审问只是对旧势力的报复行为而已。哈姆罗什认为，这些只有检察官和被告参加的审问旨在"瞄准华夫托党与其他政党和组织"。[40]

　　在纳赛尔的领导下，革命指导委员会瞄准了旧政权的制度基础，尤其是司法系统和官僚系统（文职系统），委员会系

统性地更替独立法官和技术官僚，代之以军官或其他顺从且
忠诚的个人。最引人注目的冲突发生在指挥委员会和著名的
开创性立法者阿卜杜·拉扎克·桑扈利（Abd al-Razzaq al-
Sanhouri）之间，他支持过自由军官并且和他们关系和睦。桑
扈利憎恨华夫托党，甚至警示自由军官该党会赢得下一次选
举，从而阻止他们进行根本性变革。[41] 然而，当桑扈利的批评
矛头指向军事政权时，情况急转直下。他批评自由军官废除
1923 年宪法，称其本质上更为民主，并反对自由军官后来颁
布的其他威权主义措施。就像华夫托党人一样，桑扈利遭受了
军官们的虐待和怒火的焚烧，为自己的冒犯行为付出代价。在
一场象征着军官们对社会司法系统和社会制度发起直接和持续
攻击的暴力事件中，一伙暴徒殴打了桑扈利并在光天化日之下
当着他同事的面羞辱他，这件事深深地铸刻在了公众记忆之
中，标志着新政权与旧的制度和行事方式的决裂。[42]

自由军官组织和穆斯林兄弟会：权力争夺

与对待旧政权的方式不同，自由军官们一开始对穆斯林
兄弟会的态度是相对温和的。尽管这两个团体在政变前合作多
年，但他们的合作并没有持续到自由军官掌权后。他们各自有
不同的计划和目标。胡岱比及其谋士想要参与决策过程，并要
求自由军官保证他们对关键性决议拥有否决权。一位知情的穆
斯林兄弟会高级成员向我透露："胡岱比认为纳赛尔和其他军
官们都是他的小弟子，因为他们都曾对哈桑·班纳宣誓效忠，
而且也是机密部门的成员。""我们天真地以为我们把控革命。
我们能够指导这些没有经验的年轻军官并给他们展示正确的方
法。"[43] 相反，纳赛尔对于分享权力完全不感兴趣，他既不打
算和穆斯林兄弟会合作，也不打算和其他的政治组织合作，他

尤其不想和前者合作，在他的眼中，穆斯林兄弟会已经威胁到了他的政治野心并削弱了他对权力的掌控。考虑到他们对权力的渴望和相互冲突的利益，穆斯林兄弟会和自由军官们注定会迎来一场以正统权威而非意识形态为轴心的权力大争斗。[44] 机密部门指挥官马哈茂德·萨巴格曾告诉我："胡岱比和他的内部圈子本有可能用韬光养晦的方式来推迟这场不可避免的争斗，但是他们错误估计了纳赛尔和年轻军官们，而且他们对自己的实力过度乐观了。"[45]

90

两大阵营在 1952 年 7 月 18 日和 19 日为发动政变而举行的重要会议证明了他们的分歧。代表自由军官组织出席的是纳赛尔和阿卜杜勒·哈基姆·阿密尔，穆斯林兄弟会的代表是萨拉赫·沙迪（Salah Shadi）、阿卜杜勒·卡德尔·赫尔米（Abdel Qader Helmi）和哈桑·阿什马维（Hassan Ashmawi）。[46] 在 7 月 18 日第一次会面时，纳赛尔和阿密尔告知了沙迪、赫尔米和阿什马维政变计划，但他们只是泛泛而谈，极少讲到细节，并请求穆斯林兄弟会，包括其军队中的成员，对这次政变给予支持。这次会面让穆斯林兄弟会代表团对是否应该支持自由军官产生了分歧。从会谈中离开的时候，赫尔米、沙迪和阿什马维提出了不同的意见：

> 阿卜杜勒·卡德尔·赫尔米："你应该知道，萨拉赫，我们不是他们的一员。"
>
> 萨拉赫·沙迪："他们是我们的一员。"
>
> 阿卜杜勒·卡德尔·赫尔米："我们为什么不能以两个不同政党的身份进行合作呢？"[47]

这段对话让我们看到穆斯林兄弟会和自由军官组织关系的混乱和不确定性，他们和纳赛尔的关系更是如此。穆斯林兄弟会的官员们对纳赛尔有着不同的看法，他们的意见彼此矛盾，暴露了伊斯兰主义者内部不同权力核心之间的对立。从我对穆斯林兄弟会中与纳赛尔同时代成员的采访中可以看到，他们所表现出的狂热态度是惊人的，一部分人支持纳赛尔，另一部分反对纳赛尔，尽管后者包括了决定性的大多数。穆斯林兄弟会分裂成了包括总训导师胡岱比在内的总体上不信任纳赛尔与自由军官的一派，和希望能用谋略胜过年轻军官，在幕后行使权力的一派。以机密部门为名的准军事派别中的一小部分人竭力游说要加入纳赛尔的行列中，以求在新生的政治秩序中预留一个位置。比如说，萨拉赫·沙迪声称纳赛尔是一个活跃的穆斯林兄弟会成员，他的自由军官群体最开始时是在军队中以附属于穆斯林兄弟会的准军事组织的身份成立的。[48]

与此同时，侯赛因·哈穆达（Hussein Hamouda）——一位加入了穆斯林兄弟会的自由军官——声称自由军官领导层中的大部分人都是穆斯林兄弟会成员。[49]然而真实情况远比这种单方面的叙述复杂。自由军官有290到340人，他们中很多人都加入过穆斯林兄弟会，包括纳赛尔和毛希丁在内，他们在1947年至1950年因意识形态和战略重点的冲突而退出该组织。然而，参加了政变行动的侯赛因·沙菲伊（Hussein al-Shafei）认为，穆斯林兄弟会对自由军官的支持是微不足道的。[50]虽然这两种观点之间存在争议，但可以肯定的是，机密部门的一些成员确实参与了1952年政变。纳赛尔在20世纪40年代末从巴勒斯坦回到埃及后，疏远了穆斯林兄弟会的机密部门，并全力将自由军官运动打造成他在军队中的地下网络——自由军官组织。这种分离是有策略的，因为纳赛尔相信，在军队中建立一个地下组织可以笼络具有更广泛宗教和政治信仰的成员，包括独立人士、社会主义者和像优素福·希迪克这样的共产主义者。纳赛尔不再需要穆斯林兄弟会的准军事网络来实现他的目的。他牢牢控制着军队中的密谋参与者，这些人中也包括加入了穆斯林兄弟会的军官。虽然纳赛尔和他们保持着秘密联系，但是他并未向他们透露自己的计划。这位野心勃勃的年轻上校成了一个意欲打破现状的密谋的背后推手。

穆斯林兄弟会从未原谅纳赛尔的欺骗和背叛行为。"纳赛尔为了一己私利利用并辜负了穆斯林兄弟会"，穆斯林兄弟会的高级领导人法立德·阿卜杜勒·哈勒克如是说道，表达了这种在该组织中广泛存在的情绪。"他不仅仅违反了他对穆斯林兄弟会的誓言，还劫持了自由军官运动并且淘汰了属于伊斯兰主义团体的军官们。纳赛尔清除了通往权力之路上的每一个障碍。"[51] 阿卜杜勒·哈勒克的观点算是较为温和的声讨，强硬派对他违背誓言、给伊斯兰主义运动背后插刀的控诉要尖刻得多。

在纳赛尔和自由军官们于 1952 年 7 月发动政变后，穆斯林兄弟会的领导人立即把纳赛尔视为自己人。第一次见到纳赛尔时，包括穆斯林兄弟会的总训导师胡岱比在内的所有人，都惊诧地发现他并不是自己人，此人野心勃勃而且不乐意向权威低头。从一开始，穆斯林兄弟会中的老人们就被纳赛尔糊弄了，这位年轻的军官精彩地操纵了他的朋友和敌人们，以得到决策权。在政变之后与穆斯林兄弟会交锋初期，纳赛尔坚持表示他只是想把他们当成内阁中的资浅合作伙伴，不给胡岱比所要求的对重大决策的否决权。纳赛尔连同自由军官们一起，下定决心要把权力集中在他们手里，把潜在的竞争对手，尤其是拥有重要的社会基础和强有力的准军事力量的穆斯林兄弟会排除在外。纳赛尔和穆斯林兄弟会之间的政治猜忌很快就暴露无遗，在之后一年中越发严重。纳赛尔在 1954 年与伊斯兰主义团体彻底决裂时，穆斯林兄弟会将他的行为描绘为背信弃义。在多次采访中，穆斯林兄弟会的领导人都表达了对纳赛尔的怨

92

恨，指责他背叛了对班纳的效忠誓言，并在背后捅了他们一刀。阿卜杜拉·拉什万是穆斯林兄弟会的法律顾问，他在君主政权和纳赛尔、萨达特和穆巴拉克政权时期都曾作为伊斯兰运动的高级成员上过法庭。他告诉我："纳赛尔是一个叛徒，他违背了为哈桑·班纳殉道的誓言，并且把他的灵魂出卖给了恺撒以图取他的政治野心。""纳赛尔冒着忤逆真主和真主使者的代价镇压穆斯林兄弟会，他是为了独占权力。"[52]

　　另外，纳赛尔及其同袍们则拒斥了穆斯林兄弟会对他们的指控，并且坚持认为穆斯林兄弟会在政变中的作用微不足道。纳赛尔的一些同袍表示穆斯林兄弟会的成员在政变之后利用他们和自由军官之间的微弱连结试图劫持"我们的革命"。在分析了两边的说法之后，独立研究者祖海尔·马尔迪尼（Zuheir Mardini）指出，纳赛尔告知过穆斯林兄弟会有关政变的时间和行动计划，以及未来废除宪法，举行大选和废除君主制的规划。[53]而且，在接下来的1952年9月，纳赛尔带着总训导师胡岱比去面见内政大臣苏莱曼·哈菲兹（Sulayman Hafiz），寻求"法律出路"来避免对穆斯林兄弟会使用严苛手段。[54]在会面中，两大阵营同意寻找"一个出路"，以避免让穆斯林兄弟会受到其他政党所受到的法律限制。自由军官们自身并不具备社会基础，他们希望利用伊斯兰运动者的组织网络来填充公众支持的真空。与之相似，胡岱比领导的穆斯林兄弟会也想要踩在自由军官的肩膀上攀登权力高峰。

　　从一开始，这两大阵营就都对获取权力感兴趣。因此，他们的关系注定会恶化。陶菲克·阿克利曼多斯对20世纪40年代末至50年代初穆斯林兄弟会和自由军官组织之间的关系发展做了深入的研究，他认为："冲突对抗是不可避免的，因为双方都有不同的计划和优先事项，而且他们对彼此没有丝毫的信任可言。虽然双方都需要彼此并尽全力避免冲突，但是事态的发展是不利于双方共存的，因为冲突的种子在政变之前就已经埋下了。"⁵⁵一旦摆脱了纳吉布和其他自由军官内部的对手，纳赛尔就把全部的精力放在关键的外部政治对手身上。和华夫托党等旧政权元素相比，穆斯林兄弟会在纳赛尔看来是更大的挑战，也是他政治野心的更大威胁。在政变前很久，纳赛尔和其他自由军官就曾惊异于穆斯林兄弟会居然会支持不受欢迎的伊斯梅尔·西德基政府，按照哈立德·毛希丁的话，这表明了"他们是双面人、两根舌头、不可信赖"。⁵⁶然而，只要穆斯林兄弟会能够服从他的统治，纳赛尔就愿意安排、配合穆斯林兄弟会进入新成立的军事政权中。

94

在之后的几年里，穆斯林兄弟会和纳赛尔都把意识形态说成他们冲突的原因。穆斯林兄弟会翻旧账地指控纳赛尔的威权主义，并把自己说成威权主义的受害者和多元主义、立宪主义的捍卫者。反观纳赛尔，他声称胡岱比要求新政府干涉公民的私生活并用伊斯兰教的规范推行严格的道德法令。在和穆斯林兄弟会闹翻后，纳赛尔还指控他们把宗教当作"控制人民的工具"，并称他们为叛徒，暗指他们与沙特政权合作，后者被他指控将宗教用作对抗世俗阿拉伯民族主义的政治工具。⁵⁷侯赛因·沙菲伊是革命指导委员会自由军官指挥部（Free Officers Command）九人团中的一员，他回顾说，穆斯林兄弟会最大的错误在于他们试图垄断对伊斯兰教的真正解释权，并定义谁才是真正的穆斯林。⁵⁸

但是，用意识形态来包装他们的冲突实际上只是政治宣传和编造故事。纳赛尔和穆斯林兄弟会更看重的是政治得分，而不是严肃、诚实地总结过去。他们双方都忽略了存在于他们内部的紧张关系和矛盾，以及在他们两大阵营之间存在的共同利益。穆斯林兄弟会和自由军官组织之间的意识形态断层线在最初时是模糊难辨的。他们有相似的社会出身，以及用政治威权主义取代半自由主义倾向的旧政权的共同目标。这两大阵营在根本问题上意见一致，都背离立宪主义，并在政治中排除先前的政治体制。尽管他们在观点术语、政治优先事项、目标和计划上存在着分歧，但是这些事情并非十分要紧，而且他们有着共同的敌人。他们眼中的政治是非黑即白、非对即错的，他们都把自己看作为国家清理叛徒和敌人的监督者。他们把自己视为带着神圣任务来解救埃及、改变历史进程的历史代理人。盲目的野心最终让他们在一场血腥的权力斗争中对立，这场斗争将在 1954 年超出人们的掌控。

尽管穆斯林兄弟会后来竭力将自己描绘为多元主义的捍卫者和纳赛尔专制主义的受害者，但最初只要符合他们的利益，他们就愿意与自由军官合作。他们在政变后的行为引发了对其所谓的开放社会和民主政治承诺的诸多质疑。穆斯林兄弟会不仅没有捍卫政治多样性和包容性，反而支持废除 1923 年宪法，并与军方一起镇压受怀疑的持不同政见者。最初，他们协同自由军官清理旧有的政治系统并瓜分其遗产。按照革命指导委员会成员哈立德·毛希丁的说法，在政变初期，穆斯林兄弟会鼓励军官们控制有权力的位置并废除议会系统。通过清除政治对手，穆斯林兄弟会希望"控制革命并使革命按照他们的目标进行下去"，毛希丁在他的回忆录中如是说。[59] 侯赛因·沙菲伊是革命指导委员会的成员，他认为自由军官们此前不得不迅速行动以防止穆斯林兄弟会"掌控革命""紧握权力"。"革命有自我保护的权利。"沙菲伊说道。[60] 在描写自由军官组织和穆斯林兄弟会之间的权力斗争时，他是这么写的：

> 他们［穆斯林兄弟会］认定我们从他们那里拿走了什么。但我们没有从他们那里拿走任何东西。他们曾期许能获取权力，但后来革命猛烈又危机四伏地发生了。现在他

们想要把 [革命] 占为己有却又不想承担任何风险。[61]

　　按照沙菲伊的说法，穆斯林兄弟会让年轻的军官们担下了推翻君主的所有风险却仍然希望从亮闪闪的托盘中拿走革命果实，尽管他们在政变几天后才公开表示支持。一些与穆斯林兄弟会关系亲密的重要线人，比如受人尊敬的谢赫艾哈迈德·哈桑·巴库里（Sheikh Ahmad Hassan al-Baquri）曾指出，纳赛尔说过"穆斯林兄弟会是革命开始前的主要支持者之一"，但兄弟会在政变后勉强地公开表示支持让自由军官们感到很震惊。[62] 然而，按照阿克利曼多斯的说法，穆斯林兄弟会的支持是消极多过积极的。"虽然穆斯林兄弟会没有泄露政变秘密，也没有利用政变后出现的安全真空，但他们并没有积极参与进来，而是耐心地等待他们的时机，待到战场上尘埃落定才出手。"[63] 虽然在参与政变上有所拖延，但相比之下，穆斯林兄弟会对权力的渴望激怒了自由军官们，后者自视为革命的守护者。值得注意的是，2011 年 1 月 25 日"革命"后，埃及人产生了似曾相识的感觉。与等待了一周之后才公开站到 1952 年 7 月政变一方一样，穆斯林兄弟会在 2011 年 1 月"革命"后三天才站出来公开表示支持。无论是 1952 年的自由军官，还是 2011 年后的埃及人，他们都无法原谅穆斯林兄弟会的幕后领导收割其他人付出代价后才得到的果实。

　　双方紧张的关系并没有妨碍穆斯林兄弟会全力支持自由军官们的镇压，尤其是在镇压行动能够帮助兄弟会清除政治对手的时候。政变刚刚发生后，赛义德·库特布——他和穆斯林兄弟会走得很近，尽管在 1953 年才正式加入伊斯兰主义组织——大声呼吁自由军官废止代议制民主并代之以公正独裁。伊斯兰主义者在 1952 年 8 月对尼罗河三角洲城市卡法达瓦尔（Kafr al-Dawar）的工人示威采取的强硬立场就是一个非常恰当的例子。穆斯林兄弟会发起了大规模的宣传活动，要让罢工行动的幕后指挥者被当作叛徒处以死刑。[64] 穆罕默德·穆斯塔法·哈米斯（Mohamed Mustafa Khamis）和穆罕默德·哈桑·巴克里为了抗议他们纺织厂的低薪和腐败而发起了抗议示威，他们被判处死刑，另外的 11 人被判处了 15 年徒刑。卡法达瓦尔事件被广泛解读为自由军官组织在穆斯林兄弟会的支持下，在局面发展成全面暴乱之前粉碎了其他政治力量的潜在威胁。[65]

胡岱比和纳赛尔：个人冲突

穆斯林兄弟会与自由军官组织之间的权力斗争因两派领导人之间的个性冲突而进一步加剧。按照亲信的说法，在第一次会面后，纳赛尔和胡岱比彼此间充满了不信任，并预计对方会做出最坏的行为。1952 年 7 月军队掌权几天后，胡岱比及其重要亲信会见了纳赛尔和其他自由军官，他们要制定关于双方未来关系的路线图。按照参与会面的胡岱比密友兼副官的法立德·阿卜杜勒·哈勒克的说法，胡岱比期待纳赛尔能将穆斯林兄弟会视为在新政府内平起平坐的合作人，并且能对他作为全埃及最有势力的组织之领袖的权威表现出顺从。实际上，正如我们前面提到的，在政变前几天，纳赛尔已经与穆斯林兄弟会的成员们见了面，并且告知他们自由军官的计划。但是，按照法立德·阿卜杜勒·哈勒克的说法，穆斯林兄弟会和自由军官高层领导人的首次交锋就让胡岱比对纳赛尔心生厌恶，并且让他们之间的信任不复存在。胡岱比向纳赛尔提出在制定所有重大决策之前都要询问穆斯林兄弟会的意见，纳赛尔回应道："我不会接受任何党派对革命的监督。"大吃一惊的胡岱比转向纳赛尔的盟友哈桑·阿什马维说："你难道不是已经同意合作

了吗？"阿什马维回答说："是啊，我们同意了。"⁶⁶

　　哈立德·毛希丁见证了纳赛尔和胡岱比的第一次重要会晤。按照他的说法，纳赛尔对胡岱比说他绝不同意分享权力，尽管愿意把重大决策告知穆斯林兄弟会，但不愿意事先和他们协商。⁶⁷当纳赛尔退席时，胡岱比向其团队吐露："此人 [纳赛尔] 不可信任。他撤回早先的承诺和协议，还对此撒谎。纳赛尔不是伊斯兰主义者，自由军官运动的多数人是改革派，不是伊斯兰派。纳赛尔并不把我们当回事。我们必须保卫自己。"⁶⁸纳赛尔声称穆斯林兄弟会试图主导决策并劫持自由军官运动。⁶⁹这场决定命运的会谈深远影响了纳赛尔和胡岱比看待彼此的态度，两人此后结下了仇恨。胡岱比和纳赛尔的首次交锋给后来的一系列失策和误判埋下了伏笔，最终致使自由军官组织和穆斯林兄弟会之间的暴力对抗达到顶峰。

　　两大组织之间的冲突核心在于对 1952 年政变前达成的共识和协议存在分歧。越来越多的证据表明，胡岱比的助手们并未完全告知他自由军官是否向穆斯林兄弟会提供了关于权力分享的任何保证。虽然关于这些共识的具体细节存在不同的说法，但有一点是明确的：如前所述，在 7 月 18 日和 19 日的政变前会议上，纳赛尔并没有承诺过一系列具体政策，而是表达了和穆斯林兄弟会合作的宽泛承诺。他态度模糊，并没有向萨拉赫·沙迪、哈桑·阿什马维或其他在场的穆斯林兄弟会成员透露他的全部计划。然而，沙迪和阿什马维告诉胡岱比，他们已经和自由军官们达成了协议。这就解释了胡岱比在第一次会面后得知纳赛尔拒绝和穆斯林兄弟会分享权力后为什么表现得如此惊诧。⁷⁰

　　之前的叙述没有充分审视这场冲突在很大程度上变成了胡岱比和纳赛尔之间的个人恩怨。他们之间的冲突在电视演讲中越发明显，在演讲中，年轻的上校讥讽了胡岱比并且诋毁了他的权威、领导力和自尊，读者从下面的演说词中就能了解到两人激烈且针对性极强的对抗：

> 99　　我见到了穆斯林兄弟会的总训导师［胡岱比］，他提
> 出了很多要求；第一个要求是要在埃及推行面纱，让街上
> 的女人都戴面纱。我告诉他，如果我制定了这样一条法
> 律，他们会说我们回到了哈基姆·宾·阿穆尔·阿拉（al-
> Hakim bi-Amr Allah）的时代，那时人们被禁止白天走
> 路，只能在夜晚走路。我的看法是每个人在自己的房子里
> 可以立自己的规矩。而他回答说："不，作为领导人，你
> 是有责任的。"所以我告诉他："先生，你有一个在医学院
> 念书的女儿，她也没有戴面纱……如果你无法让你自己的
> 女儿戴面纱，那我如何让一千万女人戴面纱呢？"[71]

在 1952 年政变后与自由军官组织的角力中，穆斯林兄弟会
为自己的政治失策和糟糕的判断力付出了代价。正如一名学者
所说，"胡岱比错判了纳赛尔并低估了他，最终被这位年轻的上
校打得粉碎。纳赛尔和其他军官在政变之前和之后都表现得无
所畏惧，将生死置之度外"。[72] 更具灾难性的事件是胡岱比决定
在纳吉布和纳赛尔的权力争夺中支持前者。这使得其与纳赛尔
的关系进一步恶化，迫使纳赛尔愤恨地反对这位总训导师和伊
斯兰运动政治团体。当穆斯林兄弟会无法拯救纳吉布这艘缓缓
下沉的船时，他们也将自己暴露在了纳赛尔的枪口之下。

穆斯林兄弟会的内部破裂：
机密部门反对胡岱比的叛乱

自由军官组织和穆斯林兄弟会的权力斗争，对伊斯兰主义
运动来说来得不是时候。在创建人哈桑·班纳于 1949 年被国

家安全部门刺杀后，穆斯林兄弟会遭受了重大的正统性危机和
认同危机。谢赫艾哈迈德·哈桑·巴库里是一位宗教学者兼穆　100
斯林兄弟会领导人，他以残酷的语调将失去哈桑·班纳描述为
"在极为依赖父亲的孩提时代丧父……我们是失去了父亲的孤
儿"。[73] 由于内部的分裂和公开的反叛，伊斯兰主义组织在失
衡和动荡的状态中挣扎多年。1951 年，当过法官的胡岱比被
选为穆斯林兄弟会的 "精神导师"（murshid），但许多成员都
质疑他的伊斯兰资历，并把他视为伊斯兰运动的局外人。他们
还直接表达出对他领导能力的怀疑，认为他没有能力抚平组织
内政治部门和机密部门之间越来越严重的裂痕。胡岱比缺少哈
桑·班纳的领袖魅力和演说技巧，而这些被证明是动员群众不
可或缺的。巴库里表达了很多穆斯林兄弟会成员的感受：

> 穆斯林兄弟会的成员，尤其是年轻人，期待着能有一
> 个新的总训导师，一个能对民众演说的人，一个给年轻人
> 提出建议的人——尤其是像他的前任所表现出来的那样，
> 但是 [胡岱比] 毕竟只是一个法官。他小心翼翼地考虑每
> 一个字。穆斯林兄弟会对这个位子上的人并不满意。他们
> 需要一个能提出并制定未来路线图的人，一个能向手下人
> 解释要做什么的人。[74]

实际上，从担任领导职位开始，胡岱比就与该运动基层的
期望不太一致。在 1951 年任职后仅仅一个月，他就造访了王
宫并试图让两大阵营的关系正常化，此举激怒了很多穆斯林兄
弟会成员和其他政治派系。他天真地向记者描述此举是 "友好
地访问一位友好的国王"。这个说法后来变得臭名远扬，并被
批评者在不同场合反复提到。对于当时穆斯林兄弟会总部的监
察长法特希·阿萨尔（Fathi al-Asal）来说，胡岱比拜访国王

的举动和他调停的口吻证明了他是"宫廷的导师而不是穆斯林兄弟会的导师"。[75]

机密部门的领导层对胡岱比尤其不信任，并将他的任职视为对其基本生存的威胁。他们的怀疑并非空穴来风。前法官当选穆斯林兄弟会的头目标志着一个新时代的到来，这能给伊斯兰主义者团体带来社会地位，缓和埃及政治机构对20世纪40年代末参与暴力的穆斯林兄弟会的恐惧，恢复该组织的形象。更重要的是，胡岱比的目标之一是将忠于他的人马渗透进机密部门。在他看来，这个地下组织是一个不利因素而非有利资产，对他们怀有巨大的不信任感。然而，渗透机密部门这件事说起来容易做起来难，因为在被暗杀前的几年里，即便是这个运动的创始人哈桑·班纳也失去了对该准军事组织的控制。事实上，这个地下组织逐渐开始自行其是，发动了威胁到政治派系生存的袭击。最终，班纳为自己麾下的武装机构的鲁莽和傲慢付出了生命代价。

胡岱比在巩固自己的领导地位的同时，也努力寻找内部盟友，而穆斯林兄弟会内部对如何应付自由军官们，依然存在分歧。元老派内部由于在处理纳赛尔问题上存在分歧，拒绝对秘密机构施加压力。穆斯林兄弟会高层成员中有三分之一的人和纳赛尔站在一边，包括机密部门的高级成员及其总指挥阿卜杜勒·拉赫曼·萨纳迪（Abdel Rahman al-Sanadi）。机密部门的成员感觉胡岱比是以穆斯林兄弟会的未来做赌注来对抗纳赛尔。胡岱比目中无人的立场尤其让那些在提名他为穆斯林兄弟会领袖的过程中发挥重要作用的人感到愤怒。除此之外，其他成员则认为胡岱比逾越职权。他的确是被公选为最高指挥者，但是在上任前夕，据说他曾被直率地告知："我们什么也不打算从你那里得到；你甚至不需要到总部来。我们会把文件送到你那里让你签字或是随你的意愿拒绝。"[76] 理查德·米歇尔在他重要的著作《穆斯林兄弟会》中指出，内部争斗"释放了一个幽灵：一个遵守纪律服从领导却没有真正领导的组织。"[77]

　　胡岱比和机密部门之间的对立是如此之深，以至于机密部门将穆斯林兄弟会内部的动荡完全归咎于胡岱比。在反对胡岱比的叛乱发生时，马哈茂德·萨巴格是机密部门的第二指挥官，他认为哈桑·班纳的继任者并未掌握伊斯兰主义者运动的脉络：

　　　　王室服从英国殖民者的号令让埃及蒙羞，当穆斯林兄弟会和埃及的大部分人都反对王室政权时，胡岱比却倒向国王。他搞砸了我们和自由军官们之间的特殊关系，他们本来是一同推翻君主制，让埃及获得独立的。胡岱比独自一人招致了革命领袖纳赛尔的敌对，毁掉了联盟的承诺，而这本可以为伊斯兰主义者的统治迎来机会。[78]

　　当被问到胡岱比是如何和为何激怒纳赛尔时，萨巴格继续说道：

　　　　胡岱比把纳赛尔当作下属并要求革命指导委员会赋予穆斯林兄弟会重大决策否决权。他对年轻的军官太不敏感，军官特别看重独立性并且极度警觉，胡岱比完全没有必要地破坏了穆斯林兄弟会和这些新的军事统治者之间的好感和信任。他将机密部门和自由军官筹谋了十年多才取得成功的政变成果付诸东流。[79]

　　在未公开的说法中，萨巴格认为"胡岱比没有弄清楚的是那些军官是我们的人，是我们地下网络的延伸。许多军官对机密部门宣誓效忠，其中也包括政变的策划者纳赛尔，从这一点

103

来看，这场革命是我们的革命，是我们的祈祷成真"。[80]

　　萨巴格、艾哈迈德·阿代勒·卡迈勒和其他的机密部门老将都声称，在革命指导委员会的13名成员中，有8名军官正式加入了他们的准军事网络，这表明机密部门在策反和渗透军队年轻军官方面是成功的。尽管接受本书采访的纳赛尔密友说穆斯林兄弟会夸大了自己在政变中起到的作用和加入机密部门的自由军官数量，但是他们也承认，部分自由军官，包括纳赛尔在内，的确加入过机密部门。

　　萨巴格认为，胡岱比在处理自由军官问题上过于强硬。他认为这位导师"不该在革命后立即要求纳赛尔放弃决策权，也不该对新政权采取敌对态度"。他强调，穆斯林兄弟会应该对能够加入纳赛尔组建的政府感到满意，毕竟那是"送到他们手上的大好机会"，他们应当表现出耐心和政治智慧。

　　萨巴格在这里提到了穆斯林兄弟会和自由军官组织之间关系的一个关键时刻。事实上，在政变后不久，纳赛尔通过多种渠道直接和间接地告知穆斯林兄弟会的领导人，只要不试图挑战他的权威，他们就可以加入他的内阁。他也发出警告，如果他们行为逾矩，他将重新考虑人选并任命服从他安排、认可他作为唯一领袖的伊斯兰主义团体成员来担任要职。革命指导委员会成员毛希丁后来在其回忆录里确认，纳赛尔曾经建议任命穆斯林兄弟会的成员进入内阁。[81] 然而事与愿违，这一举动却让双方变得更加疏远。在回应纳赛尔的提议时，胡岱比提名了两个候选人，分别是谢赫巴库里和艾哈迈德·胡斯尼（Ahmed Hosni），均得到了自由军官的同意。但是，胡岱比在事先没有咨询军方的情形下送了另外两个人去内阁宣誓就职，局面就在这时候变得难以收拾了。[82] 这件事惹怒了自由军官，也让胡岱比和纳赛尔之间的关系越发紧绷。两人对正统权威的争夺再一次上演。按照毛希丁的说法，穆斯林兄弟会让另外二人去内

阁宣誓是在"展示他们对我们有统治力,他们能指挥我们",
"所以我们拒绝更改两位部长的名字"。[83] 胡岱比的所作所为
也让穆斯林兄弟会的部分成员疏远了他,他们无法看穿他到
底要干什么。当提及这一麻烦时期时,萨巴格的反应很直接,
"你对他的做法怎么看?是聪明还是危险?给纳赛尔的脸上重
重地甩个耳光,让他相信胡岱比领导下的穆斯林兄弟会是一个
对权力虎视眈眈的对手,而不是一个乖乖的资浅合作人"。他
说这已经是一个"公开的秘密"了,纳赛尔和其他自由军官已
经"让我们觉得只有胡岱比下台才能让革命关系重新正常化并
修复互信……但是 [机密部门] 对纳赛尔说,他们不会推翻自
己的政治领袖,尽管他们也强烈感受到了胡岱比是一个不利因
素,而且他也不会让穆斯林兄弟会的大船在这场暴风雨中平稳
下来",萨巴格如此回忆道。[84] 自由军官们拒绝了胡岱比的新
人选,坚持保留最初的人选。胡岱比仍然表现得目中无人,并
要求巴库里拒绝上任。巴库里违抗了他的命令,加入了内阁,
担任宗教基金部(minister of awqaf)部长,胡岱比因此将他
逐出了穆斯林兄弟会。[85] 巴库里作为总训导师办公室的成员,
该部门是穆斯林兄弟会内部最高的执行权威,并未忠诚于穆斯
林兄弟会的总训导师。未得到胡岱比的同意而接受了内阁职
位,巴库里已经背叛了效忠誓约并公然挑战了其领袖的权威。

　　穆斯林兄弟会的内部矛盾加剧了该组织的领导权危机,招
致了更多的敌意、混乱,给成员们造成困惑。尽管胡岱比已经
强迫巴库里从穆斯林兄弟会辞职,但随后仍然要求他帮忙在穆
斯林兄弟会和纳赛尔之间斡旋,作为中间人来解决问题。[86] 这
个事例表现出,在穆斯林兄弟会和自由军官组织的角力中,政
治利益和个人冲突要比意识形态、认同和等级制度更重要。萨
巴格说:"和亲胡岱比一派的指控不同,我们并没有和纳赛尔
同谋迫使他下台。"当一场严重的反胡岱比威权统治的内部叛

105

乱出现时，萨巴格辩称叛乱不是由机密部门领导的，而是"穆斯林兄弟会的元老人士……他们害怕导师没有能力将这艘船领航到安全的港湾去"。许多穆斯林兄弟会成员害怕胡岱比"已经用谋略将穆斯林兄弟会带上了和自由军官组织对抗的道路，这将带来灾难性的后果"，萨巴格这样说道，"他们强烈地感觉到在把伊斯兰运动毁掉以前，胡岱比必须适可而止"。[87]

在采访了穆斯林兄弟会公开政治派系的高级成员后，受访者说纳赛尔利用机密部门制造了一场内部叛乱，用一个容易操控的继任者来顶替胡岱比。我向萨巴格求证这种说法的准确性。难道机密部门允许自己被纳赛尔操纵吗？他们是否因此违反了对胡岱比的誓言，威胁到了伊斯兰运动的团结和生存？萨巴格的回答很明确：

> 听着，我们与纳赛尔及自由军官的关系确实亲密热络，我们对此并不否认。我们并未被愚弄。我们相信纳赛尔是真正的伊斯兰运动的儿子，相信革命最终会带来一个主要基于伊斯兰教法的真正政府。[88]

按照萨巴格和其他机密部门老将的说法，胡岱比的阵营将机密部门描绘为纳赛尔主义者的工具，并借此来削弱反对胡岱比权威的内部叛变，并斥之为一小撮和纳赛尔串通一气的叛徒的阴谋。"尽管我们反对胡岱比对自由军官们采用的敌对方式，但是我们并没有和纳赛尔串通来让他下台"，萨巴格重申道，"许多穆斯林兄弟会的成员，不只是机密部门，都希望能有一个有经验、有领袖魅力的，来自哈桑·班纳内部圈子中的人来顶替胡岱比，这个人应完全有能力应对伊斯兰运动所面临的挑战和机遇。我们[机密部门]只会支持穆斯林兄弟会中越来越显而易见的共识。"[89]考虑到后代人的评断和将历史导正的渴望，萨巴格并没有察觉到他的叙述暗示出了这样的情形：机密部门的高层军官们认为，纳赛尔而非他们自己的总训导师胡岱比，才是真正继承伊斯兰革命衣钵的人，因此应当得到他们的忠诚。这一点也体现了分裂在穆斯林兄弟会内部加深和蔓延，到了纳赛尔能够操纵兄弟会各派系之间的野心、矛盾和分歧，破坏伊斯兰主义组织的程度。

胡岱比的机密部门博弈

在穆斯林兄弟会越发分裂和自身的领导权越发不稳的情形下，胡岱比开始确信他必须把亲纳赛尔的一派从机密部门中清除掉。他尤其担忧的是纳赛尔和准军事部门总指挥官阿卜杜勒·拉赫曼·萨纳迪及其追随者之间的亲近关系。在自由军官政变前几年，萨纳迪就认识了纳赛尔，两人的交往十分顺畅。1953 年 11 月，胡岱比决定采取行动打击纳赛尔在穆斯林兄弟会中的支持者，于是他将萨纳迪，以及机密部门的其他一些人除名。虽然胡岱比想要巩固他对穆斯林兄弟会的控制，但最终适得其反。看到萨纳迪被除名，纳赛尔嗅到了机会，他可以劝说萨纳迪及其人马发起一场报复性叛变，将胡岱比驱逐。在煽动政变的同时，纳赛尔还利用穆斯林兄弟会的武装分支反对其公开政治派系。萨纳迪的同袍告诉我他们把纳赛尔视作自己人，认为他们的政治领导层应该全心全意地拥抱这场新的革命。"我们对七月革命的成功发挥了重要作用"，一位机密部门的指挥官自豪地说，虽然他坚持要保持匿名。"这场革命已经实现了创始人 [班纳] 的目标。"因此，尽管萨纳迪的副手萨巴格早先否认了机密部门强力驱逐胡岱比一事，但是一场突如其来的夺权将胡岱比永远地打入冷宫。

在一次计划不周又孤注一掷的行动中，一些机密部门成员

107

找到胡岱比并当面要求他辞职。其中一人气势汹汹地掏出枪顶着这位领导人的头，逼迫他辞职；这对组织的导师来说是一个羞辱性的动作，他的追随者本应对他表现出绝对的服从。[90] 叛乱以失败告终，胡岱比仍然控制着穆斯林兄弟会。叛变行动也使得萨纳迪和他的手下陷入危险，因为他们现在公开威胁到了胡岱比的领导地位。虽然萨纳迪一派在与胡岱比的对抗中败下阵来，但是机密部门的叛乱还是在多个方面削弱了穆斯林兄弟会。首先，它分裂了兄弟会的政治派别；其次，它加深了运动中准军事分支和政治分支之间的裂痕。在将萨纳迪及其人马驱逐出机密部门后，胡岱比仍然决心要巩固自己的控制，并清洗那些来自执行部门的重要政治对手。内讧让穆斯林兄弟会在和纳赛尔的权力争夺中越发地易受攻击，但它仍然拥有广泛的支持和有效的制度，比纳赛尔预计的更为灵活、更有适应力。纳赛尔分而治之的战术并没有带来自己想要的结果，胡岱比及其支持者赢得了胜利并且维持了对穆斯林兄弟会的控制。萨纳迪及其追随者失去了民心，遭到排挤。纳赛尔别无选择，不久后，纳赛尔及其盟友决定将这个伊斯兰主义组织肢解。

在穆斯林兄弟会一边，内部分裂在赛义德·法耶兹（Sayed Fayez）被暗杀后进一步加深，此人是胡岱比任命的机密部门重要成员，在一场被认为是由萨纳迪策划和实施的行动中被杀。[91] 法耶兹受胡岱比之命接替萨纳迪并彻查机密部门。尽管遭遇了挫折，胡岱比仍然要将机密部门进行改造和重组，把忠诚于他的人安排在重要职位上。他提名优素福·塔拉特（Yusuf Tal'at）来代替法耶兹。塔拉特是哈桑·班纳领导下的穆斯林兄弟会第一代成员，是机密部门中众所周知的老将。导师胡岱比还组建了一个顾问委员会来帮助他重塑准军事网并清洗组织中的"罪犯"和"恐怖主义"分子。萨纳迪及其手下此前将机密部门经营得如同部落封地，他们的退出留下了一个权力真空：缺少有能力的中层干部和舵手来指导、整合各个分散的部门。但是，萨纳迪和他的手下并没有迅速离开人们的视线，而是设置了各种障碍以阻挠塔拉特改革机密部门。这些障碍最终导致了1954年10月曼什亚事件（Manshiya incident），即暗杀纳赛尔的未遂行动。

在被任命为机密部门首脑之后，塔拉特面临仍然忠于萨纳迪的成员们的强烈反对。他没能成功在旧的准军事组织中巩固自己的权威，胡岱比着手建立一个平行网络来平衡萨纳迪的影响。随着胡岱比和纳赛尔的关系在1953年和1954年逐步恶化，塔拉特继续无限制地招募穆斯林兄弟会成员，只求数量而不重视质量。在1954年10月企图暗杀纳赛尔而被捕时，塔拉特已经在全国各地建立了地下单元，每一个地下单元由7名成员组成。这一新组织有许多破绽和弱点，而且藏着自我解体的苗头。新招募的成员既没有经过适当的审查，也没有受过足够的训练。塔拉特希望机密部门可以向穆斯林兄弟会的所有成员开放并且接纳"每一个准备好加入圣战的穆斯林"。他没有充分考虑到机密部门的特性。作为一个准军事力量，机密部门需要的是独特的技巧和一套严格的检查和控制流程，以慢慢严格纪律，尊重权威，避免愚蠢和莽撞的行动。[92]塔拉特没有建立起可靠、有效率的指挥–控制机制，这是致命错误，并且最终让他陷入和萨纳迪一样的困境。过去，塔拉特曾间接地批评萨纳迪，指责他擅自行动而不事先征得最高指挥人和政治领导人的同意。虽然他在被提名时许诺要和他的前任划清界限，但是在面对危机之时，他也犯了和萨纳迪相同的错误。

穆斯林兄弟会和自由军官组织之间的矛盾在1954年夏天加剧，塔拉特与高级同僚和穆斯林兄弟会内部的叛军军官会面，商讨如何煽动针对纳赛尔的民众起义。一些顽固派赞同自由军官总部发动突袭，以杀死纳赛尔和他在革命指导委员会的亲近盟友。按照与会者的说法，这个提议被视为一个不现实的提议，没有得到进一步的讨论。相反，人们达成的共识是由机密部门发起系统性的宣传攻势来动员民众发起反纳赛尔暴动。穆斯林兄弟会将在民众反抗自由军官后发起攻势。胡岱比小心翼翼地指导塔拉特要分次实施行动并审时度势地变更行动计划。塔拉特的分支由于缺乏经验和严格的领导层级，发动了一场针对纳赛尔的焦土宣传战，往往不经胡岱比同意，擅自在开罗街头分发秘密小册子。机密部门毫不夸张地把一场政治战役变成了一场关乎生死存亡的斗争。在这场斗争中，他们对纳赛尔和自由军官中的纳赛尔支持者的攻击是没有底线的。赛义德·库特布是当时穆斯林兄弟会宣传分支的负责人，他编写的传单指责纳赛尔是叛徒，并将他描绘为奸诈和嗜血的秘密犹太人。

　　穆斯林兄弟会的一位高级官员说他和其他人义正词严地谴责过机密部门发动的全面宣传战，并对后果的严重性提出了警告。[93] 他们要求停止散发传单，并呼吁穆斯林兄弟会停止与新军政府对立。"尽管我们一再提出警告，但是煽风点火的传单仍然继续散播着。"法立德·阿卜杜勒·哈勒克如是告诉我，他曾是穆斯林兄弟会核心成员。塔拉特发动的意识形态斗争越来越激烈，胡岱比却藏了起来，让塔拉特及其手下趁机掌控了穆斯林兄弟会。"当导师隐匿起来时，机密部门和库特布开始掌权，政治领袖被排挤到了一旁。我们联系不到导师，除非通过知情的机密部门和某些秘密渠道，这是一个危机四伏且令人无法接受的局面。"阿卜杜勒·哈勒克继续说道。[94] 塔拉特的宣传策略和胡岱比的默许，适得其反，带来了致命的后果。两个亲纳赛尔的军官告诉我，这场诽谤运动激怒了纳赛尔，使他确信必须让胡岱比和穆斯林兄弟会内部支持他的成员失去影响力。[95] 机密部门的挑衅战术只是加速了他们和自由军官之间的摊牌。机密部门的成员承认他们对眼前的危机感到困惑。穆斯林兄弟会最高领导层与各地下组织之间几乎没有任何协调和沟通，这些小组被迫自行其是，迫不及待地想要行动。

1954 年初，纳赛尔面临着政治生涯中的危机。除了革命指导委员会内部的分裂让他和纳吉布反目之外，这位引领革命的人民英雄现在也被塔拉特及其特工锁定。这样的局面并没有打消他获取全面控制权的野心。在和一群穆斯林兄弟会领导人激烈争辩后，纳赛尔在某次场合中称，"在两年或三年的时间里，我希望能按一个按钮就让埃及向前，按另一个按钮就让埃及停止"。[96]1952 年至 1954 年，纳赛尔寻求让穆斯林兄弟会的领导人放弃政治独立的野心并全体加入他刚刚建立的解放大会中，但遭到了胡岱比及其盟友的拒绝。纳赛尔此时的脆弱政权只有少量民众支持，同时还面临着军队内部爆发叛乱的危险，他再也无法容忍目中无人的伊斯兰主义组织继续存在，虽然这个组织已经因他分而治之的战术和内部权力斗争而削弱了不少，但也依旧令他难以容忍。被除名的萨纳迪的反胡岱比政变失败和塔拉特及其手下越发激烈的意识形态争斗，对纳赛尔而言，就是最后一根稻草。在 1954 年 1 月，纳赛尔和自由军官们决定摧毁穆斯林兄弟会，一劳永逸地粉碎这个对他们的权威构成威胁的反对派堡垒。在 1954 年 1 月 13 日，内阁宣布了一条判决令，认定穆斯林兄弟会是一个政党，因此也要遵守 1953 年废除政党法案，此前兄弟会作为宗教组织享有豁免权。该法令指控胡岱比及其"私党"密谋"在宗教的外衣下推翻现有政府"。[97]

将纳吉布从公众视野中铲除后，纳赛尔下令大规模镇压伊斯兰主义运动。这次行动再次包含了暴力胁迫和分裂穆斯林兄弟会的行为，并且拉拢一些兄弟会成员。胡岱比连同其他的 450 名成员被捕，政府发动媒体攻势来抹黑胡岱比，目的是让

111

他失信于人。被捕的成员中包括一些关键领导人，比如阿卜杜勒·卡德尔·奥达（Abdel Qader 'Awda）和奥马尔·特尔梅萨尼（Omar al-Telmessany），自由军官早前为了争取他们的支持而将他们释放过一次。纳赛尔想在推翻导师胡岱比成功后扶持极具魅力的奥达。[98]然而在行动失败后，这两人都被关押了起来，甚至据称遭受了酷刑。[99]

　　纳赛尔反对穆斯林兄弟会的计划并未让他获得更多的民众支持。仅仅两个月后，1954年3月，纳赛尔虽然试图让纳吉布边缘化，但仍再次卷入与纳吉布的权力争夺中，此外，他还面临着一场民众反对其镇压手段的起义。为了适应时局，他做出了战术性撤退。革命指导委员会宣布纳吉布重新担任总统并且议会制政治生活回归常态。纳赛尔主义者的政权正式撤回了解散穆斯林兄弟会和其他政党的决定；释放了被关押的穆斯林兄弟会成员，包括胡岱比本人；撤销了对新闻媒体的审查。为了能化解危机并为自己争取时间，纳赛尔和自由军官们宣布革命即将完成，纳赛尔还派出了他的信息部长穆罕默德·福阿德·贾拉勒（Muhammad Fuad Jalal）和胡岱比修好，并试图通过此举与穆斯林兄弟会达成和解。在和纳吉布进行权力争夺的同时，他仍没有放弃扶植自己认可的人选来领导伊斯兰主义组织。[100]纳赛尔希望能说服穆斯林兄弟会不要再像1954年2月时那样和纳吉布站在一边。[101]为此他接受了胡岱比提出的所有条件，释放被关押的穆斯林兄弟会成员并在胡岱比被释放后拜访他家。[102]然而，对1954年3月危机的处理方式并没有持续很久。纳赛尔只是在静候时机让他有时间组织起足够强大的力量来对纳吉布和广义上的反对力量发起反击，对胡岱比尤其如此。为了能实现革命宏图，纳赛尔主义者的革命不惜牺牲他们的革命后辈、盟友，更不用说政治对手了。

　　纳赛尔在1954年3月的行动收获了成果，纳吉布在当月末再次被推翻。穆斯林兄弟会这一次保持了沉默，维持着和纳赛尔的友好关系，尽管这样的状态并不会持续很久。纳赛尔和胡岱比深深地怀疑彼此，他们之间的对抗马上就要展开。自由军官组织和穆斯林兄弟会之间的由个性、优先事项和利益的冲突驱动的终极对决是不可避免的。尽管在 1954 年 3 月释放后胡岱比曾发誓他的组织"支持"纳赛尔政权，但他的誓言并没有被重组后的机密部门接受。塔拉特仍然对解散穆斯林兄弟会和 1954 年初的抓捕行动怀恨在心，在他的领导下，新准军事分支发起了严格的招募行动并更新旧模式，制订了随机应变的破坏和暗杀计划。在没有和胡岱比商议的情形下，机密部门选择了一条冒险的路，这条路会让政治部门面临卷入和纳赛尔政权发生致命对抗的危险。就像是 20 世纪 40 年代末导致了哈桑·班纳被刺杀和伊斯兰主义团体遭解体的血腥事件一样，机密部门仿佛在重蹈覆辙。

纳赛尔和胡岱比的对决

到此时为止，纳赛尔阵营和机密部门中有影响力的人都在敲锣打鼓，积极备战。最终点燃导火索的是英国和埃及之间的撤离谈判。在埃及政府和英国协商 1954 年的苏伊士运河争端时，胡岱比和他的主要助手独自和英国官员们见了面，并声称达成了"秘密协定"，按照政府的说法，他们在协定中做出了危险的让步。[103]"在我们眼中，胡岱比的行为离叛国只差一步，"纳赛尔手下的萨米·沙拉夫说道，"穆斯林兄弟会和英国人秘密会面，削弱了我们的谈判立场并在背后捅了我们一刀。"[104]在自传中，当时为军事情报部门工作的沙拉夫详细地讲述了穆斯林兄弟会是如何影响谈判的技术事务和程序事务，并利用任何可能的条件与英国人达成协议。[105]他的说法暗示纳赛尔和他

113

的同袍们将穆斯林兄弟会视为一个旨在将国家置于自己的监督之下的准政府。这一威胁在穆斯林兄弟会的网络建立起来后变得愈发严重，他们积极地在军事部门和警察部门中活动，目的是控制这些关键性的国家机关。[106]

在 1954 年 7 月巡访阿拉伯国家期间，胡岱比公开拒斥英国和埃及签署的英埃撤军协定，称之为投降，并质疑一个非民选政府是否有权与外国势力缔结和批准条约。胡岱比的批评成了阿拉伯世界的头条新闻，这让身处国内的军官们十分尴尬。按照哈立德·毛希丁的说法——在公开谴责纳赛尔独裁统治之前，毛希丁曾是纳赛尔最亲密的朋友——事实上机密部门的成员们在开罗街头散播反纳赛尔的传单，谴责政府对国家功业的"背叛"是"压死骆驼的最后一根稻草"。毛希丁告诉我："胡岱比的所作所为是不可接受的，因为他把国家安全当作政治来操纵。胡岱比在玩火的时候就应该料到自己会引火烧身。"

在 1954 年 8 月，纳赛尔政权发动了直接瞄准胡岱比本人的宣传攻势作为报复，此举的目的是让他信誉扫地。媒体提醒埃及民众，胡岱比已经和英国人商谈出了一份"秘密条约"并且比当局做出了更具伤害性的让步。作为回应，胡岱比起草了一封给纳赛尔的信，这封信也作为传单在 8 月 22 日出现在开罗的街道上。在信中，他否认了政府对他单方面和英国人谈判的指控并且要求纳赛尔给穆斯林兄弟会一个向民众告知他们立场的机会。在传单分发两天后举行的例行穆斯林兄弟会成员会面上，胡岱比在一大群成员面前表现得平静且强硬。他再次对兴奋且愤怒的听众重申，"无论发生什么"他都已经准备好了，他多次申明穆斯林兄弟会的最根本原则，即"在真主之道上的死亡是我们最高贵的愿望"。[107]

这一充满情感的收尾对听众触动很大，人们已经准备好要与纳赛尔和自由军官们决一死战了。在胡岱比讲演期间，台下一名听众大喊"叛徒都去死！"。在讲演之后，仍是 1954 年 8 月，胡岱比及其亲信就从公众的视野中消失了。星期二的集会是胡岱比最后一次在穆斯林兄弟会的成员们面前现身，几个月后，他遭到了逮捕并被送上了法庭。胡岱比是在 10 月 30 日被逮捕的，就在暗杀纳赛尔事件发生几天后。[108] 穆斯林兄弟会的高层领导人确信胡岱比是害怕被暗杀或逮捕才藏起来的。"我们希望事情能平稳下来，让风暴过去而不毁掉我们这个团体"，胡岱比的密友法立德·阿卜杜勒·哈勒克如是说道。他一边激动地比画着手势，一边告诉我"导师说他会将大权授予他人后离开，以消弭危机，并对纳赛尔让步。我们是错的，因为纳赛尔想要的是摧毁这个团体并除掉胡岱比。"[109]

　　胡岱比的突然消失加剧了穆斯林兄弟会和纳赛尔的对抗。由于担心自己的性命，纳赛尔也马上停止抛头露面。当胡岱比和他的亲近幕僚们藏身在亚历山大时，穆斯林兄弟会内部的裂痕和竞争重新浮现；胡岱比的对手尝试对革命指导委员会和协商会议施加更大的控制。与此同时，纳赛尔在穆斯林兄弟会的政治派别那里点燃了不满的火焰，迫切希望胡岱比下台。在胡岱比缺席的两个月里，内部斗争几乎把穆斯林兄弟会撕成了两半。更引人警觉的是穆斯林兄弟会暗杀纳赛尔的计划，虽然在穆斯林兄弟会给总理的公开信中，胡岱比向他保证"无论日夜，你都可以不带保镖地随意活动而不用担心穆斯林兄弟会抬起手来反对你"。[110] 他的保证无法缓解纳赛尔的恐惧，他称"对穆斯林兄弟会成员过火的复仇行径已经忍无可忍了"。[111]

　　纳赛尔的直觉是对的，优素福·塔拉特和追随者们在纳赛尔和英国人签署了撤退协定之后已经下决心要把枪口对准他了。对纳赛尔和英国来说，这份协定是一个双赢方案。安东尼·纳庭（Anthony Nutting）曾参与谈判，后来也和纳赛尔熟识起来，他曾说，在埃及与英国就撤军达成一致时，英国对

115

苏伊士运河地区的基础设施要求也得到了满足。[112] 但站在不同立场上的穆斯林兄弟会反对这份条约。在和纳庭的谈话中，纳赛尔表达了他对伊斯兰主义运动的愤怒并警告说他们"给了我最充分的理由让我尽快和纳吉布及其狂热分子决一死战"。[113] 最终的摊牌发生在一周后，"纳赛尔等到了期盼已久的时机。"[114] 机密部门的领导人选中了开罗艾巴达区的一名锡匠马哈茂德·阿卜杜勒·拉蒂夫（Mahmud Abdel Latif）来执行刺杀纳赛尔的任务。阿卜杜勒·拉蒂夫在随后的法庭审理中表示他之所以接受了这个任务是因为纳赛尔的"叛国行径"，他签署的条约"出卖了国家的利益"。[115] 他说他从机密部门开罗片区的领导人欣达维·杜瓦伊尔（Hindawi Duwayr）那里得到了一把手枪。[116] 命令十分清晰：在纳赛尔于亚历山大市中心的曼什亚发表演说时，杀死他。

10 月 26 日，当纳赛尔对着一大群支持者和被派去捧场的工人们发表演讲时，马哈茂德·阿卜杜勒·拉蒂夫挤到了前排，在能够近距离平射的空间里对着纳赛尔开了八枪。在这个令埃及人瞩目的历史时刻，未受伤的纳赛尔对着群众发表了一场大胆的即兴演说。这一充满戏剧性和勇气的时刻通过广播在整个阿拉伯世界转播和重播，并铸刻在了民众的心中：

> 百姓们……请大家保持在原地不要动……我的性命是你们的，我的血是献给埃及的。有人试图杀我，但在真主的佑助之下，我还能和你们说话。贾迈勒·阿卜杜勒·纳赛尔的性命是你们的财产；我为你们而活，为了你们的利益鞠躬尽瘁，直到死亡。[117]

虽然穆斯林兄弟会的政治领导人坚称是纳赛尔政权导演了暗杀行动，企图摧毁他们的组织，但机密部门知道是一个不负责任的小团伙谋划了这次暗杀。阿卜杜勒·拉蒂夫和机密部门工作人员后来的证词表明，机密部门的高级领导者同意刺杀纳赛尔的行动。[118]机密部门的其他成员则想要派突击队震慑内阁，杀死支持纳赛尔的部长们。塔拉特本人承认他的确考虑过暗杀纳赛尔和其他军官。他告诉法庭他在暗杀行动的几天前曾给开罗片区的领导人易卜拉欣·塔伊卜（Ibrahim al-Tayyib）提供过一条自杀式炸弹皮带，但否认是他最终下达了杀死纳赛尔的命令。

　　大量实例表明机密部门内部存在各种违规行为。阿卜杜勒·拉蒂夫和他在机密部门中的同伙似乎并没有得到胡岱比的正式授权。当纳赛尔签下条约时，胡岱比称他是"国家利益的叛徒"。[119]胡岱比煽风点火的言辞——指控纳赛尔叛国和要求穆斯林兄弟会的成员"确保 [英国军队] 从他们的土地上全部撤离"，这是纳赛尔没能做到的——给孤注一掷的机密部门人员提供了杀死纳赛尔潜在的正当性。[120]除此之外，塔拉特说他受到机密部门元老派的威胁，尤其是来自萨纳迪的死忠者。萨纳迪给新的机密部门领导贴上了"叛徒"的标签，说他背弃了哈桑·班纳的初衷，在元老们眼里，他完全是为胡岱比个人效力的，并且暗中试图关闭机密部门。穆罕默德·法加里（Mohamed Fargali）是舒拉委员会的长官，按照他和塔拉特的说法，许多机密部门的成员拒绝和塔拉特合作并保持着对萨纳迪的忠诚。塔拉特甚至告诉法庭他震惊地发现许多成员对萨纳迪要比对穆斯林兄弟会更加忠诚。他还说他无法对他们施以控制并且没有能力让他们退出。他的证词遭到该组织元老派的驳斥。萨纳迪的心腹马哈茂德·萨巴格说："我们决定对塔拉特更加警觉，但是我们从未威胁或积极地反对过他。""胡岱比摆脱了我们，但是他不知道要如何处理机密部门和新人们，这些人没有资质来领导一个如此复杂的组织。"[121]从这一点来看，

117

穆斯林兄弟会的内部情形已经发展到了十分糟糕的地步，这让胡岱比的手下害怕遭到萨纳迪的报复，并由此引发一场准军事组织网的公开内战。塔拉特在法庭上企图用对自己有利的陈述来和暗杀纳赛尔事件保持距离，他的陈述和权力争夺的形势相吻合，这让机密部门内部十分愤怒。1954 年，在审理室做的自我辩护中，塔拉特及其手下把机密部门描述成一列没有刹车系统的火车，他们既没有能力让它停止，也没有能力使它减慢速度。他们想让法庭相信他们是一场隐藏起来的暴力剧目的被动旁观者，他们无法让事件向更好的方向发展。

曼什亚事件让纳赛尔扫清了政府的对手。[122]1954 年的事情就像 1948 年一样，那时机密部门鲁莽的行为也将穆斯林兄弟会的生存置于危险境地中。不管胡岱比和他的谋士们是否提前得知暗杀计划，他们都没有成功地对机密部门加以控制。相反，塔拉特已经建立起了臃肿又膨胀的地下力量，大约有两万名成员，但是这些人几乎没有受过任何军事训练或是严格的组织审查和保护。萨纳迪的势力高度精英化、排外，塔拉特的人则是普通的穆斯林兄弟会成员，加入了机密部门。从这一点来看，因为暗杀是由塔拉特的部门实施的，所以穆斯林兄弟会的政治领导对机密部门的行动负有最终责任。对机密部门的指挥官而言，他们在 1948 年和 1954 年所做之事是职责所在：保护伊斯兰主义运动和打击伊斯兰运动的敌人。在这两起事件中，机密部门的特工执行了暗杀和破坏行动，他们说他们相信高级政治领导人，比如哈桑·班纳和胡岱比已经授权了这些行动。在这两件事中，班纳和胡岱比都对这样的说法提出了异议并且将自己说成是无辜的，对流血事件不负任何责任。有些事情已经发展到了极为糟糕的地步：政治领导必须对准军事部门负责，但他们并没有完全拴住机密部门，对机密部门的暴力行径视而不见，这实际上是在纵容其行径。自机密部门于 20 世纪

30 年代末创立之后，它的特工人员用暴力服务政治的行为不曾受过限制。从一开始，机密部门存在的理由是反抗英国在埃及的殖民统治，后来则是在巴勒斯坦反对锡安主义者。哈桑·班纳对机密部门的设想是将其作为一个在穆斯林兄弟会中几乎不受制度或政治监督的由精英人士构成的秘密军事部门。起初，胡岱比对改革机密部门缺乏热情，是彻头彻尾的失败，原因有三：一是缺少承诺和强有力的领导，二是与自由军官政权高度紧张对立，三是准军事分支内部强硬派的抵制。纳赛尔的强硬反制，加上胡岱比的消失，穆斯林兄弟会连续上演的权力争夺战，不仅扰乱了该组织的内部秩序，也出现了用武力对抗伊斯兰运动死敌的呼声。强硬派最终掌握了主动权，决定要杀死纳赛尔。

　　"在胡岱比的领导下，团队已经瘫痪和分裂，没有人能给机密部门踩一脚刹车并阻止和纳赛尔政权的暴力对决，"一位反对和纳赛尔对抗的前机密部门指挥官这样说道，"曼什亚事件是一次鲁莽和自戕的行动。"事实上，杀死纳赛尔的企图给穆斯林兄弟会敲响了丧钟，这是纳赛尔求之不得的礼物。在两位强人的关系中，地下网络的持续存在一直是一个棘手问题。纳赛尔的手下参谋长沙拉夫告诉我说他的领导怀疑胡岱比的准军事组织（塔拉特的机密部门）已经渗透进了军队，并且在军队中密谋造反和暗杀："纳赛尔从来就不相信胡岱比说的解散机密部门和没有雇佣杀手的说法。"[123] 在采访中，萨纳迪的人提及纳赛尔对胡岱比的机密部门有一种"失去理性"的恐惧，并且招募了萨纳迪的人来监视塔拉特部门的成员，在旅行中小心翼翼地提防着暗杀。他告诉我，纳赛尔相信同为机密部门的特工们能够轻易地识别出启用不久的塔拉特的人。[124]

　　实际上，纳赛尔政权用最快速和猛烈的手段击垮了穆斯林兄弟会。在暗杀发生的同一天，杀手就被认定是穆斯林兄弟会

119

的成员，有组织的暴民开始洗劫和点燃穆斯林兄弟会在开罗的总部和全国范围内的分支部门。在接下来几天，主要由政府人员组成的群体在警察和国民卫队的眼皮底下攻击了穆斯林兄弟会支持者的商店和办公室，甚至在一些地方，警察和国民卫队也参与其中。"让叛徒去死"和"魔鬼兄弟会去死"的喊声此起彼伏。1954 年 10 月 29 日，暗杀事件三天后，纳赛尔在开罗市中心的共和广场（Maydan al-Gumhuriyya）向数千名支持者发表演说，他宣布对胡岱比和穆斯林兄弟会全面开战。他发誓"革命成果不会被浪费；如果文的不行就来武的"，这表明在必要的时候，为了保护革命成果是可以流血的。一天后，胡岱比被捕。政府发起了两个月之久的反穆斯林兄弟会领导者的宣传攻势，他们被贬斥为"宗教商人"，被指控利用和误用伊斯兰教和滥用其支持者的信任。官方的宣传机器重点关注机密部门密谋推翻政府、把埃及变成"神权国家"的行径。暗杀事件重新点燃埃及人对 1948 年 12 月暗杀努克拉什事件的回忆，穆斯林兄弟会被描述为有恐怖和暴力倾向的极端分子。他们被贴上了国家公敌的标签，面临着纳赛尔政府的抨击和怒火。到 1955 年 11 月为止，政府宣布逮捕了 1000 名穆斯林兄弟会成员，包括政治派别和军事派别的领导人，其中还有胡岱比一派的核心成员和总训导师办公室的所有成员，还包括塔拉特及其大多数手下。[125] 纳赛尔粉碎穆斯林兄弟会的努力进行得十分顺利，这是因为他"已经对穆斯林兄弟会中的每一个人了如指掌了"。[126]

　　纳赛尔的关键目标是摧毁埃及和穆斯林世界里最为强大的伊斯兰主义组织。他建立了人民法庭（People's Tribunal）并任命了三名军官而不是法官来执行对穆斯林兄弟会成员的审判。在这三名军官中就包括安瓦尔·萨达特，他将在 1970 年接任纳赛尔成为埃及总统。这个仲裁法庭旨在对穆斯林兄弟会加以集体惩罚，而不是为了审理个人罪行。在这样的政治审判中，被告人很少能享有正常的法律审理程序。一位与穆斯林兄弟会持有不同观念的法官塔里克·毕什里说道："这样的军事法庭让法律成了儿戏，也让穆斯林兄弟会收获了公众同情。""法庭扮演的角色是施暴者和刽子手，因此让政府失去了合理性。"[127] 审理最开始时会在广播电台上转播，文字内容也在报纸上刊登，后来政府不得不严密审查媒体关于审讯过程的报道并停止了电台直播。由于遭受法庭和听众的侮辱和嘲讽，被告人都惶恐不安。忽略法律程序，审理过程可谓儿戏。当"主法官"贾迈勒·萨勒姆（Gamal Salem）对穆斯林兄弟会成员的口供不满意时，这位自由军官和纳赛尔的亲密盟友会强迫受审者说他们想听的话。在这种革命法庭上，真相是最先牺牲的。法治受到了致命的打击，并对国家与社会关系产生了深远的影响。

　　并不是说机密部门没有实施针对纳赛尔的暗杀，也不是说他们没有密谋破坏和叛乱。正如前文提到的，受到指控的阿卜杜勒·拉蒂夫承认他试图杀死纳赛尔，并且提供了具体的谋划细节。机密部门其他成员的供词也能确认他的说法。这又是一个证实机密部门高层领导参与的证据线索，然而，很少有证据能证明主流的穆斯林兄弟会政治领导人参与了暗杀事件。政府宣称胡岱比和他的"团伙"谋划了暗杀，目的是打响推翻纳赛尔政权的"血腥叛乱"的第一枪。审判给纳赛尔提供了摧毁胡岱比及其内部小圈子的机会，并且将他在争夺埃及领导权上的唯一对手纳吉布一并清除。按照革命指导委员会成员毛希丁提供的说法，"纳赛尔用暗杀事件将穆斯林兄弟会扫出政治生活，并且在自由军官中间消弭对他的批评声"。[128] 在审讯穆斯林兄弟会成员的过程中，纳吉布的名字就被提到了，这也让他的政治生涯戛然而止。他的总统职务被裁撤，随后就被置于软禁的状态中。虽然纳吉布－穆斯林兄弟会之间的联系仍不清晰，但是这已经给他带来了毁灭性打击。在审理开始后的仅仅一个月，人民法庭就通过了绞死胡岱比和其他六位穆斯林兄弟会成员的判决。另有七位被告被判无期徒刑，余下二人被判处十五年徒刑，和政府交好的人则被宣布无罪。由于不想让胡岱比被视为殉教烈士，自由军官将他的死刑减为无期徒刑外加苦力劳动。他们轻松地把死刑名单上的另外六人送上了绞刑架，没有考虑到这种做法会引起负面反弹并在阿拉伯邻国引发抗议。清除纳吉布和严厉打击穆斯林兄弟会在当时并没有立即遭到公众的声讨和抵制。虽然支持纳赛尔的萨纳迪及其支持者都逃脱了纳赛尔的打击，但是他们也不再以地下组织的形式存在。纳赛尔一石二鸟，不但清理了对手和敌人，也给人一种大权在握的印象。但是被处死者的遗言预示了未来的灾难。按照绞刑现场目击者的说法，胡岱比那位具有领袖魅力、说话掷地有声的副手阿卜杜勒·卡德尔·阿乌达在临死前诅咒了纳赛尔主义者的政府："赞美归于真主，他让我成为殉教者，愿他让我的血成为悬在革命派头上的诅咒。"[129] 在刽子手面前无所畏惧的阿乌达成了年轻穆斯林兄弟会成员眼中的英雄，他们发誓要为他的"殉教"报仇。讽刺的是，阿乌达曾是纳赛尔和穆斯林兄弟会最初接触的中间联络人。"殉教者"的口号后来被那些处以死刑或无期徒刑的穆斯林兄弟会成员一次又一次地重复着。

结　论

自由军官政变后的那段时期见证了穆斯林兄弟会和由纳赛尔及其盟友建立起来的新军事政权之间的激烈权力争夺。他们的对抗从来就不是真正的意识形态对抗，而是两个争夺影响力和权力的阵营之间的政治对立。1953年12月，穆斯林兄弟会坚持反对回归正常的议会生活，支持军事统治。穆斯林兄弟会的领导人反对结束紧急法案让军队退回到军营中去。在这个阶段，穆斯林兄弟会和自由军官组织的利益是一致的。

　　与任何战役一样，都有一个胜利者和一个失败者。纳赛尔最后成了获胜的人。造成这一结果的原因是穆斯林兄弟会的弱小和纳赛尔的强大。从1952年到1954年，纳赛尔维持了和穆斯林兄弟会的蜜月期，直到他弄清革命指导委员会内部的对手们为止。1954年初，纳赛尔政权采取了法律手段来肢解伊斯兰主义组织并拘留了胡岱比，不久后又将他释放，以让他和纳赛尔阵营合作，推翻纳吉布。

　　穆斯林兄弟会和自由军官组织的暴力对抗也影响了未来的埃及政治。自由军官控制住了他们的对手，欲望也变大。他们不再容忍任何形式的政治异见。纳赛尔和他的同袍们决心迅速推行自上而下的改革，而不考虑制度、意识形态和政治上的限制和平衡。他们抛弃民主借口，建立了一个民粹主义的独裁政权，一个自我封闭的决策机构，将权力集中在少数几个人的手里。纳赛尔以无可争议的革命领袖身份出现，到1956年，他清洗了政坛中所有潜在对手并巩固了自己垄断的决策权。他还把世俗的阿拉伯民族主义写入宪法，这种民族主义也被称为阿拉伯主义，成为纳赛尔政权的官方意识形态。胡岱比的穆斯林兄弟会和纳赛尔的自由军官组织之间的权力争斗逐渐演化为泛伊斯兰主义和泛阿拉伯民族主义之间更宏观的意识形态角力，这一角力也塑造了现代中东政治。

123

　　这不可避免地制造了一场关乎两支阿拉伯世界最强大的社会和政治运动的长久战争——伊斯兰主义者与世俗化、信奉狂热的民族主义军官的对决。这场斗争从1954年开始激荡至今，塑造了后殖民时期与后独立时期的埃及国家认同，也影响了埃及政府对国民和外部世界所采取的行动。

这场民族主义者－伊斯兰主义者大分裂也揭示了一个悬而未决的问题，这个问题与解放和独立后的国家认同有关。正如穆罕默德·侯赛因·海卡尔所说，虽然埃及的民族主义得到了发展，但是这个概念只是在一战之后独立呼声越来越响亮时才出现的。海卡尔提出的这一点很重要，因为它让人们注意到了民族主义的发展是存在于殖民统治的背景中的，它的发展和国家认同的同质化（homogenization）并不相同。由于英国的占领，埃及的国家认同逐渐植根于与他者（占领者）完全对立的辩证过程中，国家言论将埃及人民投射为一个统一的、同质的集团。因此，尽管自由军官组织和穆斯林兄弟会的内部异质性反映了埃及社会的分裂，但是自由军官组织和穆斯林兄弟会都坚持他们所代表的是埃及人民跳动的心脏。

现实的情况远比这两个阵营各自宣称的要复杂得多。如果伊斯兰主义者和半世俗的民族主义者在 1952 年革命前因"埃及性"（Egyptness）——反抗英国占领和外国影响——而走到了一起，那这也是他们共识的终点。此外，尽管大多数埃及人因渴望获得完全独立而团结在一起，但在民族主义旗帜下走到一起的群体之间的差异在很大程度上被民族主义话语忽视。因此，民族主义是围绕埃及性的同质性表达和外来性（foreignness）的差异性表达而具体化，从而否定了那些本质上基于社会和经济区别的政治主张。民族主义的国家认同过程是单一性（unitary）的，而非关系性的过程（relational process）。在这样的情形下，认同的含义转变为"对抗"某物，而不是"属于"共同体系的一分子。

虽然穆斯林兄弟会和自由军官组织都把埃及的历史看作反对不公和专制的长久斗争，但他们最终都没能摆脱由殖民经历而制度化的威权主义特质。另外，因为国家认同被视同于相同性（sameness），所以穆斯林兄弟会和自由军官组织所谓

的想象的共同体中并不包含不同社会群体在政治领域发挥坚定
的、具有决定性的作用。相反，两大社会运动都相信单边行动
是唯一能带来真正改变的有效方法，尽管这样做会牺牲他们所
代表的人民。在长达半个世纪的时间里，伊斯兰主义者和民族
主义者继续保持着对阿拉伯国家的社会、政治空间垄断，并且
压制其他声音和意识形态的发展。这两大相互争斗的政治运动
屡次纠缠在一起，以阻止制度化或有组织的异议者建立起群众
基础。

　　还有另外一个因素需要强调，尽管穆斯林兄弟会和自由军
官组织都主张权力，但他们并没有像阿尔及利亚民族解放阵线
（Front de Libération Nationale）那样领导民众抗争。在埃
及，革命需要被制造出来，为了达到这一目的，自由军官组织
和穆斯林兄弟会都不得不创造出属于他们自己的革命主体性，
以获取群众基础。自由军官组织和穆斯林兄弟会所犯下的最大
错误也许就是他们都没能在各自的政治理想中纳入人民的概
念，让人民作为主角去开拓公民空间，更广泛地参与革命。相
反，他们概念中的"人民"（al-shaab）仅仅用于制造社会主体
性，对他们的领导权威俯首帖耳，结果是牺牲了公民空间和政
治空间。

第四章

深层政府和
现代极端伊斯兰主义的诞生

最终，哈桑·胡岱比在与纳赛尔的角力中败下阵来，这给穆斯林兄弟会带来了灾难性的后果，也给伊斯兰运动和以纳赛尔为先锋人物的阿拉伯民族主义者的关系定下了基调。随着君主制被自由军官组织摧毁，后者的雄心抱负遇到了政治野心和实利政治的考验。真主战士（胡岱比和穆斯林兄弟会）和民族战士（纳赛尔和自由军官组织）之间的蜜月期很短暂。他们因眼前实利而结合，随后这种关系被权力的诱惑腐蚀。双方都认为自己有资格成为新埃及的领导人，规划其命运，实行单方面的统治，而另一个阵营则接受次要伙伴的角色。这也是他们注定的命运，双方都希望实行单边统治，让对方阵营接受资浅合作人的角色。此事事关重大，双方认为有必要冒着引起重大震荡的风险来进行对抗并都赌定对方会眨眨眼睛从深渊的边缘退让一步。但事实并非如此。伊斯兰主义者和民族主义者之间不断扩大的裂痕导致了极端化和政治化的暴力行为。越来越严重的暴力争斗至今仍在阿拉伯国家的街头上演，阿拉伯世界陷入仇恨的旋涡中，表达仇恨的方式变得越来越野蛮。

在不到两年的时间里，穆斯林兄弟会和自由军官组织之间的合作关系演变成紧张激烈的政治关系，他们围绕埃及身份和国家未来展开了激烈的政治斗争。曾经的盟友变成了胸怀怨恨的敌人，给一场定义埃及和更广大中东地区政治历史的冲突埋下了种子。自那以后，埃及和相邻的阿拉伯国家就一直经受着伊斯兰主义者和世俗阿拉伯民族主义者之间对抗的困扰。在许多方面，埃及发生的事情可以被视为一场持续了半个多世纪，至今仍在影响当代阿拉伯世界的内战的开端。由于威胁纳赛尔的权威，穆斯林兄弟会招来了来自新纳赛尔主义政府大规模、无差别的严厉抵制。在整个 20 世纪五六十年代，纳赛尔血腥地镇压了伊斯兰主义运动，关押了上千名穆斯林兄弟会成员，其中也包括像胡岱比和赛义德·库特布在内的高层领导人，而后者是 1953 年才正式加入该组织。这场冲突，以及穆斯林兄弟会遭受屈辱，高层领导大规模入狱的惨痛经历，开启了两个对手之间血腥的斗争。

深层政府的崛起

暴力和对抗在阿拉伯世界最大的两股政治和社会运动之间持续。这场冲突导致了阿拉伯政治的两极化和军事化，增加了统治者和被统治者之间的不安全感和不信任感，还导致了政治专制主义在阿拉伯世界人口最多、最有影响力的国家得到巩固。民族主义者 - 伊斯兰主义者的对抗虽然以埃及为中心，但很快就扩散到了整个地区，削弱和腐蚀着后殖民国家脆弱的发展基础。纳赛尔的自由军官组织与胡岱比的穆斯林兄弟会之间的决裂促使一个庞大且具有侵入性的安全国家出现，这一特征自此在阿拉伯国家体系中反复出现。随着政治当局对民众的恐惧不断加深，安全机构的规模和权力不断扩大。政治、意识形态和个人生存成为新当权者的首要目标。

这场暴力斗争从两个重要方面塑造了国家身份认同。一方面，新的军队统治者会优先考虑国内安全和政权生存，而牺牲

128

掉正常的制度建设和法治建设。另一方面，这将给政府－社会之间的关系带来深远影响，威权主义持久存在，深层政府或警察国家在埃及逐渐出现。在国家的早期阶段，这种对抗无法促进个人自由，更无法认可政治社团的权利，反而加深了民众对政权的疏离和不信任。如果说此前纳赛尔还对在埃及建立独裁统治的渴望表现出保留的话，那么这场和拥有地下军事组织的穆斯林兄弟会的对抗让纳赛尔确信他有必要实施独裁。政治威权主义的根源可以回溯至20世纪50年代初的决定性时刻。

纳赛尔建立了一个多层次的安全机构，各层级为了竞逐资源和影响力而在行动中付出生命代价，这也让它们变成了相互对立的权力中心。早在1952年，自由军官组织就为了确保内部安全而颁布了一条法令来指导武装力量和警察之间的合作。经验丰富的法官塔里克·毕什里认为，这个法令为军队在公民生活中发挥更大作用打开了路径，"无论是为了确保内部安全，还是制定紧急状态法令，或是建立紧急状态法庭"。[1] 由纳赛尔和自由军官建立的军政统治迅速蜕变成更阴险、更令人窒息的无处不在的深层政府。很快，安全部门开始侵入埃及人的日常生活中。军队也开始建立自己的安保分支，进而直接参与到政治斗争中，它更多关注的是内部威胁，而不是外部威胁。为了应对这些威胁，安全部门纷纷成立或改组，其中情报总局（al-Mukhabarat al-'Amma）成立于1954年，正是纳赛尔、纳吉布二人与穆斯林兄弟会斗争正酣之时。[2] 纳赛尔直接主持了内部安全部门的创立。[3] 他对其他安全部门也保持着控制，这样做是为了确保这些部门在执行目标行动时对他保持忠诚并听令行事。令人惊讶的是纳赛尔坚持让这些机构的权力和特权重叠，以确保他对这些部门的控制，也就是说他是唯一决策之人。

比如说，如果出现暗杀纳赛尔的阴谋的话，那么他本人

要决定由哪一个部门来负责案件调查。[4] 这些机构的人员规模
和权力都得以扩张，并受法律约束。埃及的社会学家安努阿·
阿卜杜勒·马利克（Anouar Abdel-Malek）称这些部门是埃
及"军官共和国"的"高级军官阶级"。它控制了大多数民事
机构，而不仅仅是媒体。[5] 埃及革命后创立的所有报纸都是这
个"阶级"的成员编辑的。比如说，安瓦尔·萨达特在 1955
至 1956 年是《共和国报》（al-Gumhouria）的编辑，哈姆罗
什和萨尔瓦特·奥卡沙（Tharwat Okasha）是《自由》（al-
Tahrir）杂志的编辑。纳赛尔和自由军官组织将这些报纸视为
"意识形态的国家机器"，应继续由政府控制。[6]

如上一章所述，自由军官组织的革命需要被人为修饰与
合理化。通过组建政权的宣传部门，报纸和期刊都能帮助纳赛
尔主义者宣传民族主义意识形态和他们关于军队的观点，并把
纳赛尔宣传为政府和国家理所应当的统治者。"埃及性"概念
（面对殖民者时的团结和统一）的发展意味着军政府越来越坚
信自己是埃及民族唯一的代表和真正的核心。自由军官代表着
人民，没有他们，埃及就不可能是埃及。相应地，将这一新的
"军事团体"视为唯一合法的国家自我的代表，暗示了埃及将
延续以人民从属于国家为特征的国民关系。因此，国家认同越
来越被认为是一个由军政府代表的单一实体，而不是社会阶层
之间的关系过程。军事团体对安全机构的控制越来越紧，与此
同时，它对国家意识形态武器的控制也越来越强。

纳赛尔利用国家机器宣传其意识形态是极其重要的，因为
它表明新统治者所面临的挑战，即制造共识。在政治领域中，
这一趋势进一步说明了合法性的持续缺乏，这种状况和殖民政
权相似。在和穆斯林兄弟会关系恶化后，自由军官组织只允许
其他意识形态团体在纳赛尔政府的庇护下存活。[7] 纳赛尔政府
的关键目标是巩固主导权，并消除像穆斯林兄弟会那样的有组

130

织、有制度的反对派。[8]

　　另外，在埃及，自由军官组织和穆斯林兄弟会之间的决裂——以及更广泛地——阿拉伯民族主义者和伊斯兰主义者之间的决裂——影响到了道德经济和这两大组织各自对西方势力、锡安主义和现代发展的宏观叙述。这两大运动都把自己描绘成反霸权、反殖民和不懈追求社会平等和经济发展的力量。他们都把自己的斗争描述成反外部、反帝国主义统治斗争的延续，目标是寻求解放、尊严并重新发现"真正的"阿拉伯－穆斯林认同感。他们指控对方是那些妄图控制阿拉伯和穆斯林命运的外国势力的走狗，而那些外国势力正不遗余力地阻挠阿拉伯的统一和伊斯兰的团结。这样一来，自由军官组织和穆斯林兄弟会都沦为了他们各自意识形态构建的囚徒。他们构建意识形态的目的是打击国内对手的同时增加自身的合法性和受欢迎程度，但这种意识形态束缚的长期后果是政策选择受限，双方在长期战略上都付出了重大代价。

　　虽然两个运动都将对方概念化为自己的劲敌，但他们的宏观叙事以及对自我和他者的定义却很相似。伦敦政治经济学院的一篇批判性论文指出，把伊斯兰主义者和世俗民族主义者困住的权力争夺重复了根深蒂固、悬而未解的自恋性破裂（narcissistic breach）。1924 年哈里发制度的灭亡以及代替哈里发国家的殖民地体系在阿拉伯－伊斯兰的认识论空间（epistemological space）里留下了一道裂痕，在这道裂痕上，新旧规范相互排斥。在这个具有象征意义的裂痕中，世俗主义精英和伊斯兰主义精英间的敌对分裂围绕着一个问题展开，即谁应该成为新政权的理想领导者。这只是重复了"构成阿拉伯－伊斯兰主体的最原始分裂——先知穆罕默德去世后什叶派和逊尼派之间的分裂。在这两件事中，两个敌对阵营对抗的原因关乎权力和继承问题，因而需要重新定义伊斯兰教和伊斯兰教作为社会、政治规范的推动力之角色的问题"。9

　　同样，如果胡岱比在 1952 年至 1954 年愿意妥协，接受纳赛尔给穆斯林兄弟会的定位，作为资浅合作者参与到联合统治中，那么国家的结构和认同将会变得极其不同；国家也许不会那么具有侵入性，不会如此专制和深暗。纳赛尔和伊斯兰主义者之间拥有长时间的亲密关系和共同立场并非不符合事实。他们在 1952 年政变之后的斗争是错误估计形势、野心过度和过激反应的产物，其斗争也是超出控制范围的权力斗争。自由军官组织和穆斯林兄弟会在 1952 年至 1954 年的关系决裂，并非不可避免。双方的当事人证词都可以证明关系破裂的背后存在着偶然性和政治因素。

　　按照穆斯林兄弟会高层领导者法立德·阿卜杜勒·哈勒克的说法，纳赛尔是在穆斯林兄弟会挑战了自由军官的主导权并坚持要求在后君主政权中握有主导权之后，才下定决心清洗穆斯林兄弟会的。哈勒克回忆说："在 1952 年政变结束后的多次会面中，胡岱比要求在做出国内外事务重要决策前，自由军官要先和穆斯林兄弟会商议，并在两个组织之间建立起伙伴关系。""纳赛尔回应说："我不接受任何监督，革命将独立和自由地展开行动。"10 暴风雨在 1953 年初若隐若现时，阿卜杜勒·哈勒克说他和纳赛尔单独见了面，并且恳求他不要让这两大组织陷入战争。阿卜杜勒对我说："我告诉他，纳赛尔兄弟，我们共同的利益是合作，而不是对抗，我们必须坦诚相待，解决分歧。"纳赛尔的回答令人震惊，因为他用了一个暗示罪恶行为的词。他说："法立德兄弟，你这是违抗（usat）。我要你加入内阁，然后你拒绝了。我让你和解放大会合作，你又拒绝了。你这是藐视和反叛。"阿卜杜勒·哈勒克继续说道："我恳请他不要把我拒绝加入他的新政权或是不与解放大会合作视作反叛行为；相反，让我们一起合作，同时保持我们各自的认同

132

感。"[11] 阿卜杜勒·哈勒克指出，穆斯林兄弟会的领导者只用了一个月就意识到了自由军官是不值得信任的，他们对于权力分享根本就没有兴趣。"我们决定不加入政府，而是从外部提供（反对）意见，尽管我们从来就没打算和自由军官发生武装冲突"，哈勒克坚持说。[12] 这位亲历者含蓄地表示了穆斯林兄弟会和自由军官组织的分裂，是权力政治和权力分配作祟，即使他指控自由军官们夺权又欺骗：纳赛尔被描绘成背后的主导者，暗中密谋将穆斯林兄弟会边缘化，强迫他们要么有限参与新内阁，要么面对自由军官的怒火。阿卜杜勒·哈勒克还暗示了胡岱比和他的核心集团认为纳赛尔是在虚张声势，并为此误判付出了惨痛代价。

对于 1954 年的分裂，纳赛尔及其支持者声称，因为穆斯林兄弟会的领导人低估了这位年轻的上校并且不自量力地认为可以用计谋将其制服，成为幕后统治者。纳赛尔随后把穆斯林兄弟会描绘为愤世嫉俗、诡计多端、不可信任的组织，并时常重复他的名言"穆斯林兄弟会不可信任"（al-ikhwan laysa la-hum iman）。"穆斯林兄弟会对分享权力毫无兴趣，他们打算劫持革命，"纳赛尔的密友和知内情者萨米·沙拉夫这样说道，"胡岱比错误地盘算着他能够在幕后控制革命，认为纳赛尔和他的同袍们还没有强硬到足以对抗他。"[13] 沙拉夫认为，这件事很简单，就是一次事与愿违的政治赌博，而且穆斯林兄弟会的拒绝只能反映出他们的盲目野心和盲目否决。记者穆罕默德·海卡尔见证了纳赛尔的历程并成为后者的密友之一，他回忆了纳赛尔对于胡岱比及其内核小圈子的看法，纳赛尔认为他们想要坐在司机的位子上，然后给埃及带来一场极端保守的宗教改革计划。在和胡岱比及其内核小圈子最初几次见面时，纳赛尔就知道了他们意图将伊斯兰主义世界观强加于埃及社会。按照海卡尔的说法，纳赛尔的虔诚反映了大多数埃及人所秉持的温和伊斯兰信仰，他无法接受穆斯林兄弟会对伊斯兰教义苛刻又死板的阐释。他怀疑他们利用宗教进行别有用心的政治化活动。海卡尔补充说："在意识形态上，纳赛尔并不反对穆斯林兄弟会。""纳赛尔是一名穆斯林 – 阿拉伯爱国者，而且他的民族主义认同感和伊斯兰信仰并行不悖，不曾相互排斥。"14

　　哈立德·毛希丁是革命指导委员会内部争论的知情人，他也不认为意识形态（尤其是穆斯林兄弟会对埃及社会的伊斯兰愿景）是与自由军官关系恶化的决定性因素。毛希丁表示："纳赛尔并不反对穆斯林兄弟会的意识形态；他更害怕左派而不是宗教右派，他做的第一件事是清除了政府中的社会主义者和思想左倾的同志，这些人逐渐对自由军官的威权统治提出了诘问。""穆斯林兄弟会完全赞同废除议会制度和纳赛尔对进步人士和左派力量的清洗。在政治野心的蒙蔽之下，穆斯林兄弟会愿意为了获得权力做任何事情，其中包括默许中止议会制度。这些可怜虫（穆斯林兄弟会）并没有意识到一旦他们对纳赛尔构成了挑战，纳赛尔就会用压制别人的方法来压制他们。他向穆斯林兄弟会发出了警告，告诉他们自由军官绝不会担着执政的风险而让穆斯林兄弟会在幕后享受权力的果实。"15

　　不管是什么原因让这两大运动决裂，纳赛尔对穆斯林兄弟会的残酷镇压都让一小部分穆斯林变得激进化和军事化。他们发出的声音也愈发响亮。20世纪五六十年代中期，残酷镇压行动开始，穆斯林兄弟会成员被大规模关押，伊斯兰主义运动逐渐分裂成了两个阵营。一个阵营将失败归结为内因，经过思考后认为他们"不够激进"。另一个阵营得出了相反的结论："我们太过激进了。"在监狱中，穆斯林兄弟会经历了重大的分化和分裂。一些成员对伊斯兰主义运动有了更为激进的理解。在这段时期里，埃及的监狱中孕育着一种伊斯兰革命新形式，他们越来越认为使用暴力是正当的，将暴力视为从上而下变革国

134

家和社会的手段。他们最终的目标是用新的、更为理想的《古
兰经》政治秩序代替纳赛尔主义者"走偏的"政府。在接下来
135 的几十年里革命伊斯兰主义或圣战主义的诞生，其起源在很大
程度上与这段往事相关。

库特布主义或革命伊斯兰主义的诞生

毫无疑问，监狱是一个让人激进化的地方，也是产生充
满领袖魅力的领导人、思想家和理论家的地方；无论囚禁背后
的历史环境和知识背景如何，监狱总是孕育革命的温床。这
样的例子有许多，如神学家迪特里希·朋霍费尔（Dietrich
Bonhoeffer）。这位德国纳粹政权的坚定反对者曾参与暗杀
阿道夫·希特勒计划。早在 20 世纪 30 年代，朋霍费尔就已
经在思想上很活跃了。他先被关押在纳粹监狱，后被关押在
集中营，并在那里处决。朋霍费尔在关押期间所写的文字，
包括写给未婚妻的书信，[16] 都被认为是当代以宗教信仰为基
础反对压迫和独裁统治最有影响力的文本。[17] 安东尼奥·葛
兰西（Antonio Gramsci）的例子也许更广为人知。他反对
意大利的法西斯主义政权，在艰苦的囚禁期完成的《狱中札
记》（*Prison Notebooks*）成为西方政治理论的重要参考。[18]
对葛兰西来说，囚禁经历既是一场折磨，也是思想上的成长，
对于纳尔逊·曼德拉和非洲人国民大会（African National
Congress）的其他成员也是如此。在被关押期间，曼德拉发展
了政治策略，并与狱友交流思想，这些狱友中包括参与同一斗
争的其他组织的成员。用一位传记作者的话说："关押着上百
位长期服刑政治犯的罗本岛，给曼德拉提供了用辩证和论述打
磨其政治观点的机会，也将其斗争置于更宽广的背景下。"[19]

尽管每个被囚禁者经历不同，但这些经历不仅没有让这些

知识分子消沉下去，反而常常为他们的想象力和创造力提供营养。在五六十年代被关押的库特布及其穆斯林兄弟会同伴也不例外。然而，在回溯库特布从 1954 年至 1964 年被关押期间的思想变化时，我们可以发现，他围绕受政治驱动的暴力这一概念发展出了一套伦理规范。在库特布心中，暴力不只是反对政府的工具，实际上它也成为一种身份标定依据，帮助从人群中鉴别出真正的穆斯林。他越来越多地呼吁激进的圣战主义，把反对腐败政府的武装起义归结为每一个穆斯林应尽的义务。从这一点来看，在库特布的世界观中，物质主义和非物质主义逐渐辩证地纠缠在一起。在激进圣战主义的概念中，身体成为和现有秩序相对的实体所在，而它消失的可能性（关押、折磨或者死亡）标志着对真正信仰的肯定，因此也标志着一个（想象中的）真正、理想化本我的回归。对于穆斯林兄弟会来说，埃及当局的关押引发了事关生死的危机感，他们个人的存在和作为一个整体的伊斯兰运动的存在都面临着威胁。大部分人决定韬光养晦，等待时机，在确保团体生存的情形下寻求在更长的时间里战胜纳赛尔，而库特布领导下的少部分人则另寻他法。

从很多方面来看，库特布都不像能够成为极端伊斯兰主义理论家的人，他最初的职业是一名世俗的文学评论家。他广泛发表诗作，大多与爱情和故乡有关。他甚至还写过一首纪念华夫托党建立者扎格鲁勒的诗歌，而扎格鲁勒和穆斯林兄弟会是不共戴天的死敌。在一首诗的开头，他甚至把扎格鲁勒的墓地和克尔白（Kaaba）相提并论，而位于麦加大清真寺正中央的克尔白是全世界穆斯林心中的圣地。[20] 在他关于爱情的诗歌中，也有以"我爱你""我为何爱你""吻"为题的。[21] 库特布从一名半自由文学评论家向革命派伊斯兰主义者的转变必须放在历史的大环境中考量。

库特布从世俗文学评论向以宗教话语为核心的世界观转

137 　变可以说是时代潮流的一部分。在 20 世纪 30 和 40 年代，有很多世俗知识分子发生了类似的转变。以著名作家陶菲克·哈基姆（Tawfiq al-Hakim）为例，他在 1933 年出版了《洞中人》（*Ahl al-Kahf*），这个故事来自《古兰经》中的同名故事。他在 1934 年出版了《精神的回归》（*Awdat al-ruh*），在 1936 年出版了《穆罕默德》（*Muhammad*），1944 年出版了《神圣的纽带》（*Al-rebat al-muqadas*）。穆罕默德·侯赛因·海卡尔拥有索邦大学的法律博士学位，于 1945 年并被任命为埃及参议院领导人，他写了《穆罕默德的一生》（*The Life of Muhammad*）。对海卡尔来说，伊斯兰是一种可行的生活方式，在现代是合理的。[22] 他也写了其他作品，如《阿布·巴克尔和欧麦尔》（*Al-Siddiq Abu Bakr and Faruq Umar*，他们是穆罕默德去世后的两位哈里发）。虽然深受宗教话语影响，但海卡尔相信在我们的时代回归伊斯兰制度和建立伊斯兰教在大地上的统治是不可能的，原因是"条件不同"和过去 1400 年中"思想和科学的进步"。[23] 其他文学家，比如阿巴斯·阿卡德和艾哈迈德·阿明（Ahmad Amin）也在写作中将目光转向了伊斯兰主题，文学批评家阿里·沙拉什（Ali Shalash）把这一趋势称为"对文学的反叛"。[24]

　　另外，一些公共知识分子利用伊斯兰和现代的主题试图为埃及的未来制定另一种政治愿景。哈立德·穆罕默德·哈立德（Khalid Muhammad Khalid）就是典型代表。1950 年他出版了第一本著作，名为《我们从这里开始》（*Min huna nabda'*），这本书很有影响力，也很有争议。哈立德在 1952 年政变后成了纳赛尔的顾问，主张代议制政府和社会主义政策，其中包括限制私有财产和生产资料国有化。[25] 他坚称伊斯兰是宗教而不是国家机器，旧政权查禁了他的书并将他关进监狱，对此他充满怨恨。但埃及法庭拒绝查禁他的著作，并判决政府对他的所有指控无效。与之类似，叙利亚作家穆斯塔法·希巴伊（Mustafa al-Siba'i）在 1960 年出版了影响力很大的著作《伊斯兰社会主义》（*Ishtirakiyyat al-islam*）。据说这部作品就是受到哈立德作品的启发。[26] 这些作品的共同主线是呼吁在一定程度上适应和调和伊斯兰教和现代性。作者们大多表达了对伊斯兰的理解，同时加入了早先专注的人文主义和现代主义方面的内容。

138

　　库特布只是"把伊斯兰的著述和埃及当时所面临的挑战和问题结合到一起考虑的人之一"。[27] 这样的趋势可以追溯到 1936 年《英埃条约》签订，这部条约在官方层面标志着英国结束对埃及的正式占领，并启发了公共知识分子心中的新思想和新愿景，他们开始辩论埃及未来和埃及在世界上的地位问题。[28] 在这段时期，埃及人对西方资本主义和苏联模式的美好希望逐渐幻灭，对自由资本主义和立宪主义缺少信任，并且对各个政党无力应对尖锐的社会问题感到挫败。[29] 埃及人对政治建制派感到失望，他们接受了欧洲中产阶级的规范价值观，却使国人不断被边缘化，未能营造出宽容和开放的社会面貌。在埃及，国家认同建构是从"反抗"的本我表达发展出来的，其后果就是伊斯兰教渐渐成为"新埃及"的决定性特征。为"新埃及"而战让三四十年代的新一代活动家将自己与埃及和欧洲的政治建制派区分开来。伊斯兰教同样给反殖民主义传播的规范价值提供了资源，而且伊斯兰教也被视作革命的支柱，在当时被视为更正统也更本土的价值体系。

　　库特布的转变更加激进，其中有许多原因。1948 年至 1950 年在美国的停留加深了他对西方文明的幻灭感，并进一步坚定了他关于伊斯兰生活方式是人类从无神论的资本主义和共产主义中解脱出来的唯一救赎的信念。[30] 库特布批判了在埃及政府和社会整体中泛滥的道德腐败，他认为这种腐败导致了

139　　个人和国家的衰败。[31] 他还抨击了政府和知识分子，包括埃及的宗教体系，因为他们对这些情况无动于衷，没有采取真正的宗教方法来清除国家和社会的道德腐败。[32] 他于 1951 年出版的著作《伊斯兰教和资本主义之战》（*Ma'arakat al-islam wa al-ra'simaliyya*）代表了他的思想向深受宗教影响的话语的转变。库特布呼吁伊斯兰教既作为生活方式，也成为统治制度，而不仅仅是私人领域的崇拜，理由是国家系统已经无法实现文化复兴。[33] 他论述的问题不仅涉及埃及的国家和政治，在《伊斯兰教和资本主义之战》中，库特布还强调了 1948 年巴勒斯坦战争的失败和以色列国的创立："我们在巴勒斯坦的经历说明，无论是东方阵营还是西方阵营，他们都不在乎他们口口声声的原则。"[34] 在其他地方，库特布曾声明"我们曾苦苦哀求的现成制度"已经被证明是一次可悲的失败。[35]

　　库特布著作中呈现出来的伊斯兰教逐渐成为一种完美理想，它被描绘成弥合殖民化造成的身份分裂的唯一途径，这种认同裂痕是由殖民统治造成的，而自由军官政权的持续专制又进一步加深了分裂。从某种意义上讲，他的伊斯兰理想所扮演的是某种自恋的石膏像，它得以让埃及社会回归到真正的本我，也由此抹去现代欧洲人的占领所带来的本体论冲击（ontological shock）。[36] 他强调本源时间性（original temporality）——呼吁回归先知和继承他的四个哈里发所实践的伊斯兰——也代表了一种在实践中实现真正埃及人所求的方式。他提供了一个不同于西方现代性的时间性，与库特布一样的伊斯兰主义者越来越多地把穆斯林社会的异化和西方现代性联系到一起。

　　在库特布看来，解决问题的办法是回归 asala，这个词可以大概翻译成"正统性"或者"一种对认同感的求索"，他在伊斯兰教中找到了这种正统性。与之相应，他提出应该实行伊斯兰教法，将伊斯兰教法作为管理个人、政治、刑事、民事和商业事务的全方位的法律系统。他所呈现的伊斯兰教不仅仅是精神上的治愈之法，还是对社会公平缺失等"基本问题"的现实解决办法。[37] 更重要的是，他把伊斯兰教看作在埃及政治层面上和泛阿拉伯世界层面上替代民族主义的备选方案。库特布认为，不论是在埃及还是在泛阿拉伯地区，民族主义没能阻止历史上的巴勒斯坦分治，未能抵抗英国的占领，也没能解决例如腐败和发展水平低下等社会问题；相反，伊斯兰教能将泛伊斯兰社会团结为一个集体，同时能够机敏地处理各自国内层面的问题，比如实现社会公平。[38]

尽管到 20 世纪 50 年代初，库特布在《伊斯兰教和资本主义之战》等书中表现出了重要的思想转变，但他 1954 年至 1964 年的狱中经历更具有改造性（transformative）。在纳赛尔的监狱中，库特布开始主张用暴力将真主之国带到人间。在 1964 年正式出版的著作《路标》（*Ma'lim 'ala al-tariq*）中，他把非穆斯林和当代的穆斯林都描述为 jahili，这个词的字面意思是"无知、蒙昧"，也指代伊斯兰教以前的阿拉伯社会。通过用"蒙昧"一词指出（当代）穆斯林与非穆斯林的无知，库特布达到了三个目标。第一，这个词让穆斯林想到了伊斯兰教发展初期，那时，先知穆罕默德和他的伙伴们用语言和刀剑与"蒙昧"之人战斗并获得了胜利。第二，"蒙昧"这个词给对抗纳赛尔及其继任者萨达特、穆巴拉克的政权提供了政治上和宗教上的正当性：他们不仅是政治暴君，也是不信教者。第三，库特布把社会描述为"蒙昧"就扩大了斗争的范围和对象，除了要战胜军事和政治精英，穆斯林还应该战胜普通人民，不管是拉拢还是胁迫，都要让他们重新回归伊斯兰教。

库特布的观点在穆斯林兄弟会的年轻成员中得到了认同，

在监狱内外，年轻成员大喊着要对纳赛尔的镇压施以报复。这些宗教活动分子都赞同库特布的目标，对他用革命伊斯兰主义来替代主流的宗教体制和穆斯林兄弟会的宗教体制的呼吁也表示支持。他的反抗针对的是所有宗教、政治和认识论方面的形式上的、传统的权威。他用《古兰经》作为有力的武器来为他的革命呼声带来正当性，因此也启发了穆斯林兄弟会的成员推翻他们制度上的领袖。库特布，没有受过宗教方面的训练，也没有宗教权威背书，他通过对《古兰经》直接、未经解释的阅读，驳斥了 14 个世纪以来对伊斯兰教义的众多释义和对立解读。他提出要创建一个将社会自上而下伊斯兰化的先锋队，在必要时使用武力，他的呼吁和穆斯林兄弟会的意识形态发生了冲突。相较之下，穆斯林兄弟会领导层的世界观强调在面临迫害时需要战略上的耐心和坚忍，把宗教召唤和改革作为引领社会和政治变革的手段。为了能够理解库特布对革命先锋队角色的重视，我们一定要关注他的思想背后更广泛的社会背景，包括国际环境。库特布的先锋队和弗拉基米尔·列宁的共产主义先锋队有相似之处。[39] 虽然在列宁和库特布之间很难有什么直接的关联，但是历史学家约翰·卡尔弗特（John Calvert）注意到，库特布受到印度人阿布·阿拉·毛杜迪（Abul A'la Mawdudi）多方面的影响，而后者则直接受到列宁关于革命先锋队、政府和组织著作的影响。

穆斯林兄弟会内部的斗争

库特布四处传道，招募了大量追随者，这导致穆斯林兄弟会队伍内部出现了重大裂痕。从 20 世纪 50 年代末开始的十年间，在纳赛尔的监狱中，穆斯林兄弟会成员内部发生了激烈的斗争。斗争的一方是穆斯林兄弟会守旧派，他们的最基本目标是让该组织存活下来并且避免解体。另一方是一小群异见者，他们在库特布的领导下挑战着守旧派的静默态度。穆斯林兄弟会中的最高领导人对库特布的号召心生警惕，这并不是因为库特布要求用武力反抗纳赛尔，而是他将当代穆斯林社会描述成"蒙昧"。他们认为"蒙昧"这个标签会在信徒中引起骚乱。

142

库特布派叛乱远不止于纯粹的学术和神学争端，这场叛乱对穆斯林兄弟会和他们与纳赛尔政府的关系有重大影响。库特布在监牢中带头发起了一个名为"秘密社"的准军事组织，这个组织由数百名忠诚的年轻人组成，他们在埃及各地秘密组成许多小型的、权力分散的社团（详见第六章）。[40]库特布认为秘密社是为重建真主在大地上的权威和最高权力而奋斗的先锋队。他指示先锋队成员断绝对"蒙昧"社会和"蒙昧"领导者的效忠："这个组织必须把自己和蒙昧的社会分离，从活跃的、有组织的蒙昧社会独立出来。"[41]仍然在世的秘密社成员告诉我，该组织的宣言《路标》实际上是库特布从狱中秘密流出的多篇文章的汇编。库特布希望这些文字能够指导这个刚刚起步的组织，让它变得成熟、稳定，能够成为他理想中的先锋队。[42]

库特布俘获人心的宣言是他在 1954 年至 1964 年于狱中写成的，为埃及监狱内外的忠实追随者提供意识形态和神学方面的滋养，让他们保持着献身的热情。库特布的经历和思想也激励了后来一代又一代的年轻穆斯林反对伊斯兰国家的统治者，因为这些统治者没有在国家和社会中施行《古兰经》的法则。虽然纳赛尔政权在《路标》出版的 6 个月后将其查禁，但是这本书在半年中已经再版了 5 次。[43]埃及当局花了很长时间才意识到库特布派的革命号召和对民众的吸引力。

正是库特布秘密社带来的威胁才让纳赛尔在 1966 年决

143 定将他送上绞刑架。按照库特布当时的密友泽娜布·加扎利（Zeinab al-Ghazali）的说法，《路标》一书是导致库特布被处死的原因。[44] 和哈桑·班纳名为机密部门的地下组织不同，库特布的准军事组织在意识形态上更有野心，也更有魄力，尽管效率和效力较低。库特布希望推翻纳赛尔政府并对埃及社会进行自上而下的根本性重构。他自封为伊斯兰教神圣文本——《古兰经》的主要释经人，并且给先锋队灌输他的教条，让他们执行变革社会和政体的任务。哈桑·班纳一贯的立场是穆斯林兄弟会不应该寻求政治权力，直到埃及人民已经充分再伊斯兰化（re-Islamized）并接受伊斯兰秩序，库特布则以不同的方式处理政治权力问题，他认为必须清除伊斯兰统治的所有障碍，即便是通过武力也在所不惜。在他看来，压迫人民的政权已经让人民偏离了伊斯兰教，因此，是需要强行清除的关键障碍之一：

> 伊斯兰教并不强迫人们接受其信仰，它要求提供一个自由的环境来让人们选择信仰。它想要废止的是那些压迫人民的政治体制，人们在那样的体制下无法自由表达他们想要选择的信仰，在压迫体制被废除后，人们可以完全自由地决定他们是否要接受伊斯兰教。[45]

为实现信仰自由需要靠"刀剑下的圣战"清除障碍，库特布补充道。[46] 哈桑·班纳的宗教号召在策略上更接近葛兰西式；虽然没有证据表明哈桑·班纳读过这位意大利作者的著作，但是机密部门的建立正好呼应了葛兰西的"运动战"（war of maneuver）概念。班纳看重灌输思想过程，借助配套的概念、制度和实践——而不是强迫——来控制人们的思想，这和葛兰西意识形态的"阵地战"（war of position）概念十分相似。与之相应，哈桑·班纳鼓励他的门徒们把重点放在赢得人心上，要深耕教育系统，把知识分子看作实现改变的关键手段。[47] 他设想了三个步骤来传播他的观点：（1）宣传和布道；（2）游说和动员；（3）实施。[48] 虽然哈桑·班纳不排除践行圣战主义来进行宣教号召，包括使用武力，但是他曾强调在面对进攻时，需要先使用和平手段和提出警告。[49] 班纳监督了武装机密部门和穆斯林兄弟会内部公开的政治派别的创立。但大量证据表明虽然机密部门在 20 世纪 40 年代的确发动过对埃及政治人物和国内社会的恐怖攻击，但是他的首要目标是开展武装斗争反对英国在埃及的殖民存在，其次是反对巴勒斯坦地区的锡安主义。相比之下，库特布的核心考量是埃及本身，而且他呼吁人们采取大胆的极端行为，称因为政府的压迫性本质，努力在较长的一段时期完成社会和意识形态转型是"徒劳的"。

即便是库特布在 1966 年被纳赛尔政府处决后，他的革命计划仍然存在。[50]1965 年，库特布的思想被视为激发一些穆斯林兄弟会成员密谋政变和刺杀政府官员的关键驱动因素。他有影响力的学生包括泽娜布·加扎利，她也从 1965 年起被监禁了 6 年。在她 15 年后出版的回忆录中，她自豪地重申和库特布拥有相同的信仰并且没有表现出丝毫后悔。她还将自己的书献给"像巨浪一样把历史上的几代人推向了真主之路的殉教者"。[51] 在序言中，加扎利称"蒙昧的社会让人类偏离正确的道路，让人们偏离了真主之路"。[52] 像加扎利这样的活动家－作者，即便在狱中遭受了侮辱和酷刑，仍在著作的第一页发出了毫无畏惧的声音："牢房和酷刑……只是会让宣教号召的忠实宣传者和宗教思想的建设者更强大、更稳定，也更加坚忍地将虚谬（batel）连根拔起。"[53] 在回忆录中，泽娜布·加扎利自始至终都在向宗教活动者强调库特布文字中的核心概

145　　念，尤其是最高的权力归于真主 /"智慧"，而不是人类 /"蒙昧"。在问及让她遭受关押和酷刑的政治目的时，她声称她希望"建立《古兰经》和圣训"或者伊斯兰统治系统。在回顾过去的经历时，加扎利坚称"除了真主以外没有统治者"。面对批评她的人时，她直言道："当我们建立起了以《古兰经》为基础的政府，你的政治秩序将会崩塌，你的神话也将被打破。"[54]

　　虽然库特布的颠覆性思想时至今日还有回响，但是我们不应误导性地在他的革命伊斯兰主义和"基地"组织或"伊斯兰国"（ISIS）之间建立起直接的因果关系。相反，如果说库特布的革命伊斯兰主义理想仍然能在一小部分穆斯林那里找到共鸣，那是因为伊斯兰主义者和半世俗的民族主义者之间的角力造成的认同感裂痕（identity split）仍未解决。库特布所说的正统穆斯林和非正统穆斯林的内部区别被"伊斯兰国"这样的萨拉菲 - 圣战主义者（Salafi-jihadists）挪用，并且有效地重新定义了主流的逊尼派伊斯兰教，利用重新定义的伊斯兰教为他们自己的利益服务。库特布把世界分为蒙昧社会和尊贵、高尚的伊斯兰社会的摩尼教式观点（Manichaean vision，二元对立观点）也是萨拉菲 - 圣战主义者所持的基本言论。通过强调殖民统治和《塞克斯 - 皮科协定》（Sykes-Picot agreement）给穆斯林造成的地理分裂和精神崩解，ISIS 引用了库特布的核心观点，即伊斯兰世界内部尚未解决的身份分裂。然而，值得一提的是，与艾曼·扎瓦希里、奥萨马·本·拉登和阿布·巴克尔·巴格达迪（Abu Bakr al-Baghdadi）同时打击远敌和近敌不同，库特布从未号召过跨国攻击行为，历史环境和社会条件的变化是值得考虑的重要因素。无论如何，这些跨国革命分子的确是受到了库特布思想的启发，库特布对当权者的无视和以身殉道激励了他们。在最近的 50 年中，库特布一直是伊斯兰国家中多数圣战主义者的榜样，他不仅是被像扎瓦希里这样的激进分子利用和歪曲，以库特布的名字给自己的激进思想提供正当性，也被聆听他话语的年轻人曲解了，他们把库特布在特定的时间和空间下说的话套用在当下的生活和写作语境中。

　　我曾遇到许多持不同政见的伊斯兰主义者和活动分子，他们也承认误读了库特布。误读的原因是库特布的思想没有被穆斯林兄弟会的领导者严肃地讨论和解构。在 20 世纪 60 年代，穆斯林兄弟会的元老们间接驳斥了库特布将伊斯兰社会控诉为"蒙昧的"社会，穆斯林兄弟会内部领导层则避免了对他提出的概念加以解构，反而顺从又尊敬地对待他，例行公事般地把他称作是"al-Shahid al-Hayy"（活着的殉教者）。这些主流的穆斯林兄弟会成员知道库特布的思想具有社会破坏性，但并没有严肃地对其加以批判，这主要因为库特布在民众中间十分受欢迎，批判他有可能让他们的公信力受损。在伊斯兰主义组织内部也有一支颇具影响力的库特布派，这已经是公开的秘密了，它和哈桑·班纳的派系艰难共存。库特布在极端保守主义者中拥有傲人的地位，他的著作成了穆斯林兄弟会教纲的一部分，并开始被灌输给成员们。穆斯林兄弟会成员中的中间派不敢对他展开直接攻击，任何对"在世烈士"的负面评论都将引来高级领导人的迅速谴责。我们没有证据证明胡岱比本人曾直接否定过库特布在《路标》中的使用暴力号召。但胡岱比一定读过这本书中的许多章节，库特布的姐姐哈米达（Hamida）和阿米娜（Amina），以及泽娜布·加扎利一定在穆斯林兄弟会分发过这些内容，她们曾是胡岱比和地下穆斯林兄弟会成员之间沟通的媒介。虽然胡岱比完全意识到库特布激进的革命性呼声可能引发混乱，但是他被《路标》和库特布不遗余力地捍卫伊斯兰教的立场打动，因此也就示以支持。正如加扎利在其

146

回忆录中写下的：

> 我知道总训导师读过书中的内容也同意库特布把它
> 出版。当我问他……他说……愿真主保佑他……我读了
> 又读。[55]

尽管胡岱比称只呼吁穆斯林使用和平手段，但是他可能已
经暗中知道加扎利和其他穆斯林兄弟会成员会把库特布的暴力
极端概念付诸实践。尽管胡岱比对库特布的一些关键想法保持
十分审慎的态度并且在公开场合与库特布保持距离，但反抗纳
赛尔主义国家的斗争是压倒一切的优先事项。在几年时间中我
采访过的穆斯林兄弟会官员们使我确信，胡岱比可能是出于战
术考虑，默许了库特布和武装行动主义者的出现，因为这样或
许会有助于胡岱比本人和纳赛尔的较量。

相较于库特布，哈桑·班纳和胡岱比属于不同的思想派
别。他们是渐进主义者（gradualists），认同以渐进的、和平
的方式来实现社会的伊斯兰化，而库特布及其追随者坚持的是
革命方法论（revolutionary methodology），这种方式带来的
是国家和社会的分裂，以及根本上的改变。胡岱比心照不宣地
给库特布派的行动提供支持，我们必须将这种做法置于当时的
背景环境中加以审视，当时和纳赛尔的激烈斗争让胡岱比十分
担心穆斯林兄弟会是否能生存下来。有一些秘密社的成员说库
特布曾试图获得胡岱比的许可来领导秘密社。在回忆录中，泽
娜布·加扎利说库特布和穆斯林兄弟会得到了胡岱比的支持，
以"麦加宣教时代"（age of *da'wa* in Mecca）之名开展为期
十三年的教育项目，旨在建立"伊斯兰国家的基础，这一国家
里都是信奉伊斯兰教法及其规则的兄弟……一个具有正统伊斯
兰国家所有特征的基础"。[56]加扎利是库特布和胡岱比之间的

关键中介，她读过《路标》并推动和促成了该书获得总训导师的批准和后续出版。

如果是这样的话，难怪胡岱比和其他穆斯林兄弟会的领导在很长时间后才对库特布的思想加以批判，因为他们早些时候对库特布的思想表示了支持和赞同。胡岱比曾给穆斯林兄弟会的成员寄出文章和信件，它们后来被汇集成书，在他去世后的 1977 年出版，书名为《成为传道者，而不是审判者》（*Du'at la Qudat*）。在书里，胡岱比驳斥了库特布的颠覆性主张，即就算相信真主和先知，穆斯林也可能是蒙昧者的说法。[57] 直到 20 世纪 90 年代，一些阿拉伯国家政府和库特布派之间的武装冲突升级，少数亲穆斯林兄弟会的宗教学者才开始批判库特布的宣言是误导言论，是对神圣文本的曲解、简化，甚至篡改。权威学者优素福·卡尔达维（Yusuf al-Qaradawi）因和穆斯林兄弟会非正式联系而闻名，他发表过大量文章来批判库特布关于蒙昧社会的观点。但是胡岱比和卡尔达维的声音一直处于弱势，而且他们的批判——也仅止于批判——太少太迟了。这个争论至今也没有尘埃落定，穆斯林兄弟会作为一个组织也未能给库特布的思想遗产及其影响下一个定论。穆斯林兄弟会不愿意公开谈论库特布在该组织中地位的态度证实了代沟（generation divide）的存在，一边是有权势的保守元老集团，他们把殉教者理想化；另一边是更年轻的集团，他们更愿意引导组织远离库特布的影响。伊斯兰运动的当前领导人不乐意揭开旧伤疤，也不愿意提醒人们那段充满争议和苦痛的历史篇章，他们宁愿把它扫到地毯下面掩盖起来，因为他们知道这件事会给伊斯兰运动的未来造成重大的影响。穆罕默德·阿马拉（Mohamed Ama'ra）是一名公共知识分子，也是一名和穆斯林兄弟会关系亲近的伊斯兰主义者，他说他和其他人曾力劝穆斯林兄弟会的领导人解决穆斯林兄弟会内部的哈桑·班纳派和库特布派之间的紧张关系和矛盾。按照阿马拉的说法，穆斯林兄弟会不疏远库特布的原因是他们不想要动摇他们的基础。他曾经对我说："知识分子比组织集体更容易解构库特布的思想，而且我们已经开始做这件事了。"[58]

最后，值得强调的是，如果胡岱比对穆斯林兄弟会施加强有力的领导的话，这些激进的思想是不可能传播开来的。胡岱比从未达到哈桑·班纳对穆斯林兄弟会的掌控程度。穆斯林兄弟会领导层的缺陷，因纳赛尔的煽动和挑唆而变得更加严重了。20世纪五六十年代监牢内部的分裂给穆斯林兄弟会的发展留下了一道伤疤。从此，作为一个整体的伊斯兰主义运动被撕裂、拉扯，并在激荡中被推向了两个截然不同的意识形态方向；一边更加好战，另一边则更为保守。与伊斯兰主义者及其敌人的说法相反，伊斯兰主义运动的统一其实是一个神话，是一种政治建构。与其他社会组织一样，伊斯兰主义者也有意识形态、代际、个性和社会经济方面的分歧。虽然只是少数，但是革命派试图劫持这一运动，其暴力行动比多数派的静默反响更大。库特布派对伊斯兰主义运动的影响已经远远超出了其人数所限。除了在革命派别中，库特布派在穆斯林兄弟会的高层中也地位稳固，并且对重大决策有相当大的影响力。讽刺的是，改革派成员哀叹，这些老一辈的库特布派为了维护他们在穆斯林兄弟会中的地位，不遗余力地进行斗争，并且顽固地反对任何试图转变伊斯兰主义组织的努力。哈桑·哈奈菲是一位哲学家，他对库特布派关于第三世界的渐进社会主义论述做出了严谨的阐释，按照他的说法，"如果库特布知道了自己的学生们靠他的思想遗产做了什么的话，他会从坟墓里跳出来"。[59] 穆罕默德·哈比布（Mohamed Habib）曾是穆斯林兄弟会的二号人物，他对该组织失去了信心并在2010年1月被迫退出。在一篇彻底的控诉文章中，他指出当前的穆斯林兄弟会领导人和普通成员都把库特布的颠覆性观念内化了，如"智慧"与"蒙昧"、暴力，以及贬低民主为非伊斯兰教的东西。"凭多年来对穆斯林兄弟会领导人的直接了解，他们在（"阿拉伯之春"）获得权力之前或之后都不会进行自我批评，也不会认识到自身的错误和罪恶。"[60]

结　论

如果穆斯林兄弟会和自由军官组织之间巩固了非正式联盟，并合作建立了后殖民、后独立国家机构，那么阿拉伯中东的面貌就会完全不同。反之，纳赛尔政府日益加深的威权主义和对穆斯林兄弟会的排斥强化了这两大运动之间的对立情绪。纳赛尔政府成立之后，军队成为具有主导权的政治阶层，其运作越来越独立于其社会和经济基础。从这一点来看，纳赛尔为军队控制埃及的政治、经济铺平了道路。安全部门和意识形态部门被军方牢牢地掌控在手里，这进一步激怒了穆斯林兄弟会。胡岱比拒绝在新成立的内阁中担任次要角色，为两支力量针锋相对提供了理由。纳赛尔政府对穆斯林兄弟会进行镇压和羞辱，包括关押和酷刑，最终导致少数穆斯林兄弟会成员的极端化。因为纳赛尔政府没有给穆斯林兄弟会提供一个可以清晰表达其主体性的空间，在监狱中发展起来的库特布思想，最终将死亡作为唯一可以想象"共存"的空间。通过强调死后的生活而对想象的库特布话语进行简化，让那些感受到革命政权迫害的年轻穆斯林逃离了难以忍受的现实。

假如这两大力量能够合作，那么无论是政治威权主义、宗教献身主义和虚无主义都将无法在阿拉伯世界和穆斯林的土地上扎根。纳赛尔支持者和库特布支持者之间的冲突，特别鲜明地反映在 1966 年库特布被处以绞刑时，他们的对抗导致了新生的阿拉伯政治系统发生决裂，让强有力的社会力量陷入彼此争斗的境况。从此，库特布派先锋队怒火中烧，对复仇的渴望让他们对伊斯兰教的远近敌人发起了攻击。从某一方面来讲，民族主义者和伊斯兰主义者的仇杀给阿拉伯政治赋予了部落化和军事化的特点。纳赛尔和库特布成为个人崇拜的典型代表，这种个人崇拜已经感染并毒害了阿拉伯政治文化。独裁领袖模式成了政治惯例，整个阿拉伯世界都不例外。

151

世俗阿拉伯民族主义者一直在等待另一个纳赛尔这样的救世主出现，最后只等到了三流水平的继任者，比如穆阿迈尔·卡扎菲和萨达姆·侯赛因。尽管这些统治者承诺人民将获得救赎和荣耀，但他们却建立起相对世俗化的警察国家，以牺牲权利和个人自由为代价，优先考虑安全。他们吸干了穆斯林公民社会血管中的血液。革命伊斯兰主义者把库特布颂扬为殉道者之父。面对暴政，库特布被描绘成一个道德上勇敢的信徒并为了伊斯兰教牺牲性命。这位"永生的殉教者"（Al-Shahid al-Hayy）与其他当代宗教人物和理论家不同，因为他过着道德的生活并且坚守原则不妥协。埃及著名作家阿德勒·哈姆达（Adel Hamouda）认为"因为他被处决了，所以成了英雄……一个模范榜样……一个大师……一位导师……和一个卓尔不群的人"。[61]

伊斯兰主义者和民族主义者说痛苦的时代已经过去了，尽管2011年"阿拉伯之春"之后的事态发展已经表明伤口仍然没有愈合。虽然在2011年和2012年，两个阵营的支持者短暂团结在一起，一同反对像突尼斯的本·阿里、埃及的胡斯尼·穆巴拉克、利比亚的卡扎菲、也门的阿里·阿卜杜拉·萨利赫这样的世俗威权统治者，但他们的团结稍纵即逝。统治者一旦被推翻，伊斯兰主义者和民族主义者就开始在街道上对抗，过去痛苦又遥远的景象和符号又会出现。目前，由军队领导的民

族主义者和以穆斯林兄弟会为首的伊斯兰主义者之间的对抗，
与 20 世纪五六十年代自由军官组织和穆斯林兄弟会之间的斗
争一样血腥和代价高昂。这是一场全面战争。过去的幽灵非但
没被消解，反而继续困扰着民族主义者和伊斯兰主义者，他们
仍然是各自根深蒂固叙事方式的囚徒。

第五章

年轻的贾迈勒·阿卜杜勒·纳赛尔

　　纳赛尔成为世俗阿拉伯民族主义运动领袖，即后来的"阿拉伯雄狮"，并非命中注定。事实上，他后来为人所知的政治理念和理想是在动荡的一生和工作实践中逐渐形成的。他接触过各种相互矛盾的意识形态，这些意识形态复杂、模糊且难以界定。纳赛尔的一生为学者探索这一时期的历史带来了挑战，必须避免简单化和绝对化的解读。他一生中尝试或接受了不同的社会和政治取向，揭示出作为个人的纳赛尔和作为总统的纳赛尔的不同面向。本书关注他在不同时期的多变立场，证明他更像是一位实用主义者，而非理论家。

　　纳赛尔在国际上已成为一个象征性人物，他的故事在埃及、阿拉伯世界及其他地方被不断诠释和利用。他被支持者吹捧，被反对者憎恶，被称为世俗民族主义的捍卫者、伊斯兰事业的叛徒、英雄和独裁者。[1]总体而言，在埃及和阿拉伯世界的想象中，纳赛尔被神话化，成为一种"修辞工具"，暗示着多元的解释和非宗派主义。[2]纳赛尔的社会改革和理想让他持久地以良好形象存在，但他也有黑暗和残酷的一面，如大规模暴力镇压反对派。纳赛尔的政治影响之所以经久不衰，在于他的反抗精神、对埃及人民尊严的捍卫、让埃及人民摆脱贫困和文盲的决心，以及他对埃及深沉的爱，这些都让他赢得了民众的爱戴。

纳赛尔的出生和童年时光

大多数纳赛尔的传记都从他在巴克斯（Bakos）的童年开始写起，这个地方是亚历山大城的郊区，他于1918年1月15日在那里出生。纳赛尔的童年与众不同的一点是他在埃及各地居住过。他在国内各地的搬迁经历让他看到了埃及人的许多方面，并目睹了不平等和贫困的现象。他的父亲是一名邮局职员，在纳赛尔三岁时被调到上埃及的艾斯尤特（Asyut）。这个地方的主要人口是不识字的贫苦农民，其中三分之一是科普特人。在艾斯尤特，年轻的纳赛尔从父亲那里听到与基督徒相处融洽的故事，他的父亲对他们怀有好感。虽然艾斯尤特有四万居民，但没有公立小学。纳赛尔就读于穆哈兰贝克（Muharram Bek）学校，它是由当地基督徒社群建立起来的，纳赛尔是就读的穆斯林学生之一。[3]

1923年至1924年，五岁的纳赛尔搬到了哈塔特巴（Khatatba），就读于铁路员工子弟小学。后来，他被送往开罗与叔叔同住，并在纳哈辛（El-Nahassin）小学上学。在开罗，纳赛尔住在一个劳工阶级的街区，他的学校位于可汗哈利利市场（Khan al-Khalili market）附近，不远处是旧开罗的爱资哈尔清真寺，那是全世界最古老的伊斯兰宗教和教育机构。周边珠宝商、金匠、锡匠和地毯织工在他们的小商店里做买卖，这些小店聚合成一片嘈杂而狭窄的街道迷宫。在这样的环境里，纳赛尔开始了他的"正经教育"。[4] 住在叔叔家时，纳赛尔经常与母亲通信，他们的关系十分紧密。每当学校放假，他也会回家与家人团聚。然而，在1926年，母亲的信突然停止了。他回家后才得知，母亲在生他的三弟时去世了。这一无法磨灭的痛苦在年轻的纳赛尔心中留下了深深的伤痕。[5] 八

154

岁时，纳赛尔再次搬家，来到了苏伊士附近一个可以俯瞰红海的小村庄。随后，他前往尼罗河三角洲的最大城市达曼胡尔，1928 年又回到亚历山大城与外祖父同住。在亚历山大城，他在阿塔林（El-Attarin）小学读了四年级，1929 年在赫尔万（Helwan）寄宿高中读了一年。由于父亲在亚历山大城从事邮政工作，纳赛尔再次回到亚历山大城，并就读于拉塞尔丁（Ras el-Tin）高中。纳赛尔的民族主义情感在这里开始萌芽。1930 年，由 1919—1922 年革命带来的 1923 年宪法被政府废除，引发了民众和学生的大规模抗议，他们要求恢复宪法并结束英国占领。尽管纳赛尔年纪尚轻，不完全理解游行示威的原因，但他依然加入了示威队伍，并遭到警察的殴打。回忆起这一决定性的时刻，他解释道：

> 在路过亚历山大的曼什亚广场时，我看到游行的学生与警察发生冲突，毫不犹豫地加入了队伍。我完全不知道游行的原因，因为我找不到理由去问。一开始，游行示威者貌似占着上风，但很快就有卡车载着全副武装的警察前来增援并改变了局面。我记得我试着扔石头，但马上就被抓住了。在试图逃跑时，我的头被警棍打了一下，然后在摔倒的时候，又被打了一棍。我全身是血，和一群没能逃离的学生一起被送到了监狱。在警察局接受头部伤口治疗时，我才知道这次游行是埃及青年党组织的反政府示威。[6]

纳赛尔很快加入了埃及青年党，这标志着他从一个君主制支持者转变为一个更加极端思想的拥护者。

1933 年，十五岁的纳赛尔在父亲再次被派往开罗后，进入了位于开罗扎赫尔区的纳赫达（El-Nahda）学校。在那里，纳赛尔一家最初租住在一位犹太房东的家中，他们"与年轻的贾迈勒相处得很好，甚至分享饭食"。[7]纳赛尔早期的宗教共存与合作经历，可能影响了他后来与其他宗教成员发展友好关系的行为，对其他信仰群体表现出了灵活和包容。他鼓励自己的孩子们为开罗主教堂的建设工程捐款。[8]

　　纳赫达学校的课程对纳赛尔民族主义情感的塑造产生了重要影响。他最喜欢的科目是历史，在老师们的鼓励下，他博览群书，大大超过了教学大纲要求。他阅读了有关拿破仑、亚历山大、甘地、卢梭和伏尔泰的作品。此外，纳赛尔还阅读了雨果的《悲惨世界》和狄更斯的《双城记》等文学作品，这两部书都探讨了反对暴政和不公正法律的反叛思想。[9]他甚至在校刊发表了一篇名为《伏尔泰，自由之人》的文章，赞扬了这位法国思想家，因为他在对抗权威统治时保持了独立，为法国大革命做好了准备。[10]然而，纳赛尔最喜欢的历史人物是恺撒大帝，在自己的第一篇历史作品中，他赞扬了这位征服者，特别是他征服英国的壮举！[11]1935年，十六岁的纳赛尔在莎士比亚的同名剧中扮演了独裁者。[12]他对阿拉伯文学也充满热情，喜爱阅读的书籍包括著名的埃及诗人艾哈迈德·邵基（Ahmed Shawki）和哈菲兹·易卜拉欣（Hafez Ibrahim）的作品。邵基的诗歌和戏剧涉及的主题广泛，从宗教到爱国主义再到历史。在法国留学期间，邵基组织了一个反英组织，呼吁结束英国占领，他还是民族主义领袖穆斯塔法·卡米勒的好友。易卜拉欣的作品描述了埃及人的贫困和英国占领下的政治情况。和邵基一样，易卜拉欣与1919—1922年革命的领导人关系密切。纳赛尔还阅读了其他文学作品，包括陶菲克·哈基姆的小说和剧本，尤其是他的《精神的回归》（*Awdat el-Rouh*）。这本书设想了一个埃及领袖出现，他将团结埃及人，并激励他们为自由和民族复兴而奋斗。纳赛尔的阅读清单还包括先知穆罕默德的传记和其他重要伊斯兰人物的著作，以及像穆斯塔法·卡米勒这样的重要政治领袖的手稿。

　　早年的成长岁月和其他经历共同塑造了纳赛尔的个性、情感和世界观，让他形成了一种文化包容观念。根据海卡尔的说法，纳赛尔广泛的阅读为他坚信军队能够解决埃及问题提供了历史证据。此外，纳赛尔一生都喜欢阅读关于阿拉伯和欧洲的军事战略和军事领导的书籍，如夏尔·鲁（Charles Roux）的《埃及总督》（*Governor of Egypt*）和丘吉尔的《河战》（*The River of War*）之类的作品。[13]

青年时期的纳赛尔：民族主义

　　教育、阅读和跨城市生活塑造了纳赛尔强烈的民族主义情绪，但对其性格和政治理念产生更深远影响的，则是他所处的社会政治背景。[14] 为了深入理解纳赛尔主义的政治内涵，探究纳赛尔的身份认同得以形成和巩固的社会环境至关重要。纳赛尔成长于埃及国家认同发展最为关键的时期。他出生于1919—1922年革命前一年，那时埃及正处于现代化政府机构建立和殖民资本主义扩张的浪潮中，这引发了对"埃及性"的重新定义。20世纪初，为寻求更美好生活，越来越多的埃及人涌入城市。城市中聚集了外国人、新兴的受教育中产阶级、工人阶级和农民，打破了城乡分裂的传统观念，逐渐形成了对统一的埃及政治经济实体的愿景。[15] 这种社会变革也促使"有文化的阶层越来越多地将农民和城市居民纳入相同的社会政治和道德范畴"。[16] 穆斯塔法·卡米勒对农民的维护和1906年丹沙微事件后对赫迪夫的反对，正是上述趋势的直接体现。[17] 民族主义领袖开始重视农民群体，这使他们的政治诉求合法化，并扩大了他们的群众基础。到纳赛尔出生时，民族主义者的论述已经让"农民"成为埃及国民"自我"认知中不可或缺的部分。[18] 因此，纳赛尔在其论述中赋予了"农民"重要地位，体现了自由军官政变前夕"农民"概念在更大民族主义语境中的发展。在 20 世纪 30 年代，埃及人的民族观念发生了显著转变。从领土民族主义（territorial nationalism）逐渐转向种族民族主义（ethnocentric nationalism）。[19] 两位学者将这一变化称为"整体民族主义"（integral nationalism），这种趋势是对殖民议会制度的抵制，是对 20 世纪 10 年代和 20 年代政治精英接受的西方价值模式的反对。[20] 同时，30 年代的经济大萧条使埃及社会雪上加霜，民众生活困苦，社会矛盾加剧。在这种情况下，西德基政府的强权统治和华夫托党的无能更让民众对未来失去了信心。人们在 20 年代怀抱的希望和理想被幻灭和苦涩取代。对埃及人来说，名义上的独立既未改善他们的生活，也未增加他们参与国家经济和政治的机会。

纳赛尔接触到了学生组织、社会主义者和左派团体、革命主义者和穆斯林兄弟会等各方观点。在埃及经历严重的经济危机、政治压迫和社会两极化的时期，反政府罢工频繁发生。例如，1930 年，纳赛尔参加了一场学生抗议活动，抗议西德基政府废除 1923 年宪法，并以一份更为专制的宪法取而代之。1935 年，政府拒绝接受民众的要求后，一些政治团体合并为统一阵线，要求恢复 1923 年宪法。[21] 在席卷埃及的政治动荡中，纳赛尔绝不是一个被动的旁观者，他积极参与了公民抗议和示威活动。在一封写给朋友的信中，当时年仅 17 岁的纳赛尔表达了他对政府越来越大的幻灭感和愤怒："当今的形势事关存亡；埃及正处在风雨飘摇之中。"他如此写道，并开始为穆斯塔法·卡米勒逐渐消失的民族主义精神哀悼：

　　穆斯塔法·卡米勒说过："即便我的心脏从左边跑到

了右边，即便金字塔移动了，尼罗河河水倒流，我也绝不会改变我的原则。"如今发生的所有事情都预示着更大、更重要的挑战来临。我们多次说过应该要一同努力，唤醒沉睡中的国家，激起深藏在人民心中的力量。呜呼哀哉，至今仍没有动静，至今仍一无所成。[22]

纳赛尔文字中的深情就像 1919—1922 年革命之前普遍传播的革命宣言：

> 1919 年在我们胸中点燃火焰的爱国主义今何在？……那些能带领新一代埃及人的人今何在，那些能让软弱、受辱，在权利被剥夺时噤若寒蝉的埃及人……变得强壮、高昂着头为独立和自由而战的人今何在……[23]

在这封信中，纳赛尔不仅指出了政治制度中的腐败，还哀悼了尊严的丧失。这个词后来成为纳赛尔政策中的一个强有力的象征符号。[24] 几十年后，"尊严"成为数百万阿拉伯人在反抗威权统治者时的口号，尤其是在 2010 年至 2012 年的大规模社会革命中，这场动荡让整个阿拉伯世界深受震撼。尽管尊严的概念并非如一些阿拉伯民族主义者所说是纳赛尔主义者的专有政治发明，但这一口号彰显了纳赛尔持久的影响。纳赛尔对国民状态和国家形势的批评在许多埃及知识分子中引起了共鸣。越来越多的作家和思想家，包括陶菲克·哈基姆，穆罕默德·阿瓦德·穆罕默德（Muhammad 'Awad Muhammad），埃及青年党领袖艾哈迈德·侯赛因，以及科普特人记者、埃及民族主义先锋萨拉马·穆萨，都对议会制度和政党政治提出了批评。他们认为议会和政党政治是"派系主义"（hizbiyya）

159

的根源。[25] 正如两位学者所指出的，派系主义"让埃及政治的转型成为个人和派系的竞技场，忽视了更高的目标"。派系主义被视为政治中无法治愈的疾病，"派系主义之疾……到了30年代，已经成为埃及政治词典中的一个术语，标志着埃及公共生活的破产"。[26] 纳赛尔后来拒斥代议制和政党政治，与他成长时期的智识环境和社会政治环境密切相关。

　　正是在这样的环境下，纳赛尔于1936年尝试进入军事学院，但未能成功，随后他被招进了开罗大学法学院。1937年，他再次尝试进入军事学院并被录取。[27] 除了对政治和经济的不满，许多埃及人也对外国人主导的军队感到愤怒。为缓解社会不满，1936年的《英埃条约》施行了更加包容的军队政策，惠及了纳赛尔及其同代人。纳赛尔投身军队并非偶然，在他看来，军队与民族主义者的期望和前景紧密相连。随着执政党在公众心中的形象日益破灭，许多埃及人将军队视为唯一能够改变现实的机构。这种公众情感今日仍然存在：军队被视为一个团结的、无党派的国家的象征。根据纳赛尔的密友及官方传记作者穆罕默德·哈桑宁·海卡尔的说法，纳赛尔后来把军队视为一个先锋力量，可以将埃及人民从萎靡不振和对外国人的屈从中唤醒。

160

　　纳赛尔在军校时的战友回忆说，他当时就已经高度政治化，对国家被殖民统治的现状，以及政治精英的卑躬屈膝和腐败，深感焦虑。1939年，纳赛尔在苏丹（当时是埃及的一部分）服役两年，目睹了英国如何试图从开罗的控制下夺取苏丹。这强化了纳赛尔的反英立场。正如安东尼·纳廷所说，纳赛尔"对英国继续拒绝承认埃及对苏丹的独立主权主张感到羞辱，这一主张是由现代埃及民族主义先驱穆斯塔法·卡米勒提出的"。[28] 这些早期经历巩固了纳赛尔将英国驱逐出埃及并获得真正独立的决心。他和当时的军官朋友小圈子表述了这种看法, 其中包括哈立德·毛希丁、阿卜杜勒·哈基姆·阿密尔和安瓦尔·萨达特, 这三人都是他在苏丹服役时结识的军人。在一次采访中, 哈立德·毛希丁回忆说, 他和纳赛尔的友谊是在苏丹服役期间建立起来的。他们在彼此身上看到了共同的理想, 即解放埃及, 脱离英国殖民主义, 让埃及人民摆脱贫穷。[29]

161

在此期间, 纳赛尔始终坚定地认为, 由法鲁克国王统治的独立埃及是一种可行的治理体系。安东尼·纳廷坚称:"纳赛尔的最初目标不是反对国王。他后来告诉我, 他的最初目标是试图向国王灌输一些东西, 并通过在军队中创造出一个军事反对派, 倒逼国王抵抗外国对埃及主权的进一步蚕食。"[30]尽管他认为国王腐败, "但无论好坏, 都是埃及的国家象征"。[31]在这一阶段, 纳赛尔似乎也没有对埃及社会的激进愿景。根据毛希丁的说法, 他在社会和意识形态上都不是一个革命主义者, 他的主要目标是让国家摆脱英国殖民统治, 把埃及还给埃及人:"和那一代人一样, 纳赛尔更在乎的是埃及化和从殖民主义中获得解放, 不是自由或民主。"[32]纳赛尔的立场似乎在军队同僚中得到响应, 他们的核心目标都是渐进式的、有限的变革。萨达特在回忆包括纳赛尔和毛希丁在内的一群人的观点时, 总结说:

> 关键在于……将埃及从一个半封建国家转变为一个现代、有序且充满活力的国家, 同时还能尊重人民的习俗。在这一点上, 尊重人民习俗并不是将人民束缚在过去, 而是尊重民族生活中基本且无形的连续性。我们将保留所有不妨碍社群真正进步的要素。[33]

1942 年王宫之围：纳赛尔转向更为激进的观点

如果说少年时代的纳赛尔是一个君主制的拥护者，那么在王宫之围后，他相对保守的政治观点逐渐激进化。20 世纪30 年代和 40 年代，失业率的上升和受过教育的中产阶级的崛起，让民族主义者不断呼吁投资地方经济和推动埃及实现工业化。[34] 埃及年轻人日益感到自己被国家机关排除在外，缺少就业机会，因此民族主义运动变得越来越本土化。埃及"正统性"的呼声越来越高，越来越受欢迎。正如奥米尼亚·沙克里（Omnia el-Shakry）所提到的，殖民统治的大环境意味着埃及知识分子"将他们的社会认知建构于本土性和特殊性上，这并不是简单地把本土置于普遍之上。更确切地说，这是一种与西方不同并且更为激进的认识论——它拒绝那种普适的人类中心主义或世俗主义，以及普适的文明分类学"。[35]

在纳赛尔激进化的过程中，有两件事起到了推动作用：1942 年 2 月英国坦克围困王宫，强迫法鲁克国王任命华夫托党领导人穆斯塔法·纳哈斯为首相；1948 年的巴勒斯坦战争。前者的影响尤其重要。根据布泰纳·阿卜杜勒·拉赫曼·提克里特（Buthayna Abdel Rahman al-Tikriti）的说法，王宫之围让纳赛尔和他的同伴们开始讨论革命。[36] 按照纳赛尔后来的解释，王宫之围在他心里种下了革命的种子，让他意识到"尊严需要被捍卫"。[37] 其他军官也感受到自己的国家直接成为英国羞辱的目标。后来的埃及总统穆罕默德·纳吉布在其回忆录中写道："国王允许他们拿走他的权威。当我看到这些事情发生时，身上的军装让我感到羞辱和厌恶。我递交了辞呈，因为我无法忍受自己穿着这身军装走在人群中。"[38] 英国给国王发出的最后通牒让人们对政治制度感到愤怒，这个制度让殖民者可以羞辱埃及和埃及的最高统治者。这件事在军官中间点燃了

162

民族主义情感，也让纳赛尔更加坚信要用军事行动带来有效的政治变革。[39] 因此，纳赛尔经历了一个逐渐变化的过程，随着时间的推移，他越来越反对英国主导的君主制，这是他世界观的巨大转变。王宫之围同样也葬送了纳赛尔对当时埃及民族主义政治的主导力量——华夫托党——的那一点点信任。他越来越本能地憎恨华夫托党，最终在 1952 年 7 月政变后决定取缔华夫托党。纳赛尔对华夫托党的态度转变也反映出埃及社会对政党政治普遍的幻灭感。

纳赛尔和穆斯林兄弟会

关于纳赛尔生平的记述常常强调其世俗民族主义理念，而忽略了其他塑造其世界观的因素，使其职业生涯呈现出一种连贯性，甚至是必然性。然而，这种主流论述未能充分考虑到他作为政治参与者在不同时期的变化，忽视了影响其轨迹的复杂性和多元性。此外，这些论述也排除了他在 20 世纪 40 年代至 50 年代初与穆斯林兄弟会交往的因素。

像许多其他年轻人和幻想破灭的埃及人一样，纳赛尔也在本土主义和威权主义之间摇摆不定。他先是加入了埃及青年党，[40] 但是很快就离开了这个组织，因为他强烈反对它采用欧洲法西斯主义原则。[41] 在离开埃及青年党之后，纳赛尔转向了穆斯林兄弟会。穆斯林兄弟会的老一辈官员德默达什·阿卡利（al-Demerdash al-Aqaly）回忆纳赛尔时，将他的激进化与 1942 年王宫之围后他认为迫切需要"做出改变"以及后来加入伊斯兰主义组织直接联系在一起。[42] 纳赛尔与穆斯林兄弟会的关系可以通过他被派驻苏丹一事来说明。苏丹的马赫迪革命（Mahdi Revolution）将政治和宗教结合在一起。[43] 他在苏丹的经历可能使他确信宗教可以在尼罗河谷地区摆脱殖民占领

和落后状态的过程中扮演积极角色。[44]纳赛尔在 40 年代的转
变也与当时埃及知识分子圈子的趋势相符。正如我们之前提到
的，在这个时期和接下来的几十年里，宗教著作日益流行。许
多曾持世俗立场的作者转向宗教性和伊斯兰主题写作。这种文
学转变涉及关于先知穆罕默德生平的著作，以及早期伊斯兰
历史和文明的作品；许多期刊也开始刊登伊斯兰教的图像和
历史。

164

　　尽管纳赛尔加入伊斯兰主义组织的历史原因是可以理解
的，但主流叙事中仍存在许多具有争议的、相互冲突的观点。
穆斯林兄弟会的官员们夸大了纳赛尔与伊斯兰运动之间的关
系，以此让人们怀疑纳赛尔的人格。纳赛尔和阿拉伯民族主义
者将此视为穆斯林兄弟会胡说八道。穆斯林兄弟会声称纳赛尔
是该组织的正式成员，尤其是其准军事部门的成员，后来退出
组织是一种背叛行为。[45]然而，纳赛尔主义者辩称纳赛尔是一
个重生的民族主义者，认为其政治历程具有意识形态上的连续
性和一致性。赛义德·雅辛（Al-Sayyed Yassin）是一位重要
的公共知识分子，他本人在 20 世纪 50 年代中后期经历了从穆
斯林兄弟会到世俗阿拉伯民族主义的转变。他认为纳赛尔是 20
世纪 40 年代的孩子，那时正是阿拉伯民族主义开始壮大的时
期。雅辛提醒我说："纳赛尔参加了 1948 年的巴勒斯坦战争，
意识到埃及的未来与其阿拉伯邻国天然联系在一起。""纳赛尔
在 20 世纪五六十年代并未发现阿拉伯民族主义；他是埃及民
族主义运动之子，该运动在包括阿尔及利亚和巴勒斯坦在内的
阿拉伯国家的反殖民斗争中处于最前线。"[46]

　　大多数纳赛尔传记作者都将他在穆斯林兄弟会中的角色描
绘得微不足道，认为他作为世俗的泛阿拉伯领导人的形象与参
与泛伊斯兰主义组织不相容。他们关于纳赛尔早期参加穆斯林
兄弟会的机密部门是出于策略和功利性目的的说法是正确的，

但他们认为穆斯林兄弟会的伊斯兰主义议程与他的世俗民族主义思维模式格格不入，却是错误的。这些叙述意在表明，即使在 1952 年政变之后，纳赛尔与伊斯兰主义组织的暂时合作本质上也是不可持续的，原因在于他们的意识形态和哲学存在根本区别。[47] 这种观点在西方的代表人物是让·拉库蒂尔（Jean Lacouture），在他看来，纳赛尔和穆斯林兄弟会的世界观在本质上是不相容的。[48] 现实情况则要复杂得多。在 1952 年政变之前，纳赛尔的政治策略一直不稳定、不确定，直到掌权后才变得清晰。纳赛尔的旅程是未知的，在他的人生经历中，他不断发现新的思想，他的观点也逐渐发展和成熟。按照深谙内情的海卡尔的说法，初出茅庐的纳赛尔和他的同伴们在政治上被拉扯向不同的方向发展，穆斯林兄弟会和社会主义者都试图劫持革命。"纳赛尔是在血与火中接受洗礼的，他从教训和错误中学到了政治，"海卡尔在开罗俯瞰尼罗河的办公室中接受采访时说道，"对纳赛尔来说，经验和行动比理论和意识形态更重要，他的世界观在 1952 年之后逐渐改变和进化。"[49]

除此之外，值得一提的是，在那个时候，世俗民族主义者和宗教民族主义者的分道扬镳还没有发生。民族主义者和宗教行动主义者联手合作，希望能够重新定义一种现代国家的埃及文化。欧洲的两次世界大战和 30 年代的大萧条无法激发埃及新兴中产阶级对自由资本主义和民主的信心。随着对国内政治体制瘫痪的愤怒持续发酵，穆斯林兄弟会的激进观点与埃及人产生了共鸣，无论其政治宗教议程如何。与主流政党不同，这个伊斯兰主义组织采取了迎合民众情绪的举措。例如，在英国占领之后，欧洲传教士被允许接管该国的大部分孤儿院。当孤儿院里暴力事件和强迫改宗丑闻浮现后，穆斯林兄弟会坚定地捍卫埃及孤儿的权益。到 40 年代，该组织开始吸纳工人阶级和正在崛起的中产阶级，鼓励与抗议政府的工会接触，并组织体育活动和合作性的经济投资。同样值得注意的是，在最初的几十年中，穆斯林兄弟会的主要成员都是各行各业的专家和受过教育的中产阶级人士，而不是乌里玛和伊玛目。

目睹穆斯林兄弟会作为一支最有可能给埃及带来深远转变的社会和组织力量，纳赛尔和其他自由军官——包括阿卜杜勒·穆奈姆·阿卜杜勒·劳福（Abdel-Moneim Abdel Rauf）、阿布·马卡拉姆·阿卜杜勒·哈伊（Abu al-Makarem Abdel Hay）和穆罕默德·拉比卜（Mohamed Labib）——组成了特殊部门。这个部门本身由哈桑·班纳在1938年建立，是阿卜杜勒·拉赫曼·萨纳迪领导的机密部门的分支。[50] 这个组织的目标是把像纳赛尔一样的越来越多的新军官组织起来，在军队中创造出具有关键作用的一群人，在必要时进行调遣。

在现有的记载中，包括在纳赛尔自己的回忆录里，他人生中这一重要阶段都被当作一个微不足道的脚注而没有得到认真研究。[51] 要了解纳赛尔与穆斯林兄弟会关系的早期阶段，没有比哈立德·毛希丁更好的人选了。他是纳赛尔的亲密好友，也是军官战友，和纳赛尔一起策划并执行了1952年政变。在他装饰豪华的开罗公寓中，毛希丁向我确认他和纳赛尔曾在1947年一起去过哈桑·班纳的寓所，在那里，纳赛尔用一把手枪和一本《古兰经》向班纳和萨纳迪宣誓效忠。毛希丁也坚持认为纳赛尔和他是属于特殊部门的。他回忆说："我们加入了特殊部门并积极执行招募新鲜血液的任务。"按照毛希丁的说法，正是纳赛尔招募他进入了特殊部门，他们两人训练年轻的穆斯林兄弟会成员使用枪械和炸药，袭扰在苏伊士运河附近的英国军队，以此来让英国的埃及驻军付出高昂代价。[52] "纳赛尔对加入穆斯林兄弟会的特殊部门感到狂喜，因为这让他能够训练出一批孤注一掷的年轻人来保卫家乡。"毛希丁补充道。在采访中，穆斯林兄弟会的领导人也确认了毛希丁的说法。法立德·阿卜杜勒·哈勒克是穆斯林兄弟会的高级领导人，也是最初两位总训导师哈桑·班纳和哈桑·胡岱比的亲密朋友，他告诉我说："纳赛尔是我们中的一员，他曾训练穆斯林兄弟会的年轻成员如何使用枪械。这是我亲眼看到的。"[53] 虽然纳赛尔认为他早期加入伊斯兰主义组织的事无关紧要，称只是琐碎小事，但他加入穆斯林兄弟会的地下组织却造成了深远影响。从 20 世纪 40 年代开始到 1953 年，他与穆斯林兄弟会的人物关系密切，包括哈桑·班纳和赛义德·库特布。在自由军官组织掌权之后，他甚至提议让穆斯林兄弟会以初级伙伴的身份加入新内阁。[54]

既然如此，纳赛尔派为什么一致否认他与穆斯林兄弟会的关系，而后者又为什么声称纳赛尔是他们的一员呢？毛希丁表示，纳赛尔派要树立起一个"高大全"的英雄形象，而穆斯林兄弟会则利用纳赛尔对总训导师的效忠誓言来将他随后对穆斯林兄弟会的迫害描绘成罪恶的背叛。对毛希丁来说，纳赛尔加入穆斯林兄弟会并不意味着他有泛伊斯兰主义倾向。相反，他坚持认为自由军官只是为了把埃及从英国殖民主义者手中解放出来而选择可用的方法和工具。"相比意识形态，我们更在乎团体的效能"，毛希丁如是说。"我们并不介意它是民族主义还是宗教主义，因为目标只有一个——反抗和打击英国人，"[55] 毛希丁还告诉我，"纳赛尔和我都不在乎穆斯林兄弟会的宗教特征；反抗英国殖民主义和国内的资本主义代理人是我们最优先考虑的事情，其他事情都要排在它的后面。"[56]

按照毛希丁的说法，纳赛尔是一个功利主义者：当穆斯林兄弟会是埃及最强大和组织最完备的力量时，他认为它有能力带来埃及迫切需要的变革。事实上，他确信穆斯林兄弟会组织完备的地下网络是攻击苏伊士运河地区英国驻军的理想方式，并且可以密谋推翻英国人在背后支持的国王。因此，纳赛尔和穆斯林兄弟会的关系在纳赛尔看来更多是战术性的功利考量，而不是认同伊斯兰主义运动的意识形态。毛希丁强调，在当时的政治环境下，反抗势力还没有明显地将自己归为民族主义者、伊斯兰主义者或社会主义者。甚至有许多活动分子后来选择了特定的意识形态，例如马克思主义。根据毛希丁的说法，当时的政治和社会空间是流动的，意识形态之间的交融非常普遍。正如他所说，在 20 世纪三四十年代和 50 年代初的社会和政治大环境中，把埃及从殖民者手中解放出来比其他任何事都更重要：

> 我们相信，只要我们的国家还处在被奴役的状态，埃及人就会继续这种落后的状态，无法让社会获得新生并重建过去的荣耀。祖国解放是一个伟大国家生存和重生的关键，武装抵抗则是收复我们土地和精神最有效的方式。[57]

　　再一次，毛希丁重复了他的观点，反殖民斗争是促使年轻军官和穆斯林兄弟会保持联系的主要动机：

> 无论你现在如何看待伊斯兰运动，在 20 世纪 40 年代和 50 年代初，我们（军官们）把穆斯林兄弟会的秘密机构看作民族主义抵抗外国占领者的旗手，而不是像今天这样被定性为一个颠覆性的非法组织。我们加入穆斯林兄弟会的地下网络是因为它是唯一能够对英国人发起有效打击的潜在准军事网络。[58]

　　毛希丁还补充说，纳赛尔之所以一直对与穆斯林兄弟会的合作持特别开放的态度，并被吸引到哈桑·班纳麾下，是因为他认识到了埃及对新秩序的"渴求"，并承认只有军队才能带

168

来彻底的政治变革。在军官中，纳赛尔并不是唯一一把穆斯林兄弟会看作能带来改变的潜在力量的人。毛希丁回忆起自己身为一个年轻军官，是如何借助穆斯林兄弟会而获得坚定的信仰和纪律的，并同时将自己沉浸在马克思主义理论中。

毛希丁的叙述符合包括自由军官在内的许多埃及人的看法，他们认为穆斯林兄弟会是一种社会力量，具有广泛的群众基础，能够聚集各种政治倾向的人，所有人都团结在反英情绪中，并渴望捍卫埃及的主权。相应地，加入穆斯林兄弟会后，纳赛尔在寻找一个锚点和一个支持他的基地，这样他就可以袭扰驻埃英军，并策划后续反对君主制的行动。作为一名军人和实干家，他对解决方案和能力建设更感兴趣，而不是抽象的哲学思想。

最后，正如我们解释过的，在那时，穆斯林兄弟会的宗教民族主义（religious nationalism）和世俗民族主义之间的分界线是很模糊的。直到 20 世纪 50 年代中期，埃及的民族主义运动中才出现了世俗和宗教民族主义者的分界线。即便在决裂之后，纳赛尔派和民族主义者也从未放弃或忽视宗教在他们生活中的作用。那些纳赛尔主义和阿拉伯民族主义的观察家常犯的一个错误就是将他们的民族主义运动看作"硬世俗"或非宗教的，而不是"软世俗"或中立的。

尽管纳赛尔曾和穆斯林兄弟会关系密切，但他很快就对穆斯林兄弟会失望并最终离开了该组织，就像他对华夫托党和青年埃及党等政党所做的一样。他并不是唯一一这么做的人，包括毛希丁在内的其他人也一样，也和他一样感到幻灭。在一次采访中，前自由军官成员毛希丁承认，尽管他最初觉得两种意识形态在很多方面是相同的，但在不到两年的时间里，他就对穆斯林兄弟会丧失了希望。[59] 他还补充说，自由军官们很快就认为穆斯林兄弟会的行事议程狭隘、反动，既不能将埃及人团结起来，也无法将他们带离悲惨和贫穷的境地。毛希丁回忆道："每当我和穆罕默德·拉比布（穆斯林兄弟会机密部门的成员和领导人之一）讨论穆斯林兄弟会的蓝图和政治目标时，他总说伊斯兰教法是我们的宪法，也是我们所有问题的答案。""那么伊斯兰教法要怎么回答农业改革、脱离贫困和实现工业化的问题呢？我在1947年见到哈桑·班纳时这样问他，他回答说他更乐意不做计划，而把所有事情开放地留给穆斯林，由他们来决定。"[60]

巴勒斯坦战争及其后果

如果说1942年的王宫之围让纳赛尔转向了激进主义，那么他在巴勒斯坦战争中的作战经验对他产生了更为戏剧性的影响，更广泛地说，战争经历也对整个年轻军官群体产生了深远的影响。这一具有转折意义的事件在每个阿拉伯国家，而不仅仅是在埃及的街头回响。阿拉伯军队战败、巴勒斯坦人大规模离散和巴勒斯坦地区的丧失，这一"大灾难"（Nakba）让纳赛尔和萨达特等忠诚的年轻军官成了颠覆性革命分子。他们认为，当时的统治阶层应该为这场灾难负责。他们遭到了犹太非正规军的打击，同时也暴露了军事装备的低劣。纳赛尔这一代人认为，腐败和懦弱的统治者为了自身狭隘的利益，牺牲了武装部队、国家安全和反犹太复国主义侵略的斗争。他们回国后决心不仅要把英国帝国主义者驱逐出去，还要推翻开罗的准自由主义政治制度。宪法秩序的丧失让其脆弱的合法性也消耗殆尽，巴勒斯坦战争被证明是准自由主义政治体制的丧钟。

纳赛尔在其巴勒斯坦战争回忆录中写满了对埃及军队弹药不足的绝望，他们感到被背叛，感受到了开罗政治机构的软弱和口是心非。[61]

我们在巴勒斯坦目睹了悲剧，这场噩梦延续了六个漫长又黑暗的年头。[62]……罪人应该为这场失败负责。[63]……军队并没有在巴勒斯坦犯下罪责，应该为此负责的另有其人。[64]这难道只是一场政治战争吗？[65]……我们深受信息匮乏之苦。[66]……（1948年）5月20日的夜晚是我一生中最绝望的时刻，在加沙军事医院我的周围都是从战场上撤下来的伤兵……[67]

巴勒斯坦遭受的军事失败改变了自由军官组织的行动目标，这是极为重要的一点。在战争爆发之前，他们主要关注的是军事改革和驱逐英军：（1）结束英国占领；（2）改革军队，肃清腐败分子；（3）组建国民政府。[68]但是，纳赛尔在巴勒斯坦的经历让他成为激进的民族主义者，誓要推翻旧政权。他对失去士兵和同志感到痛心。当他听到他的军官好友伊斯梅尔·毛希丁（Ismail Mohieddin）的死讯时，被广泛描述为固执、热情、坚韧的纳赛尔承认道："我无法克制，哭了起来。和我在人生其他场合流泪不同，我是为了我勇敢又坚强的战友流泪。"[69]这场战争也让纳赛尔确信在处理"远敌"以色列之前，必须先处理"近敌"国王和英军，因为战胜近敌将最终带来对远敌的胜利。正如一位埃及作家指出的，纳赛尔推翻君主制的计划是1952年政变发生前四年，在巴勒斯坦地区的费卢杰区被犹太武装分子包围时形成的。[70]

如果说巴勒斯坦的经历让纳赛尔重新思考了自由军官组织的战略，那么它也影响了他的思想。尽管从20世纪10年代中期到40年代中期，民族主义者在埃及传播阿拉伯民族主义，呼吁埃及在阿拉伯事务中发挥更重要的作用，但纳赛尔的日记中很少提及这一事业。重要的是，他并没有将民族主义说

成是他在巴勒斯坦战斗的背后驱动力。相反，他关注的是他对
所服役的军队保有的忠诚，这支军队象征着埃及人的家国故
土。[71] 在巴勒斯坦战争时就与纳赛尔保持友好关系的海卡尔辩
称，纳赛尔是从典型的传统埃及民族主义的视角来看待巴勒斯
坦的：对他来说，那是连接埃及、叙利亚、红海和地中海的战
略要地。[72] 当他从巴勒斯坦回到埃及时，纳赛尔讲述了他在那
里的经历，尤其是费卢杰战役中漫长而代价高昂的围困——他
坚信埃及和阿拉伯邻国之间休戚与共。因此巴勒斯坦战争增强
了他的阿拉伯民族主义原则，也让他摆脱了先前和穆斯林兄弟
会的联系。哈立德·毛希丁确认了这一点，他告诉我："从巴
勒斯坦战争回国后，纳赛尔和我离开了穆斯林兄弟会，开始在
军队内部组织我们自己的自由军官运动。我们不再迷恋机密部
门了。"[73] 然而，即便在 40 年代末离开穆斯林兄弟会后，纳赛
尔个人也仍然保持着与其准军事网络的制度性联系，以推进他
自己的秘密团体——自由军官组织的发展。

　　毛希丁指出，巴勒斯坦战争提醒了包括纳赛尔在内的埃及
军官，阿拉伯国家之间的联结既是战略上的又是文化上的。当
被问到为什么他和他的同伴不将这场战争看作与来自伊斯兰
世界不同国家的穆斯林并肩作战，而是将其视作与来自阿拉
伯世界的各国阿拉伯人一起战斗时，他回答："我们并不是去
巴勒斯坦参加一场宗教战争；我们是在保卫相邻的阿拉伯国
家，它的失败也将危及我们自己的安全。"自由军官将失去巴
勒斯坦视为影响其余阿拉伯国家的大灾难。犹太定居者代替英
国占领者只会加强他们反殖民主义和反帝国主义的态度。阿拉
伯联军所遭受的羞辱和巴勒斯坦人陷入的绝望与混乱呼应着
他们自己的被殖民经历。因此，包括纳赛尔在内的军官去巴
勒斯坦作战是为了保护埃及的国家安全，毛希丁坚持这样的
说法。

在他的自传中，纳赛尔表达出了相似的感情。在回忆战争爆发前夜和后来的经历时，纳赛尔写道：

> 当巴勒斯坦危机在地平线上若隐若现时，我就已经确信，在巴勒斯坦作战并不是在外国领土上战斗，也不是感情用事，它是自我防卫的义务。在巴勒斯坦的围困和战斗之后，我回到了家，整个地区在我的脑海中是一个完整的整体。后来发生的一系列事情也让我在心中确定了这个信念……一件事可以今天在开罗发生，明天在大马士革、贝鲁特、安曼或是任何一个地方重演。[74]

在这段摘录中，纳赛尔将巴勒斯坦称为阿拉伯领土的一部分，而不是属于巴勒斯坦人的外国领土，这是因为他将占领巴勒斯坦等同于对其他阿拉伯国家的殖民占领。在纳赛尔的世界观中，殖民势力给阿拉伯人带来的压迫大同小异。纳赛尔认为，巴勒斯坦被侵占是阿拉伯人被殖民压迫的另一种表现；因此，解放巴勒斯坦和解放埃及是联系在一起的。他在巴勒斯坦的经历让他更加将埃及国家自我的主体性融入更广泛的阿拉伯世界自我的大框架中。如果说在巴勒斯坦战争之前，纳赛尔认为保卫另一块阿拉伯领土是埃及军队的责任，那么在战争之后，他已经确信，阿拉伯领土是由他们相似的殖民主义经历（无论是客观还是主观）联合起来的。在巴勒斯坦的经历在他的心中留下了不可抹去的印记。在 1948 年 9 月回国时，他随身带着沾了血迹的上衣和手绢，并告诉妻子那颗让他受伤的子弹只距离他的心脏几公分。[75] 他把这些衣服留在家中，卧薪尝胆。

结　论

　　纳赛尔曾把自己描绘成一个彻头彻尾的世俗阿拉伯民族主义者，他的政策是被这种强大的意识形态引导和定义的。但是，正如本章内容所表现出来的，在人生的不同阶段，他尝试过各种政治方向。了解纳赛尔的人和那些在 20 世纪五六十年代与他共事的人都认为，纳赛尔与其说是一个受意识形态驱使的人，不如说是一个受务实政治考量驱使的人。在我们的采访中，他以前的合作者和亲密的伙伴一次又一次地告诉我，他的民族主义话语缺乏清晰的意识形态结构和内容。相反，他们表明他的民族主义论述主要是为了构建新的社会支持者并削弱主导埃及生活的旧有阶级。本章强调的重点之一在于，虽然纳赛尔最终成为阿拉伯民族主义无可争议的领袖，但这样的说法并没有考虑到他的世界观和行为的复杂性。纳赛尔的意识形态偏向并不是提前决定的，也不是固定不变的。考虑到他中产阶级的背景和当时埃及政治的易变，纳赛尔的人生也是不稳定的、难以预测的。就像被殖民世界中的同代人一样，他也一心追求反殖民斗争和民族解放、独立和经济发展，甚至长期为此困扰。他心中的这些追求让他首先尝试了民族主义、伊斯兰主义，随后是阿拉伯民族主义，所有这些都是现代、改革主义和反霸权的意识形态。有一样东西从来没有改变：从始至终，纳赛尔都是一个爱国者和埃及民族主义者。尽管他制度上的社会主义化和爱国主义会自然地让他倾向于民族主义，但他最终转向民族主义并不是预先注定的。关键的变量是纳赛尔的政治野心和对权力的意愿，他在军政制度上找到了有效的方法。

　　巴勒斯坦战争扮演了重要角色，它让纳赛尔确信军事政变是改变埃及政治的唯一方式。在他和不同的政治倾向接触后，纳赛尔对埃及旧的政治领导失去了信心，他不认为他们有能力让埃及从殖民主义的压制中解脱出来，使埃及重获自由、力量和荣光。在开罗，另一位年轻的埃及人赛义德·库特布也对政治体制感到失望，他很快就将成为纳赛尔早期重要的盟友和随后最大的国内敌人。

第六章

年轻的赛义德·库特布

赛义德·库特布的人生之旅从上埃及的一个小村庄开始，青年时代到了开罗，一直到 1953 年他和纳赛尔政府分道扬镳。他的一生是由无比复杂的社会时代环境所塑造的：村庄里的传统宗教氛围，1919 年革命和之后的民族主义热潮，20 世纪 20 年代的开罗世俗文学圈子，他和纳赛尔的自由军官组织之间的热情合作，以及逐渐转向日益激进的伊斯兰政治行动主义。[1] 起初，他的形象并不是一个热衷于履行上帝赋予他的使命的宗教激进分子，也不是像他经常在传记作品中被描绘的那样，突然从世俗批评家变成了一个伊斯兰武装组织的领导。相反，库特布的一生是民族主义政治和宗教政治持续对话的一生。库特布本人常常将一种思想流派或另一种思想流派的思想导入他本人的实际经历和人际关系中。可以说，他的人生之途并非一帆风顺，而是充满曲折和坎坷。与传记作者笔下的形象不同的是，库特布是否规划了他的人生方向，仍然存疑。他的内心深处住着一名拥护虔诚信仰的战士，他的一生都在为了不同的事业而战斗——就像纳赛尔一样，他的道路也充满了不确定。

成长：库特布在上埃及的童年

赛义德·库特布·易卜拉欣·哈桑·沙迪里（Sayyid Qutb Ibrahim Hassayn Shadhili）1906 年出生在艾斯尤特行

政区一个叫穆沙（Musha）的村子里。虽然库特布和纳赛尔来自同一个行政区，但是他们人生的早年经历却截然不同。与童年大部分时间都生活在开罗和亚历山大等城市里的纳赛尔不同，库特布在十四岁以前都与家人生活在偏远的穆沙村。库特布的父亲易卜拉欣是一个农民，母亲法蒂玛来自一个有钱的乡下人家，但他们家在库特布十岁时就陷入了经济困境。[2]他的父亲不得不变卖田产，这直接影响了他们家在村里的社会地位。库特布在他的回忆录中提到了经济问题对他造成的巨大打击——打破了原本平静安逸的童年生活，让他的纯真的童年时光戛然而止。[3]

和纳赛尔一样，库特布与母亲的关系也非常亲密，他的个性和敏锐度受到了母亲的极大影响。库特布的母亲有两个兄弟在爱资哈尔大学读书，这使她家在埃及的乡村里享有"学术地位"，而且库特布的母亲因虔诚而广受赞誉。[4]库特布的母亲下定决心给儿子提供力所能及的最好的教育。他家最初因送库特布去现代学校（madrasah）还是传统的《古兰经》学校（kuttab）的问题而产生了分歧。经过多次讨论，库特布去了现代学校，他非常喜爱学校中教授的现代主义课纲并以此为傲。他将学校称为"神圣的地方"，并将学校与清真寺中的米哈拉布（mihrab）相提并论。与现代学校相比，他只将传统学校视为代表过时仪式和无用规矩的地方。[5]在体验了两种教育系统之后，他和村子里的其他孩子一起，被短暂送去了传统的《古兰经》学校——他坦言当时对此感到厌恶。他的经历和对《古兰经》学校和老师们的厌恶被记录在了他的半自传作品《来自乡下的孩子》（*Tifl min al-qarya*）中。他把教授二年级的老师谢赫艾哈迈德——一名《古兰经》诵读者，描述为一个落伍之人，他反对现代学校课纲，他对学生家长撒谎说："政府想通过在学校里忽视背诵《古兰经》来抹杀《古兰经》！"

回到现代学校后，库特布与其他几名同学组成了一个《古兰经》背诵团队并组织《古兰经》比赛，借此让谣言不攻自破。在第四学年结束时，库特布说他已经能完整背诵《古兰经》全文。他在所有课程中都表现出色，尤其擅长阿拉伯语。十岁时，库特布已经能给聚集在他爸爸的房子里听最新消息的村民们读报纸了。学校成了他的避风港，一个神圣的地方，这反映出了他对学习的热情。

库特布对阅读和学习的热爱和纳赛尔不相上下。他博览群书，是一个充满热情的读者。他从一个叫"萨利赫叔叔"的流动书商那里买书，后来收藏了二十五本书。其中两本书给村民留下了深刻的印象：一本是关于占星术的《天文学家阿布·马沙尔之书》(*Kitab Abi Ma'shar al-falaki*)，另一本是《精灵沙姆胡拉斯之书》(*Kitab shamhurash*)，这本书是关于民间仪式和巫术的。在村民的要求下，库特布甚至给那些想得到帮助和交好运的人算命占卜。[6] 他喜欢的书还有《一千零一夜》、福尔摩斯系列侦探小说和布哈里（Bukhari）的《圣训集》。[7]库特布童年的阅读偏好反映了他相对保守、充斥着宗教和传统民俗的出身环境。他的学习热情直接反映了他肩膀上的责任。他的母亲认为库特布作为长子，最有可能找到好工作并取得成功，以帮助家庭重新获得财富和社会地位。最终，库特布成了一个雄心勃勃的年轻人，拥有很强的自制力，立志过上优渥的生活。他始终坚信自己注定会成为大人物，是家里的掌舵人。

家庭经济的衰落反映出农村人口面临的更深层次问题。自由资本主义在20世纪初的扩张导致越来越多的农民失去土地，陷入贫困。从20世纪10年代末开始，埃及社会和政治动荡日益加剧，城市和农村人口参与到起义中，这最终导致了1919—1922年革命。[8]库特布意识到埃及民族主义者奋起反抗英国殖民统治，使政治形势日益动荡不安。他最先是从校长那里听说

178

了华夫托党的创立者萨阿德·扎格鲁勒，并在家庭集会时听到
他的父亲和邻居们带着崇敬和敬畏的语气谈论这位"新圣贤的
名字"。库特布回忆起小学校长充满爱国主义情怀的演讲，校
长在演讲中宣布学校将无限期关闭以响应1919年的全国罢工，
并且他和中产阶级将加入"革命"。这件事影响了十三岁的库
特布，他也起草了自己的爱国主义演讲稿，并在村子里的不同
场合发表演说以庆祝神圣的革命。[9] 他的父亲是穆斯塔法·卡
米勒的民族党代表并订阅了该党的期刊《旗帜》（*al-Liwa*）。[10]
借助流行文化，如赛义德·达尔维什（Sayyed Darwish）等
艺术家创作的歌曲，扎格鲁勒的起义引起了埃及人（如库特布
的父亲、邻居和老师）的共鸣，这主要是因为它反抗外国统治
并发出了国家独立的呼声。[11]

如果说年轻的纳赛尔梦想着1919年革命和这场革命所启
发的革命精神，那么比他年长的库特布则亲身经历了这场革
命，并能生动地回忆起革命中的事情。这些经历给库特布留下
了深刻的烙印，使他在后来号召埃及年轻人团结起来为民族主
义事业奋斗时显得尤其有力。国家的剧变让库特布将关注点从
自己的村子扩展到整个埃及，他将自己视为埃及国家的一部
分，这个国家是由信仰者、爱国者、传统派人士和现代派人士
组成的社群。正如前面章节所揭示的，这一阶段的埃及人没有
感受到信仰之间的隔阂，热爱他们的社群和国家。库特布成为
新精英的一员，成长于伊斯兰教的传统环境，但在社会化过程
中有了现代主义者和民族主义者的特征，接受了共同的身份认
同、进步和改革的观念。[12] 虽然在回忆录中，库特布意识到了
现代派和传统派之间的紧张关系，但正如我们将看到的，这些
冲突会在他搬到首都开罗之后显现出来。在撰写库特布传记的
作者中，有一种倾向是自然地在他的早年生活中寻找可能预示
他后来成为革命伊斯兰主义者的转折点。虽然他很早就开始参

加清真寺的礼拜仪式，但这件事只能证明他足够成熟，能够完成他母亲嘱托给他的重获家族财富和重建受人尊敬的社会地位的任务，并不能证明其他任何事。另外，像 1946 年首度出版的《来自乡下的孩子》，也不能证明伊斯兰教是他最优先考虑的事情。

虽然《来自乡下的孩子》是库特布的回忆录作品，具有自传性质，但夹杂着虚构的内容。这本书旨在真实地叙述 20 世纪初库特布在尼罗河谷中的一个村子里的生活，这与塔哈·侯赛因的经典现代自传《日子》(*Al-ayyam*) 的目的一致。[13] 因此，虽然库特布追溯了他的童年时光，但有一些地方可能意在强调他和侯赛因对埃及及其未来的看法的不同。事实上，这两本自传都以超越和批判为主题。侯赛因和库特布都对传统上不公、反动、不利于进步的现状提出了批判；也都描述了出身卑微，不断向上攀爬的艰难过程，以及阶级斗争和教育在推动上埃及现代化中的作用。两部作品中多处举例说明了现代和传统冲突与共存的辩证关系。然而，当塔哈·侯赛因全身心地拥护欧洲思想，将欧洲视为发展和文明的榜样时，库特布则在这两种文明中怀着褒贬共存的心态探索。[14] 库特布赞赏侯赛因是一名优秀的思想者，但也批判他呼吁欧化和西化，认为这是对埃及和阿拉伯世界所属的东方遗产和文化的疏离。[15] 相较于侯赛因的著作，库特布的作品描绘了一幅更为浪漫的乡村生活画卷，并提供了更多埃及农村生活的细节。[16]

与其说《来自乡下的孩子》为库特布后来的宗教激进转向提供了早期预兆，不如说它是一个能够深入他意识深处的窗口，人们得以洞察其认同感变化背后不同的社会经济环境。正如他指出的，"身边发生的所有事情都让他感觉到除了村子以外，他仿佛还属于别的什么地方"。[17] 从年轻时候起，库特布就明显感觉到村子束缚了他的思想和发展空间，在围墙之外还

180

有更伟大的命运在等待他。与习惯于生活在大城市的纳赛尔不同，库特布常常感到自己与这座城市格格不入，有一种不属于这里的疏离感。从这个意义上说，库特布重建家族失去的经济财富和社会地位的使命，可以与他后来倡导的另一项伟大使命相提并论：通过在蒙昧的国家重建真正的伊斯兰教，重新构建起埃及真正的自我意识。

从乡村到大城市：库特布搬到开罗

库特布在 1921 年离开了穆沙，前往开罗上中学。在开罗，他与当记者的叔叔艾哈迈德·奥斯曼住在一起。这次搬家是为了确保他在职业上和社会上取得成功：库特布所受的教育将使他在新兴的中产阶级中站稳脚跟。他来到开罗的那一年正好是革命结束的前一年，这场革命让埃及获得了独立。民族主义的狂热弥漫在空气中，库特布也被强大的集体认同、骄傲和进步愿景的浪潮裹挟，成为埃及新兴民族主义者的理想人选。

1929 年完成中学教育之后，库特布进入了开罗大学师范学院，这所学院的教学大纲是把传统的爱资哈尔教育和现代大学教育相结合。在这期间，他广泛涉猎了历史、地理、文学、英语、社会学、教育学、数学、物理、哲学和宗教等领域。[18]他在阿拉伯语言和文学方面一直保持着优异成绩，并开始创作诗歌和散文。在十九岁那年，库特布在 20 年代创立的《声明》（*al-Balagh*）日报上发表了第一首诗，他在诗中抨击了英国警察并为扎格鲁勒辩护。[19]他的作品随后出现在如《新生活》（*al-Hayat al-Jadida*）之类的刊物上。[20]与纳赛尔相似，库特布也是一名活跃分子，尽管在当时，他的活动更多指向文化变革而非政治变革。他创立了一个学生组织，这个组织的目标是加强埃及人和其他"东方"学生的关系。[21]他还积极倡导课

181

程改革，例如引入英语课程、加入文艺批评内容、扩大阿拉伯语言和宗教方面的学习，以及在大学预科学年中加入希伯来语教育。[22]

在 1933 年从师范学院毕业后，库特布担任了六年的教师，之后在教育部担任各种职务，一直工作到纳赛尔和年轻的自由军官在 1952 年推翻埃及国王后不久。从 20 世纪 20 年代到 40 年代，他是开罗世俗民族主义知识圈子中的一员，与一些依靠宗教来支持激进观点的作家进行斗争。粗略回顾他在这段时期的作品，结合对他同时代人的采访，可以看出他持有世俗的眼光，对宗教和政治的混合持有深深的怀疑。最初，他并不受身份政治和泛阿拉伯或伊斯兰主义情感的控制，甚至认为伊斯兰教和阿拉伯语与埃及人的性格格格不入。他还公开质疑阿拉伯语应对时代迅速发展的能力，称西方语言可以更好地与科学和现代性相容。在 30 年代的一系列文章中，他将矛头对准了传统并高呼拥护现代性。库特布不认为埃及主义等同于阿拉伯–穆斯林传统，他把过去描述为科学和艺术进步的阻碍。[23] 他最根本的考虑是如何摆脱过去，以实现飞跃发展，从而推动国家和社会的进步性改革。

182

在开罗的第一个十年间，库特布对伊斯兰教的情感逐渐复杂化，这一点可以从他提倡将宗教从文学中分离出来中看出。[24] 尽管很明显他不是无神论者，但他的这些观点却表明了他个性和世界观的复杂性。与许多埃及同龄人一样，他也努力借鉴西方的思想，反思今生和来世的意义，希望能将现代化与阿拉伯传统结合在一起。[25] 库特布早期对宗教和传统的矛盾心理有助于解释为什么传记作者时常将他描绘为非宗教性、仅仅是精神和哲学方面的理想主义者。[26] 根据他当时最亲近的朋友阿巴斯·哈迪尔（Abbas Khadir）的说法，库特布经历过一段困惑时期。哈迪尔回忆说，库特布曾向他坦露，"对于指挥和领导民众来说，宗教是必不可少的，否则他们就会难以控制，无法无天"——这是对宗教的社会功能的一种功利主义，甚至马基雅维利主义认知。

库特布对《古兰经》使用阿拉伯语提出过批评，这表现出他对于宗教在埃及所发挥作用的怀疑、不满，他在文学小圈子中也发出了这样的声音。这个由作家集合而成的小圈子不遗余力地倡导批判性理论和理性思维，摒弃墨守成规，批判盲目服从传统。在这段时期的大部分时间中，库特布的文学和思想导师是阿巴斯·马哈茂德·阿卡德（Abbas Mahmud al-Aqqad），他是名声显赫的作家和公共知识分子，在 1919 年革命期间以其民族主义著作而闻名，也是 20 世纪前半叶最重要的世俗发声者之一。[27] 库特布通过他的叔叔艾哈迈德·奥斯曼认识了阿卡德，阿卡德被称为迪万诗派（Diwan group）的代表人物。该诗派明显受到了哈兹里特（Hazlitt）、柯勒律治、麦考利（Macaulay）、穆勒（Mill）和达尔文等英国作家的影响，他们摈弃诗歌每一联都要统一的传统写法，而强调诗歌整体的天然统一。[28] 该诗派还强调灵感既可以来自传统也可以来自外国，因为这样可以让人的意识和敏锐力更宽阔、更深刻。[29] 除了改革文学的立场之外，迪万诗派的先锋人士还倡导社会变革，并表现出了对科学进步和理性主义的坚定信念。[30] 多年来，库特布坚定地追随阿卡德的步伐，以笔为旗，捍卫阿卡德的世俗、自由派思想，讥讽那些鼓吹宗教权威的对手。

到了 20 世纪 40 年代初，库特布成为华夫托党的活跃成员，支持议会政府及其机构，与伊斯兰主义公共知识分子持对立立场。不同于纳赛尔，在 40 年代末对埃及统治者及其腐败政治彻底失望后，库特布依然没有宣布加入包括穆斯林兄弟会在内的任何政党，也没有显露出转向极右翼或极左翼的迹象。在意识形态上，库特布始终保持着中间派立场和批判的敏感性。即便是在 40 年代中后期逐渐转向正统性和伊斯兰教，他起初关心的也是文化的更新和发展，而不是基于意识形态的伊斯兰运动。无论从何种视角审视，他都无法被归类为一名伊斯兰主义者。1953 年库特布加入穆斯林兄弟会后，我们才能明确地用伊斯兰主义者的身份来标示其世界观的变化。

在这一时期，库特布思想中的矛盾、悖论和转变，与一些利益相关者对他一生过度简化的叙述并不相符。穆斯林兄弟会中的元老派将年轻时代的库特布描绘为一个受西方堕落风尚和价值观影响的狂野享乐主义者。这样的论述使穆斯林兄弟会从库特布后来的精神觉醒中获利，并将该组织描绘为拯救他灵魂的团体，见证他重生为伊斯兰主义者。穆斯林兄弟会的官方编年史作者马哈茂德·阿卜杜勒·哈利姆（Mahmoud Abdel Halim）就秉持这种观点，他写了三卷本的穆斯林兄弟会历史。阿卜杜勒·哈利姆声称，1934 年，库特布在权威的《金字塔报》（*al-Ahram*）上发表了一篇社论，认为在海滩上穿比基尼的女人不会"伤风败俗……而是艺术欣赏"。[31] 阿卜杜勒·哈利姆对库特布公开呼吁裸体感到愤怒，他称本来计划在同一份报纸上写一篇反驳文章，但被哈桑·班纳本人制止了。阿卜杜勒·哈利姆声称，班纳认为让年轻的库特布在公众场合难堪不会带来好的影响，只会适得其反，他坚信库特布最终会发现真理，并回归伊斯兰教的怀抱中。[32] 阿卜杜勒·哈利姆的叙述凸显了班纳的远见卓识和库特布在回到伊斯兰怀抱前的不虔诚状态。[33] 但令人惊讶的是，无论是我本人还是包括研究库特布人生和思想的谢里夫·尤尼斯在内的其他研究者，都找不到库特布在《金字塔报》上刊登的鼓励人们公开裸体的文章。[34] 库特布是在埃及乡村一个虔诚家庭长大的孩子，从他的成长环境和历程中，我们找不到能证明他会主张公开裸体或否认神存在的证据。我们可以清晰看到，年轻的库特布既不是一个享

184

乐主义者，也不是无神论者。[35]

与穆斯林兄弟会主流成员相比，库特布的信徒更愿意忽略他早期的文学生涯，将这段时期视为无足轻重的注脚——偏离了他真正的神圣使命。正如他的追随者描述的那样，库特布的"失落岁月"是他们想要从他的记忆中剔除的痛苦回忆，这样一个年轻人并不符合他们对他精神纯洁、虔诚和绝对坚定的期待。在许多采访中，与库特布同时代的人总是回避讨论他的早期生涯，更愿意关注他在50年代的伊斯兰主义话语。当我询问青年时期的库特布时，他们认为那段时期与真实的库特布无关且具有误导性。正如阿卜杜勒·马吉德·沙奇里所说："我所认识的库特布是《古兰经》影子下的灯塔人物，而不是诗人或其他什么人。"沙奇里曾是库特布秘密社中的元老，后来是库特布主义神学的领军人物。"据我们所知，年轻的库特布从未存在过，因为我们的殉教者已经（把他先前的本我）连根拔起，融入了《古兰经》的启迪之中。"[36]就像库特布其他的狱中追随者一样，沙奇里真心相信在库特布改信伊斯兰主义后，之前那个文学青年已经消失得无影无踪了。虽然库特布的信徒勉强承认他早期放荡不羁，但他们认为库特布后期有意识地克服了自己的颓废。

185

结　论

穆斯林兄弟会的主流成员和库特布的门徒以各自的方式拒绝承认库特布早年的复杂性和多元性，将他简化成一个单一的形象。研究者主要从20世纪五六十年代库特布接受和发展革命伊斯兰主义的角度来分析他，因此其人生发展的复杂性也被忽视了。相较之下，我们可以辩称青年时期的库特布是亲现代的代表人物之一，他在各个时代都表现出怀疑和矛盾，只是在

后期才获得了意识形态上的确定性。库特布的乡村成长经历和
后来的都市生活，让他经历了一场认同危机，这场危机在职业
上和个性上伴随着他，从成年一直到去世。事实上，库特布的
认同冲突是如此强烈，文学批评家阿里·沙拉什将之称为"存
在性焦虑"（existential anxiety）。[37] 库特布本人的作品表现
出了这种内心冲突。在 1947 年出版的小说《刺》（*Ashwak*）
中，库特布自叙般地讲述了一个失败的爱情故事，主人公在
开罗的都市生活和埃及偏远乡村的出身背景之间感受着撕裂
之苦。[38]

　　尽管库特布的激进门徒并不这么认为，但他思想和意识
形态上的模糊性和易变性表明他感到自己被卡在两个世界的
中间。到 40 年代后期，库特布才开始转向宗教性质的文学主
题，这是在他未能在倾慕已久的世俗文学圈中声名鹊起之后发
生的。40 年代末和 50 年代初，库特布开始支持穆斯林兄弟会，
这时埃及政治和社会处在两极分化加剧和深化的转型期。这位
作家对文字的热爱很快被笼罩在渴望权力的阴影之下。库特布
与同时代且志趣相投的年轻人纳赛尔的人生轨迹，将在 50 年
代初交会，随后发生激烈碰撞。他们在很多方面十分相像，都
野心勃勃地按照自己心中的愿景来塑造埃及形象，在埃及历史
中留下印记。库特布犯下了一生难以掩饰的错误，他决定在
1953 年加入纳赛尔的敌人穆斯林兄弟会。1952 年 7 月 23 日
推翻了亲英君主制后，他们双方在新生政治秩序下因为权力分
配发生了争执。年轻的上校纳赛尔开始愤恨地攻击公众知识分
子和激进分子库特布。他将库特布、穆斯林兄弟会领导层和几
千名成员一起送入监狱，试图一举粉碎反对其统治的残余力
量。库特布提供了革命伊斯兰主义替代方案，在监狱高墙后继
续他的斗争，直到最后一刻。

第七章
阿拉伯雄狮

纳赛尔的阿拉伯主义：介于意识形态和现实政治之间

　　如果说巴勒斯坦战争将纳赛尔推向了泛阿拉伯民族主义的思维方式，那么其中一部分原因是他的个人经历。阿拉伯军队的军官和巴勒斯坦人民共同感受到的绝望和屈辱增强了纳赛尔作为阿拉伯政治社群中一员的认同感。[1]

　　1948年后，纳赛尔对阿拉伯民族主义的认同感比对宗教礼节和宗教形式的认同更强烈。正如他后来在回忆录中强调的，"和我们联系最紧密，对我们最为重要的"是阿拉伯民族，而不是穆斯林社群。"阿拉伯人的历史和我们的历史融为一体。我们遭受的是一样的困苦艰难，经历的是同样的危机；当我们匍匐在征服者的马镫之下时，阿拉伯民族同我们一同倒卧着。"[2]虽然纳赛尔的言论暗示着他的泛阿拉伯观点深深地植根于他的意识形态中，但是他的行动表明并非如此。他利用阿拉伯民族主义或泛阿拉伯主义——无论是在他的人生当下还是之后——绝不是单纯的原则和情感问题。阿拉伯民族主义不只是一种理想主义的政治构想，还是纳赛尔在特定环境中现实考量的产物。

　　仔细审视纳赛尔对阿拉伯民族主义意识形态的运用，可以发现他的阿拉伯民族主义并不是与生俱来的，而是附带的、偶然的。事实上，任何单一因素都无法充分解释纳赛尔对阿拉伯

民族主义的拥护。1956 年苏伊士运河国有化就是一个恰如其
分的例子，它是纳赛尔对阿拉伯民族主义和不结盟运动重要性
认知的一个转折点，但这种意识形态取向只是作为达成目的的
手段。苏伊士运河国有化代表着一个纯粹以埃及人利益为重的
埃及民族主义举动，这在当时是一种藐视殖民者的反殖民情感
表达，它把纳赛尔与整个阿拉伯世界联系在一起，使他"最终
成为从巴士拉到喀土穆的沉默人民的代言人"。[3] 由于 50 年代
初和 50 年代中期地区和国际形势变化，纳赛尔为了埃及国家
利益，决定动员所有力量来制衡西方在该地区扶植的对立势
力。阿拉伯民族主义或泛阿拉伯民族主义给了纳赛尔强有力的
动员工具，反对外部威胁，包括西方炮制的防御协定，美国拒
绝给埃及军队提供武器和建设阿斯旺大坝的经济援助，以及以
色列对埃及军队代价高昂、令人羞辱的打击。虽然在 1956 年
苏伊士危机时，纳赛尔利用宗教和国民荣誉感动员民众反抗三
方入侵，但他的助手回忆说苏伊士运河危机是纳赛尔改信阿拉
伯民族主义的关键时刻。

　　纳赛尔的阿拉伯民族主义从来没有妨碍过他与伊拉克和沙
特阿拉伯等重要阿拉伯国家之间的激烈争斗。从 20 世纪 50 年
代中期开始，纳赛尔以阿拉伯民族主义为有效武器，抵御地区
性对手，并让自己在地区和国际事务上有讨价还价的筹码。[4]
根据纳赛尔的传记作者和密友海卡尔的说法，在包括埃及的对
手伊拉克、沙特阿拉伯和约旦的阿拉伯国家中，人们对埃及的
狂热支持让纳赛尔确信埃及的命运和阿拉伯世界的命运是交织
在一起的；阿拉伯世界给埃及提供了战略性深度和力量的放大
器。"如果说 1948 年的巴勒斯坦战争让纳赛尔相信阿拉伯人集
体安全的必要性，那么苏伊士运河危机则让他相信阿拉伯民族
主义事业是由共同的命运和认同感决定的，"海卡尔如此回忆
道，"在纳赛尔画下的三个圈子中，阿拉伯的圈子是最重要的，

189

在他眼中，埃及的命运与阿拉伯国家是不可分割的。"[5]

海卡尔的观点必须放在历史语境中理解。毛希丁称纳赛尔接受阿拉伯民族主义是对国际和地区局势变化的渐进回应，他的阿拉伯民族主义强调的是他在阿拉伯地缘竞争中扮演的领导角色。冷战，尤其是美国的侵略性和防御计划，让纳赛尔决定建立一个阿拉伯国家联盟，让大家团结在阿拉伯民族主义的意识形态之下。作为这个联盟的领导者，埃及将抵抗美国的新殖民主义，并在地区和全球范围内发挥更大的作用。当我追问他纳赛尔是把阿拉伯民族主义当作工具还是由衷地信仰阿拉伯民族主义时，毛希丁表示，纳赛尔并不觉得以阿拉伯民族主义为信仰和把民族主义当作给埃及带来国家利益的意识形态之间存在矛盾。"事实上，纳赛尔是一名埃及爱国者和民族主义者，但同时他也把阿拉伯民族主义当作一种策略，以制衡西方霸权在阿拉伯世界的企图，并激励自己和国家奋斗。"[6]

按照毛希丁、海卡尔等人的说法，纳赛尔拥护的埃及爱国主义和倡导的阿拉伯民族主义之间并不存在矛盾：纳赛尔把埃及民族主义放在首位，同时又主张泛阿拉伯世界团结，而不是合并或建立一个泛阿拉伯国家。埃及和叙利亚在 1958 年至 1961 年合并为阿拉伯联合共和国（United Arab Republic，UAR）是这一原则的例外。纳赛尔的亲信一次又一次地告诉我，纳赛尔对埃及和叙利亚的合并一直持怀疑态度，但是争吵中的叙利亚统治精英给他提供了一个赤裸裸的选择：要么两国联合，要么叙利亚跌向混乱的深渊。叙利亚的政治人物把他们的国家放在银光闪闪的托盘上呈给了纳赛尔，希望这位极受欢迎的埃及领袖能够给他们带来稳定和秩序。海卡尔称，虽然和纳赛尔的准确判断和直觉相悖，但为了保护叙利亚和确保这个阿拉伯联合试验成功并扩展到邻近的阿拉伯国家，纳赛尔最终同意了合并。

190

海卡尔承认，1958 年是纳赛尔世界观和行为的一个分水岭：纳赛尔要考虑不可考虑之事，即泛阿拉伯联合不再是梦想，而是现实。首次到叙利亚参加阿拉伯联合共和国成立的就职典礼时，叙利亚民众的反应让他感到深受鼓舞，按照他身边人士的说法，这件事给纳赛尔的性格产生了巨大的影响。抵达大马士革的时候，纳赛尔受到的热烈欢迎就仿佛他是 1187 年将十字军赶出耶路撒冷的伊斯兰英雄战士萨拉丁，他从机场直接被带至萨拉丁的陵墓，这一强有力的象征性举动令纳赛尔永生难忘。萨拉丁击败了十字军并在叙利亚和伊拉克建立了一个阿尤布王朝（Ayyubi dynasty）统治下的强大帝国。像萨拉丁一样，纳赛尔肯定也梦想过建立阿拉伯世界的"美利坚合众国"——把所有的阿拉伯国家联合在泛阿拉伯统一体中——来获得更大的荣耀。实际上，1958 年至 1961 年，泛阿拉伯统一是纳赛尔政治话语和行动的重要目标，他向其他阿拉伯领导人施压，要求他们加入阿拉伯联合共和国。重新审视这一时期，我们可以看到纳赛尔领导的泛阿拉伯民族主义，或者称之为纳赛尔主义，似乎势不可挡，必将战胜脆弱的旧政权。纳赛尔与叙利亚、伊拉克和黎巴嫩的泛阿拉伯民族主义者一起，过早地给亲西方的国家写了讣告，这些国家包括沙特阿拉伯、伊拉克和约旦。甚至连独立观察者和学者也认为这些旧政权是在逆历史潮流，终究会沉没。

伊拉克君主无力应对追随纳赛尔的军官们发起的风暴，但沙特阿拉伯和约旦的君主则证明了他们比敌人预料的更有生命力和韧性。纳赛尔的泛阿拉伯民族主义运动仅仅延续了三年就结束了。归根结底，埃及和叙利亚的政治联盟是一次风险很大的赌博。正如敏锐的叙利亚和阿拉伯事务观察家帕特里克·西尔（Patrick Seale）所说，"纳赛尔同意把埃及和一个他从未见过的国家合并到一起，就像是在黑暗中向前冲刺一样"。[7] 纳

191

赛尔合并埃及和叙利亚，要归因于他的好高骛远，西尔表示纳赛尔是"被这个宏伟的计划诱拐"和"困在了阿拉伯权力的捍卫者和阿拉伯命运仲裁者的角色中"。[8]包括纳赛尔的密友海卡尔在内的其他人则认为，纳赛尔的冒险与其说是个人行为，不如说是战略行为——捍卫叙利亚和阿拉伯地区免受外部威胁和颠覆性意识形态的影响。[9]在艾森豪威尔主义（Eisenhower Doctrine）宣布后，在面对外来干涉时，民众对团结一致的渴求更为强烈。按照艾森豪威尔主义，美国承诺给任何一个受到苏联威胁的国家提供军事援助。[10]美国的这一做法被解读为试图"推翻叙利亚进步的民族主义者的统治，遏制埃及的民族角色"，这种解释将埃及和叙利亚的联合视为一种"自动机制"。[11]

然而，阿拉伯联合共和国在1961年便解散了，仅在动荡中存活了三个年头。即便它们的意识形态乍看之下十分相似，但是埃及和叙利亚政权的蜜月期十分短暂。纳赛尔和叙利亚领导人争执不休的不仅仅是意识形态方面的问题，还有阿拉伯联合共和国的政府管理和政治结构方面的问题。他们都指责对方不值得信任甚至会背叛。叙利亚人批评纳赛尔没能对以色列对叙利亚的挑衅做出回应，并且试图将叙利亚"埃及化"。纳赛尔怀疑复兴社会党（Baath party）的激进阿拉伯民族主义者试图劫持联合共和国，攫取权力。他还意识到饱受内部纷争困扰的复兴社会党在叙利亚国内并不具有广泛的社会基础。[12]在1958年埃及和叙利亚成立阿拉伯联合共和国之时，复兴社会党自愿自我解体以帮助阿拉伯联合共和国取得成功。然而，正是这个决定导致了党内成员的争执和进一步分裂。

192　　如果说1958年代表泛阿拉伯民族主义者（联合主义者）事业的高峰，那么1961年则是纳赛尔行为的一个转折点，纳赛尔在行动上和认识上都抛弃了这段荆棘密布的旅程。从

1961 年开始一直到 1970 年突发心脏病去世，他未再被阿拉伯领导者雄心勃勃的泛阿拉伯联合倡议打动过，反而坚持阿拉伯军官之间的配合与合作。他对埃及和叙利亚联合曾寄予厚望，却触碰了地区性民族主义和埃及与叙利亚统治精英的既得利益。另外，阿拉伯联合共和国解体，在给纳赛尔带来沉重打击的同时，也加剧了阿拉伯世界内部的对立，这也是为什么纳赛尔愤慨地反对沙特阿拉伯等被他贴上"反动"标签的政权。他指责沙特阿拉伯等阿拉伯政权阴谋阻碍埃及和叙利亚的联合。事实上，他在 20 世纪 60 年代之所以对也门进行军事干预，支持阿里·阿卜杜勒·加恩（Ali Abdel Ghan）领导的也门自由军官，反对伊玛目艾哈迈德·本·叶海亚·哈米德丁（Imam Ahmed bin Yehia Hamideddin）的统治，部分原因是反击沙特阿拉伯分裂阿拉伯联合共和国的行为。也门的溃败给埃及政府带来了巨大负担，尤其是过度扩张透支了埃及军事力量，这一事件也削弱了纳赛尔的信用基础。也门成了阿拉伯人彼此杀戮的战场。这场阿拉伯世界的"冷战"扩散到了无法控制的地步。纳赛尔代价高昂的也门行动是 1967 年 6 月第三次中东战争失败的重要因素，也是阿拉伯民族主义由盛转衰的分水岭。

因此，推动泛阿拉伯民族主义有利于纳赛尔自身的发展，并为埃及在地区和国际上的谈判提供最大化的筹码。泛阿拉伯民族主义者在阿拉伯世界东部——叙利亚、伊拉克、黎巴嫩、巴勒斯坦和约旦的事业，吸引阿拉伯各国加入一个泛阿拉伯统一体。与这一事业形成鲜明对比的是，纳赛尔只相信阿拉伯民族主义的合作或阿拉伯团结，而不是一个泛阿拉伯统一体。以阿拉伯民族主义作为支撑框架，构建一个让埃及在地区政治中拥有主导力量的格局，是纳赛尔政治生涯中的一贯主题。1957年采访者雅克·伯努瓦–梅尚（Jacques Benoist-Méchin）向纳赛尔追问这个问题，纳赛尔否认了有意用一种新的埃及帝国主义来取代欧洲和美国在中东的帝国主义的说法。然而，他对阿拉伯民族的性质和外延的深刻思考似乎与他的抗议声明相悖。"我对阿拉伯民族阵线有准确的了解，"他这样告诉伯努瓦－梅尚，"我并不把阿拉伯民族放在未来的某个地方，因为我想我的行为足以说明它的存在。阿拉伯民族的范围止于我的宣传不能产生回音的地方。那里之外，就是我不感兴趣的外国世界了。" [13]

拉库蒂尔等人提出，纳赛尔的泛阿拉伯民族主义是出于另一种实利主义考量——埃及的经济利益。在 1959 年接受《基督教科学箴言报》(*Christian Science Monitor*) 采访时，纳赛尔巧妙且敏锐地将泛阿拉伯民族主义与物质主义考量联系在了一起：

> 我在军事学院执教时，曾深入研究地中海地区的问题。我发现，历史清晰地表明，阿拉伯国家团结在一起时，就能够抵御入侵者。从历史的阅读中，我看到了我们的一些强项，比如地理位置和地区的石油资源，这些原本应该是我们的力量来源和保障，却被用作占领我们的理由。因此，我第一步要努力构建适用于整个中东地区的阿拉伯民族主义。这是一块必须填满的真空。正如我所说，埃及在中东扮演的角色不是入侵者，而是意识形态提供者。[14]

纳赛尔的同时代人也回忆起他在军事学院读书时不遗余力地关注阿拉伯的经济潜力和获利能力。[15] 纳赛尔在 1953 年末拉库蒂尔的一次采访中曾提到这些经济考虑。当被问及阿拉伯统一的可能性时，纳赛尔暗示说，沙特家族（Saudis）和哈希姆家族（Hashemites）之间的对立使阿拉伯的统一变得不现

实。他表示，一个更为温和的一体化形式也许可以从"像你们 194
在欧洲达成的经济和防御条约"开始。[16]

纳赛尔对伊斯兰教的利用

与其民族主义意识形态相比，纳赛尔在政治实践中对伊斯
兰教和宗教的利用，常常被学者忽视。他和穆斯林兄弟会的权
力争斗常被描述为纳赛尔世俗主义倾向的表现。然而，穆斯林
兄弟会和自由军官组织之间日益加深的裂痕并不意味着后者是
坚定的、顽固的世俗主义者，他们主要坚持的是政教分离。相
反，正如毛希丁告诉我的："我的朋友纳赛尔，本可能成为一
个（像穆斯林兄弟会一样的）宗教民族主义者，而不是泛阿拉
伯民族主义者。"[17] 长期以来，穆斯林兄弟会为了自己的利益
称，纳赛尔在 20 世纪 40 年代末与伊斯兰运动渐行渐远是因
为他越来越不信教，并开始向共产主义倾斜。然而，他的亲信
对其生活细节的回忆证明了纳赛尔从始至终都是信教之人。萨
米·沙拉夫是纳赛尔的密友，他驳斥了穆斯林兄弟会自欺欺人
的说法，指出纳赛尔和普通埃及人一样，是虔诚的人，把先知
穆罕默德当作他的"伟大榜样"，从先知那里寻求慰藉。

海卡尔提出了一个更为细致的观点，解释了纳赛尔与伊斯
兰教之间的关系。他说纳赛尔深知宗教在埃及人生活中的重大
意义，并建议他谨慎行事，避免与宗教发生冲突。海卡尔回忆
道："当我编写纳赛尔在 1962 年宣布的联盟宪章（al-mithaq）
时，他曾建议我不要在公共领域与宗教发生冲突，以防两败俱
伤。纳赛尔知道宗教想象的力量和危险性，因此寻求拉拢它。"
海卡尔还回忆了纳赛尔建议与宗教展开积极合作的策略，并避
免使用任何负面的言论。[18] 海卡尔还指出，在 1967 年 6 月六
日战争后，纳赛尔将宗教作为激励军队的工具，鼓励人们为国

195　家做出牺牲。[19] 与穆斯林兄弟会的叙述相反，纳赛尔并不是一个世俗主义者，也没有试图将国家机关世俗化；他从未错失任何一个表明自己信仰和宗教价值取向的机会。[20]

　　早在六日战争爆发以前，纳赛尔政府就已经与宗教机构展开合作，部分是为了剥夺穆斯林兄弟会的社会动员功能。令人惊讶的是，纳赛尔还不遗余力地将宗教用作政府扩张权力和维持社会凝聚力的工具。例如，他十分尊重，这一伊斯兰世界中最古老的宗教和教育机构之一爱资哈尔大学，他将爱资哈尔视为推进政权在国内外政策中发挥巨大影响力的工具。在这里，纳赛尔的务实和现实政治考量是他利用宗教和像爱资哈尔这样的宗教性机构的驱动因素。在 20 世纪 50 年代中期，与宗教政治活动分子和穆斯林兄弟会等对手角力时，纳赛尔利用神圣的想象力，展现出他与伊斯兰主义者敌人一样具有宗教信仰，甚至更虔诚，以增强自己的政治合法性和支配力。他曾用爱资哈尔的讲台向公众传达观点。当英国、法国和以色列在 1956 年危机中攻打埃及时，纳赛尔连续两个星期到爱资哈尔清真寺参加了主麻日礼拜（星期五聚礼），并在礼拜结束后，向人们保证埃及将抵抗入侵者并终将获得胜利。纳赛尔在 1956 年 11 月 2 日的演讲是一次具有象征意义的举动，他在演讲中将宗教话语纳入政治动员：

　　　　如果英国觉得自己是一个强国，如果法国也觉得自己是一个强国，那么我们就是信徒的国度。我们的口号是真主至大。真主将帮助我们。真主将让我们胜利。我们依靠真主，也依靠我们自己。我们将进行圣战、斗争和战斗。我们会伴随着真主的意愿获得胜利。真主至大，真主至大！（慈悲的真主赐予你平安）。[21]

纳赛尔试图确保爱资哈尔的忠诚度，并避免任何爱资哈尔学者出现独立或反叛的倾向，这种情况在历史上发生过，例如奥马尔·马克拉姆（Omar Makram）和穆罕默德·阿卜杜（Mohammed Abduh）分别反抗过拿破仑和赫迪夫陶菲克。在此背景下，纳赛尔通过经济和政治手段限制爱资哈尔学者独立发挥作用的能力。[22]在纳赛尔政权时期，为了加强对爱资哈尔的控制，1961年颁布了第103号法律，对爱资哈尔及其附属机构进行了重新规划。该法律将爱资哈尔置于埃及宗教基金部的管辖之下，剥夺了其独立的财政和行政权力。这一举措使得纳赛尔能够任命宗教基金部部长、爱资哈尔大教长和副教长，从而将国家对国内最重要的宗教机构——爱资哈尔及其附属机构（如爱资哈尔系统）的控制进一步延伸。[23]

纳赛尔政府利用爱资哈尔的权威来制衡那些利用宗教术语反对他的内外部敌人，比如穆斯林兄弟会、萨拉菲主义者和沙特阿拉伯。[24]伊斯兰主义者被禁止加入政府控制的主流机构，如爱资哈尔。例如，爱资哈尔大学校长穆罕默德·巴赫伊（Mohamed al-Bahy）想要任命穆罕默德·苏莱曼（Mohamed Suleiman）为大学副校长，但因为苏莱曼是穆斯林兄弟会成员，该任命就被两次驳回。[25]在巴赫伊的回忆录中，被纳赛尔政权任命为宗教基金部部长的政府官员透露，情报人员通过建立伊斯兰主义团体和论坛来"跟踪、收集信息并用各种手段（包括传闻和谣言）压制伊斯兰主义团体"。[26]纳赛尔政府还利用爱资哈尔抹黑和攻击伊斯兰主义团体，同时为政府提供合法性。1958年，被任命为爱资哈尔大教长的谢赫马哈茂德·沙尔图特（Mahmoud Shaltout）称纳赛尔为"年轻的信徒"。[27]政府还任命军官担任爱资哈尔附设机构的职位，确保将宗教机构与"军官共和国"捆绑在一起。这些军官希望通过建立论坛来转变爱资哈尔的社会角色，这些论坛旨在宗教领域中重塑民众思维。例如，上校阿卜杜拉·泰伊玛（Abdullah Te'ima）成立了一个伊斯兰事务最高委员会，并让该机构依附于爱资哈尔，通过从宗教基金部购买国有建筑为委员会提供经济支持。[28]

埃及并不是唯一在后殖民、后独立时期需要处理传统元素，特别是宗教遗产，以改造人民意识并重塑社会思想的国家。赛义德·瓦利·礼萨·纳斯尔（Seyyed Vali Reza Nasr）指出，传统元素的延续是殖民主义的产物，它使政府机关带有一种优越身份，并鼓励了干涉主义行为和对霸权的渴望。许多后殖民国家在治理过程中采用了新庇护主义（neopatrimonialism），在政府管理上采取限制自由的家长式手段，并且滥用宗教象征主义来弥补正规部门的脆弱性与合法性不足。纳斯尔在研究巴基斯坦和马来西亚伊斯兰政治化的过程中，发现这种过程既是自下而上的，又是由政府领导的。他指出，后殖民统治精英通过将宗教引入政治，大大推进了社会的伊斯兰化。后殖民政府将宗教工具化的目的是填补国家独立后道德和意识形态的真空，并获取统治合法性和实现社会团结。[29]此外，由于对财政收入、合法性、主导权和经济发展需求迫切，接纳和利用宗教，让统治精英不仅能将其权力扩展到公共领域，还能扩展到私人领域，从而巩固了对社会的控制。纳斯尔进一步提出，"政府领导的伊斯兰化是后殖民政府将自己融入当地价值体系的做法的最核心部分"；因此，宗教成为将国家权力延伸到民众之中的有效工具。[30]

按照科林·J. 贝克（Colin J. Beck）和纳斯尔的说法，对伊斯兰教的吸收和接纳滋养了伊斯兰化，政府将意识形态和物质资源引入宗教机构，为社会运动提供意识形态基础，为异见者开辟政治空间。在某种程度上，在威权统治环境下，宗教和伊斯兰是唯一具有常态化、正当性的公民行动空间，因为其他可行的政治表达渠道可能不可用或不被允许。[31] 尽管纳赛尔呈现出一个世俗民族主义者的形象，但他和诸多后殖民国家领导人一样，利用宗教意象和语言为自己的权力和统治提供合法性和支持。

　　思想是行使权力的有效手段，也是控制和管理社会的便捷手段；民意支持的文化根基发挥着决定性的作用。[32] 因此，复兴宗教价值的行为总体上具有团结社会的潜力，可以增强政治合法性和控制力。在创造超越殖民现代性的新控制力和新现代性的过程中，纳赛尔利用了主权、阿拉伯文化复兴和伊斯兰遗产三大宏大叙事。他的意识形态工程非但没有和宗教保持距离，反而把宗教和传统元素包裹在一起，延伸了政府对宗教机关的控制，从而确保了与过去的延续性。他常常重复自己对伊斯兰教的承诺，将伊斯兰教看作政府和社会的精神家园，从未切断与宗教的依存关系。在这种背景下，安瓦尔·萨达特对宗教更为极端和直接的利用，实际上是延续了纳赛尔开创的路径，尽管其形式更为激进。[33]

纳赛尔的反帝主义

　　纳赛尔受意识形态驱动的政治行为，其根本原则既不是阿拉伯民族主义，也不是伊斯兰主义，而是反帝国主义。纳赛尔的反殖民言论是通过与殖民现代性决裂来构建新政治想象。长期以来，驱动纳赛尔的是把埃及人民的英国主子赶走的决心，正如前文所述，在巴勒斯坦的经历使他更加坚定和振奋地投身于反殖民斗争，并开始寻找一种可以替代殖民体系的政治模式。纳赛尔认为，以色列不过是帝国主义的产物，如果锡安主义者没有成功让英国成为他们的殖民赞助人，他们的锡安主义就只是一个"愚蠢的点子"。对他来说，和以色列战斗等于和国际帝国主义势力战斗，[34] 他认为在巴勒斯坦参战是"自我防卫"。[35] 这些观点并不意味着纳赛尔总是以纯粹的对抗立场来面对以色列。相反，他在很多时候也寻求更为缓和的办法。

此外，与广泛流传的阿拉伯和西方记载相反，纳赛尔的反帝国主义并不等同于反西方化。他从来没有把帝国主义和西方文化混同，或者说他从来不把西方社会看作敌人。相似地，他从来没有考虑过用文化术语和宗教术语进行反殖民斗争。纳赛尔的助手穆罕默德·法耶克证实了这一观点，他强调纳赛尔不是反西方的。"纳赛尔常常提醒我们，西方不是埃及和阿拉伯世界本质上的敌人，重要的是如何与西方势力打交道和找到合作的方法，"法耶克这样告诉我，"甚至在 1967 年战争之后，纳赛尔还建议我们和法国发展进一步的关系，以平衡和美国外交关系的破裂。"[36]（埃及在六日战争后和美国关系恶化。）这一理性做法也用到了纳赛尔的许多顽敌身上，比如埃及的前殖民国家英国。在 1964 年的一场演讲中，纳赛尔说道，尽管过去和现在都有分歧，但他愿意与英国合作。纳赛尔宣称："我们已经做好了用各种方式与英国建立坚实、友好关系的准备，因为我们在意的并不是让问题满天飞，也不是与英国人战斗。"[37] 相反，纳赛尔同时代的反殖民民族主义者将人民普遍接受的民族自决权、人民主权、抵抗和反霸权等概念作为有效的武器。"纵观纳赛尔的一生，他从未相信东西方文明之间存在冲突对抗，（与之相反），他是从意识形态和战略的视角看待反殖民斗争的，"海卡尔在他的开罗书房中讲道，"在 1956年和 1967 年西方势力攻击埃及时，纳赛尔看出了他们行为背后的战略和政治考量，并不是盲目的文化对立。"[38] 海卡尔用严肃的口吻告诉我："纳赛尔受过军校训练，并且饱读战略和政治方面的书籍，他相信国家利益驱动政策，那些列强也不例外。"他总结道："和宗教右翼人士不同，他是一个现实主义者和务实主义者。巴勒斯坦的作战经历增强了他对阿拉伯人应该利用一切力量来抵抗帝国主义的信念。"

　　的确，在《革命的哲学》中，纳赛尔提醒埃及人民，积贫积弱只会让国家遭受外国势力的永久奴役和统治。他采纳了与弗朗兹·法农相似的观点，即殖民问题不仅涉及客观历史条件的相互关系，还包括被殖民者被迫生活的主观社会环境；文化既是殖民者压迫被殖民者的对象，也是被殖民者解放自身的工具，此外，在面对这些环境时，文化也发挥着重要的能动性。[39] 这两位人物都对精英和受过教育的阶层进行了批判。正如法农在《大地上的受苦者》（*The Wretched of the Earth*）中警告的，"受教育阶层缺乏准备，他们与大众之间缺乏实际联系，他们的懒惰，以及在斗争关键时刻表现出的怯懦，将导致悲剧性的灾祸"。[40] 纳赛尔和法农的另一个相似之处在于，他们都强调文化作为解放力量的作用。虽然法农强调文化传统可以帮助被殖民者摆脱殖民背景下对其文化落后的刻板印象，但他也警告说，仅凭理想主义无法带来真正的解放。相反，弗朗兹·法农主张一种基于物质主义的国家观念，强调通过政治能动性和集体直接行动来推翻殖民统治的政治经济基础。[41] 纳赛尔的著名口号——"兄弟，抬起你的头来，受压迫的时代已经结束"——具有强大的文化感召力和影响力。通过恢复埃及人的主体性，纳赛尔旨在构建一种与英国殖民体系强加的主体性完全决裂的政治主体性。他将自己的上台与一个新时代的开始直接关联起来，这是一个解放的时代，前殖民地的人民能够重新获得他们的尊严和行动能力。但是，正如我们之后将会看到的，纳赛尔最终还是没能摆脱威权主义制度化（institutionalization of authoritarianism）的束缚，威权制度是殖民主义体系内在不可分割的一部分。尽管如此，纳赛尔的言论和演讲仍具有民粹主义色彩；它们既实用又解放人心，激励和启发了埃及人以及整个阿拉伯人群体采取行动反对占领者。对于纳赛尔来说，重新定义埃及的国家主体性是达成目标的一种手段：巩固其合法性和对政治系统的控制，动员群众反对那些被纳赛尔视为民族敌人的对手。

纳赛尔巧妙地利用了现实主义和观念推理（ideational reasoning），认为这两种概念之间并不存在矛盾。他呼应现实主义者的观点，指出任何权力真空和软弱都很可能被殖民主义填补，因为殖民主义是一种扩张主义力量：

> 如果帝国主义知道埃及人已经准备好抛头颅、洒热血，和他们针锋相对，那么他们就会像妓女一样落荒而逃。这一点，毫无疑问，帝国主义在哪里都是如此。[42]

纳赛尔的务实主义在他最初和美国、以色列及其他国家打交道时已有所体现。除了期待能靠美国的援助将英国人驱逐出苏伊士运河区外，他早期还寄希望于华盛顿给埃及提供现代武器。早在 1952 年 9 月，纳赛尔就和美国驻埃及大使杰斐逊·卡弗里进行过非正式会晤。在会谈中，他向美国大使解释了埃及革命的目标和用新式武器装备军队的重要性。他向美国大使保证，华盛顿不用担心埃及会用美国武器攻击以色列，正如他所言，"我不把战争当作推行政策的手段"。[43] 一个月以后，纳赛尔和美国的助理国防部长威廉·福斯特（William Foster）举行了会谈，后者同意向华盛顿建议接受埃及列出的总价值 1 亿美元的军购需求清单。[44] 开局令人乐观，但埃及和美国的关系迅速恶化。到 1952 年秋天，纳赛尔就已经清楚地认识到卡弗里的甜言蜜语和福斯特对埃及军火需求的迅速接受并不能代表美国政府的真实意图，美国的军事援助是有条件的，即让埃及加入美国在该地区的防卫协定。[45] 毛希丁证实，到 20 世纪 50 年代中期，纳赛尔仍然希望和美国保持良好的关系，即便是在华盛顿让他大失所望之后也并不打算与美国决裂。"与我们中的一些人想让埃及与社会主义阵营保持一致不同，纳赛尔把美国看作天然的盟友"，毛希丁解释道。他还补充说："在刚开始时，纳赛尔相信美国是可以给埃及带来福祉的力量。他对美国人的成功故事非常着迷。"[46] 海卡尔也表示，纳赛尔并不在乎意识形态，他真正关心的是和美国发展双边关系，他认为和美国建立友好关系可以制衡英国在埃及的主导作用。按照海卡尔的说法，纳赛尔先前的希望之所以破灭是因为美国强迫他做出选择，"要么和我们一起，要么就是我们的敌人"，美国人直言不讳地告诉他在善与恶之间不存在中立。[47]

穆罕默德·法耶克的说法与毛希丁和海卡尔的一致，他是纳赛尔的助手，曾在纳赛尔的总统办公室工作，并担任过部长。穆罕默德·法耶克表示，纳赛尔和其他自由军官在一开始时都认为美国可以成为埃及的朋友。他说，埃美关系之所以恶化，是因为埃及不愿意加入美国在中东的防卫计划，同时也因为埃及在不结盟运动中扮演着领导者的角色。"美国拒绝让埃及在该地区扮演独立角色，"法耶克补充道，"美国明确地警告纳赛尔，不结盟运动是一条红线。两国利益在此出现分歧，因为我们在国际关系中奉行的是独立自主原则。"[48]

有证据表明，纳赛尔在许多场合都表达了与美国保持友好关系的愿望，尽管他身边的军官越来越有怨气，但他并没有站在意识形态的立场上反对全球性超级强权美国。事实上，他的务实立场让他与身边的鹰派自由军官出现了一些矛盾。革命指导委员会的一些成员认为，美国政府的态度是赤裸裸的不尊重，他们拒绝向埃及提供军事装备，但又保留着禁止埃及从其他渠道获得武器的权力。一些军官甚至建议埃及与华盛顿断绝外交关系，并在美国驻开罗大使馆前组织抗议示威。他们想向美国人表达埃及人的强烈不满，反对国务卿约翰·福斯特·杜勒斯施加压力，迫使他们在全球东西对抗中加入美国领导的地

203

区防卫协定，以反对苏联。但纳赛尔劝说他们不要做出这种头脑发热的举动。

　　埃及和美国关系恶化后，纳赛尔在 1955 年与南斯拉夫总统铁托会面。为了展示，两国领导人登上了一艘埃及海军训练船，在苏伊士运河上巡航。纳赛尔从铁托身上学到了如何在冷战中的超级大国之间左右逢源。铁托不仅能从西方得到大量援助，还能从莫斯科获得经济支持，是最精于走外交钢丝的领导人之一。正如铁托告诉他的，身处大国博弈的黄金法则就是尽可能与双方保持联系。铭记这一黄金法则，纳赛尔努力维持与美国的关系。他不会屈服于革命指导委员会的压力，因杜勒斯的无礼之举而中断与这个潜在合作者的关系。纳赛尔同样清楚，他在这场博弈中"握有一手好牌"，而且"美国唯一能够获利的方式就是改变拒绝军援埃及的决定"。他知道"这场风暴要么自己消停，要么就一定会给他带来一些好处"。[49] 按照毛希丁的说法，纳赛尔十分赞赏铁托而且十分信任他，这主要是因为铁托是一名独立的社会主义者。他从来没有忘记铁托的黄金法则，即便是在美埃关系降至冰点的时候也没有。在整个执政时期，纳赛尔保持了与美苏双方的联系，卓有成效地在两者之间游走，让自己谈判的筹码最大化，获得外国援助。[50] 即便在 20 世纪 50 年代末和 60 年代，美国表现出了对纳赛尔泛阿拉伯民族主义的敌视，纳赛尔仍然以务实的态度对待美国。1964 年 11 月在议会演讲中，纳赛尔坚称：

　　　　我们和美国之间从来就没有直接的问题。我们也许在一些事情上有异议，比如美国对以色列的支持，美国对刚果的立场，以及美国在一些地方使用武力。然而，我们尝试用各种方式来确保和美国"关系无碍"。[51]

与此同时，纳赛尔与苏联的关系十分复杂。尽管在 1955 年以前这两个国家没有建立外交关系，但在 50 年代中期对美国失去了信心之后，纳赛尔越来越倾向于向莫斯科寻求军事和外交支持。埃及逐渐与苏联发展为友好关系，苏联领导人频繁告知埃及，他们将无条件地提供武器和粮食。[52] 在解释他和苏联的关系时，纳赛尔强调埃及的独立性："苏联是一个共产主义国家，而我们不是，这（一事实）能有什么影响吗？当然没有。"[53] 当他作出如此声明时，纳赛尔政府正不遗余力地关押和压制国内的共产主义者，这一事实表明国家利益才是苏埃关系的基本出发点。[54]

同样，即便巴勒斯坦战争给他留下了苦涩的回忆，但纳赛尔在最开始时仍以务实的态度对待以色列。1955 年 11 月 9 日，在伦敦市政厅，英国首相安东尼·艾登（Anthony Eden）表示，以色列和阿拉伯国家应该在边界问题上相互让步，以实现和平。他暗示，最终的解决方案应介于以色列在 1948 年战争中占领的现有边界和联合国巴以分治方案所规定的边界线之间。以色列总理大卫·本·古里安（David Ben Gurion）立即拒绝了艾登的提议。相反，纳赛尔对艾登的想法表示欢迎，因为这是西方大国领导人首次对巴勒斯坦冲突发表建设性言论。[55] 这一例子清楚地表明，纳赛尔在执政初期，打算与以色列达成关于巴勒斯坦国界的永久协议，并承认以色列的生存和安全。纳赛尔执政初期的举动和世界观提供了一个比较视角，从中可以看出在接下来的几年里，其政策的延续性和变化及背后的动机。尽管纳赛尔在 50 年代末和 60 年代变得更为激进，但他在地区和全球事务中仍坚持实用主义和利益导向，手段灵活多变。从历史的角度来看，纳赛尔是一个被误解的人，这是因为他的民粹主义和直言不讳的言论被当作革命和情感的证明。如果更仔细地分析他从执政初期到 1970 年去世前的政策，可以

205

发现它们呈现出更为复杂、易变和实用主义的特点。正如本章所述，尽管纳赛尔表现出民粹主义立场，但他更多是受反殖民斗争的现实、冷战政策和埃及的社会经济利益驱动。纳赛尔主义之所以具有持久的吸引力和生命力，是因为它强大的社会理想和对殖民主义和资本主义的批判。然而，在实践中，纳赛尔的行动更多地受到政治现实主义和埃及国家利益的驱动，而非单纯的意识形态。

纳赛尔和社会主义

从早期开始，纳赛尔便将社会公平和经济发展视为首要任务，尤其重视对大型产业的国有化、推行土地改革和打破垄断。正如前文所述，纳赛尔的社会改革是纳赛尔主义理想在埃及乃至更广泛地区具有强大生命力和持久吸引力的核心要素。他将摧毁殖民主义和资本主义直接与改善埃及贫困大众的社会经济条件联系起来。通过一系列社会和经济改革，纳赛尔试图打破旧有的社会结构，推动社会公平和国家现代化。因此，他的首要任务之一便是让埃及人摆脱贫困，并为人民提供公立教育。他的政策尤其惠及中低阶层，而不仅仅是最底层的穷人。纳赛尔的社会改革无论深度和广度如何，必须指出的是，在50年代初掌握权力时，他缺乏清晰的意识形态基础和广泛的民意基础。直到1961年，他才开始正式接受社会主义。这使他在治国之初只能在尝试和错误中摸索前进。考虑到50年代初埃及面临的严峻经济和社会条件，纳赛尔重视社会公平和发展是再合理不过的了。纳赛尔主义在社会主义阶段前后的一个特点是，日益激进的社会议程吸引了广大民众——提供医疗护理、教育和就业机会。政变后不久，纳赛尔便着手解决国家糟糕的社会经济状况，承诺实现公平的社会发展。尽管他的意识形态具有易变性，但他始终关注公众舆论走向。他明白，最紧迫的任务是用切实的承诺，赋予中低阶层权力，让埃及人对新生秩序充满希望并在其中找到自己的位置。

　　纳赛尔主义的社会理想不包括一个新阶级对另一个阶级的统治。他的社会愿景围绕着"社会公正"的概念展开，这意味着消除各个阶级，反对任何阶级的主导地位。[56] 批评家指出，纳赛尔的愿景是构建一个包容性的社会，在这个社会中，国家各种力量可以和谐共处。他的目标是建立一个让所有公民都有平等机会的社会，让每一个埃及人都能"通过工作和努力决定他在社会中的地位"。[57] 按照毛希丁的说法，在获得权力时，纳赛尔就接受了埃及民族主义运动的要求，这场运动围绕着两个重要的政治和社会需求展开：解放独立、社会公正。[58] 比如说，1956 年宪法罗列了革命的六点原则，纳赛尔将这六点原则归入两个大类别中：（1）恢复国家和公民的政治自由；（2）确保国家和公民的社会自由。[59]

　　纳赛尔的幕僚长萨米·沙拉夫进一步驳斥了纳赛尔倾向于共产主义的说法，指出纳赛尔关押了共产主义者，并迫使他们与他们的超级大国庇护者苏联保持距离。[60] 实际上，纳赛尔在军事学院时期的马克思主义朋友毛希丁回忆道，纳赛尔对马克思主义并无好感。"当我问纳赛尔是否可以让信奉马克思主义的军官加入自由军官组织时，纳赛尔回答：'你们可以以个人身份加入，而不是以组织身份加入，你们的忠诚应该是对革命的忠诚。'"[61] 纳赛尔的同志们普遍认为，到 50 年代中期，纳赛尔已经接受了埃及民族主义运动的愿望和目标，这使其政府有了大众革命的合法性，使他能够从上至下地进行社会变革。穆罕默德·法耶克说："纳赛尔的优先事项是埃及（和阿拉伯）民族主义运动的优先事项，这为他赢得了大量的民众支持，使他成为英雄。但他的治理风格是专制的，他是一个强人。"[62]

207

毛希丁也表达了类似的观点，当我向他询问时，他告诉我：
"纳赛尔在意识形态上是中立的。他并不想按照马克思主义路
线进行社会改造，只想改变旧的社会不平等体系，并扩大经济
和教育机会。"[63]

纳赛尔的威权主义

与其泛阿拉伯理想根植于埃及经济和国家利益一样，纳赛
尔在使用强制手段实现政治变革时也表现出了务实态度。这包
括他与自由军官组织本身的互动。根据毛希丁等人的说法，自
由军官组织内部存在三个阵营。第一个阵营是由毛希丁这样的
年轻社会主义和马克思主义军官组成的小团体。按照毛希丁的
说法，这个进步阵营在军队中根基不深，尽管它拥有一群积极
热情的社会支持者，但他们不愿意发起消灭对手的暴动。第二
个阵营是由和穆斯林兄弟会结盟的军官组成，其中一些重要军
官具备领导技能，在组织和运营方面的资源和能力。更重要的
是，这个阵营是穆斯林兄弟会近 50 万支持者中的一部分。因
此，与穆斯林兄弟会结盟的军官是最具凝聚力的一群人，对纳
赛尔的政治野心构成了严重威胁。纳赛尔本人则属于第三个阵
营，这些军官没有明确的意识形态倾向，也没有社会基础。这
个阵营由逐渐激进化的军官组成，他们希望通过军队和技术官
僚进行自上而下的变革，实现彻底的社会经济重组。纳赛尔将
穆斯林兄弟会和马克思主义阵营视为他掌控革命指导委员会和
更大社会领域的潜在威胁。值得注意的是，这两个阵营是自由
军官组织中最具意识形态驱动力的群体。纳赛尔从不吝惜对任
何阻碍他获取权力的人使用暴力，他的打击对象与政治倾向没
有关系。正如第二章所述，纳赛尔卷入了一场与纳吉布及其支
持者的内部权力斗争，最终他将纳吉布永久软禁。

另外，自由军官组织中起初存在一个被称为恐怖部门（Lagnet al-Irhab）的单位，[64] 他们的目标是"清算那些反对民族主义运动的人"。[65] 纳赛尔本人认为政治暗杀是"达成积极目的不可避免的手段"。[66] 当然，纳赛尔及其战友并非平白无故采取暴力手段，在埃及的政治动荡时期，各个组织都把政治暴力视为关乎生存的权力斗争的一部分。在这种斗争的环境里，他们认为只有暴力才能带来变革。[67]

在政变发生后不久，纳赛尔和穆斯林兄弟会的关系急转直下。在 1954 年 10 月穆斯林兄弟会企图暗杀纳赛尔后，纳赛尔对穆斯林兄弟会发起了血腥镇压。赛义德·库特布成为纳赛尔最著名的受迫害者，但还有数千名伊斯兰主义者被监禁并受到纳赛尔安全机构的折磨。这一暴力决裂标志着伊斯兰主义运动与纳赛尔政权之间长期血腥斗争的开始。毛希丁说："看，埃及为纳赛尔和穆斯林兄弟会之间的权力斗争付出了沉重的代价，最终导致了独裁政权的建立。""尽管纳赛尔意图良好，政策侧重点也是正确的，但是他建立起来的自上而下的威权体系削弱了社会凝聚力并破坏了政治生活，最终也让伊斯兰主义者在埃及复兴和壮大。纳赛尔最优先考虑的事情是以失去开放社会和立宪主义为代价的社会公平，即便我常常说社会公平和政治多元并不相互排斥"，毛希丁这样解释道。然而他还是补充道，他和他太太都喜欢这位老战友纳赛尔，即便他们在革命方向上存在分歧。"政治上雄心勃勃的纳赛尔急于在没有制约和平衡的情况下进行社会变革。"毛希丁说，与纳赛尔不同，他的社会背景更固化，反对纳赛尔对权力的垄断和军队政治化。[68]

海卡尔对纳赛尔的看法不同，他认为纳赛尔不是民主派也不是独裁者，而是靠"人民热爱"而不是"参与"来统治埃及。[69] 海卡尔说道，因为他是依靠平等主义和前瞻性的社会改

209

革以及反抗外国势力保卫祖国，赢得了埃及人民的心。民众支持纳赛尔所做的决定并信任他领导的能力。海卡尔辩称，纳赛尔获得的人民支持赋予了他合法性，使其能够免受垄断权力的指控。"纳赛尔并不是为了个人利益着想，也不像他的继任者那样利己，"海卡尔坚持说道，"相反，他把所有的资本都投到埃及的现代化建设中，迅速扩大中产阶级。纳赛尔让数百万埃及人脱离了贫困，摆脱了匮乏的困境。"[70] "纳赛尔从根本上改变了埃及的社会阶级状态，"海卡尔说道，"他把埃及交还给了埃及人民，并让他们由衷地为国家自豪。"[71] 作为纳赛尔的密友和官方传记作者，海卡尔的证词打开了一扇窗户，让我们得以了解纳赛尔主义者的世界观，但一些批评者认为，这种观点可能是扭曲的。实际上，在积极为纳赛尔说话时，海卡尔遗漏了像毛希丁和法耶克等纳赛尔同袍战友提出的关键一点：自上而下的威权主义给政府和社会带来了巨大损害，最终也削弱了纳赛尔主义者推进社会议程的基础。按照毛希丁的说法，纳赛尔有意识地选择了自上而下的威权主义，他把这种威权主义当作政府体制，而这一点对革命的战略目标——重生和复兴——起到了反作用，造成了伤害。[72]

　　毛希丁不是唯一持有这种看法的人。历史学家谢里夫·尤尼斯驳斥了海卡尔所说的基于民意的合法性的说法。他提出，纳赛尔营造出的民意支持和统治合法性是通过查禁所有其他政党和控制公民社会实现的，他们对工会和非政府专业组织等公民社团也加以控制。在培养一批忠实于政权的新支持群体和技术官僚精英的过程中，自由军官们提出了以社会公平为出发点的政治和社会计划，致力于扩大教育体系、土地改革、私有领域国有化以及清除城市和乡村的旧精英阶层。尤尼斯指出："不幸的是，为了民粹主义和获取公众信任，政府采用了激进的经济计划。"他悲伤地表示："纳赛尔把埃及从多党执政体制变成了军政统治和庇护主义的结合体。一个由纳赛尔的亲信组成的内部小圈子关起门来制定国内政策和外交政策。"[73]尤尼斯引用了海卡尔的例子，后者的社论文章被埃及人和外国人当作政策风向标。封闭、自上而下的统治体制导致了灾难性的决定，比如1967年六日战争前的五月危机。尤尼斯认为，这场战争虽然没有直接导致纳赛尔政府灭亡，但加速了纳赛尔计划的破产。

不管怎样，尤尼斯补充说，纳赛尔和自由军官并不是坏人，他们也没有导致埃及现代历史上的分裂。"纳赛尔是一个埃及爱国者，他渴望在更为坚实的基础上重建和巩固埃及的社会和政治生活，"尤尼斯谈道，"他的想法并不是凭空出现的，而是继承了从19世纪的穆罕默德·阿里到20世纪40年代威权主义知识阶层的思想。就像他的先辈们一样，自由军官们也相信掌握权力才能实现根本性的变革，而且依靠顺从的技术官僚精英既安全又有效。这种看法的结果就是政治的死亡和失败。"[74]虽然新精英阶层填补了解散所有政党带来的真空，但这并没有为新的政治空间或正式制度打下基础。纳赛尔和自由军官们认为，他们雄心勃勃的社会议程比广泛的政治参与更具优先性。纳赛尔不允许任何组织性的异议存在，以免干扰或削弱他无比珍视的社会改革。因此，在实际操作中，纳赛尔维持了殖民体制下的威权特征。他的现实和利益考量的目标是不惜任何代价地将异议最小化，即使是让英国占领时期的暴力重新出现也在所不惜。

另外，纳赛尔激昂振奋的言论给埃及人提供了强大又充实的思想空间，主体性、尊严和未来愿景都以团结和平等为基础被一次又一次地传达出来。然而，政治空间仍然在纳赛尔政权的严密控制之下。政府和人民之间的分野一直客观存在：政府的主导力体现在它对人民的客观支配上。

211

结　论

　　综观纳赛尔的一生，他最基本的目标之一就是清除埃及腐败的旧统治精英和打破帝国主义的控制。他不遗余力地建立他的新合法性和霸权，他的这些努力以野心勃勃的社会愿景（激进的社会变革）为载体，标志着与自由资本主义经济和旧政权的决裂。即便是批评纳赛尔的人也赞赏他把埃及从一个落后国家变成了一个拥有庞大中产阶级的现代国家。尽管纳赛尔的社会愿景要实现社会正义、平等、消灭阶级，但改革，尤其是五年计划（1960—1965）的实施，直接惠及了中产阶级。这些改革让政府得以主导所有经济领域，公共部门成为受过教育、掌握技能的年轻大学毕业生和专业人士的最大雇佣地。这壮大了中产阶级，让纳赛尔培育出一个他能够在反对旧精英阶级的斗争中加以利用的新精英阶级。在国家运行中，中产阶级和下层阶级也成为受益人，作为回报，他们需要支持政府的政策。纳赛尔的政策让上百万埃及人脱离了贫困和悲惨的境地。通过改革教育系统、推行土地改革和发放补贴，纳赛尔政府比之前和之后的历届政府更多地帮助了劳工阶级。

　　虽然取得了如此令人印象深刻的成就，但在很多方面，纳赛尔在世时和去世后的埃及政治却是一种集团军国主义（corporate militarism）或一种法团主义的社会政治体系。在这种体系中，军队是最主要的群体之一，他们也参与社会构建。军队和其他群体共同存在的基础是各方的共同利益。[75]20世纪50和60年代的阿拉伯民族主义和70年代的伊斯兰主义之所以能成为主流意识形态，都是因为集团军国主义对半官方的意识形态进行了制度化。毋庸置疑，要不是纳赛尔和埃及政府，阿拉伯民族主义是无法在埃及和周边的阿拉伯国家广为传播的。与之类似，纳赛尔的继任者安瓦尔·萨达特把宗教和虔诚作为替代阿拉伯民族主义的意识形态，利用政府机构和海湾地区的石油革命来改变社会力量平衡，让宗教激进主义和伊斯兰主义更受欢迎。换句话说，意识形态是从属于军国主义和像纳赛尔和萨达特这样的个人的。尽管像赛义德·雅辛这样的民族主义知识分子否认纳赛尔让国家在军事或重要内阁事务上依靠军人的说法，但正是纳赛尔把埃及政治的集团军国主义制度化和合理化的。集团军国主义也包括建立庞大且复杂的安全部门，这为镇压手段的进一步制度化奠定了基础。

　　纳赛尔向威权主义的转变，就像赛义德·库特布在短时间内从文学评论人向伊斯兰正统人士和行动主义者转变一样。库特布和纳赛尔一样，坚信自己在埃及的未来扮演着决定性角色。库特布在穆斯林兄弟会中找到了他一直渴求的听众。巧合的是，他从一个普通作家向一名受尊敬的伊斯兰主义者的转变，也正好是与纳赛尔长久又致命对抗的开端。

213

第八章
偶然的伊斯兰主义者？

　　库特布在 20 世纪 50 年代初期转向宗教右翼是一个具有重要意义的时刻，这标志着他的思想和行为发生了戏剧性的转变。阿拉伯传记作者们基于各自的意识形态信仰，对库特布向革命伊斯兰主义的转变给出了不同的解释，但他们有一个共同点：问题比答案还要多。[1]大多数传记作者要么颂扬库特布发现真理的历程和他殉难的人生巅峰，要么把库特布描绘成一个误入歧途的煽动家，装扮成宗教权威，把穆斯林统治者和普通公民排除在信徒的范畴之外。库特布的门徒坚持认为他的思想转变证明了伊斯兰教具有强大的适应力和感召力。[2]他们确信穆斯林兄弟会帮助他发现了伊斯兰教的内在美和力量，以及它解决人类苦难的能力，让人们从物质奴隶的状态中解放出来，获得自由。

库特布转向伊斯兰行动主义

　　在讨论这个话题的时候，库特布的信徒无疑是重复着他们从这位大师那里学到的东西。在完成于 1954 年至 1964 年被纳赛尔关押期间并广为传阅的《路标》中，库特布详细阐述了自己的思想转变。他说自己在试验和堕落于不同的、虚伪的价值之后，最终在伊斯兰教中找到了真理。库特布责怪西方哲学和知识理论让他迷误，使他从伊斯兰教正道偏离到了蒙昧中。他

用亲身经历告诫穆斯林避开西方社会科学，以免像他一样受到
腐化，落入蒙昧信仰和传统的圈套。他详细解释了自己从世俗
主义转向宗教和宗教激进主义的过程：

> 写下这些句子的人曾花了四十年时间阅读各种书籍，
> 搜寻人类几乎所有方面的知识。他精专于一些知识分支，
> 出于个人兴趣，还研究了其他分支。后来，他转向了信仰
> 的源泉，开始感到他所读到的所有内容都无法和他在信仰
> 源头找到的东西相比。他不后悔花了四十年人生追求这些
> 科学，因为他开始明白了蒙昧的本质，知道了它的背离、
> 谬误、无知，以及它的浮华和虚妄、傲慢和自负。最终，
> 他相信穆斯林是无法同时接受两种学问——真主的指导之
> 源和蒙昧之源——的教育的。[3]

库特布说，通过回归宗教，他有效地清除了身上所有外
来的、物质化的哲学和影响。这些说法帮助人们理解他从世俗
主义到激进伊斯兰主义的转变，但并不是对其思想轨迹的批判
性反思。他的这些表述有着清晰的意图，即既往不咎，把过去
四十年的作品和对知识的拥护一举扔到历史的垃圾堆里。库特
布希望他的支持者和批评者能忘记他的这一段人生历程。他告
诉学生们，他愿意把他在蒙昧阶段中写的所有书籍和文章一把
火烧掉。

尽管库特布的说法既简洁又有吸引力，但他和他的门徒
提供的简单叙述并没有捕捉到人类经验和身份认同上的复杂性
和多元性，以及随之而来的转变和转折。有一些驱动因素——
不仅仅是宗教上的灵感——埋藏于库特布最终转向宗教激进主
义的背后。首先，值得重申的是，他在政治上接受伊斯兰教
是渐进的过程，并不存在单一的转折点，也不存在单一因素

引发了决裂。相反，库特布的发展轨迹是随着各种偶然因素的出现而上下波动的，其中包括作为一名世俗文学家在职业生涯中遇到的挑战、不断变化的文化和政治环境、他的情感和知识演变，以及在自由军官政权保护伞下获得认可和职位的失败尝试。

库特布的文学生涯既没有给他带来经济上的成功，也没有带来他迫切渴望的公众认可。在两次世界大战期间，埃及的文学界充满了像库特布的导师阿巴斯·马哈茂德·阿卡德那样的流行大作家。多年里，库特布努力成为一个受人尊敬的文学家，但他的书籍从未得到广泛认可。无论他为导师发起多少次论战，也不管他多么高产，阿卡德或其他著名作家从未评论过他的作品。这对库特布来说是一个沉重的打击，尤其是他承认自己在捍卫阿卡德的许多文学论战中动机"卑鄙"和"恶心"。[4] 据说，库特布对文学界缺乏互惠和认可感到非常不满，尤其是对他的导师不满。"他感觉那些文学名人在背后捅了他一刀，"他的密友赛义德·雅辛说道，"他们没有给予他平等的待遇，也不承认他的天赋，这对他的自尊和雄心壮志都是一个沉重的打击。"[5]

库特布正式和之前的世俗导师分道扬镳，开始更多地依赖宗教话语，标志是他于 1951 年发表在《文化》（*al-Thaqafa*）杂志上的一篇充满苦涩和悔恨的文章。在文章中，库特布公开指责阿卡德和他那一代人的自私和短见。[6] 他轻蔑地称他们为"老作家"，指责他们没有花时间或精力来指导后辈，也没有精进他们的文学技巧。库特布坚持说，这些老作家只关心自己的利益和职业生涯。库特布以自己，以及他与阿卡德的关系为例证，痛惜自己不得不在没有任何主流作家帮助的情况下，独自行走在文学之路上。他声称，这一代的文学大人物"不仅抛弃了对青年一代的指导责任，也丢弃了对国家、社会和人类的职责"。库特布的反叛也反映出埃及年轻一代作家整体上感受到的疏离感,他们反对导师和前辈,这些知名的年轻作家还包括纳吉布·马哈福兹(Naguib Mahfouz),他公开撰写了相关内容。[7]然而,在库特布的例子中,他对前导师的控告尤其恶毒和严厉,他毫不犹豫地宣布与先辈们展开全面的战争。[8]他描绘了一个自我放纵、只关注自己物质利益的贪婪精英形象,这些人不关心上百万埃及人的苦难和饥饿。[9]他甚至指责那些知名知识分子缺乏民族主义热情,与占领者合作,道德腐败,屈服于欲望、贪婪和酗酒等。他声称那些文学人物"在战后写作的同时,身边围绕着赤裸的大腿和污秽的言谈"。[10]他表示这些人不仅以自我为中心,而且丧失了对自己不道德生活方式的感知能力。[11]

库特布坚称,他已经断绝了与文学界中前导师们的所有联系,因为他们未能通过他的严格道德考验,已经不再值得效仿或尊敬。然而,据他的同时代人所说,作为一个骄傲且有野心的人,库特布感觉受到了冷落,并且从未原谅他们的忽视。[12]库特布是如何从阿卡德的亲密支持者和门徒转变成针锋相对的对手,确切情况一直不为人知。一些评论家,比如阿里·沙拉什(Ali Shalash)辩说这一转变的关键因素是库特布自己"平庸"的文学作品。"很明显,文学界的先驱们对库特布的文学水准并不满意。他们没有发现任何原创的特色",沙拉什这样说道。[13]其他的年轻作者——包括随后赢得了诺贝尔文学奖的纳吉布·马哈福兹在内——也没有得到当时文学先驱们的赞扬或支持,但沙拉什解释说,库特布对这种冷落的异常反应,根源于他过度的野心、不安和情绪化。[14]

库特布对其前导师的控诉,以及他与公开的世俗价值观分道扬镳,正是当时时代变迁的写照。在20世纪40年代的埃及,文化和政治环境开始发生变化,正如第一章和第三章所述,准自由主义政治进一步式微，并在意识形态上向宗教和世俗极右翼方向转变。这种转变的驱动力是历届政府未能摆脱英国的霸权束缚，也未能改善埃及人民的生活。[15] 社会经济的衰败促进了不同模式的威权主义政治的兴起，其中包括伊斯兰主义日益增长的影响力。在此环境下，许多公共知识分子和舆论领袖，包括库特布和他之前的世俗导师们，开始转向宗教，离开曾经的自由秩序。库特布在这一时期越来越多地使用宗教语言，反映了埃及社会的宏观发展趋势。

如前所述，纳赛尔在 20 世纪 40 年代也开始操弄本土主义政治。激进政治的替代模式越来越受到欢迎，这种现象被视为对腐败又软弱的政治精英们的过度世俗化、自由化和西方化的回应。因此，顺应时代的潮流，库特布开始拒绝西方的价值观和政治理论，包括民主和法治。与纳赛尔一样，库特布也抛弃了华夫托党并猛烈地抨击他们，这是因为在他看来，华夫托党不仅没有站起来反抗英国殖民者，反而一同压迫埃及人。[16]1948 年，也就是库特布写下那篇贬损文学知识分子的文章的三年前，他呼吁年轻人远离"政党，依靠自己的力量"。[17] 根据库特布传记作者希尔米·纳姆纳（Hilmi al-Namnam）的说法，库特布对政治体制希望破灭与他寻求伊斯兰教以实现社会和政治变革之间存在明显的关联。[18] 同时，这也与埃及紧张的政治环境中的变化相呼应：从领土民族主义转向一种与宗教相交织的阿拉伯民族主义，也被称为超民族主义（supranationalism）。[19]

除了 20 世纪 40 年代埃及政治环境变化外，库特布的转变也恰逢宗教书籍和小册子在埃及和邻近阿拉伯国家流行。这在一定程度上反映了政治伊斯兰的复兴，主要体现在具有领袖魅力的人物哈桑·班纳及其追随者身上。因此，到 20 世纪 40 年代中期，库特布在宗教写作中找到了自己的优势，受到了广泛关注，并享受着成功的甜蜜滋味。1945 年，他出版了《〈古兰经〉中的艺术意向》（*Artistic Imagery in the Quran*），这本书主要强调《古兰经》的语言特质和独特的艺术性，以此向公众展示《古兰经》之美。阿卡德、塔哈·侯赛因和穆罕默德·侯赛因·海卡尔等著名作家也转向伊斯兰写作，开创了一种以伊斯兰教为主题的写作潮流，并在接下来的几十年中大受欢迎。[20] 尽管穆斯林兄弟会和民族主义者都面临着方向危机，而且缺乏内部的政治和社会凝聚力，但他们都清楚他们面对着一个共同的敌人：殖民统治。[21] 因此，这种宗教民族主义观点具有特殊的吸引力，它"承诺了一个不会轻易失败的未来：它的道德和精神目标是超越且难以量化的，不像世俗民族主义的承诺那样物质化"。[22] 埃及公共知识分子对伊斯兰教的迎合正是对涂尔干社会学理论中宗教功能角色的提示，提醒人们宗教在社会中可以扮演的重要角色。[23]

　　但是在 1949 年，库特布在著作《伊斯兰教的社会正义》（*Social Justice in Islam*）中又走向了另一个极端，他批评了埃及在两次世界大战之间的社会、经济、文化和教育状况和政策。在书中，库特布为社会、法律和政治事务中的正当行为奠定了理论基础。他的主要目标是剖析社会经济和政治挑战，并以他所谓的"真正的伊斯兰教"为基础提出解决方案，这个方案是一个理想，可以被视为管理社会事务的整体系统。库特布在《古兰经》中寻找其立论根源，并不断质疑其他宗教和意识形态，尤其是基督教。库特布认识到伊斯兰教作为一个能够"实现社会正义并保障穷人有尊严地生活"的综合性替代方案的重要性。[24]《伊斯兰教的社会正义》比《〈古兰经〉中的艺术意象》更接近政治领域，这本著作为库特布赢得了更大的知名度和认可度。

　　从 20 世纪 40 年代末至 50 年代初，库特布逐渐接受了一

220

种对宗教的"进步解释"，并将其作为应对埃及不断恶化的社会和经济状况的解决方案。这一时期标志着库特布思想开始发生根本性的转变，但必须强调的是，在这一阶段，他还不是一名革命伊斯兰主义者。相反，他将伊斯兰教视为一套完整的生活方式，一种能够促进救赎和更新的神圣系统，以及实现阿拉伯社会改革和现代化的手段。正如一名研究伊斯兰教的著名学者所述："这一概念转变反映出 20 世纪 40 年代末期库特布思想中深刻的意识形态改变，这也让他更加坚定地为改善农民和工人的困境而努力。"[25] 这一转变的核心是库特布在《伊斯兰教的社会公平正义》中明确表达的新信仰，他认为"纯正"和"正宗"的伊斯兰教可以比放任自由的资本主义或马克思主义更有效地解决社会不公正和不平等的问题。

如果说库特布曾在不到 20 年前把伊斯兰遗产看作进步的障碍而加以拒斥的话，那么他现在则是从遥远的过去挖掘问题的答案；他毫无歉意地提出把积累已久的伊斯兰传统作为摆脱当前社会瘫痪状态的方法。库特布把宗教作为指导框架来信奉，这在他那一代人中并非独一无二；然而，真正独特的是，这位坚定的社会行动者和公共知识分子将自己视为"大地上的受苦者"（al-mustad'afun），与埃及农民们站在一起，并使用他们的宗教语言。他提出了一种激进且革新的伊斯兰教观点，这使他与宗教学者分道扬镳。库特布攻击他们的特权以及他们对伊斯兰教信仰的静态、传统、保守的解读。

哈桑·哈纳菲指出："库特布开创了一种左翼、革新的伊斯兰话语，挑战了反动者和极端保守者的主导地位。"哈纳菲是一名埃及哲学家，他创造了阿拉伯语新术语"al-yassar al-Islami"（伊斯兰左派）。"他的作品奠定了伊斯兰左派思想的基础，那是一种平等精神，体现了公正和正义在伊斯兰教中扮演的根本性角色。库特布提醒广大穆斯林，伊斯兰教最重要的道德信息是社会正义和自由。"在开罗家中的巨大图书室中接受本书作者采访时，哈纳菲补充道。当我提到库特布实际上是一个宗教性的马克思主义者时，哈纳菲反驳说："不，库特布是一个革新左派，不是马克思主义者。左派早在马克思主义出现以前就已经存在了，马克思没有垄断进步政治……库特布机智地表明，早在 1400 年前，早在马克思和马克思主义之前，伊斯兰教就已经提供了一个全面的哲学系统和理想，它把社会和谐和公正视为一种生活方式，并当作最重要的事情。库特布传播了伊斯兰教的进步信条。"[26]

在人生的这一阶段，库特布的宗教著作使他在埃及人中获得了大量读者，并成为一个广为人知的公共知识分子。《伊斯兰教的社会正义》对年轻的穆斯林兄弟会成员来说，如醍醐灌顶。实际上，许多成员误以为库特布是他们中的一员，因为这本书的内容正是他们心中的想法。如今已年过八旬的艾哈迈德·阿萨尔回忆道："库特布提醒了我这一代人伊斯兰教的美丽和人文关怀，也提醒我们的职责是带着安拉的讯息，努力建设一个道德和公正的和谐社会。"当时的阿萨尔是一个同情穆斯林兄弟会的年轻人。"读完这本书后，我认为只有穆斯林兄弟会的思想家才会写出这样一本强有力的书来表达伊斯兰教精神的真谛。许多弟兄们也有相同的感受，尽管我们之前并不知道库特布是谁。"[27]当我向穆斯林兄弟会的高级领导人法立德·阿卜杜·哈勒克（Farid Abdul Khaliq）提问为什么《伊斯兰教的社会正义》如此受欢迎时，他的回答十分明确。"这本书填补了总训导师（哈桑·班纳）被刺杀后留下的概念真空，并探讨了一个基本的伊斯兰原则——社会公正，"他说，"对年轻的穆斯林兄弟会成员来说，最重要的是这个主题，而不是作者本人。库特布在穆斯林兄弟会中并不十分出名，1953 年以前，他和我们的运动没有任何关系，不从属于我们。"[28]

222

　　虽然库特布一直与伊斯兰主义者保持距离，但他的作品在穆斯林兄弟会中越来越受到追捧。他过着自由自在的生活，据说甚至偶尔会光顾当地一家名为力瓦的酒吧。据一名曾与他共事的记者所说，在那里，他很享受喝一点法国白兰地。[29] 直到1950年8月，库特布结束在美国的两年游学经历回国后，他才与穆斯林兄弟会有了进一步的接触，尽管他直到1953年才正式加入该运动。在美国的经历对于加强和巩固他的新宗教信仰和世界观起到了决定性作用。在给埃及同事和朋友的信件和评论中，他多次提及了对美国的观察。[30] 在库特布的脑海中，他的美国之行具体呈现为一种刻板的二元论：一边是伊斯兰教丰富的精神主义，另一边是西方过度的物质主义。无灵魂的美国重塑了他对伊斯兰道德经济和遗产的认知，并在他心中孕育了对自由资本主义和苏联物质文化的持续厌恶和敌视。他眼中的美国（乃至整个西方）是一片丛林，人们在这片丛林里为了钱、利益和性满足尔虞我诈。相比之下，伊斯兰教的精神允许个人摆脱物质的诱惑，让人们从囚禁自我的牢狱中得以解脱。他把西方和东方视为本质主义、单一的范畴。当库特布从美国回到埃及时，他已经确信伊斯兰教的道德优越性和西方的文化衰落。在这之后，他的这种观点越来越固化。

　　在此期间，库特布为不同意识形态立场的报纸和杂志撰写社论文章。他的二元论思想反映在其新闻文章中，也体现在他在1950年至1953年出版的书和其他作品中。[31] 在文章中，他呼吁与埃及的共产主义者合作以反抗英国占领者的压迫，但在1950年出版的《伊斯兰教与资本主义的战役》（*Ma'rakat al-islam wa-l-ra'simaliyya*）中，他却攻击苏联共产主义是一种专注于物质主义的意识形态。[32] 库特布认为，苏联反对"言论自由和知识自由"，[33] 而且无论是苏联还是西方资本主义国家都无法给埃及人和穆斯林带来任何好处，只会造成混乱和身份危机。[34] 根据谢里夫·尤尼斯的说法,库特布的二元论反映了他在短期目标和长期目标之间的分工:他的短期目标是结束英国殖民统治,长期目标是建立一个以伊斯兰道德为基础的经济和社会秩序。[35] 事实上,库特布在反殖民任务上是务实而非激进的。例如,在 1951 年,他呼吁建立单一阵线,联合共产主义者、民族主义者和穆斯林兄弟会,共同对抗英国占领者,以及反对"独裁、封建主义和资本主义,因为这些都是殖民主义的延伸"。[36] 在另一个场合中,他还主张发起"游击战",呼吁"所有党派和组织"以及忠诚的独立人士联合起来,组建队伍或发起抵制行动。[37] 库特布在面对英国占领时对团结所有力量的呼吁,反映了埃及当时的公众心态和政治形势。有些社会运动虽然意识形态不同,但已经展开合作,共同反对英国。穆斯林兄弟会与自由军官组织的联合就是一个例子。

库特布在 1952 年 7 月自由军官组织发动推翻埃及君主的政变前后,与他们建立了联系。虽然他之前与这些年轻军官的关系没有被详细记载下来,但有证据表明,库特布是唯一提前知晓政变计划的平民,也是唯一参加革命指导委员会会议的平民,并与纳赛尔有密切联系。[38] 纳赛尔的好友兼军中谋士哈立德·毛希丁回忆说,革命刚刚发生后,库特布积极地公开敦促军官们清除旧政权成员,即便是建立独裁政权也在所不惜。"他的文章非常值得注意,因为这些文章在很大程度上支持我们的革命,并给出了他好战狂热的政策建议,"毛希丁告诉我,"库特布是为数不多的公开主张终止自由宪法、实行刺刀统治的作家之一。这种失去理智的危险想法助长了我们中一些人的野心。"[39]

在法鲁克国王被驱逐的两周后发表的一篇文章中,库特布温和地指责自由军官组织的领袖穆罕默德·纳吉布上校,说"英雄和他的英雄助手们"在推翻国王后止步不前,并在清除

224

与旧政权有关的政治家之前准备撤退到他们的军营里。库特布坚持说，"以上百万人的名义"，"我们绝不允许你们撤回军营，因为你们的任务还没有结束，你们的职责是要完成使命"。[40]库特布建议纳吉布和他的同志们毫不留情地打击反动派。他复兴了在穆斯林改革者中一度十分流行的"正义的独裁者"概念，这一角色被认为是解决国家问题的灵丹妙药。根据阿德南·穆萨兰（Adnan Musallam）的博士论文研究，库特布提出"革命指导委员会必须用铁腕手段打击所有试图让革命努力付诸东流的人"。[41]穆萨兰引用了库特布写给纳吉布的公开信里的内容来解释这件事。库特布明确要求建立"为期六个月的公正独裁，以进行全面的清理行动，让腐败的政治人物丧失宪法权利，只允许值得信任的人物参与政治生活"。[42]

作为一位独立撰稿人，库特布的文章为1952年政变后埃及的辩论增添了紧迫性和合法性。这场辩论的焦点是：那些年轻、缺乏经验且雄心勃勃的军官是否应该将权力移交给平民，并返回军营。他坚决反对军官退回军营。他强调，埃及的未来取决于国家的骑士——军事统治者的迅速行动。库特布不仅呼吁继续实行军事统治，还首次将政变称为"革命"，赋予其合法性，并主张革命应扩展至埃及人民生活的各个方面。[43]库特布与其他人一同为社会革命的合法性提供了理论基础，这种合法性与宪法和自由民主相对立，也为纳赛尔等人终止1923年宪法提供了理由，声称这一切有利于实现"公正的"独裁。[44]与纳赛尔相似，库特布认为宪法民主和革命是相互排斥的，并且在本质上是矛盾的。在他的文章中，库特布使用了强硬的阿拉伯语词"tathir"（清洗）来描述军人集团应采取的行动，以达到压制旧有统治阶级的效果。他认为，不值得与反动派政治人物共存，因为他们不相信革命，也永远不会接受革命。[45]在文章《政党不能独立生存》中，库特布支持查禁这些政党。[46]

在支持纳赛尔阵营的同时，库特布声称旧政党是腐败又反动的旧政权的延伸，不值得信任，也不能重组。他认为，摆在面前的任务不是仅仅清除这些政党中的坏分子，而是要彻底消除整个腐朽的结构。他说："这些政党已经无法通过改革来实现转变，没有重组能力，不能适应革命的秩序；他们已经没有任何用处了。"[47]在另一篇社论中，库特布再次警告军队统治者们不要向旧政党领袖妥协："那将是最危险的阴谋，革命必须警惕起来……这些政党对革命有本质上的敌意。他们只会先假装服从指令，然后等风暴过后再从背后插上一刀，把革命毁掉。"他认为自由军官们必须分清敌友，即使代价是无辜者的牺牲也在所不惜："镇压 10 个或 20 个无辜者总比把革命置于危险之下要好。"

在现实中，库特布主张将构成旧政权的整个社会阶层从政治中剔除，他将旧制度视为铁板一块，是对革命的致命威胁。他批评政变后的第一任总理阿里·马希尔（Ali Maher），指责他任命的内阁部长是旧政权的一部分，不能够执行人民的意愿。库特布坚持认为，对体制进行小修小补是没用的，只有下决心反对反动派的人才是真正的革命者。在库特布发声几天后，马希尔递交了辞呈。自由军官让马希尔退出，因为他们认为他在清洗旧政权时不够决绝和迅猛，而且他曾反对军事统治者特别看重的土地改革。同一天，纳吉布组成了新内阁，并宣布开始镇压公民团体领袖，这些领袖被指控阻止和妨碍政治清洗进程，许多人遭到逮捕。在 1953 年 1 月，纳吉布颁布了封禁一切政党、没收所有政党资产，并制定为期三年的向公民政治转型计划的法令，这进一步满足了库特布的愿望。

阅读库特布在政变后第一年发表的文章，读者会留下库特布要么是自由军官组织的一员，要么是公开拥护其事业的支持者的印象。这一看法在 1952 年 8 月 12 日因劳资纠纷引发的暴

226

动中变得更为可信。当时的抗议者在卡法达瓦尔与安全部队发生暴力冲突，他们要求改善工资和恶劣的工作环境。人们可能期望《伊斯兰教的社会正义》的作者会捍卫工人或至少给予工人道义上的支持。但库特布却催促新上台的军事统治者对他们进行不惜一切代价的镇压。在卡法尔达瓦对峙三天后，库特布在他的文章《战术吓不跑我们》（*Harakat la tukhifana*）中，将抗议工人描述为受到旧政权指使的政治流氓，正在为挽救垂死的旧秩序做最后一搏。[48] 他声称斗争已经取得了胜利，滚滚向前的车轮是不可阻挡的。附和自由军官组织的立场，库特布指责心怀叵测的共产主义者利用卡法尔达瓦的工人制造混乱、攫取权力并绑架革命。新的军事政府在这件事上树立了一个危险的先例，他们成立了军事法庭，两名工人因被控参与抗议活动而被判处死刑，成为新军事政权的第一批政治牺牲品。

穆罕默德·哈菲兹·迪亚卜（Mohamed Hafiz Diab）是一名社会主义者，也是研究库特布的权威，他声称是库特布迫使革命指导委员会将两名工人绞死的。[49] 另一位作者萨纳·马斯里（Sanaa al-Misri）更进一步指出，库特布是军事法庭主法官和革命指导委员会成员阿卜杜勒·蒙伊姆·易卜拉欣（Abdel Mon'im Ibrahim）的顾问，并且他发出了处决两名参与卡法尔达瓦抗议示威的工人的命令。[50]

把库特布说成埃及新军事统治者残酷镇压反对者的背后指使者是一种误导，但毫无疑问，他是镇压旧政权秩序和废止立宪主义的主要公开倡导者之一。据报道，库特布还担任过纳赛尔的助手，并在 1953 年 1 月 23 日成为自由军官组织的政治宣传机构——解放大会的秘书长。[51] 尽管库特布只在这个位子上待了一个月，但是在这段时间里选举被取消，政党也被解散了。[52] 按照属于穆斯林兄弟会的埃及军官马哈茂德·阿扎布（Mahmoud Al-'Azab）的说法，自由军官将库特布尊崇为

"他们的革命之父"。[53]

　　与其他事务一样，库特布积极支持自由军官镇压那些反对重新分配土地和对其收入收取新税的大地主。在流行杂志《鲁兹·优素福》（*Rose al-Yusuf*）中，他建议地主们服从革命，接受土地重新分配，否则将面临剥夺继承权和灾难性的后果。[54]他提醒埃及的封建主义者，俄国地主在布尔什维克革命中经历了怎样的血雨腥风，并警告他们如果继续反抗，将面临类似的命运。"库特布认为，年轻的军官们应该迅速清理掉埃及亲英的君主，并建立起权威的政治秩序。"艾哈迈德·拉义夫说道。拉义夫曾是穆斯林兄弟会的高级成员，他认识库特布，并出版了在纳赛尔监狱中的穆斯林兄弟会成员的编年史和回忆录。"库特布把革命看作神力的介入，是一个奇迹，他毫无保留地、不顾后果地支持革命。"这位沉思的八旬老人告诉我，他谨慎节制地表达，以避免冒犯他的前伊斯兰主义者同僚。

　　在革命后的第一年，库特布不仅支持自由军官组织，还与纳赛尔和纳吉布建立了良好的关系。纳赛尔和他的同袍们频繁到库特布位于开罗郊区赫尔万的家中拜访。他们在库特布宽敞的书房和庭院中花费数小时讨论政治、教育改革、文学和诗歌。[55]相应地，库特布频繁去自由军官组织总部参加革命指导委员会的会议。[56]他的名字常常出现在和政权政治有关的新闻里，据报道，他甚至在军政府总部设有办公室。[57]虽然纳赛尔的自由军官朋友毛希丁并不记得库特布是否真的在总部有一个位置，但他承认纳赛尔和他的同袍们与库特布保持着联系。他说："库特布对革命毫不动摇的支持受到了欢迎和赞赏。"[58]库特布还在教育领域与自由军官进行过短暂合作，并担任了副部长的职务。[59]据一位埃及传记作者称，自由军官们让库特布和另一人负责国家教育系统的改革。[60]据报道，革命指导委员会还任命他为文化顾问，给军官们讲授伊斯兰教中的解放理论和革命的意义。[61] 穆斯林兄弟会的成员承认库特布与自由军官之间的亲密关系，指出他甚至曾被提名担任教育部长，尽管他从未担任这一职位。[62] 库特布本人在 1966 年被处决前的《他们为什么处死我》（*Limaza 'adamuni*）中陈述，他曾每天花 12 个小时与自由军官们一起工作。[63] 他还说道："他们信任我并提议给我关键职位。"[64]

229

　　因此，1952 年政变后，库特布立即与埃及的新军事统治者和穆斯林兄弟会建立了密切联系，尽管当时他还不是穆斯林兄弟会的正式成员。他并不认为这两者之间的联系是相互排斥的，因为他的主要任务是捍卫革命秩序。在这一时期，他以独立公共知识分子的身份参与公共辩论，他与国家士兵的共同点至少与他与真主战士的共同点一样多。当库特布最终在 1953 年 3 月加入穆斯林兄弟会时，这一决定清楚地表明了他对自由军官的失望以及蜜月期的结束。正如在第二章中讨论的那样，尽管穆斯林兄弟会是唯一逃过 1953 年 1 月军政府镇压的组织，但自由军官组织和穆斯林兄弟会之间的竞争和不信任在那时已初显端倪。

　　所以，为什么库特布在 1953 年 3 月选择离开纳赛尔，正式加入穆斯林兄弟会呢？是什么导致了他与新军事统治者的决裂，并正式加入了伊斯兰主义者的阵营呢？在他的绝命书《他们为什么处死我》中，库特布提到，他在担任解放大会职务不久后便退出了，因为他与自由军官们产生了分歧。虽然他没有详尽解释这一点，但他迂回暗示问题的关键在于纳赛尔对穆斯林兄弟会的镇压，以及他未能在这两个对立阵营之间成功调停。[65] 库特布表示，他感觉是美国人毒害了自由军官的思想，使他们转而反对穆斯林兄弟会，是华盛顿、"锡安主义者和殖民十字军"煽动纳赛尔去"摧毁穆斯林兄弟会"。[66]

　　库特布的信徒也附和这种阴谋论的论述，同样指责美国渗透到年轻的革命中，并拉拢纳赛尔和他的同袍们参与邪恶的事业。根据这一观点，纳赛尔是一个作恶者，他背叛了人们的信任，把埃及的未来抵押在西方人手上，尤其是美国人的手上，而库特布拒绝对革命的初心妥协。这种叙述来源于库特布对自己与军事统治者决裂的解释。然而，这样的解释遗留了许多没有回答的问题。库特布转而投向穆斯林兄弟会的一个重要原因，是后者的计划与库特布自己的思想要素之间的联系，尤其是他们对宗教与政治关系的看法。这种思想上的共鸣使得库特布最终选择加入穆斯林兄弟会，正式拥抱伊斯兰主义。

230

　　在 1952 年 7 月 28 日发表的一篇文章中，也就是在他与自由军官组织决裂前的几个月，库特布辩称穆斯林兄弟会是一个有能力引入适当的"伊斯兰教育"系统的组织。他相信伊斯兰教育是他努力创造的"伊斯兰社会"的核心。[67] 在另一篇发表于 1952 年 4 月的文章中，库特布赞扬了伊斯兰教作为"社会政治工程"的独特性，认为它避免了"政教分离的迷思"。根据谢里夫·尤尼斯的说法，这一立场进一步将库特布和穆斯林兄弟会推到了一起。[68]

　　库特布的追随者和穆斯林兄弟会成员声称，库特布最初接受军政府只是为了建立一个以《古兰经》为基础的政府。他们反复告诉我，库特布认为，只要民族主义被视为建立真主在大地上的国权的一种临时过渡方法，那么阿拉伯民族主义和伊斯兰教之间就没有任何矛盾。对库特布来说，阿拉伯世界是伊斯兰世界的一部分，阿拉伯民族主义只是伊斯兰教的一个子集，是其组成部分；相比之下，伊斯兰教从整体上取代了包括国籍、民族、宗派和部落在内的所有地区性忠诚。按照库特布派人士的论述，在自由军官攫取权力之前，库特布曾为他们的教育做出贡献，并试图按照伊斯兰教的框架指导他们的世界观。"但是我们的殉教者，是一个只敬畏真主的人，他低估了纳赛尔及其下属的邪恶，这些人一旦手握权力，马上就在背后捅了库特布一刀并监禁了他"，阿卜杜勒·马吉德·沙奇里说道，他是库特布最狂热的追随者之一。[69] "当库特布发现军队的阴谋家们不遵守《古兰经》的律法时，他就与他们闹僵了，"艾哈迈德·阿卜杜勒·马吉德坚称，他是库特布地下组织的一名高级中尉，在 1965 年随同导师被判处死刑，但因一条总统令逃过了处决。[70] "库特布加入穆斯林兄弟会，是因为他认为该组织是埃及唯一有效的伊斯兰主义运动。"

231　　虽然这样的意识形态可能促使库特布从自由军官组织转而加入穆斯林兄弟会，但他很可能做了更多的世俗考量，世俗权衡起到了巨大的作用。与他在职业生涯早期与世俗文学机构的关系一样，库特布对自由军官的热情支持从未得到应有的回报。虽然军官们将内阁职位和其他官职分配给自己人，但库特布一直在争取两个职位：教育部长（据说他曾被考虑过）和官方媒体的领导职位。[71] 他再次感觉到自己没有立足之地，他的才能没有得到认可。这显然无法满足他自幼埋藏在心中的雄心壮志。这两个职位他都没能得到，于是加入了穆斯林兄弟会并成为其意识形态部门的首脑。因此，他改换门庭似乎是经过个人利益权衡之后才做出的。[72]

　　库特布最终与自由军官组织决裂并与伊斯兰教徒联合，既与政治、神学或意识形态有关，也与他的自尊和野心有关。库特布的朋友阿巴斯·卡德尔回忆说，库特布曾因纳赛尔最终将教育部长的职位交给了一个与纳赛尔关系密切的人而感到愤慨。政府副部长这样的二级职位邀请根本无法安抚库特布受创的自尊心和虚荣心。正如卡德尔直言不讳地说，"他野心勃勃的壮志最终给他带来了毁灭"。像是往伤口上撒盐一般，库特布在 1952 年 10 月辞去教育部办公室主管的职位后，想要担任教育部长职位或担任官方媒体的领导职位，但遭到拒绝；他认为自己比那些同事更能胜任这样的职位。然而，自由军官们让他大失所望，他们没有认识到他对革命的重要贡献。因此，他们与他的文学导师没有什么区别。没有对他的贡献给予互惠的回报，他们和先前腐败的政治体制一样依靠恩庇关系和裙带关系。

另外，库特布在穆斯林兄弟会中扮演着越来越重要的角色，而此时穆斯林兄弟会正经历一段无序和内部动荡的时期。许多兄弟会成员认为，与哈桑·班纳的魅力和雄心勃勃的目标相比，他们的新总训导师的领导力显得微不足道。当纳赛尔通过官方媒体发起全面宣传攻势反对穆斯林兄弟会时，兄弟会中有一小群人开始确信应该对政府做出更积极猛烈的回应。他们坚持认为当前的紧迫任务是超越胡岱比的保守观点，寻找新的革命性观点。正是在这样的意识形态真空期，库特布正式加入了穆斯林兄弟会。1954 年 7 月，库特布被任命为《*穆斯林兄弟会报*》(*al-Ikhwan al-Muslimun*)的主编，尽管他只在这个职位上待了八个星期，纳赛尔就查禁了这份报纸。几个月后，库特布因涉嫌参与暗杀纳赛尔而被判处 15 年监禁。下一章将明确指出，库特布在组织中扮演了更直接的意识形态决策者角色，正是发生在他被中止职务并关押在纳赛尔的监狱中期间。在监狱里，库特布招募了穆斯林兄弟会成员，他的目标是创建自己的伊斯兰运动先锋队，反抗胡岱比和穆斯林兄弟会其他机构的意愿。尽管在 1953 年库特布曾与胡岱比共同反对纳赛尔，但他毫不犹豫地绕过这位上级，以实现更远大的目标。这反映出穆斯林兄弟会所面临的最重要的内部挑战之一。

库特布的追随者认为库特布曾经暂时性地与自由军官合作，后又因意识形态分道扬镳，这种论述忽略了更世俗的考虑。他们遗漏了库特布被野心和自尊心驱动的层面。在现实中，当军事政权以革命正当性为借口，宣传 1954 年对穆斯林兄弟会的镇压时，库特布最终成为自己当初选择的牺牲品。当时他敦促自由军官清洗他们在埃及的反对者，即使付出人命也在所不惜。尽管他的支持者后来将他理想化，认为他是一位一生致力于使真主的话语至高无上的殉道者和英雄，但库特布的真实特征表现出他是政治领域的外行人。他玩弄政治并支持穆斯林兄弟会，最终引火上身，被政治消耗了。

在与自由军官组织的关系恶化并在 1953 年正式加入穆斯林兄弟会之后，库特布发现自己立刻陷入了两个强大且一意孤行的人——纳赛尔和穆斯林兄弟会的总训导师胡岱比——的交叉火力之中。库特布没有与胡岱比保持距离，反而紧密地与其阵营结盟，并成为对抗纳赛尔的领军人物。在这样的情形下，库特布的举动疏远了野心勃勃的年轻军官，他们将库特布视为死敌，事实证明这是一个巨大的失误，最终导致了库特布的死亡。在世界各地的革命进程中，库特布模式并不少见，只是为最终被自己帮助动员的力量吞噬的革命者名单添上了一笔。罗伯斯庇尔在 1789 年之后的混乱中被法国革命势力处决；托洛茨基因与 1917 年的布尔什维克革命领导者在思想上有分歧，遭到流放并死于前同志之手；爱尔兰国民英雄迈克尔·柯林斯（Michael Collins）被爱尔兰共和军（IRA）的一个小分支谋杀；布基纳法索革命马克思主义者托马斯·桑卡拉（Thomas Sankara）最终被其前同志所领导的突击队杀害。在阿尔及利亚，艾哈迈德·本·贝拉（Ahmed Ben Bella）被军队强人和亲近朋友霍阿里·博美迪尼（Houari Boumediene）推翻，正如在埃及，纳吉布被纳赛尔驱逐。此类例子不胜枚举，库特布只是其中之一。

结　论

库特布的传记作者强调他一生的延续性，与那些认为他的

思想自 20 世纪 50 年代开始出现急剧变化的人一样，没能认识
到他人生道路上的矛盾性、冲突性、偶然性和各种影响的相互
作用。这些特点不可避免地归因于他经历的不同的社会背景，
从上埃及乡村的保守环境到开罗的精英文学圈子，再到自由军
官组织的民族主义共和政权，所有这一切促使他逐渐接受伊斯
兰主义政治和加入穆斯林兄弟会。

　　纳赛尔和库特布的故事交织在一起。两人都受到了社会环
境的影响，走上了类似的道路，游离在各种意识形态之间。在
自由军官政变前后，两人曾短暂合作，甚至建立了个人关系。
当纳赛尔和他的同伴在 1952 年 7 月夺取权力后，库特布是支
持革命及其军人统治者的公共知识分子之一。从 1952 年 7 月
到 1953 年 2 月，他发表了大量报刊文章，称赞纳赛尔和发动
革命的军官们，恳请他们废除宪法上的制衡，建立一个"公正
的"军事独裁政权。与纳赛尔一样，库特布急于自上而下地改
造埃及社会，而不是通过宪法程序逐步改革。与纳赛尔一样，
库特布认为军队，尤其是年轻军官，最适合担当推动变革的先
锋队，他们具备气质、情感和爱国主义。他对旧有的宪法秩序
和那些利用体制捞取利益、忽视埃及的严重问题的腐败政客没
有信心。在辞去解放大会的一切官方职务并于 1953 年正式加
入穆斯林兄弟会之前，库特布曾信任这些新埃及骑士会纠正过
去的殖民错误并创造一个更美好的未来。

　　归根结底，与纳赛尔一样，库特布是时代的产物，他内
化并回应了自己和同胞们面临的社会挑战。讽刺的是，纳赛尔
和库特布对于埃及未来的不同构想最终使他们成了死敌。在这
件事中，他们的个性也起到了作用。库特布不仅仅是一种意识
形态图腾，他首先是一个人，他的发展轨迹有一部分是受自尊
心、野心和他所处的日常环境引导的。只有审视他人生的不同
阶段，才能看到这个人的完整形象和他的思想来源，才能了解

234

235

他一次次的努力是如何化为泡影并最终走向了激进化。虽然库特布支持 1919—1922 年的革命，但是在 40 年代，他对体制内的精英们产生了强烈的失望。他对文学精英的批判是埃及社会经济大背景的直接后果，这个年轻人感到被中产阶级忽视了，他认为中产阶级只关注自己的利益。同样，库特布支持 1952 年革命，然而却越来越被自由军官疏远，他们没有保证让他在新建立起来的秩序中担任高级职位，而且走向了一条和他不同的道路。在这两件事上，库特布都感到被那些受他帮助获得了认可和影响的人利用和虐待；他希望自己能够成为一个重要角色，并让人们听到他的声音。正是在这样的背景下，库特布在 1953 年正式加入了穆斯林兄弟会并接受伊斯兰教作为一种全面的生活方式。伊斯兰写作上的成功让他在穆斯林兄弟会的年轻人中大受欢迎，赢得了大量听众和舞台，在这个舞台上，他将履行他新发现的革命使命。

第九章

库特布的秘密社

自由军官对穆斯林兄弟会的打压逐渐演变为一场武装对抗，对抗的双方分别是纳赛尔政府所代表的阿拉伯民族主义力量和由库特布领导的新兴激进伊斯兰主义势力。秘密社是一个准军事组织，是穆斯林兄弟会成员在 1954 年纳赛尔开始镇压伊斯兰主义运动后成立的。库特布在秘密社中主掌教学和意识形态建设，此外，他还给埃及监狱系统内外的秘密社年轻宗教活动分子提供实际指导和监督。埃及官方在 1965 年发现这个地下团体时，称之为秘密社。虽然这个名称并不被该团体使用，但是这是指代该团体最为方便的标签。

与秘密社关键成员的访谈揭示了库特布在这个组织中所扮演的角色以及他的各种贡献。从 1954 年镇压开始一直到 1966 年 8 月库特布被绞死，这些关键成员和库特布本人保持着直接或间接的联系。在采访中，他们用自己的语言讲述对各种事件的参与程度和看法，以及与库特布的重要联系。因为他们亲眼见证了库特布思想深处的变化，以及他与纳赛尔政府的斗争，所以我尽力让他们讲述库特布内心的想法和他进入地下活动的原因。是什么把他推下了深渊呢？因禁和折磨加重了这位不够坚定的批评家和行动者的怨气，这对他的思想产生了深远的影响。在 1954 年至 1965 年，他的意识形态转变到了什么程度？通过对抗强大的埃及政府，他想要达到什么目标？关于伊斯兰内部和外部敌人，他给成员们灌输了怎样的观念？他是否在实际操作中允许使用暴力来重新树立真主在大地上的主权？他说的"智慧"是指什么？

此外，我还强烈要求那些与库特布同时代的人详尽地阐述秘密社和主流穆斯林兄弟会之间的关系，尤其是与该组织的总训导师哈桑·胡岱比之间的关系。库特布究竟是独自战斗，还是在胡岱比的指示下建立和指挥了一个准军事组织？是谁来招募秘密社的成员？招募是如何完成的？秘密社是如何建立、组织、训练和灌输教条的？当库特布被关押时，他的思想、宣言和指令是如何传达到秘密社成员和战场上的士兵那里的？为什么穆斯林兄弟会在大规模监禁时期分裂成了两个对抗的派系，即与库特布结盟的反抗主义者和妥协主义的元老派？还有，这一分裂在接下来的几十年中对穆斯林兄弟会产生了多大的影响？

这些极具启发性的谈话揭示了讨论穆斯林兄弟会和纳赛尔政府关系时未曾出现的内容。但更为重要的是，这些对话提供了一个新的角度来了解库特布的影响力和他从 1954 年至 1965 年在监狱中所经历的转变。

穆斯林兄弟会的结构与纳赛尔政府的第一波镇压

在 20 世纪 50 年代初，穆斯林兄弟会是埃及最大的社会力量，其领导层花费三十多年的时间建立这个组织，并扩大其在整个埃及的影响力。在这段时间内，穆斯林兄弟会发展出的组织结构既复杂又灵活，被称为"联邦式权力架构"（federated structure of authority），这种组织结构使得穆斯林兄弟会在数波政府镇压中存活下来。[1] 在 20 世纪 30 年代中期，哈桑·班纳勾勒出了伊斯兰运动的长期愿景，具体围绕成员资格的三个层级展开：（1）助理兄弟（musa'id），（2）正式兄弟

238

（muntasib），（3）行动兄弟（'amil）[2]。在第一级别里，成员们仅需要贡献小额金钱并在会员卡上签名。在更高的两个级别中，成员要求深化对组织的服从和支持。若一名成员想要被提升为"正式兄弟"，他需要有人来"证明他精通伊斯兰运动原则，参加常规会议，并且本人承诺绝对'效忠'"。

为达到"行动兄弟"级别，成员要最大限度地服从，包括"身体训练、学习《古兰经》，履行伊斯兰教义务，比如朝觐、把斋、缴纳天课（zakat）"。最高级别成员被称为"圣战者兄弟"（mujtahid），拥有这个头衔的成员十分稀少，这个级别"只对最全身心投入的一小部分人开放"。此外，按照学者理查·米歇尔的说法，这个等级"可能和秘密社的起源相关"。[3]穆斯林兄弟会成员通过兄弟誓言（bay'at al-'ukhuwwa）与组织联系在一起，在基层，该运动以小组为单位组织起来，每个小组被称为家庭（usra）。[4]

因此，穆斯林兄弟会的成员之间具有扁平化、个性化的联系，这样能保证彼此的信心和服从，这两点都是伊斯兰运动的指导性原则。这种灵活且分层级的会员制度为招募成员奠定基础并且促进该组织在埃及各地的发展。到1949年，穆斯林兄弟会已有30万到60万积极活动的会员、超过2000个分支，成为埃及最大的有组织的社会和政治运动。[5]而哈桑·班纳最初在20世纪20年代建立穆斯林兄弟会时，只有几百人而已。

除了穆斯林兄弟会成员人数快速增长外，其成员也拥有着广泛的意识形态、社会、专业背景。由于该组织保密，因此精确的成员社会经济分布信息很难收集。但是，根据一些随机出现在与穆斯林兄弟会有关的案件法庭记录中的证据，可以得出一些结论。例如，有一名学者总结说，在1948年涉嫌暗杀总理马哈茂德·努克拉什（Mahmoud al-Nuqrashi）的15名被告中，有6名学生、5名公务员、3名小商人和1名工程师。[6]

可取得的统计证据表明穆斯林兄弟会从各社会阶层吸纳会员。同样，已解密的美国国务院文件显示，穆斯林兄弟会成员的职业十分多元。从这一点来看，穆斯林兄弟会成员和支持者来自社会中最西化和现代化的部分，但也包括了工人、农民、警察和宗教事务人员。[7]

穆斯林兄弟会广泛的会员基础是有效、合理的，当我们审视该组织的行动，包括招募成员、宣传和训练时，我们能够看到这些行动渗透在社会的各个方面。在早期，穆斯林兄弟会主要集中在开罗以外和清真寺周边，这些地方被视为最有效的招募、宣传和训练平台。[8]20 世纪 30 年代，该组织扩展到了更大的城镇和城市中，从清真寺转移，开始进入市中心地带。穆斯林兄弟会也改变了早前招募成员时的神学限制，转而吸收如法律、经济、教育、工程、化学方面的专业人士，以增进对伊斯兰教 "科学性" 的理解。[9]

考虑到穆斯林兄弟会招募模式的有效性和内部凝聚力，埃及政府从未成功摧毁该组织。即便是政府在 1948 年努力瓦解伊斯兰运动后，美国国务院仍收到有关埃及秘密集会和散发传单的报告。1951 年，该组织仍在积极活动并且有能力在 24 小时之内动员至少 3000 人。[10]

从穆斯林兄弟会的废墟上兴起的激进派别

因此，在纳赛尔政府 1954 年 1 月中旬发起第一波大规模围剿穆斯林兄弟会成员的行动后，虽说有上千名重要领导人和成员被抓捕入狱，但这个伊斯兰主义组织在很短的时间就开始重新运作。[11]到当年 6 月就已经有了关于穆斯林兄弟会行动主义复兴的报告。[12]和自由军官组织为时两年的对抗让穆斯林兄弟会的领导层分崩离析，他们无法直接对纳赛尔政府发起挑战，虽然仍然保持着自身的生存意愿。伊斯兰运动遭受了重创，但是人们很快就意识到，自由军官发动的血腥镇压既不能在社会和政治层面消灭它，也无法对地下网络斩草除根。

在 1954 年镇压期间，胡岱比领导下的穆斯林兄弟会认为该组织应该尽力吸取教训，静候时机，待政治环境改变，权力平衡被打破后再出击反对纳赛尔。他们的目的是存活下来：熬过这场风暴，保持内部凝聚力。在包括该组织最核心的几个人在内的上千名年轻成员和高级领导者身陷囹圄之时，穆斯林兄弟会的领导层没有其他决定可以做。与此同时，在监狱里，穆斯林兄弟会成员仔细思考着此时的困境并密谋反击纳赛尔政府。传统领导层和低阶成员之间的分歧变得越来越大。成员们胸怀怒火和不平，因为他们觉得遭到了纳赛尔的背叛。他们认为如果没有穆斯林兄弟会的支持，自由军官既不能在 1952 年政变中成功上台，也不会得到人民的支持。如他们担心的那样，穆斯林兄弟会遭到了掌权者的各种迫害。随着监狱中的穆斯林兄弟会成员的挫败感越来越深，他们对领导层也日益不满，原因是领导层的静默主义和不愿对纳赛尔政府发起反击。监狱因而成为重要论坛，成员们在那里探讨如何拾起残局，以及应对组织进行哪些变革，以加强其对外部因素的抵御力。

另外，那些侥幸逃过镇压的人努力在受压迫的新环境中继续行动。艾哈迈德·阿卜杜勒·马吉德就是其中一位，他既是穆斯林兄弟会成员，也是当时埃及军事情报部门的长官；在官方不知情的情况下，他从监狱之外提供帮助。[13] 经过几位同事的介绍，我得以与他会面并询问他的狱中经历。他向我透露："在纳赛尔政权 1954 年拆解了穆斯林兄弟会之后，我们一群年轻人，决定自己行动，想办法帮助受到迫害的家人们并延续伊斯兰教的火种。我们希望能吸取经验教训，密谋下一步行动。"当我追问他作为双重间谍为国家和穆斯林兄弟会工作是

241

否矛盾时，他坚称自己忠于伊斯兰主义组织，同时也有着军人的职责。他表示，纳赛尔和自由军官迫害他的同伴们，这已经是不公正的举动，也丧失了他们的合法性。他说："最初，并不存在中央集权化的权威"，他进一步叙述了穆斯林兄弟会成员在 1954 年镇压中试图努力保持行动力。"每一个小组都自行展开行动。我所在的小组，我们一同礼拜祈祷，探讨政治。我们阅读穆斯林兄弟会的出版物，尤其是殉教者哈桑·班纳的信件，我们还讨论如何增加成员数量，和暗中同情我们的人建立联系。在最初的两年里，我们保持着非常低调的招募进度，几乎不从最紧密的圈子外招募新人"，马吉德如此解释道。[14] 尽管在其他方面也有相似的努力，但都是自发的、分散的。"我们不知道各地有其他年轻埃及人组织成了相似的团体，也有和我们一样的复兴伊斯兰运动、反抗纳赛尔的目标。我们身在暗处；在恐惧中彼此分散"，阿卜杜勒·马吉德补充道，他曾是秘密社的初创成员，领导秘密社的情报委员会并指挥上埃及地区各单位。[15]

与阿卜杜勒·马吉德一样，艾哈迈德·阿代勒·卡迈勒也是秘密社的穆斯林兄弟会成员，他告诉我在镇压开始后，他秘密集合起了一支穆斯林兄弟会小组。他的目标是复兴机密部门（我在第二章讨论过），这个部门由哈桑·班纳创立，是穆斯林兄弟会反抗英国人和君主行动的一部分。该部门在 1948 年 12 月将总理努克拉什刺杀后解散。在 20 世纪 50 年代初，胡岱比曾试图将其复兴，但再次被政府迅速摧毁。[16] 阿代勒·卡迈勒直到 1959 年仍努力尝试重新创造一个准军事组织。阿代勒·卡迈勒和阿卜杜勒·马吉德并不是仅有的两位因穆斯林兄弟会成员被捕而变得有极端政治倾向的宗教活动人士，他们试图建立秘密的准军事组织。我遇到过很多这样的人。

因此，纳赛尔政权的镇压只会让穆斯林兄弟会某些成员的立场更加坚定，无论他们是在监狱还是在外面。穆斯林兄弟会内部激进的派别的形成，得益于该组织错综复杂的组织结构，其中高层领导与基层成员并不相通。领导层被监禁后，低级成员有了新的想法，这反过来又创造了内部异议的空间。

赛义德·库特布获得革命潮流领导权

赛义德·库特布比其他任何人都更牢固地掌握着新近出现的革命性潮流。在压迫的政治环境下，他的想法尤其吸引穆斯林兄弟会成员，因为他们从观点到实践都跟主流的穆斯林兄弟会有根本的差异，并且提供了替代性方案。他的思想和哈桑·班纳的思想很不同，班纳一直是穆斯林兄弟会的基石和智慧基础。和班纳不同的是，库特布摒弃渐进式的政治参与和社会动员，而是倾心于培养一支颠覆性的先锋队，作为建立新的伊斯兰主义乌托邦制度的领头羊。尽管班纳曾建立机密部门，但他将其角色限制在较小范围内。在 1948 年努克拉什遭到暗杀后，班纳否认和暗杀行动有关系并且要求该组织的特工人员保持克制和耐心。[17] 哈桑·班纳强调的是利用报纸、杂志和公开演讲来传播穆斯林兄弟会的理念，这与库特布及其追随者所持观点形成了鲜明对比。库特布和他的同伴认为政治活动和行动主义是无效手段，武装斗争和推翻被他们贴上"暴君"标签的纳赛尔则是重中之重。正是这一套观点和论述让一个新的准军事组织在监狱里的穆斯林兄弟会成员和在监狱外的支持者中形成。哈桑·班纳和库特布的策略不同之处在于，库特布愿意对穆斯林兄弟会严格的、自上而下的等级结构提出挑战。在班纳建立准军事部门时，他曾是该部门的创立者和精神指挥者，而库特布在复兴和掌控地下部门时并没有正式隶属于穆斯林兄弟会。故事的复杂性在于胡岱比的支持者声称，胡岱比不知道库特布的地下组织，而知情者指出，胡岱比已经被告知了这个新的组织，甚至默许了它的存在。

到 1953 年时，库特布已经和自由军官组织决裂，成为一名羽翼丰满的穆斯林兄弟会成员。然而，最终是狱中经历使他的观点变得激进化和军事化，让他迫切认识到要推翻世俗秩序并以一个严格按照《古兰经》建构的制度取而代之。他在被关押期间画下了革命的蓝图，这被他的门徒们称为"运动的教法"（fiqh al-harakah）。库特布的狱中写作旨在灌输教条和启发宗教行动主义者的行动，其风格与他此前作为社会批评人士和文学家撰写的作品截然不同。正如库特布的狱友之一赛义德·艾德所说，"狱中岁月转变了库特布的思想和写作。他把笔变成了反对暴君的致命武器，并定下目标从长久的沉睡中唤醒伊斯兰世界"。[18]

1954 年 11 月，库特布开始了长达 15 年的刑期，他开始修订他的多卷本评论性著作《在〈古兰经〉的绿荫下》（Fi zilal al-qur'an）。[19] 库特布修改后的版本和 1952 年至 1954 年完成的初版有显著的不同，那时纳赛尔与穆斯林兄弟会的关系相对较好。这一系列著作的最初版本关注《古兰经》和伊斯兰教的审美和智识方面。正如库特布的传记作者萨拉赫·哈立迪（Salah Khalidi）所说，初版是"审美的钥匙"（al-muftah al-gamali），修订版则是"行动的钥匙"（al-muftah al-haraki）。这一新的、带有强烈意识形态色彩的作品强调了革命的伊斯兰教与蒙昧之间不可避免的对抗。[20] 现在，库特布将《古兰经》视为革命文本，是 7 世纪阿拉伯半岛从原始状态转变为城市文明的关键。因此，它是伊斯兰教与各种敌人战斗的最重要武器，尤其是与纳赛尔及其民族主义军官等地方反叛分子的战斗。

库特布的最终目标是再次给社会带来根本性的转变以建立

起智慧、真主在大地上的国权。他把他生活的埃及和先知穆罕默德传播伊斯兰教的信息时的埃及联系起来。正是将当时类比于先知时代使库特布可以用《古兰经》来支持他的绝对主义观念。他迈出了极端的一步,将当时的埃及社会划分到了蒙昧的类别,这个术语在历史上是用来形容阿拉伯社会在伊斯兰教降世以前的精神无知状态。库特布将阿拉伯人的旧蒙昧和他提出的现代蒙昧联系起来。[21] 他在监狱里辩称:"我们今天也被蒙昧包围着,这种状态和伊斯兰教初期的蒙昧有相同的本质,甚至程度还要更深一些。"[22] 库特布所谓的蒙昧是背离了崇拜唯一的真主和背离真主的规定,比如那些不是从真主那里得来的社会制度、法律、规定、习惯、标准和价值。从这个定义来看,他坚称,埃及社会只能说是一个蒙昧社会:"我们的整个环境,人们的信念和想法,习惯和艺术,法律和法规——都是蒙昧的,甚至我们认为是伊斯兰文化、伊斯兰来源、伊斯兰哲学和伊斯兰思想的东西,也都是蒙昧的。"[23]

在此情形下,当蒙昧是一群人奴役另一群人时,库特布指出,这便是以人为的法律来代替智慧。相反的,在他看来,真正的伊斯兰生活包括了对真主全面的服从并拒绝所有模式的蒙昧生活,无论是古代的还是现代的,都要如此。"伊斯兰社会,按照最根本的本质来说,是唯一的文明社会,各种形式的蒙昧社会是落后的社会。"在善良和邪恶的巨大对决之间,他反对任何的妥协或共存,他指导追随者:"伊斯兰教不能接受一半智慧、一半蒙昧。"[24]

库特布的历史观退化成了真理与谬误的永恒斗争。库特布宣扬伊斯兰教最终会开枝散叶并在大地上建立统治,这种摩尼教式(Manichaean,二元对立)的斗争论得到了门徒们的认可。但是,他表明,伊斯兰教的胜利不会因为它是真主的启示就轻易到来,而是要通过一定的手段,"也就是一群理解职责

246

所在、信仰虔诚并尽可能确保任务完成的人……以他们拥有的一切向着这个目标奋斗"。[25]

库特布呼吁创造出信仰的一代或《古兰经》的一代（Quranic generation），他们会作为先锋"勇敢担起最重的担子，为全人类指出救赎之路，也建造出救赎之路"。[26] 正如我们在第五章中看到的，库特布说他已经把身上的西化影响和堕落的世俗影响清扫一空了。[27]

《古兰经》的一代这一概念是库特布在《〈古兰经〉的绿荫下》中发展出来的，在书里，他规定这一代人将会服从神圣文本本身的权威，而不是服从人类法律或个人。他笔下的《古兰经》是一种有能力把人类引导到正确道路上的有效制度或路线图；最重要的生活是"为《古兰经》而活，过《古兰经》的日子"，这一观点与主流穆斯林兄弟会渐进传播的精神背道而驰。[28] 按照艾德的说法，"殉教者教导我们，社会是腐败的，我们必须尽可能少地和外部世界接触"。[29] 在他的《古兰经》评论中，库特布提醒穆斯林，与伊斯兰教重要人物，如阿布·伯克尔（Abu Bakr）和阿卜杜拉·本·马苏德（Abdullah ibn Massoud）一样，他们曾在不信教的领袖手下忍受了酷刑，《古兰经》的一代也将为其神圣的愿望付出沉重的代价。[30] 私下里，他也警告门徒们，通往救赎和解放、在大地上建立真主王国的道路将由汗水和血液铺成，赛义德·艾德说道。他曾在库特布近十年的牢狱生活中伴其左右，是他最忠诚的追随者之一。[31] 库特布的思想给人以胜利的希望，因为尽管经历折磨，但那些伊斯兰时代早期的穆斯林最终还是获得了胜利。

从 20 世纪 50 年代末到 1966 年 8 月被处死，库特布一直秘密地向监狱内外一小群经过挑选的年轻信徒灌输自己对"伊斯兰教义"的理解。他把这些年轻信徒看作其使命和思想的后继者和先锋队，在他死后，这些人将肩负起历史重担，进行知识、社会、国内和国外政府重新伊斯兰化的神圣工作。"库特布教导我们，伊斯兰教义是让力量倍增的动力，是我们的秘密核武器"，阿里·阿什马维这样解释道。他是秘密社的创始成员之一，也担任过秘密社现场指挥员。"通过用教义武装自己，我们感到比敌人更加优越，并要把攻势继续下去，"[32]他继续说道，"库特布告诉我们，我们与先知和圣门弟子，还有 7 世纪阿拉伯半岛的穆斯林生活在相似的境况之中。……我们的殉教者希望我们走最早的穆斯林一代人的道路，肩负起重建伊斯兰秩序的责任。"[33]

　　蒙昧的概念也对国家和普通公民在库特布对埃及社会转型和未来的愿景中的角色产生了深远影响。当像库特布这样的穆斯林兄弟会成员遭到迫害时，埃及民众没有挺身而出保护他们，库特布对此感到幻灭又愤恨，因此他也蔑视埃及百姓。在多次采访中，他的支持者和前穆斯林兄弟会成员都表现出了相似的感情。"穆斯林同胞们怎么能够冷眼旁观，被动地看着我们遭受不公的对待呢？"艾德诘问道。狱中经历给许多成员留下了伤痕，他们改变了对神圣的穆斯林社群及其天职和责任的态度。镇压行动促使被囚禁的穆斯林兄弟会成员进行灵魂叩问，是什么走了样，他们应该走向何处。没有自我检讨和评估，由库特布领导的一群人把矛头指向纳赛尔政府和外国势力，尤其是美国、苏联和以色列。连同其余的统治势力，纳赛尔渐渐地被穆斯林兄弟会视为劫持了革命的邪恶力量，并且腐蚀了伊斯兰运动的孩子们。更为重要的是，库特布将统治精英定性为伪信者，他指责他们在实际行动中放弃了伊斯兰教。更为激进的是，库特布也辩称埃及的普通百姓也已经不是穆斯林了。对库特布来说，根本没有灰色地带："要么是真主的统治，要么就是蒙昧的统治"，他如此写道。[34]库特布对政府官员和世俗的埃及大众的拒斥，根植于他对蒙昧概念的理解，他认为当时的社会即为蒙昧社会，暴力作为一种政治战术具有重大意义：它提供了一条绕开禁止让穆斯林流血的宗教命令的方法。

即使是库特布的信徒也坚称没有可信的证据证明库特布排斥普通穆斯林，但他们承认导师教导他们，纳赛尔及其支持者是背离伊斯兰教义的叛教者。库特布的追随者阿卜杜勒·马吉德·沙奇里曾在 1966 年被判处终身监禁，现在是库特布的传承者和主要理论家。他承认："是的，我不否认殉教者让我们相信纳赛尔及其同伙是暴君和叛教者，我们有宗教上的责任将他们带回到正确的道路上来。""库特布揭露了纳赛尔阵营的无信仰，他不说任何装腔作势的话，也不会背离真理"，他补充说。[35] 艾德也流露出相似的感情，他告诉我："库特布教授我们说纳赛尔是道德腐败、社会世俗化和西化的表现。……虽然除掉暴君是当务之急，但库特布印刻在我们心中的是需要推翻整个制度并净化它。如果伊斯兰教在生活的各个方面都被排斥，像纳赛尔这样的人就会在我们的土地上传播道德污秽。"[36]

库特布没有止步于此。他挑战了传统的乌里玛（宗教学者）对大众的控制，称他们对伊斯兰教义的解读已经过时。就像库特布年轻时抨击文学导师和后来打击纳赛尔那样，他对穆斯林学者发起了直接攻击，将他们描绘成盲目模仿的囚徒，脱离普通穆斯林的实际情况和日常斗争。这些"失败学者"，库特布争辩说，"对伊斯兰教的本质和真主所给予的功能是无知的，他们也不知道人们有权利采取主动获得自由"。[37] 库特布认为，乌里玛没有认识到伊斯兰作为一种动态的、革命性的普遍解放力量的价值，反而接受了西方对宗教的理解，将它视为与实际生活无关的私人事务。[38] 他猛烈抨击他一直描绘的不圣洁联盟，即统治者和专业宗教人士之间的联盟。他认为，后者是寄生虫、合作者和剥削者，他们出卖了自己的灵魂，让压迫性现状合法化，包括殖民主义。[39]

只有通过诋毁宗教专业人士，库特布才能直接向穆斯林社群提供革命性的伊斯兰教义。他认识到，颠覆政治权威和宗教正统会对他个人产生深远的影响。"从始至终，库特布都准备好了为他的信念殉难，"赛义德·艾德回忆道，"我清晰记得他频繁地对他们没有杀死他，反而让他活这么长时间感到惊奇。"[40]库特布的颠覆性思想已经在一波又一波的宗教激进人士心中内化，他们认为乌里玛服从于压迫性政治权威。这种解释有助于理解为什么宗教机构在应对"基地"组织和"伊斯兰国"等时作用微乎其微。

如果说穆斯林兄弟会在 20 世纪 40 年代后期遭受镇压的经验播下了塔克菲里意识形态（takfiri，视其他穆斯林为叛教者）的种子，那么 1954 年的悲剧则在其成员的集体意识中造成了裂痕，催生了一种系统化的异端理论，并在随后的几十年中失控蔓延。虽然库特布的辩护者指责狂热的激进分子误解了他的思想，但批评者则断言他在普及塔克菲里意识形态方面起到了重要作用。双方一致认为，自 20 世纪 60 年代末以来，塔克菲里意识形态的支持者都统一引用库特布的著作和言论。库特布点燃了火花，塔克菲里意识形态像野火一样迅速蔓延，最初是在埃及监狱里，然后扩散到顶级阿拉伯大学及更广泛的受众。

250

从 1954 年至 1965 年，库特布在被关押期间，写下了他最广为人知、最具争议的《路标》。这本书是他后来更大规模的评论性著作《在〈古兰经〉的绿荫下》的概要。在《路标》中，他继续发展了关于《古兰经》一代的先锋队角色和担负复兴伊斯兰责任的思想：

> 这场伊斯兰复兴要如何开始呢？先锋队必须在如今统治全世界的蒙昧的迷雾中推动伊斯兰教的复兴。这个先锋

队必须能够决定什么时候后退一步，什么时候寻求与周围的蒙昧者取得联系。如果先锋队能够找到这样的方式，它需要路标来标示漫长道路的开端，告诉先锋队它将会扮演怎样的角色来达成目标，告知它什么是它真正的功能……这些路标也会告知先锋队要持怎样的立场对待对统治地球的蒙昧。[41]

在《他们为什么处死我》中，库特布写道，他已经在20世纪50年代中期放弃了和平抗议的方式。目睹狱友被虐待和杀害后，他得出结论，伊斯兰教和穆斯林群体正成为攻击目标，他个人有义务通过武装斗争来保卫信仰。因此，库特布提出了使用暴力的神学依据，他引用了包括13世纪学者伊本·泰米叶（Ibn Taymiyya）在内的权威人士的观点。伊本·泰米叶与库特布一样，曾因观点激进被监禁，最终死在狱中。在其代表作《圣战的法学理论》（*Fi fiqh al-jihad*）中，伊本·泰米叶主张，如果穆斯林是侵略者、腐败分子，或不践行真主的律法，那么其他穆斯林必须杀死这些穆斯林，因为他们无异于蒙昧的延伸。[42]伊本·泰米叶还扩大了发动圣战的权力范围，不仅仅是统治者或国家，还有社会中的其他团体和个人。这种将圣战视为个人主命（fard 'ayn）的观点，与将圣战视为集体主命（fard kifaya）的观点相对立。这种范式转变呼吁全社会的军事化。[43]

穆斯林兄弟会分裂：胡岱比和解主义
与库特布对抗主义之间的裂痕

从20世纪50年代后半期到1964年底，库特布因健康原因在伊拉克总统阿卜杜勒·萨拉姆·阿里夫（Abdel Salam

Arif）的请求下临时获释，这期间，他开始招募同狱的穆斯林囚犯并将他们团结到自己的事业中。在入狱前，他就已经受到呼吸方面的困扰，关押期间大部分时间都是在监狱医院中度过的。在图拉监狱医院（Tura prison hospital）时，他见了许多来自不同监狱的来访狱友，尤其是来自卡纳提尔（al-Qanatir）监狱的，以寻找赞同他革命性观点的人。他成功招募了数十名囚犯加入他的地下项目。虽然库特布的追随者只是少数——在上千名被关押的穆斯林兄弟会成员中大约有100人——但他们的存在破坏了穆斯林兄弟会的团结，暴露了组织内部在意识形态和教条上的分裂。在此期间，库特布从未请求获得穆斯林兄弟会领导层授权来招募被关押的成员加入他的事业。他费尽心机掩盖自己的宣传行为，让穆斯林兄弟会的领导人蒙在鼓里，当他们与他对峙时，他否认自己有任何改变囚犯思想的行为。通过秘密招募穆斯林兄弟会的被关押成员并让他们加入他的革命计划，库特布违背了该伊斯兰主义组织的核心原则，即对上级的绝对服从。他无权用自己的解释取代穆斯林兄弟会的世界观。

252

　　穆斯林兄弟会的领导层得知库特布向普通成员宣扬颠覆性思想时，震惊不已。最引人警觉的是他的塔克菲里思想囊括了整个埃及社会：政府、宗教学者和普通民众。遵守班纳的务实原则的妥协派阵营由胡岱比的核心圈子领导，其中包括法立德·阿卜杜勒·哈勒克、萨拉赫·沙迪、阿明·苏德基（Amin Sudqi）和鲁特菲·萨利姆（Lutfi Salim）。这一核心圈子保留了通过向纳赛尔宣誓效忠、放弃暴力来达成妥协的希望。妥协派知道穆斯林兄弟会没有能力直接对抗纳赛尔主义国家。此外，镇压行动已经给他们及其家人造成了沉重打击。"事实教会了我们一个宝贵的教训：不要给政府提供迫害和摧毁我们的借口，"胡岱比的副手阿卜杜勒·哈勒克说道，"我们为挑战暴政付出了沉重的代价。我们无法抵抗纳赛尔主义国家的强权力量。纳赛尔的目标是用血与铁来摧毁穆斯林兄弟会的脊梁。"[44] 虽然阿卜杜勒·哈勒克避免直接批评库特布，因为他在大多数伊斯兰主义者中仍然备受尊敬，但他表示他担心库特布的塔克菲里思想会威胁到穆斯林兄弟会的生存，让穆斯林群体产生疏离感。面对这一新挑战，穆斯林兄弟会的领导层严厉盘问库特布，要求他停止传播煽动性思想。"一场内部纷争几乎撕裂了被监禁的穆斯林兄弟会成员队伍"，阿卜杜勒·哈勒克承认。但他声称"最高领袖警告库特布不要进行任何未授权的教学和布道，要将纷争扼杀在萌芽状态"。[45] 作为胡岱比的心腹，阿卜杜勒·哈勒克目睹了这场对峙，他说库特布否认了这些异端观点，称他只是在教授囚犯《古兰经》课程。[46] "他态度和蔼且避免对抗，试图消除对他已脱离正道的怀疑"，阿卜杜勒·哈勒克说。但是，根据赛义德·艾德的说法，库特布的表面和解只是一种伪装。艾德告诉我："我们（双方）都尽量粉饰这个危险且令人尴尬的局面。库特布对那些默默忍受折磨、拒绝反抗压迫和不公的穆斯林兄弟会老领导人评价很低。他认为他们与具有解放和革命力量的伊斯兰教义脱节。"[47] 他补充道："赛义德·库特布对穆斯林兄弟会的政治领导层充满蔑视，他讽刺地称他们为官僚。"[48] "他把他们视为愚蠢且软弱无力的现状维护者。"尽管他向胡岱比和其他穆斯林兄弟会领导层做出了保证，但库特布明确地将纳赛尔视为叛教者。根据艾德的说法，胡岱比的干预几乎没有平息纷争。"完全相反，"他说，"包括我在内的数十名穆斯林兄弟会成员坚定支持库特布对抗纳赛尔政权，并认为有必要创建先锋队来进行伊斯兰革命。"[49]

　　在监狱中，库特布越过"合法"的领袖招募伊斯兰兄弟会成员，破坏了伊斯兰主义运动的中枢神经。那些跟随库特布寻求启发和指导的成员与穆斯林兄弟会的正式机构日益疏远，他们和其他穆斯林兄弟会囚犯之间发生了严重的分裂。艾哈迈德·拉义夫是当时一名地位很高的穆斯林兄弟会成员，他和两边阵营都保持着联系，按照他的说法，内部分裂毒害了多个监狱。[50]双方的争吵残酷又激烈，让胡岱比从监狱牢房中发出了停止争吵的命令，但是两边没有真正停火，小规模的冲突时常发生。

　　与此同时，在每日教学中，库特布继续推广他的思想。按照参加者的说法，这些课程主要是聚焦在两个主题上：伊斯兰教义和政治。库特布提醒门徒们，如果善用伊斯兰教义的隐藏力量，他们将会得到解放并变得无所畏惧，他们将离真主更近并作为真主的虔诚代理人在大地上重建起公正又纯洁的伊斯兰秩序。艾德说道："他的目标是把成员们从宗教行动主义者转变成革命主义者来对抗伊斯兰教内部和外部的敌人。""他让我们成了全新的人，他用伊斯兰教义将我们武装起来并呼吁我们像最初的穆斯林那样，以纯粹和美重塑伊斯兰教。"[51]艾德的回忆证实了库特布所具有的强大能量，他的写作尤其针对年轻人，他们希望成为正在到来的伊斯兰革命的先锋。"不受《古兰经》传统解读的限制，库特布自己解释《古兰经》，他以引人入胜的语言，用直接又容易理解的方式给我们解读，我们所有人都产生了共鸣"，艾德如此回忆道。[52]"当库特布念出他的杰作《路标》和《古兰经》释义中的段落时，泪水涌上了我的眼眶"，艾德说道，在与库特布同在监狱期间，他把库特布念给他的内容记录了下来。"我和许多人都感受到，他在表达对埃及和整个穆斯林群体处境的最深切的愿望和恐惧，以及叛徒统治者及其主人——十字军和锡安主义者带来的威胁。"[53]

　　一些穆斯林兄弟会成员的态度逐渐强硬，这反映出他们决心采取行动，对纳赛尔政府进行暴力打击。监狱内外，那些

254

曾在这段时间里进入库特布圈子的人告诉我，他们已经打算杀死纳赛尔和他身边的亲信。更有野心的成员甚至想推翻整个政权，建立一个以《古兰经》为信条的政府。这些激进化的追随者的共同点是对纳赛尔及其代表的一切事物深恶痛绝。文化评论人和库特布传记作者谢里夫·尤尼斯指出，报复纳赛尔政府是库特布及其追随者的核心关切；他们希望能给纳赛尔一个教训，一个让敢对伊斯兰主义运动下手的统治者铭记在心的教训。

尤尼斯的观点得到了库特布支持者和前弟子的证实，他们曾接受我的采访。"我们想要根除纳赛尔的军政府，解放被囚禁的穆斯林兄弟会兄弟"，阿里·阿什马维回忆道，他采取了行动，计划杀死纳赛尔。"最初，我们的目标是防止穆斯林兄弟会解体，并为未来对抗纳赛尔及其暴徒做好准备。我们希望组织能存续下去，但需要新鲜血液和不为安全部门所知的新面孔。"[54] 在所有秘密社的副官和士兵中，阿什马维是最直言不讳的，因为在他 1965 年被捕后因酷刑崩溃揭发了同谋者，后来被穆斯林兄弟会妖魔化，已经没有什么可以失去的了。尽管他告诉我，几周后在法庭上与库特布并排而坐时，库特布对他所处的困境表示了同情，但他的伙伴们从未原谅他"人性的软弱和背叛"。"我向他解释说，穆斯林兄弟会在监狱中虐待我，把我当作贱民对待。库特布安慰我说，他理解我的处境，责怪他们是错误的。他面带微笑地对我说：'纳赛尔的安全人员是恶棍，不是你。'"阿什马维说道。[55]

阿什马维的叙述对于这项研究具有重要意义，因为他不仅见证了秘密社的诞生，还担任了它的军事指挥官。他的陈述是最真实、全面、有启示意义的，且不受与穆斯林兄弟会任何现有联系的限制。阿什马维的多数回忆得到了其他秘密社成员和独立消息来源的证实。其他在那个时间与他共事的人也证实了当时向更激进观点转变的过程。艾哈迈德·阿卜杜勒·马吉德说道："我们不能在兄弟被虐待和压迫时袖手旁观。"[56]"那将违背我们宗教的基本信条之一：抵抗不公正和反抗叛教者。"[57]除了报复和捍卫受压迫同胞的宗教义务之外，对纳赛尔采取行动也被视为保卫伊斯兰教的必要之举。"一旦纳赛尔政权迫害穆斯林兄弟会，我们就有义务挺身而出保卫伊斯兰教"，阿卜杜勒·马吉德说。当被质疑他将穆斯林兄弟会直接等同于伊斯兰教时，他回答道："伊斯兰主义运动是伊斯兰教的守护者和保护者……如果你攻击伊斯兰主义运动，你就是在伤害伊斯兰教并阻碍它的发展。"[58]

256

　　越来越多的库特布门徒告诉我，他们的首要任务是消灭纳赛尔："我们得出结论，纳赛尔必须下台。我们要杀死这个恶魔，把他从埃及清除掉，"阿卜杜勒·阿伍德·穆萨（Abdel A'l Aw'd Musa）说道，他是一位 76 岁的老人，由阿卜杜勒·马吉德介绍给我。[59]两人在秘密社中相识，并在监狱中成了最好的朋友。阿伍德补充道："被仇恨和复仇蒙蔽了双眼，我们中的许多人发誓要暗杀纳赛尔，并最终殉教。"阿伍德在开罗以外建立了最早的地下小组之一，这个小组最初是为了帮助被监禁的穆斯林兄弟会成员的家属，后来承担了颠覆纳赛尔政权的目标。"我们小组的基本目标是杀死纳赛尔，为受迫害的兄弟们复仇，"他解释道，"我们招募了 50 到 70 名健壮的年轻人，筹集了 1000 英镑来执行这项任务，准备好后等待合适的时机。"这个小组选择亚历山大城作为理想地点，制订了计划，安排三支装备了自动武器的暗杀小组。

　　然而，因在暗杀纳赛尔还是推翻整个政权一事上分歧加剧，计划从未实施。"与其他小型准军事单位的成员交流时，我们的计划遭到高级领导人的强烈反对，他们警告我们不要因复仇和冲动而草率行事。有人告诉我们，暗杀纳赛尔不会改变制度，另一个志同道合的世俗独裁者会取而代之。为了推翻这个腐败、堕落的政权，我们不得不推迟惩罚纳赛尔的短期目标，这并不容易，"阿伍德解释道，"在与兄弟们讨论这个决定时，我们哭泣并祈祷得到启示和智慧。你需要理解的是，纳赛尔深深伤害了我们，在我们的灵魂和身体上留下了深刻的伤痕。"

即使在半个多世纪后的今天，当被问及对纳赛尔的仇恨从何而来时，阿伍德仍然充满了激动和愤怒。回忆起他加入准军事活动前的监禁时期，他说："我们被纳赛尔的安全人员残忍地对待和凌辱，我们还不如畜生……我当时19岁，当局在1955年逮捕我，罪名是帮助那些受镇压的穆斯林兄弟会成员的家庭。他们折磨我和其他成员，他们用电击折磨我们，也用眼球充血的黑狗吓唬我们。我们6个月不能洗澡……有许多天我们一整天都没有东西吃。纳赛尔的人试图消磨我们的意志，称呼我们为'新娘'（al-'arousa）来羞辱我们。"阿伍德说，在他的监狱里，大约有2000名穆斯林兄弟会成员，他们对如何应对有不同看法。他回忆说，他属于一个无论如何也要杀死纳赛尔的团体；其他人则建议应该更加有策略和耐心，准备推翻纳赛尔的政权。还有一个阵营只关注神学，忽视了政治和行动，阿伍德说道。"一年半后，我被释放了，尽管我被判了5年。我被分配到一所女子学校当老师。当局希望通过让我在女子学校任教来诱惑和腐蚀我。相反，我和两个后来被纳赛尔处决的弟兄，阿卜杜勒·法塔赫·伊斯梅尔（Abdel Fatah Ismail）和阿卜杜勒·法塔赫·沙利夫（Abdel Fatah Sharif），一同走上了复兴沉寂的穆斯林兄弟会并给敌人重重一击的道路"，阿瓦德义愤填膺地说道。

在整个埃及，大量的穆斯林兄弟会成员和同情者走上了相似的道路。无论是被复仇欲望推动，还是被更政治性的目标驱使，他们的个人动机都是相通的。阿伍德和他的同时代人表示，在行动时，仿佛他们中的任何一人都担负着伊斯兰运动生死存亡的责任。"在（被关押的）总训导师胡岱比缺席的情况下，我们充当了临时领导，填补领导层的空缺，防止伊斯兰主义运动崩溃"，阿伍德告诉我。将伊斯兰教等同于穆斯林兄弟会——这是所有受采访者的共同特点，无一例外——他说，"保护伊斯兰教是每个人不可推卸的责任"。

258

　　问及杀害纳赛尔与维护穆斯林兄弟会和捍卫伊斯兰教是否等同时，阿伍德反驳说："这两个目标并不相互排斥。"他解释道："纳赛尔是穆斯林兄弟会和伊斯兰教的仇敌。穆斯林兄弟会作为先锋，在没有以《古兰经》为基础的国家存在的情况下，愿意流血牺牲保护伊斯兰教。"阿卜杜勒·马吉德对此表示赞同："是的，我们希望纳赛尔受到惩罚，尽管明白我们有比纳赛尔更大的敌人。"[60] "军人集团是反伊斯兰教的全球阴谋的邪恶工具，这一点已被证实。"在这方面，穆斯林兄弟会与纳赛尔政权的冲突为随后的伊斯兰激进主义奠定了基础，后者不仅针对亲西方的阿拉伯统治者，也针对他们的西方支持者。此外，赛义德·库特布成为向追随者——无论是监狱内还是监狱外——传播这一信念的关键声音。赛义德·艾德说道："库特布指出，如果没有十字军势力的同意和推动，纳赛尔不会迫害穆斯林兄弟会。"[61] "库特布告诉我们，最初自由军官组织与穆斯林兄弟会合作，直到邪恶的美国将他招募到反伊斯兰阵营。纳赛尔出卖了他的灵魂来换取政治利益。"在我对艾德和其他前密谋者的采访中，所有人都说到了他们是如何将埃及内部的对立看作更大对抗的延伸的，他们抱持着这样的信念行动：斗争的一边是帝国主义者和物质主义的西方，另一边是不信神的共产主义。与西方其他本土主义者和传统主义者类似，库特布对现代世界的反抗已然将物质主义塑造成对伊斯兰教超然真理的直接而迫切的威胁。

但是按照艾德的说法，"库特布循循善诱，增强了我们心中的意识，让我们高度警觉西方征服穆斯林并颠覆我们宗教价值观的努力"。[62] 他不仅批判基督教和西方，还批判被他视为美国代理人的地方角色，警告穆斯林要提防那些占据社会最敏感职位的"美国化的穆斯林"，这些人服务于他们的帝国主义主子。按照库特布的说法，一系列美国机构，包括出版公司和媒体，都在宣传自由派的、屈从性的伊斯兰教解释：即便是那些宗教专业人员，伊斯兰教遗产的守护者，也屈从于美国赞助人并采用他们的论述。库特布相信，为了配合冷战背景下的美国利益，软弱屈从的宗教机构和知识分子开始排斥反抗帝国主义和压迫的伊斯兰教，选择了抵抗共产主义的伊斯兰教；这样精神和智识上的殖民主义允许华盛顿部署一支协同军，不费一枪一弹就把穆斯林牢牢控制住：

> 自由世界除了在有限的时间内用坦克和枪支战斗外，更多是用语言和笔来对抗我们。它还通过建立、恢复或支持慈善团体和组织战斗，它的目的是控制我们国土上那些最敏感中枢。[63]

虽然库特布强调资本主义和共产主义都是物质主义意识形态（materialistic ideologies），但是监狱里的库特布教导支持者，美国比苏联对伊斯兰教构成更重大的威胁。库特布表示，除了用亲美的伊斯兰教义作为意识形态工具反对苏联之外，美国还有另外的险恶目的。他们想要打击伊斯兰教核心教义，并在穆斯林心中引起对宗教的怀疑。库特布不认为美国的双重目标是相互排斥的，而是将它们视为驯服和制服穆斯林的统一设计的一部分：

这支协同军受命通过各种手段动摇伊斯兰教义在灵魂中的根基。这种手段已经表现为研究、科学、文学、艺术和新闻。其目的是贬低核心教义和伊斯兰教法的重要性，以不合适的方式解释它，强调它的"反动性"，并呼吁将其抛弃。[64]

260

因此，在库特布看来，伊斯兰世界和西方之间的斗争是有启示性和存亡意义的。他是最早提出世界强权已经从欧洲转移到了美国的伊斯兰行动主义者之一，他声称美国持有野心勃勃的霸权世界观，这种世界观和伊斯兰国家针锋相对。关于美国在让穆斯林兄弟会成员深陷困境中的作用，他的论述在门徒中引起了共鸣，他们说库特布十分了解美国，他在那里生活和旅行了近两年。[65] 很多人赞扬他在美国期间抵御住了物质文化的诱惑，保持了他的宗教纯洁和正统。在美国的学习和考察给他对美国的批评提供了可信度和权威，让他受到了激进宗教异议人士的喜爱。"不像那些把灵魂出卖给恶魔的人，我们的殉教者是无法被腐蚀的，"阿卜杜勒·马吉德说，"库特布告诉我们美国人曾用很吸引人的好处来贿赂他为他们效力，但是他没有向诱惑屈服。即使被许诺了财富和权利，（他）仍义无反顾地蔑视他们，不愿成为他的宗教和国家的叛徒。"[66]艾德回忆库特布说美国情报机构曾间接招募他的事情时，也说出了类似的话："美国没办法收买我们的殉教者并让他效力。""库特布亲身体验了美国的种种行径，这强化了他对西方超级大国支配和征服伊斯兰国家的怀疑……（他）写信给国内的朋友和同事，警告他们新兴的威胁。"[67]

库特布所说的美国间谍曾经试着招募他的故事广为流传，让很多支持者深信不疑。仰慕库特布的传记作者，比如萨拉赫·阿卜杜勒·法塔赫·哈立迪，把这个故事作为库特布的卓越和道德勇气的例证，[68]他将库特布和那些为超级大国效力，缺乏库特布的"坚韧和决绝"的其他穆斯林身上的"软弱"加以对照。[69]库特布的故事被用作指控邪恶的美国人的证据，美国无孔不入地腐蚀穆斯林思想家和知识分子并渗透他们的社会；他们甚至用库特布的例子来攻击任何表现出对西方立场持默许态度的伊斯兰主义者。[70]

库特布在美国的游学经历加强了他对美国地位上升的感知，他的门徒指出有一个更重要的因素让他对美国产生敌意，即华盛顿支持分裂巴勒斯坦，以及在阿拉伯和伊斯兰世界的心脏建立一个犹太国家。但是，库特布对美国的批判是本能性的，既指向美国的外交政策，又指向美国人的生活方式。在库特布所了解的美国，有一些本能的、伤害性和非理智的东西。在余生中，他从未放弃把美国及配合美国的本土暴君和知识分子奴隶视为最大的敌人，因此穆斯林有责任反抗美国的帝国主义。"殉教者库特布对美国在伊斯兰世界的帝国野心有先见之明"，沙奇里在他位于亚历山大的公寓里这样告诉我。[71]"长期以来，库特布就指出美国把伊斯兰教和穆斯林视为主要敌人"，他补充说。谈到为什么美国作为伊斯兰世界的敌人会反对英法以三国入侵埃及并迫使它们撤军时，沙奇里的反应是"美国这样做是因为它想取代英国和法国成为该地区的主导霸权……苏伊士危机对美国人来说是天赐良机，他们利用这次机会赶走了欧洲伙伴，并欺骗了轻信的阿拉伯人，让他们认为美国是朋友"。[72]他大声说："别告诉我艾森豪威尔把埃及的利益放在心里。别被这样的谎话骗了。1956年，美国人因为纳赛尔对伊斯兰运动的残酷镇压而奖赏了他。库特布相信纳赛尔就是美国在埃及指定的推行美国计划、消除伊斯兰教影响的人。"在采访过程中，沙奇里多次强调他和库特布的所有门徒都全心全意地坚信这一说法。[73]当被问及美国作为自由军官组织的所谓共谋者，为什么会让纳赛尔在1967年六月战争中失败时，沙奇里对每个问题都给出了阴谋论的回答。"早在1967年犹太人羞辱纳赛尔之前，库特布就预测到美国会先利用他，然后再抛弃他。"他边说边大声地笑。[74]"库特布告诉我们，美国会在榨干纳赛尔的利用价值后把他抛弃。殉教者库特布对美国了如指掌，美国没有道德底线，只受权力驱使"，沙奇里把自己的观点和库特布的世界观联系起来。[75]"到20世纪60年代末，美国已经不再需要纳赛尔，一旦他杀死了库特布及其门徒并将伊斯兰后代锁在监牢中，纳赛尔就会变得过于强大和危险，必须打压。因此，美国给了犹太人绿灯，以削弱纳赛尔的实力。"[76]他补充说："我们的暴君自欺欺人地认为，如果他们在国内执行西方的命令，对外国主子来说，他们就会变得不可或缺。无论是纳赛尔还是萨达姆·侯赛因都没想到美国会在背后捅他们一刀。"[77]他认为阿拉伯统治者"被野心、傲慢和无知蒙蔽了双眼"，无法认识到他们在大国博弈中"无足轻重的棋子"角色。[78]

沙奇里和许多同道者的陈述，表明在库特布的影响下，他们对纳赛尔的敌意与对美国的敌意密不可分，他们认为美国在操控和管理阿拉伯和伊斯兰政治。按照库特布的世界观，美国不断从知识和精神上殖民穆斯林并奴役他们。他认为自巴勒斯坦被"掠夺"以来，任何加诸伊斯兰教的不幸背后都有美国的身影。库特布的反美遗产经受住了时间的考验，影响了伊斯兰主义者的观点，成为他们宏大叙述的一部分。在这样的背景下，库特布的同时代人意识到拯救伊斯兰教的任务落在了一个精英的伊斯兰先锋队肩上，他们的主要职责是保护伊斯兰信仰免受背叛，并为建立以《古兰经》为基础的体系铺平道路。然而，库特布的弟子们明确表示，他从未指示他们直接与美国作

263

战，而是建议他们将精力集中于内部敌人身上。艾德回忆说：
"库特布的优先目标是伊斯兰社会内部的美国代理人，而不是
美国本身。"

尽管库特布及其支持者的感受是纳赛尔安全部门的侮辱
和暴力所致，但他们的复仇意愿盖过了宗教的精神层面。虽然
是以真主的名义，但他们追求的是权力。谢里夫·尤尼斯在关
于纳赛尔主义者和伊斯兰主义者的著述中指出，"库特布主义
代表了穆斯林兄弟会内部的分裂，因为它对权力的追求盖过了
宗教。库特布用政治抹去了宗教……对库特布及其门徒来说，
宗教成了权力的同义词"。[79] 即便是印度学者阿布·哈桑·阿
里·纳德维（Abul Hasan Ali al-Nadwi）——库特布借鉴的重
要概念如"统治权"（hakimiyya）和"蒙昧"的开创者之一，
也批评库特布及其导师阿布·阿拉·毛杜迪。他批评他们把信
士和真主之间的关系简化成了盲目服从，忽略了信士和真主之
间爱的联系。[80] 纳德维哀恸于库特布抛弃了伊斯兰教的精神和
人性层面，单纯强调服从和畏惧。[81]

秘密社的出现

把握社会背景对于理解秘密社的出现至关重要。这个组织
的形成过程是自发的。它是由在 1954 年后仍保持自由身且决
心继续武装活动的人创建的，他们是坚定的武装行动主义者。
秘密社逐步发展成一个在开罗和亚历山大等城市地区活动的、
相对协同的准军事组织，尽管秘密又分散的准军事小组缺少重
武器和弹药。在 20 世纪 50 年代中期，年轻愤怒的行动主义者
最重要的事情就是向纳赛尔复仇，在 50 年代末，不同的监狱
开始联络起来，他们很快就意识到需要有清晰的思想或未来行
动的路线图。行动人员集思广益讨论战术和战略，秘密社的主

要人物决定制订一个长期计划以实现革命性变革。

毋庸置疑，秘密社成员对宗教的独特理解在他们决定转入地下并"捍卫伊斯兰教免受敌人侵害"的过程中起到了重要作用。正如他们对我所说的那样，对宗教的理解塑造了他们的想象力和世界观，并影响了他们的行为。虽然政治是穆斯林兄弟会领导层与军官之间冲突的焦点，但宗教社会化和宗教狂热是这些年轻人走向战争的驱动力。他们强调伊斯兰教的统一性和革命性，认为信仰与生活的其他领域（包括政治）之间没有区别。在他们中间普遍存在的情绪是，每当有不公出现，充满激情的宗教行动主义者就会起身加以矫正。

秘密社的起点十分卑微。随着穆斯林兄弟会网络被拆解，其追随者和支持者失去了政治平衡，感受到了危险。在城市和农村，伊斯兰主义者的社会网络是靠邻居和朋友建立起来的，他们彼此熟悉且相互信任。经历过那段时期的行动主义者一次又一次地告诉我，他们感觉自己像是暴风雨中的破船，没有船长，没有导航设备，也不能控制船只的方向和命运。秘密社的个案研究体现出这些草根宗教行动主义者的才智和谋略，以及他们在不利形势中建立起复杂地下网络的能力。面对纳赛尔政府集中力量的打击，他们不屈不挠，在几乎没有任何财政支持或军事经验的情形下，这些年轻的行动主义者冒着极大风险和不确定性尝试推翻纳赛尔。理解他们自发行动的关键在于理解信念的力量，尽管对外人来说他们的行动可能显得鲁莽，好似飞蛾扑火。但我们从秘密社汲取的教训对于理解今天准军事伊斯兰主义团体的崛起，仍然具有现实意义，因为它揭示了激进宗教思想和意识形态与不公感、受害感和迫害感的内在联系。

阿什马维在多次访谈中重述了他在距离开罗两百多公里的小镇的经历，他解释了秘密、耐心和计划的重要性。他说："作为年轻人，我们觉得有责任将自己组织成小型团体，以保存穆斯林兄弟会的精神和基础。我们对父亲、母亲和家人保密，担心他们的安全以及我们自身的安全。"[82] 他解释说，在早期阶段，没有人专门负责这个新兴的运动。"这是小范围内互相信任的朋友所做的个人努力。年轻的宗教行动主义者寻找彼此，招募好朋友加入分散的小组。"[83]

秘密社第一个领导人是阿卜杜勒·阿齐兹·阿里（Abdel Aziz Ali），他本来是一名军官和部长，是1919年反抗英国殖民的革命英雄之一。但是，他仍习惯用传统思维方式和在反殖民斗争中使用的方法，这种做法的特点是"打了就跑"和逐步升级。相比之下，秘密社成员雄心勃勃，大胆又没有耐心，他们笃定地追求风险更大的策略，强硬地与纳赛尔政府正面对抗。因此他们找了一个拥有领袖魅力的指挥官，以使新生的组织更具成效。"我们渴望战斗，证明自己的价值，"阿什马维一边大笑一边说，"我们鄙视传统观点，只相信直觉和心灵。"[84]

在与阿卜杜勒·阿齐兹·阿里短暂且令人失望的合作后，秘密社的创始成员，包括阿卜杜勒·法塔赫·伊斯梅尔、阿什马维和阿卜杜勒·马吉德在内，在20世纪50年代后期联系了穆斯林兄弟会的二号人物法立德·阿卜杜勒·哈勒克，邀请他成为他们的领导者。在开罗高端住宅的多次采访中，阿卜杜勒·哈勒克告诉我："我对他们十分直率。"[85] 他警告他们"会为纳赛尔政权进一步镇压伊斯兰运动成员和制造更多血腥提供理由"。他还补充说，"我也警告他们，我会通知总训导师并让他来采取合适的（惩罚）手段，如果他们实施了计划的话"，此话也表现出秘密社和穆斯林兄弟会领导层之间的复杂关系，在下一章中我会更详细地讨论这种复杂关系。[86]

在对阿卜杜勒·阿齐兹失望和被法立德·阿卜杜勒·哈勒克拒绝之后，秘密社的成员开始向赛义德·库特布伸出橄榄枝。阿卜杜勒·马吉德说，"这里的关键词是'启发'。我们寻

找一位能够激励并教育我们有关圣战职责和责任的领袖",他
当时是秘密社情报委员会的负责人。"与军事和情报训练相比,
我们对神学和意识形态的更新和转变更感兴趣。赛义德·库特
布是一个能赋予初生组织力量的启发性榜样。"[87]

　　库特布的故事、他在困境中的不屈精神以及他对埃及世俗
秩序的拒斥,在这些渴望英雄主义和殉道的年轻激进分子中引
起了共鸣。他们想起了伊斯兰早期历史中的英雄和富有魅力的
人物,这些人物为了捍卫穆斯林社群而牺牲了鲜血和财富。他
们把库特布看作一个潜在的破旧立新者,他能够把整个旧体制
掀翻。然而,他们回忆道,他们当初根本不知道如何联系库特
布,也没有信心他会愿意赌上自己的性命来担任这个新生团体
的领导者。阿卜杜勒·马吉德承认"我们怀疑库特布是否会认
真对待我们的组织并同意领导它"。[88]

　　让他们欣喜的是,秘密社的副手们通过两名女性中间人联
系到了库特布:库特布的姐姐哈米达和大胆的穆斯林兄弟会活
动家泽娜布·加扎利。联系到库特布后,秘密社的成员们恳请
他担任他们的领导,并承诺向他宣誓效忠。"当听到库特布同
意我们的请求时,我们欣喜若狂",当时还是二十多岁青年的
阿乌德回忆说。库特布同意领导秘密社的决定至今仍具争议,
因为他和一些支持者否认这是一个旨在推翻纳赛尔政权的准军
事组织。但是,在我对秘密社幸存者的采访中,他们都清楚地
表示库特布同意领导这个地下组织并将它转变成一个有效的先
锋队。

　　阿乌德进一步说:"这一新发展从根本上将我们从一个边
缘地下派系转变为一支潜在的强大力量。"他和同伴们认为,
对于像秘密社这样的组织,思想至少与成员数量同等重要。[89]
社会运动理论(Social Movement Theory,SMT)强调思想
在社会运动中的重要性,近年来这一理论框架在研究"伊斯兰

267

主义"时变得越来越重要。[90] 秘密社需要库特布的支持，以提供一个思想基础，激励成员承担巨大风险，包括监禁、酷刑甚至死亡。另外，秘密社也需要一个像库特布一样的领袖来赢得人心或对抗胆怯的穆斯林兄弟会领导层，后者执意用非暴力手段让纳赛尔政府瓦解。[91] 库特布为秘密社提供了强大的神学和知识支持。在他加入之前，秘密社只是由一些互不联通、各自决策的地下小组组成，没有领导人能够启发成员并在他们心中埋下伊斯兰信条。随着库特布的到来，一个统一的组织出现了，抱持着全面的极端伊斯兰主义愿景，指挥像阿乌德和阿卜杜勒·马吉德这样的年轻宗教行动主义者。他们的目标从推翻纳赛尔及其内部圈子转变为彻底摧毁现有秩序，从而实现社会转型。总而言之，库特布成为秘密社的主导，给了它凝聚力、启发、魅力和勇气，使它能够想象并追求此前难以想象的目标。

据库特布本人所述，在他提供"指导"时，他知道这对于组织的年轻成员来说是非常危险的，甚至是自杀性的。纳赛尔绝不会容忍政治上的异议，更不用说武装反抗了。库特布完全清楚与纳赛尔政府对抗的代价。为了避免让所有门徒都卷入这场新冒险，他甚至没有告知艾德和监狱中的其他追随者关于地下组织已经在监狱外成立的事。然而，艾德回忆道，库特布曾说他预料到自己会因革命观点而被埃及当局杀害。艾德说："他表现出随时准备牺牲的样子。"[92] "库特布知道被关押的穆斯林兄弟会成员处于当局持续的监视之下，即便获释后也是如此"，沙奇里回忆道，他当时负责秘密社在亚历山大城的分支。沙奇里本人最终将在 1965 年秘密社被粉碎后入狱，他在狱中服刑了十年。[93] "他不想合并这两个组织而使秘密社暴露。和库特布在狱中的支持者不同，秘密社的成员是宗教行动主义者和没有被逮捕的穆斯林兄弟会成员。他们是干净的。"沙奇里还指出库特布想要一个备用计划，以防其中一个组织暴露。[94]

　　"库特布把我们藏在暗处"，艾德说。"他要保护新生的组织，免得当局听到风声而让我们受到威胁"，他指的是库特布的狱中追随者的安危。"他想要确保伊斯兰运动长期生存下来，而不只是秘密社的生存。"[95]艾德在 1964 年底库特布因健康原因获释后，继续追随库特布。他回忆起在希尔万（Hilwan）郊区库特布家中的几次会面，说："1964 年我获释后，大部分时间都和库特布待在他家里。我感觉到有大事要发生，因为他经常关起门来和一群年轻人长时间会面。""虽然我恳求他让我加入这个圈子，但库特布打断了我，让我不要问太多问题，他说我们不应该把所有的鸡蛋放在一个篮子里。他还说，如果他倒下了，我，他的弟弟穆罕默德，以及其他人能够继续传递火炬。"[96]"我遵从了导师，因为他更渊博而且我也相信他的判断，"艾德斩钉截铁地说，"他已经为将来做好了打算，需要让《古兰经》一代的核心人物活下去。"[97]

　　库特布准备勇敢地面对危险，这说明他把秘密社看作一个扭转战局的角色。正如沙奇里和其他人指出的那样，库特布不是一个传统的批评者或者象牙塔里的理论家。与之相反，他坚信伊斯兰知识分子有责任为传播《古兰经》教义而承担责任和风险。"库特布提醒门徒，伊斯兰教是一股解放和革命力量，只有行动的人才能利用和释放它的强大力量，"艾德说，"库特布是一个行动之人，他是一个坚信伊斯兰运动（al-islam al-haraki）的人。"[98]库特布对伊斯兰教的政治化和军事化更多是意识形态而非精神上的，尤其获得了偏远地区和小城市年轻人的共鸣，这些人被埃及社会学家萨阿德·艾丁·易卜拉欣（Saad Eddin Ibrahim）称为新的知识分子阶层。[99]沙奇里解释道："库特布不仅将对先锋队的迫切需求理论化，还把他生命的最后十年奉献给了建设一个真正的先锋队。"[100]阿什马维也赞同这一点并且告诉我，库特布"经常提醒我们是先锋队，肩负着用伊斯兰教打破现状的任务。作为伊斯兰教身体力行的战士，库特布期望我们走向战场，在通往真主的正道上赢得人心"。[101] 在回答有关库特布是否同意使用暴力来实现政治目标时，阿什马维表现得十分决断。"是的，库特布的目标是用武力推翻整个社会和政治秩序，不仅仅是推翻纳赛尔的政权，"他说，"他教导我们，为了改变现状，所有方式都要用，包括武力，而且他认为我们在出击之前要先计划。他训练我们要有耐心，一旦发起了攻击，就必须使出压垮对手的力量来让天平向对我们有利的方向倾斜。"[102] 他还补充说："我们是准军事组织，不是一场和平抗议运动。库特布是一名革命伊斯兰主义者，他相信的是革命性的变革。"[103]

在大量的采访中，库特布的门徒们都表明他们的"老师"放弃了用和平手段实现根本变革。到 20 世纪 50 年代末，库特布已经不再通过劝说和争论来改变制度。库特布的信条将会浸泡在鲜血中。"我们的导师不抱任何幻想，他知道要用什么样的手段来净化社会和清除外来影响，因为国内外的敌人会顽抗到底，"沙奇里如是说，"这需要牺牲、殉教，还有流血，流很多血。"[104] 他们告诉我，库特布给秘密社的成员们留下了深刻的印象，他们牢记要在武装对抗政府之前做好万全准备。不可等闲视之，不要和政权有任何武装小摩擦，他这样建议狂热的支持者们。"当你拿起武器反抗暴君，你就必须狠狠地打下去，打碎他的意志，"一个追随者这样回忆库特布的指导，"必须打得他没有能力复仇才行。"[105]

另外，按照阿什马维的说法，库特布也在教育秘密社的干部，给他们灌输伊斯兰信条。"在和库特布联系之前，我们在意识形态上是幼稚的，盲目又耳聋，在黑暗中摸索"，他一边笑一边说。[106] "他打开了我们的眼睛和耳朵，让我们看到了真理，向我们展示了要走的路。"在 1964 年出狱之前，库特布给秘密社成员灌输信条并在牢房中散播他的作品以增强影响力。"库特布对《古兰经》的诠释和他在狱中完成并暗中传递的《路标》滋养了我们饥渴和匮乏的精神，"沙奇里怀旧地回忆道，"我们的心灵和灵魂都被库特布的思想转化。"通过这种方式，库特布赋予秘密社一个基于他自己对《古兰经》的解释的神学愿景，并让伊斯兰教义成为革命变革和埃及社会转型的宪法。他向追随者宣讲了将国家和社会伊斯兰化的紧迫性，以及他们作为伊斯兰革命先锋在促进和引领这一转型中的角色。

《路标》被从库特布的牢房中一章一章地秘密传送到他的姐姐哈米达和行动主义者泽娜布·加扎利手中。她们将这些偷带出来的文字交给秘密社领导委员会的五个人，由阿卜杜勒·法塔赫·伊斯梅尔领头。伊斯梅尔随后用大量时间秘密钻研库特布的文字，就像学习法律条文一样。由于害怕暴露和逮捕，委员会的领导人会把整段文字背下来，并通过口头方式与全国各地的小组联络。"在夜色最深的时候，我们携带着库特布的手稿，将它藏在衣服里面，"阿乌德发自内心地笑着说，"我们就像是在传送危险武器……避开大路，走在后街小巷中，心怦怦跳，睁大眼睛竖起耳朵观察着周围的人。"[107]

按照阿什马维的说法，库特布写《路标》就是要呼吁大家展开行动，将其作为秘密社成员们的路线图，因为"他想要我们理解伊斯兰教的精华，尤其是伊斯兰教义"。阿卜杜勒·马吉德也同意："我清晰地记得，第一章指出了伊斯兰革命最重要的就是要有一个时刻准备好对抗蒙昧无知的先锋队。"虽然库特布没有明确指出他自己和他的同袍们就是这个先锋队，但是阿卜杜勒·马吉德补充说："库特布十分清楚我们正在寻找道路，他把《路标》给了我们，指明了前路。"

除了从监狱中偷带出库特布的作品，哈米达和加扎利也起到了其他重要的作用，包括向库特布更新秘密社的动向，并在其成员之间传达指令。"我们被加扎利和哈米达耍了"，一名不愿透露姓名的军官说道，他曾负责库特布所在的监狱医院的安保。"我不知道他们在传递颠覆性材料和密谋在监狱中发动革命。"加扎利和秘密社自始至终保持联络，也是招募者和投资人之一。她的丈夫是一位富商，她给异议者提供沙龙和厨房。她在国内外给那些被关押的穆斯林兄弟会成员的家人募款并管理着秘密社的部分财政。她也是秘密社与穆斯林兄弟会的总训导师胡岱比之间的主要联络人，她安排胡岱比和秘密社的创立者、执行首脑阿卜杜勒·法塔赫·伊斯梅尔见面。在回忆录中，她隐晦地承认她曾在库特布和胡岱比之间传话，证实后者对复兴伊斯兰主义的地下活动是知情的。

272　本书所有采访都证实加扎利在联络秘密社地下人员和穆斯林兄弟会政治部门上扮演了至关重要的角色，她也曾帮助秘密社成员在她家中会面。加扎利在秘密社中的地位仅次于库特布，她在1965年被埃及当局以库特布的秘密社共谋者的罪名拘留并付出了沉重代价。在自传《生命中的日子》（*Days of My Life*）中，她描述了自己遭到的令人震惊的折磨拷打，其中也包括性虐。监狱中的被关押者告诉我他们看到她被倒挂起来，双脚被绑在天花板上。加扎利从始至终都无所畏惧。她被判处25年监禁和劳役，但最终在1971年被纳赛尔的继任者安瓦尔·萨达特以总统令的方式释放。后来，作为对萨达特的报答，她帮助了一群圣战阴谋者，这些人试图在1974年刺杀他并夺取政权。

秘密社和穆斯林兄弟会之间的模糊关系

尽管库特布一直在穆斯林兄弟会领导层不知情的情况下

在监狱中招募支持者，但是作为库特布和胡岱比之间的联系媒介，加扎利指出该组织最高领导层在某种程度上知晓并赞同秘密社的存在。尽管如此，两者的关系一直存有争议，也具有政治敏感性。这个问题涉及更广泛的问题，即秘密社究竟是穆斯林兄弟会的准军事部门，还是一群年轻的宗教异议者从他们自己的动机出发展开的独立冒险行动。1965 年秘密社被曝光之后，埃及政府开始以摧毁穆斯林兄弟会整体为目标，发起宣传攻势；官方称秘密社是穆斯林兄弟会的附属组织，因此后者也是一个恐怖组织。在这种背景下，穆斯林兄弟会官员多次否认穆斯林兄弟会及其领导层在秘密社中扮演任何正式角色，他们指控是纳赛尔政府编造了诋毁穆斯林兄弟会的证据。此外，对秘密社与穆斯林兄弟会之间关系密切的指控常被伊斯兰运动的批评者用来证明它的暴力特性和政治上的不可靠性。穆斯林兄弟会高级领导人更希望秘密社的故事被掩盖起来，被人遗忘。

273

库特布的那些敢于发声的亲密朋友和门徒透露，他们受到了穆斯林兄弟会的排挤，他们的声音被封锁了。"穆斯林兄弟会对我们的存在十分不满并且希望我们像死人一样保持安静，"阿卜杜勒·马吉德说，"在我的秘密社回忆录出版后，我就立刻成了不受欢迎的人，他们就像对待叛徒一样对待我。"目前穆斯林兄弟会的领导人中有几个曾是地下组织的积极成员，他们认为这个故事是一种负担，因为它让公众想起穆斯林兄弟会的邪恶和破坏性的历史。一些当代的穆斯林兄弟会领导人甚至否认秘密社作为一支武装力量的存在。"为什么你一直询问我关于库特布的秘密社的事情？"马哈茂德·伊扎特生气地对我说，他是一个 70 岁的千万富豪，目前在流亡中领导该组织。"整件事就是纳赛尔政府的情报人员编造出来打压穆斯林兄弟会的。我们既没有武器，也没有推翻军人集团的计划。"他如此保证道。其他人则称伊扎特本人在十几岁时就是秘密社中最年轻的成员，这件事已经是公开的秘密了，而他不愿回答这个问题。很显然，他被我的提问激怒了，他突然打断了我。"这个话题对我或者穆斯林兄弟会来说没有任何实际意义，"他说，"它已经过去了。"[108]随后，我试图安排与伊扎特的第二次采访，但未能成功，因为他的秘书告诉我，"他不想和你说话"。

穆斯林兄弟会的其他内部人士则承认秘密社的存在，但否认它得到过领导层的任何嘉许。高层官员法立德·阿卜杜勒·哈勒克是穆斯林兄弟会内部哈桑·班纳派别的人，也是哈桑·班纳的密友，他一直都表示，总训导师，尤其是胡岱比，没有支持过库特布的准军事组织。"胡岱比的手已经被烫了一次，他不会再允许那些意图良善但极端的行动主义者再燃起一把火，毁掉整个组织。我们跟秘密社一点关系都没有。"[109]阿卜杜勒·哈勒克在早期拒绝了领导秘密社的请求——暗示库特布的行动几乎使穆斯林兄弟会遭受灭顶之灾。"我们竭尽全力地让库特布解散他的组织，但是失败了。穆斯林兄弟会不应该为别人闯的祸受责难，"他补充说，"我实话对你说，在1953年加入穆斯林兄弟会之后，库特布一直幻想着把这个运动带向极端方向。"[110]"他可能甚至梦想能建立自己的权力基础。但事实是他不是穆斯林兄弟会核心圈子的一员，而且他对高层领导人几乎没有什么影响力。"他呢喃地说，仿佛怕被外人听到一样。[111]这些叙述将穆斯林兄弟会的公开派系与库特布的准军事网络分开，责怪库特布让穆斯林兄弟会卷入与纳赛尔政权的另一场徒劳的斗争。我被告知，库特布有他自己的打算，而且他不能代表穆斯林兄弟会的机构；他一意孤行，违抗穆斯林兄弟会领导层的命令。这表示库特布的秘密社是穆斯林兄弟会内部的不安因素，尽管除了不再是核心圈子中的活跃成员的阿卜杜勒·哈勒克之外，穆斯林兄弟会的高层没人敢公开这么说。库特布的"殉教"让他成了伊斯兰主义者眼中的圣徒，阻碍了那些不同意他观点的人发出批评声音。

　　然而，这引发了更多关于秘密社和穆斯林兄弟会的问题。至少根据哈勒克的陈述，高级领导层知道库特布组织了一个准军事团体。另外，尽管穆斯林兄弟会的高级成员努力否认他们有任何参与，但是有证据证明胡岱比实际上支持了秘密社。阿卜杜勒·马吉德回忆说，在哈勒克拒绝领导秘密社、库特布坐上领导位置之前，秘密社成员已经直接接近了胡岱比以寻求他的赞同。[112] "阿卜杜勒·法塔赫·伊斯梅尔会见了总训导师，为秘密社辩护，并获得了重组分散的穆斯林兄弟会成员的合法授权。"尽管这里提到的"重组分散的穆斯林兄弟会成员"是概括性的，但所有参与者都了解秘密社的真正目的。

　　其他秘密社前成员也坚持认为，胡岱比确实同意了这个准军事组织，并强调了他的支持的重要性。"没有总训导师的授权，我们是无法向前推进的，因为我们需要宗教上的正当性，"阿什马维说，"我们曾寻求胡岱比的准许，而且立刻就得到了。"[113] 阿卜杜勒·马吉德和阿什马维都表示，加扎利和后来秘密社的执行首脑阿卜杜勒·法塔赫·伊斯梅尔曾与胡岱比见面并得到了后者的授权。然而，如何解释阿卜杜勒·哈勒克所称的胡岱比告诉他说他不支持秘密社的说法呢？面对这个问题，阿卜杜勒·马吉德辩解说，胡岱比没有对哈勒克说实话，因为他只想让穆斯林兄弟会内部和平，并让伊斯兰主义运动和秘密社保持距离，以防当局发现后者的存在。[114] "总训导师告诉安排他和阿卜杜勒·法塔赫·伊斯梅尔碰面的泽娜布·加扎利，说穆斯林兄弟会无法对抗纳赛尔，只有一支如秘密社那样坚定的先锋队才能有力打击埃及的统治者"，他说，"这就是为什么他授权了阿卜杜勒·法塔赫·伊斯梅尔去反抗纳赛尔取缔伊斯兰主义运动的决定。"[115]

　　阿卜杜勒·马吉德说："一些穆斯林兄弟会的人把我们描

275

绘成捣乱分子和没有合法性的冒进者，但是我们是组织中的合法成员。"[116] "总训导师胡岱比支持了我们并让我们向秘密社的领导者库特布传达他的赞许，"他坚持说，"作为穆斯林兄弟会的成员，我们已经获得了胡岱比的许可，因为我们发过誓效忠于他。我们不能独自行动，否则将违反宗教誓言——这是亵渎之事。"

276　　秘密社所有的幸存者都说，从一开始，库特布本人就拒绝领导这个地下团体，除非他能从总训导师那里得到正式的命令。在自传中，泽娜布·加扎利承认自己是库特布和胡岱比之间的中介。她还称自己获得了后者的同意。[117] 按照她的说法，胡岱比甚至是第一个在《路标》被禁之前阅读了它的人，他还说库特布是"宣教的希望"。[118]

考虑到伊斯兰主义组织曾处于瘫痪状态，这些自相矛盾的内部论述并不奇怪。在这种情况下，胡岱比更愿意隐藏手中的牌。他想通过两种方式保存实力：一是保护组织不被指控为拥有准军事力量，二是保持对武装对抗纳赛尔政府的各种选择。在担任穆斯林兄弟会领导者后，胡岱比形成了一种回避风格，经常说与自己的真实意图相悖的话，并秘密做出与其公开立场相矛盾的决定。

镇压秘密社

1965 年夏天，纳赛尔的安全部队在逮捕一名穆斯林兄弟会成员时无意中发现了秘密社，后者在一番审讯下暴露了地下组织。虽然秘密社已经积累了武器和资金，并进行了训练，但尚未开展任何军事行动。正如阿什马维所说，库特布和他的手下在"开第一枪"前就输了这场战斗。[119] 当局迅速展开行动以摧毁秘密社，并彻底消灭穆斯林兄弟会。在秘密社被暴露，成员被逮捕之后，库特布承担了他在行动中的全部责任，并尽力保护他的追随者。在当局用从其他囚犯那里通过酷刑获取的证据对质库特布，称他的证词中存在漏洞时，库特布只是说他试图保护同伴。在遗作《他们为什么处死我》中，库特布暗示在审讯期间，他的主要目标是承担大部分责任，尽量减少对秘密社成员的影响。

277

埃及政府用刑讯逼供得到的证词，起诉了库特布和穆斯林兄弟会的领导层。库特布和秘密社的六名高级助手被判处绞刑。按照纳赛尔的幕僚长萨米·沙拉夫的说法，在就是否处决库特布的争论中，纳赛尔采取了特别强硬的立场。"纳赛尔说过，处决库特布将给穆斯林兄弟会带来沉重一击，也会给未来任何的反革命宗教狂热者带来杀鸡儆猴的效果，"他说，"纳赛尔相信库特布是毒蛇的头，只有砍断蛇头才能防止毒液蔓延。"因此，纳赛尔在处决库特布的问题上起到了决定性作用，然而，他并不知道这个决定将产生完全相反的结果。

库特布和他的两个密友——穆罕默德·优素福·哈瓦什（Mohamed Yusuf Hawash）和阿卜杜勒·法塔赫·伊斯梅尔——很快被送上了绞刑架。纳赛尔把库特布其他伙伴的死刑改成了无期徒刑，他们是阿什马维、阿卜杜勒·马吉德、萨布里·阿法特（Sabri Arfat）和马吉迪·阿卜杜勒·阿齐兹（Majdi Abdel Aziz）。秘密社另有大量成员受到了有期徒刑和无期徒刑的判决。上千名穆斯林兄弟会成员，包括高级领导人在内，也被逮捕，据说遭到了酷刑折磨并被长期监禁。"我们就是要将穆斯林兄弟会埋葬掉，"萨米·沙拉夫说，"我们的目标是把埃及政体中的毒瘤去掉。"[120] 纳赛尔政权发动了一场系统性的宣传攻势，旨在诋毁穆斯林兄弟会，将秘密社描绘成伊斯兰主义组织的武装分支，是企图摧毁国家机构的阴谋的一部分。为了妖魔化库特布，政府控制的媒体花费数周时间将秘密社描绘成一个策划袭击公共地标和设施（如道路、桥梁和发电站）的恐怖组织。据称，库特布直接下令以攻击民用基础设施为目标，目的是制造混乱，破坏国家稳定。当局还利用秘密社成员的供词，揭示秘密社收到了外国资金和武器，并与邻近阿拉伯国家（特别是当时与埃及敌对的沙特阿拉伯）的武装分子和恐怖分子暗中联系。沙拉夫仍然相信这些指控："库特布和穆斯林兄弟会领导层密谋取代泛阿拉伯民族主义政府，建立神权统治。"他告诉我："我们揭露了他们的谎言、阴谋和与外国的勾结，向埃及大众公布了这些疯子背后的实情。"

从库特布的角度来看，他让门徒们相信他的死亡将成为伊斯兰主义革命的催化剂。"我们的殉教者常常提醒我们，他的血将把他的言语变成人体炸弹，将纳赛尔的暴君政权掀翻，"因在库特布的秘密社中担任职务而服了多年苦刑的沙奇里这样说道，"他的殉道将启发成千上万的年轻穆斯林。"[121] 艾德也同意这样的说法，他说他"相信库特布的死将取得他活着无法取得的成就"。[122] 许多记录记载了库特布在 1966 年 8 月 29 日凌晨 3 点，即被处决前几个小时的状态。[123] 它们都指出库特布没有一点迟疑或后悔地走向了绞刑架；在行刑当晚，典狱长哈姆扎·巴苏尼（Hamza al-Bassouni）让同在狱中的库特布的姐姐哈米达和库特布见面并劝说他承认秘密社与"（颠覆性的、反政府的外国）势力联盟"，以此换来释放。[124] 库特布立刻斩钉截铁地拒绝了任何用虚假指控换取个人自由的建议。他说："无论什么样的力量在我面前，我都向真主发誓，如果真有其事的话我会说出来。但这是没有发生的事情（秘密社背后没有外国势力），我绝对不会说谎。"[125]

从对库特布门徒的采访中，一个为了信念而不惧死亡的英雄形象浮现了出来。库特布比纳赛尔更知道在伊斯兰历史中，那些被视为正直、虔诚且为了反抗不公和捍卫圣洁而殉难的人物，他们的殉道者形象在伊斯兰传统中具有多么长久的力量。在现存的库特布临刑前的照片中，他面带微笑，在 8 月的炎热夜晚跟典狱官们道别，随后被带去绞刑架。他是一个严肃、不苟言笑的人，公众不了解他的快乐，这些照片表现出他从容不迫，他将在没有恐惧和忧愁的状态中面对他的造物主。

没有葬礼，亲属和追随者无法为他送别，库特布被葬在大卡拉法墓地（al-Qarafa al-Kubra）的一座无名坟墓中，附近是 9 世纪的法学家伊玛目沙斐仪（Imam Shafi'i）的陵墓。然而，库特布活在（今日仍然活在）世界各地的伊斯兰主义者心中，被人们尊称为"永生的殉教者"。对于宗教异见者来说，赛义德·库特布的宣言之所以具有超出其内容本身所应得的巨大影响力，是因为它们是从痛苦、苦难和牺牲的角度解读的。"库特布的话因他在暴政面前的坚定而产生特别的共鸣，"沙奇里说，"他践行了他所宣扬的理念，他给未来一代又一代宗教异见者树立了永恒的榜样。"[126]

结　论

库特布与穆斯林兄弟会的关系始终充满紧张和矛盾。从一开始，库特布就是个局外人，是这项事业迟来的信徒，是一个偶然的伊斯兰主义者。从 1953 年 3 月正式加入穆斯林兄弟会到被捕，只有 18 个月，之后他在监狱中度过了 10 年。穆斯林兄弟会的高级成员表示，库特布从未在穆斯林兄弟会内部建立正式或非正式的联系。他是一头性格暴烈的小牛犊，不是那种符合组织纲领的人。

然而，按照他的门徒的说法，库特布认为自己正引领伊斯兰主义运动朝着正确的方向前进，并拯救伊斯兰教于被遗忘的命运。他试图将穆斯林兄弟会转变成一个革命先锋队，并提供神学理论来推动它完成新使命。他完全清楚自己肩负的任务，努力完成它，也努力保持其秘密性。库特布对穆斯林兄弟会的反抗具有重大意义，因为这表明了他作为一名革命伊斯兰主义神学家和思想家的意识形态转变程度，以及他对带来实际改变的决心。他的目标是瓦解所有现存的机构，包括他自己的穆斯林兄弟会，将一切都付之一炬。这一事实与库特布的传记作者所强调的连贯性不符，也与他们将库特布描述为穆斯林兄弟会的延伸不符。[127] 这些叙述考虑到了库特布作品的重要性和其狱中经历造成的影响，但是没有考虑他对秘密社的领导。

然而，库特布的门徒，包括本书采访到的一些人，都直率地谈到了库特布作为反叛者的身份。他拥有自己的革命议程，发展了自己的事业追求，但讽刺的是，穆斯林兄弟会和库特布的传记作者却认为他是伊斯兰主义运动忠心耿耿的成员。库特布的这一形象与穆斯林兄弟会作为一个齐心、统一的组织的论述相契合。这种缺乏历史视角的形象忽视了冲突的存在，忽视了组织内部公开的分歧，这些冲突和分歧甚至可以追溯到穆斯林兄弟会创始人哈桑·班纳时期。这种论述也未能看到库特布的内部政变是这些分歧中最严重也最危险的一次，因为它挑战了穆斯林兄弟会传统上保守的意识形态基础。

对库特布正式加入穆斯林兄弟会的详细分析可以揭示出他自己的野心，他利用这个强大的组织推动自己的事业，试图践行自己的哲学。正如本书第五章讨论的那样，库特布正式加入穆斯林兄弟会的时间正是该组织内部不同权力核心争夺影响力的危机时期。在哈桑·班纳被暗杀后，胡岱比被任命为总训导师，这一决定从一开始就在兄弟会成员中制造了分裂。他在革命指导委员会内部未能取得位置进一步削弱了他的权威。到 20 世纪 50 年代中期，穆斯林兄弟会处于生死存亡的关头：导师被软禁在家，政府发起了大规模镇压。狱中的成员缺乏强大的意识形态观念以维持组织团结，他们开始各奔前程。这对像库特布这样意志坚定并且擅长煽动的人来说，正是一个理想的机会，他期待着能按自己的想法塑造伊斯兰主义运动。

库特布在监狱里努力招募成员，也让自己更加极端化。如果说他曾经帮助自由军官清晰地表达他们的观点，那么他此时也为穆斯林兄弟会做同样的事情。这一次，他终于抓住了领导该组织的机会，将它带入他所承诺的乐土。自童年和青年时期起，库特布就一直寻求认可和尊重，无论在哪个圈子中奋斗都是如此。尽管他在文学上不成功，后来在自由军官那里也失败了，但他对伊斯兰教的新诠释和革命性观点终于让他得到了渴望已久的认可。此外，库特布在他的著作中巧妙地表达了 7 世纪的阿拉伯与现代埃及之间的相似之处。在《来自乡下的孩子》和《他们为什么处决我》中，库特布塑造了一个像先知一样无私利他的形象，他全心全意地拥抱伊斯兰教，这让他的观点就像是来自真主的。如果这些观点被付诸实践，将重建真主在大地上的统治。

在这样的情况下，纳赛尔政府与库特布派伊斯兰主义者之间的政治斗争被赋予了生死存亡的色彩。1954 年之后，纳赛尔政府通过安全部门和意识形态部门镇压伊斯兰主义运动，不给嫌疑人提供法律程序，将穆斯林兄弟会描绘成埃及的最重大威胁，让"生死存亡"的论调更加具有说服力。双方不断将彼此描绘成生死对头，暴力冲突成为常态。不幸的是，这种景象仍然是阿拉伯政治的普遍特点，激进圣战主义者一波又一波地涌现。将斗争视为"生死存亡"的理念，已被后续几代宗教激进分子和民族主义者重新利用并加以调整。在追求权力的过程中，无论是纳赛尔领导下的国家还是穆斯林兄弟会都为政治表达以及统治者与人民之间单向且专制的关系奠定了基础，为一党执政的制度化和正常化铺平了道路。此外，随着零和博弈的概念在他们心中扎根，任何不同意见都被视为颠覆政权和外国阴谋，这扼杀了合法反对派的出现。

明确将社会划分为爱国者和叛徒、信仰者和不信者或人民和人民的敌人的观念，位于阿拉伯政治的中心，只会导致国家和社会运动的安全化。

最后，除了对整个阿拉伯政治的影响，这些事件对穆斯林兄弟会内部也产生了深远的影响，这种影响一直延续到今天。通过在穆斯林兄弟会领导层不知情的情况下招募成员加入秘密社，并利用秘密社传播自己的观点，库特布将长久存在的分歧制度化，将穆斯林兄弟会推向两个不同的方向：一个方向是创始人班纳提出的渐进主义，另一个则是库特布的革命先锋队。在库特布被处决后的半个世纪里，尽管他的门徒数量减少了，但他们在穆斯林兄弟会内部仍是一股势力。通过控制关键职位和组织内部的委员会，库特布主义者拥有与其实际人数不成比例的影响力。尽管穆斯林兄弟会的领导层否认存在意识形态分裂，但中间派和改革派成员一再指责库特布派抵制改革和民主化运动，维持专制现状。讽刺的是，在 20 世纪五六十年代，正是库特布和他的支持者呼吁伊斯兰主义运动和社会转型，违抗了老一辈领导团体。如今，角色已经发生了转变，库特布派与他们曾经的批评者交换位置，成为伊斯兰主义运动内部的保守势力。

第十章
纳赛尔主义计划的失败

1967 年 6 月，以色列在六日战争中打败了纳赛尔领导的埃及政权，从而在中长期内彻底改变了埃及和整个阿拉伯世界的政治格局。[1]第三次阿以战争本身是否如许多学者所言，推动了从泛阿拉伯民族主义向宗教民族主义或泛伊斯兰主义的范式转变？问题不在于 1967 年的失败是否是阿拉伯政治的转折点——它显然是。真正的问题在于，如何、何时以及通过何种方式，从阿拉伯民族主义向伊斯兰主义的转变发生了？

主流叙事认为，纳赛尔在六日战争中的失败是促使穆斯林兄弟会和伊斯兰主义者在埃及及中东其他地区巩固其霸权的最重要事件。学者常常假设它是直接的转折点，迅速让纳赛尔所倡导的阿拉伯民族主义或泛阿拉伯民族主义终结。[2]然而，要全面理解阿拉伯民族主义的衰落以及 1967 年战争后穆斯林兄弟会和伊斯兰主义复兴，必须从更长的历史视角来看。[3]在埃

及战败之前，已经有许多事件极大地削弱了纳赛尔政权，并动摇了纳赛尔在埃及和阿拉伯地区的地位。这些事件包括与叙利亚统一为阿拉伯联合共和国的努力失败、严重的经济问题以及阿拉伯内部的激烈竞争，尤其是 1962 年也门政变后，埃及在也门的灾难性军事冒险。从 20 世纪 60 年代中期开始，纳赛尔政权受到不同社会群体的拉扯，其权威迅速瓦解。纳赛尔试图维持的意识形态平衡在不断增加的国内、地区和国际压力下被逐步打破。

　　正是在这样的背景下，埃及经历了 1967 年的战败。战败次日，没人能比伟大的阿拉伯小说家纳吉布·马哈福兹更好地捕捉到当时的情绪了："我一生中从未如此崩溃和震惊过。"[4]当时，大多数批评纳赛尔政权及其战争表现的人本身就是阿拉伯民族主义阵营的一部分，而不是伊斯兰主义者。战败动摇了民族主义阵营的信心和士气，但并未摧毁他们对世俗民族主义和社会主义思想优越性的信仰。批评者指责纳赛尔是一个传统的中间派（traditionalist-centrist），未能摆脱小资产阶级和宗教身份的束缚。他们呼吁激进左转，而不是右转，并与过去彻底决裂。即便在战败后，世俗民族主义和社会主义仍然占据主导地位。政治伊斯兰直到 20 世纪 70 年代和 80 年代才开始崛起，尽管在 50 年代和 60 年代，宗教力量一直存在于埃及和其他中东国家。

1967 年灾难前夜的政治和经济

　　早在 1967 年冲突之前，纳赛尔就不得不应对区域内的竞争。他试图构建由埃及领导的阿拉伯联合体，以挑战超级大国的主导地位，但这一梦想并未实现。1967 年 6 月的战败表明，纳赛尔将阿拉伯民族主义作为一种武器来削弱阿拉伯对手的做法反而加深了阿拉伯国家之间的敌意，并引发了区域领导权的内部争斗。埃及与叙利亚在 1958 年至 1961 年短暂的联盟暴露了纳赛尔对实现埃及与其他阿拉伯国家合并的犹豫态度。这种犹豫使他与马什里克（Mashreq，阿拉伯东部）泛阿拉伯主义者产生分歧，后者希望将所有阿拉伯国家合并为"阿拉伯世界合众国"。战败也削弱了纳赛尔在阿拉伯地区的意识形态影响力，因为各种泛阿拉伯民族主义思潮开始与他的愿景竞争。随着纳赛尔从一个更宏大的目标，即建立一个统一的泛阿拉伯国家，转向一个更为实际且容易实现的目标，也就是促进阿拉伯国家之间的团结和合作，叙利亚、伊拉克、黎巴嫩、巴勒斯坦等地的阿拉伯民族主义者开始质疑他的革命资历，指责他放弃了解放巴勒斯坦的斗争。他们称纳赛尔的目的是把埃及的利益置于所有其他阿拉伯国家的利益之上。与此同时，纳赛尔在该地区的敌对势力，如沙特阿拉伯和约旦的君主，比纳赛尔预想的更具韧性和智慧。沙特阿拉伯不断对纳赛尔施加压力，后者指责沙特阿拉伯是导致阿拉伯联合共和国解体的幕后黑手。在20世纪60年代，纳赛尔错误地选择在也门进行军事干预，也门成为阿拉伯内部的杀戮战场，这暴露了埃及力量的局限性并削弱了埃及的国家基础。这场战争揭示了阿拉伯民族主义计划中的深刻裂痕，以及纳赛尔和其他阿拉伯领导人未能在实践中推进阿拉伯统一的原因。

因此，阿拉伯内部的民族主义竞争最终在很大程度上导致了纳赛尔的失败。作为自称的革命者，他无法承受这样的打击，这不仅削弱了他的霸权地位，还损害了他作为"阿拉伯事业"领导者的声望。[5]纳赛尔与叙利亚激进的复兴党（Baath Party）的关系是一个典型例子。该党于1947年正式成立，在多个阿拉伯国家设有分支，其理念与纳赛尔的民族主义计划相似。然而，复兴党的意识形态追求优先建立一个统一的泛阿拉伯国家，而非纳赛尔所提倡的阿拉伯团结。这一立场质疑了纳赛尔对泛阿拉伯事业，特别是对巴勒斯坦问题的承诺。与他们的伊斯兰主义对手一样，阿拉伯民族主义者在战略、战术上也进行了激烈斗争。纳赛尔与同为民族主义者的复兴党的冲突对他造成了沉重打击，并导致他在1967年5月与以色列的危机中犯下了重大错误，最终使他的军队和政权覆灭。为了在叙利亚和伊拉克的激进复兴党人面前表现出更强硬的姿态，并反驳他们对埃及在以色列问题上"懦弱"的指责，纳赛尔误判形势，加大了与以色列对抗的力度。这为以色列提供了先发制人的理由，最终导致埃及军队惨败。

此外，不久之后，纳赛尔在埃及国内较为务实的目标也与严峻的经济现实发生了正面冲突。到 1965 年，纳赛尔在大力推行"民粹国家资本主义"（populist state capitalism）方面陷入了严重僵局。根据埃及政治经济学专家约翰·沃特伯里（John Waterbury）的说法，该政权未能提高生产力，反而因过度依赖公共部门作为社会和政治转型的工具而造成大规模效率低下："1956—1966 年席卷埃及的危机源于公共部门的严重低效，公共部门承担了过多职责：以成本价或亏本价销售产品，雇佣与生产需求无关的劳动力，赚取外汇，满足国内需求。危机的另一个原因是传统农业部门被忽视，收税的同时却未能进行改革，这使其无法发挥增长潜力。"[6]

随着埃及受教育的年轻人口不断增加，农村人口不断向开罗迁移，新增就业需求和新移民超出了低效官僚机构提供就业和基本服务的能力，并威胁到新兴中产阶级的利益。[7] 集中化的国家规划导致了官僚机构臃肿，而经济表现迟缓，造成了系统性过载。按照学者卡尔·布朗（Carl Brown）的说法，"现实并未达到预期"。[8]

纳赛尔政权在 1960—1965 年实施的五年计划旨在增加对工业部门的投资，并建设阿斯旺大坝，以促进农业和工业生产。在这个五年计划期间，由于目标大多如期完成，人们的期望值不断提高。投资增加近 18%，经济增长率上升到 6%，人均收入在长期停滞后增长了 30%。[9] 然而，这一乐观的经济前景是建立在外债基础上的。到 1965 年，当第二个五年经济计划出台时，挫败感取代了希望。由于国家依赖贷款来支持其30% 的投资，债务负担开始显现；为实现经济计划目标，商品进口增加了 48%。著名的埃及社会经济分析师贾拉勒·阿

288

明（Galal Amin）——以同情纳赛尔而闻名——形容这项计划"过于雄心勃勃"。[10]埃及国家情报局局长萨拉赫·纳斯尔（Salah Nasr）于1967年前往罗马请求意大利政府提供1000万美元贷款，他对20世纪60年代中期之后的经济状况的描述是"惨淡"：

> 从1965年开始，埃及的经济状况因外汇短缺、外债负担以及与西方国家之间的债务利息偿还危机而恶化。由于无法偿还债务的利息，纳赛尔不得不将五年计划修改为七年计划，随后又修改为"三阶段成就计划"（three-part achievement plan）。[11]

随着埃及在1967年6月关闭苏伊士运河并将石油产量减半，国家失去了主要的收入来源，获得外国援助和资金的能力也受到严重削弱。美国在1958年至1965年提供了3亿埃及镑的援助，但在1967年2月终止了援助。总体来看，外国代理人和国家对埃及的援助从1961年至1966年的2亿美元急剧减少到1967年至1969年的仅1600万美元。援助减少沉重打击了埃及经济。[12]

随着民粹国家资本主义在1965年和1966年几乎停滞，重组变得不可避免。重组的负担完全落在了中低阶层和工薪阶层的肩上，他们的收入和生活水平大幅下降。[13]1958—1959年，城市地区的贫困率已降至30%，而在1965—1970年却反弹到了35%。[14]同样，乡村地区的贫困率从1958—1959年的35%上升到了1965—1970年的44%。经济倒退对于一个依赖经济增长来维持中产阶级支持的政权来说尤为有害，中产阶级一直是其关键支持基础。[15]

经济倒退也反映了埃及内部分裂，纳赛尔政府曾用意识形态来遮掩，但是从来没有真正克服这一问题。即便在纳赛尔统治下，社会也一直处于分裂状态。专业人士如律师、工程师、医生和小企业主等，因未能从纳赛尔革命中受益，转而在穆斯林兄弟会中找到了替代方案，借此在国家事务中争取更大的发言权。20 世纪 60 年代中后期的经济下滑给了伊斯兰运动一个扩大其社会基础的机会，吸引了那些受经济衰退冲击的下层民众和中产阶级。

纳赛尔利用国家机关传播他的社会主义思想，使社会主义工会和学生团体获得了政治影响力。然而，纳赛尔的失败——或者更准确地说，是民粹国家资本主义的失败——导致他们在各种左派意识形态中出现了分裂。纳赛尔阵营的分裂随后帮助继任的安瓦尔·萨达特总统成功拉拢伊斯兰主义者，让他们反对纳赛尔左翼残余力量。随着左翼势力的分裂，包括卢特菲·扈利（Lutfi al-Khouli）在内的曾经被纳赛尔政权拉拢的马克思主义知识分子加大了对国家政策的批评。虽然扈利没有直接攻击纳赛尔政权，但他利用他所创建的名为《先锋》（*al-Tali'a*）的杂志来攻击埃及社会中的"有害元素"，认为那些人反对国家宪章中设想的革命。他坚持认为，这些保守势力渗透到革命政权及其机器中，包括官僚机构。扈利呼吁埃及社会中的个人，或他所谓的"革命战士"，去反对那些有害元素，并发起一场自我批评的运动，以评估出现的问题。尽管扈利希望通过《先锋》发起他的"自我批评"运动，但 1967 年的战争中断了他的计划。

这种将埃及社会划分为"好"和"坏"的二元对立思想，说明了纳赛尔主义国家试图掩盖的内部分裂，也反映了内部凝聚力的缺乏。政权面临越来越多的批评，官僚机构的迅速膨胀创造了一个高度依赖国家、服从其愿景的庞大群体。由于未能建立参与式民主来支撑他的社会理想，纳赛尔创造了一个新的依赖型中产阶级，这个阶级没有为自己和国家制订独立的发展计划；他们担心反对国家或其政策将导致他们的财务破产。最后，在纳赛尔主义国家内部局势紧张的背景下，旧政权的资本家和工业家伺机反击。因此，在1967年6月战败后，埃及依然是一个分裂的社会，仅靠国家强加的集体愿景维系在一起。

除了国内的经济问题，埃及政府的财政进一步被1962年至1967年埃及军队在也门北部的军事冒险拖累。1962年，共和派军事政变推翻了伊玛目穆罕默德·巴德尔（Imam Muhammad al-Badr），纳赛尔立刻派出特种部队前往萨那支援也门军官。然而，在伊玛目下台后的几天内，埃及投入了大量人力和财力，军队的象征性支持迅速演变为大规模的军事干预。最终，共有55000名埃及士兵卷入了这场被称为"埃及的越南战争"的血腥且棘手的游击战。

也门战争给了纳赛尔在阿拉伯半岛建立立足点的机会。由于沙特阿拉伯离也门北部仅咫尺之遥，在也门立足可以对沙特阿拉伯政权施加压力，甚至进行颠覆活动。沙特阿拉伯的保守统治者一直是纳赛尔的心头之患。对埃及来说，也门也具有战略重要性，能够通过控制曼德海峡来掐断以色列的石油供应，这一战术在1973年的赎罪日战争中得到了成功运用。[16] 然而，这些盼望已久的战略利益被套上了意识形态外衣，扭曲了埃及决策者看待也门的视角。纳赛尔的实权幕僚长萨米·沙拉夫表示，埃及在也门的立场"已经成了阿拉伯民族运动与世界霸权（地区大国和全球大国）之间旷日持久的斗争的一部分"。[17]

也门战争只会削弱埃及国家的实力，因为它已演变为一场代理人冲突，造成了纳赛尔与强大地区势力和全球势力的对抗，其中包括沙特阿拉伯和它的超级赞助人美国。沙特阿拉伯对也门军队官员宣布将共和革命扩散到邻国沙特阿拉伯感到不安。[18] 为了对付南部边境的新威胁，沙特人在1963年花了 1500 万美元训练和武装也门的保王派部落，招募了上百名欧洲雇佣军并建立了他们自己的广播电台。[19] 伊玛目军队的残余势力中也有来自沙特国民卫队的人和他们一同战斗。[20] 在美国人那边，他们在冲突中得到了经济利益并延续了他们对沙特君主的承诺。阿美石油公司（Arabian-American Oil Company）的大本营在沙特阿拉伯境内，他们在 1950 年和也门伊玛目签署了特许合同，这份合约让他们有了在也门勘探石油和其他自然资源的特许权。[21] 伊玛目也给另一家美国公司，华盛顿也门发展公司（Yemen Development Cooperation of Washington）许下了一份利益丰厚的石油勘探特许合约。[22] 埃及卷入战争和对美国在也门利益的损害让纳赛尔和林登·约翰逊总统针锋相对，这种局面迫使纳赛尔更加依赖苏联的武器和援助。[23] 穆罕默德·海卡尔甚至说以色列也参与了也门冲突，他们实际上是也门保王派和沙特势力的盟友。[24] 除此之外，纳赛尔在 1965 年 4 月发表宣言表明埃及将支持南也门革命运动，直到英国占领结束为止，这份宣言更让他和英国的关系紧张起来，也进一步使也门的冲突国际化。[25]

埃及在也门的军事介入是一大灾难。[26] 也门冲突除了耗尽埃及政府的资源，让埃及在 1967 年和以色列对决时显得捉襟见肘以外，也极大地打击了纳赛尔和埃及军队的声望。尽管埃及军队对抗的是一系列在幕后操纵的强大势力，但是它并未在战场上表现出出色的战斗力。按照安东尼·纳庭的说法，也门战争对纳赛尔政府造成的政治损害在于"数万名埃及军队对抗相对较少的游击部落时的无能和低效"。[27]

在忧虑重重的背景下，1965 年，当埃及情报部门意外发现库特布的秘密社时，纳赛尔愤怒至极。他害怕穆斯林兄弟会未被削弱，而是已经开始密谋推翻他。纳赛尔感到被阴谋背叛了。1965 年 8 月在莫斯科，他告诉一群阿拉伯学生说穆斯林兄弟会的叛乱是不顾"我们在一年前取消了戒严令，清空了监狱，并且下令让（被关押者）回归工作岗位"的做法。[28] 面对这一潜在威胁，纳赛尔开始利用国家强权。一些议会成员要求采取更严酷的惩罚，"用铁拳"来打击"自找毁灭和溃烂"的分子。[29] 纳赛尔设立了一个新部门，名为军事犯罪调查办公室（Military Criminal Investigation Office），这个部门的职责是调查"阴谋"。他让密友沙姆斯·巴德兰（Shams Badran）来负责这一部门并密切监督调查进程。他的各个安全部门彼此展开竞争，都希望能够一举歼灭穆斯林兄弟会，证明自己的价值和地位。[30] 因此，在纳赛尔政府建构的单一愿景背后，出现了多个竞争性的权力中心。这些内部分歧和对立是纳赛尔政府缺乏清晰的发展路线的直接结果。纳赛尔把库特布送上绞刑架反映出在内外交困的局面中，他对伊斯兰主义者对他统治造成的威胁的真实焦虑。处死库特布的决定也暴露出他没有认识到他的政府和伊斯兰主义组织都在经历着相似的内部分化过程。库特布的秘密社是穆斯林兄弟会领导层无力处理内部派系分裂和意识形态分裂的产物。在对穆斯林兄弟会的第二波镇压中，纳赛尔的安全部门各自处置被捕的穆斯林兄弟会成员，这暴露出埃及政府没有牢牢地控制其安全机构。从某种角度来看，政府和穆斯林兄弟会都创造出了一个怪物。

1967 年战败和翌日早晨

1967 年的大溃败更具破坏性，因为此时纳赛尔政府已步履维艰。战败后，仍有一定数目的阿拉伯民族主义者继续和纳赛尔站在一起，他们时常表示战败是因为遭到了背叛而不是被打败。在一本于战争结束几个月后出版的书中，叙利亚军官和政治家阿明·纳福里（Amin al-Nafouri）称纳赛尔没有得到

"泛阿拉伯团结（pan-Arab solidarity）的足够支持，而阿拉伯人的团结是战胜以色列的首要条件"。[31] 在献给"光荣的英雄和巴勒斯坦的殉道者贾迈勒·阿卜杜勒·纳赛尔"的书中，纳赛尔的密友穆罕默德·海卡尔指责美国和沙特阿拉伯在也门战争中密谋打击纳赛尔。他宣称美国介入了也门冲突，给沙特政府提供经济和军事援助，以打击中东地区唯一有能力给以色列造成严重威胁的埃及军队。[32] 艾哈迈德·舒凯里（Ahmad al-Shuqayri）是巴勒斯坦解放组织（Palestine Liberation Organization，PLO）的第一任首脑，他也称纳赛尔遭到了奸诈的阿拉伯统治者的恶毒背叛，他们在背后捅了他一刀。舒凯里指责沙特国王费萨尔（Faisal）在 1967 年战争时伪善地呼吁人们加入圣战，自己却不派军队参战。[33]

然而，1967 年的失败给纳赛尔政府造成了严重后果。正如研究现代中东历史的权威历史学家阿尔伯特·胡拉尼（Albert Hourani）所说，"失败比胜利更深地钻入人们灵魂深处"。在《阿拉伯诸民族历史》（*History of the Arab Peoples*）中，他写道："处于他人的掌控之下是一种意识性的经历，会导致对世界秩序的怀疑。"[34] 以色列在 1967 年的决定性胜利被广泛地视为某种"道德审判"。[35]

这次失败使一些阿拉伯知识分子、评论家和小说家，如 1988 年诺贝尔文学奖得主纳吉布·马哈福兹，深感痛苦，他们将失败个人化和内化。在纳赛尔政权的巅峰时期，马哈福兹是少数以微妙方式批评政权的人之一。[36] 马哈福兹和他的同代人所经历的分裂和心理创伤来源于严重和彻底的失败，因为当时人们普遍认为阿拉伯人终于迎来了光明的历史时刻，将迎来强大和复兴。作为一名文化评论人，乔治·塔拉比什（George Tarabishi）指出，1967 年战败动摇了阿拉伯人的信心，因为长久以来，阿拉伯人中间存在一种共同的倾向，即高估自身实

力和战斗力，低估敌人的实力。[37]阿拉伯的领导人沉浸于光荣
的幻想和被夸大的自我认知，他们在思考和制订计划时完全排
除了失败的可能性，向民众许诺战胜敌人的荣耀。

陶菲克·哈基姆是顶尖的剧作家和评论人，他的作品影响
了纳赛尔，也"塑造了他的民族主义"。[38]面对痛苦的失败，
他说"战败的噩梦"粗暴地将他从美梦中叫醒。哈基姆描述了
战争在6月5日爆发时，开罗街道上洋溢的节日气氛，当时的
执政党阿拉伯社会主义联盟（Arab Socialist Union）已经在
街道上挂起了"向特拉维夫进军"之类的胜利横幅。

哈基姆对纳赛尔的尖锐批评引发了一场抗议风暴，因此值
得长篇引述他的文字，以便读者能够一窥1967年战争爆发当
天早上埃及和阿拉伯世界的公众情绪：

> 周围的整个气氛，几乎让我们确信直捣敌人在特拉
> 维夫的老巢的时间，将不会晚于1967年6月5日当天
> 晚上9点……之后，几天过去了，而我们的军队在节节
> 败退。[39]
>
> ……无论是从常识或逻辑来看，我们都不敢相信军队
> 几天里的溃败。在前几年中，政府总是在宣扬军队强大的
> 战斗力，无论是革命庆祝还是军队方阵游行，我们都看着
> 最新式的坦克和名叫"征服式"或"胜利式"的火箭弹，
> 以及名为"雷电"的军团，他们喊着整齐的口号经过；我
> 们看到部队从高地上倾泻而下，翻越墙壁，徒手撕开毒蛇
> 并把它吃掉……我们在许多演说中听到的都是我们的空军
> 在中东地区所向披靡。[40]
>
> ……我坐在电视机前惊呆地张着嘴巴，像一个痴呆
> 者一样听着埃及革命部队在几小时内被打垮的消息。但是
> 我身边的声音仍然像我熟悉的那样围绕着我：爱国主义歌

曲、那些男女歌手的歌，还有那些公司行号的招牌：胜利、胜利、胜利，这家胜利公司，那家胜利公司，胜利牌汽车、胜利工厂、胜利商店——所有的东西都是胜利胜利胜利……但是埃及却没有思考也没有意识到这些词和描述实际上已经让这个国家成了一个笑话。[41]

在他充满争议的作品《意识的回归》（*'Awdatal-wa'i*）中，哈基姆给 20 世纪五六十年代埃及人的政治生活描绘了一幅阴郁的肖像，埃及知识分子失去了心智，盲目地追随新救世主，纳赛尔"被人民偶像化了"。[42]哈基姆说他很不愿意把纳赛尔说成"真正的政治人物"，因为"他在本质上更像一个有魅力的、感性的和浪漫的作家"。[43]哈基姆争辩说纳赛尔"在这些年消灭了所有人独立思考的能力，也消灭了除他以外的所有人的坚定人格"。[44]按照这位受人尊敬的公共知识分子的说法，纳赛尔的威权统治和阿拉伯民族主义给他挚爱的埃及带来了毁灭："真的，要领导阿拉伯世界的想法毁了我们所有人，纳赛尔的思想成了一股破坏力——毁掉了他自己，毁掉了埃及，也毁掉了阿拉伯人。"[45]哈基姆把责任完全丢到了纳赛尔革命的身上，因为这场革命用光鲜亮丽的童话和虚假的希望"让埃及丧失了意识"。[46]

无论人们是否同意哈基姆对纳赛尔的严厉批评，他把纳赛尔称为"绝对统治者"的语气和立场，在埃及和阿拉伯知识分子、作家那里都产生了共鸣，在激进的阿拉伯统一、泛阿拉伯主义者和马克思主义者那里尤其如此。比如说，虽然扈利在六日战争前就已经批评了纳赛尔政府，但是他把战争的灾难后果看作偏离革命道路的结果。他指责掌权的社会团体没能忠实地实施国民宪章里的社会政策，最重要的是他们不愿意和人民分享权力。除了扈利，主要的知识分子也对军人统治者嗤之以鼻，这些军人统治者向人们许诺救赎，却带来了失败。知识分子还呼吁发动一场把阿拉伯人从落后、父权家长制和威权主义中解放出来的新革命。在他们眼中,这场战争令人惊愕的结局就是全体人民对纳赛尔的政策和实践的审判。

上百万痛苦的阿拉伯人背诵了诗歌《失败的脚注》(*Hawamish daftar al-naksa*),在遭到审查变为禁诗后,这首诗被秘密抄印并在埃及传播。尼扎尔·卡巴尼(Nizar Qabbani)是曾经支持纳赛尔的诗人,他宣称阿拉伯秩序已死,呼吁人们发起革命性变革[47]:

1
陈词滥调已死。
老旧书籍已死。
我们的演说就像破了洞的鞋子,也已死亡。
死亡是走向失败的意志。

7
简单来说
我们穿着文明的斗篷
灵魂住在石器时代。

12
我们的敌人没有越过我们的国境线
他们像蚂蚁一样在我们的脆弱中穿行。

14
我们耗费时间练习巫术,
下棋和睡觉。
我们是"在神佑世人的国度"吗?

17

如果我知道我不会受伤，

并且能见到苏丹，

这是我会说的话：

"苏丹，

当我接近您的城墙诉说我的苦痛，

您的士兵用靴子打我，

让我吃我的鞋子，

苏丹，

您输了两场战争，

苏丹，

您的半数人民没有舌头，

没有舌头的人民是用来干什么的呢？

半数人民

像蚂蚁和老鼠一样困在陷阱中

夹在墙中间。"

如果我不会受害，

我会告诉他：

"您输了两场战争

您也失去了和孩子们的接触。"

18

如果我们没有埋葬我们的统一

如果我们没有用刺刀撕碎年轻的身体

如果我们有眼能看

那狗就不会糟蹋我们的血肉

20

阿拉伯的孩子们，

你将打破锁链，

打破我们头脑中的鸦片，

打破幻想，

阿拉伯的孩子们，

不必理解我们这窒息的一代，

我们是无可救药的。

我们比西瓜皮还不值钱。

别理我们，

别模仿我们，

别接受我们的观点，

我们是骗子和乞丐的民族。

阿拉伯的孩子们

春日的雨水，

未来的玉米穗，

你将是

克服失败的一代。[48]

　　卡巴尼对阿拉伯政府、社会，甚至文化的根基提出了质疑。对他来说，1967 年的溃败，就像 1948 年的失败一样，暴露了阿拉伯政治体系悲惨的失败，以及它的落后和压迫性。他把纳赛尔称作另一个"苏丹"，和输掉 1948 年巴勒斯坦战争的前人不同，卡巴尼呼吁新一代的阿拉伯孩子们，他们没有被权力污染、腐蚀，呼吁他们打烂现有秩序并战胜失败。

　　卡巴尼批评的重要性在于，它来自纳赛尔泛阿拉伯民族主义精英群体内部。虽然卡巴尼在政治上不是特别活跃的人，但他是阿拉伯民族主义和统一的有力支持者。卡巴尼绝不是纳赛尔的敌人，他曾经公开支持埃及革命并庆贺埃及革命的成就，尤其是 1956 年苏伊士危机和 1958 年埃及和叙利亚统一的政治胜利。他承认自己被 1967 年的失败所困：

> 我悲哀的国，
> 一瞬间
> 你把我从一个写情诗的诗人
> 变成了用刀枪写作的诗人。[49]

在支持纳赛尔阿拉伯民族主义愿景的舆论领袖和知识分子中，卡巴尼并非特例。主流论述认为，1967 年的战败是一场灾难，用巴林的民族主义作家穆罕默德·贾比尔·安萨里（Mohammed Jaber al-Ansari）的话来说，它给阿拉伯人留下了深深的心理创伤：这场战败是一种"存在性"失败，或者说"这场失败是所有失败之源"。[50]

按照安萨里的说法，在诸多层面上，阿拉伯人仍然没有从那场失败的影响中痊愈；土地仍然被占领着，政治和社会仍然遭到大国侵入，他们看起来无法克服宿命论和无力的思维定势。和 1948 年的巴勒斯坦战争相似，1967 年的失败是一个转折点，它进一步阻碍了阿拉伯国家的制度发展，将阿拉伯人对自强、独立和自主的追求扼杀在了摇篮中。创伤、未能成真的许诺、破碎的梦想，仍然萦绕在阿拉伯人的脑海中。[51]

有一些狂热的纳赛尔派和泛阿拉伯民族主义者则对战败轻描淡写。泛阿拉伯民族主义者纳迪姆·比塔尔（Nadim Bitar）在《革命挫折》（*Minal-naksailaal-thawra*）中，说 1967 年战争中发生的事情只是一次挫折，虽然疼痛，但是"我们欢迎挫折（naksa）及其带来的各种巨大挑战"。冲突所带来的后果仅仅是一次挫折，而不是埃及军官圈子和周边阿拉伯国家所认为的大溃败。然而，这对阿拉伯人来说却是一个艰难的抉择。特别是，随着时间推移和战败后果持续显现，纳赛尔"消除侵略后果"的承诺不再像最初那样能产生强烈的共鸣。

阿拉伯人已达成共识，即 1967 年，不只是军事失败，他们的社会也被打败了，暴露出他们在文明和科学上的落后。著名的埃及作家艾哈迈德·巴哈尔丁（Ahmed Baha' al-Din）说以色列人的挑战更多是文明上的，而不仅是军事上的，而且这次失败反映出阿拉伯社会现代化的失败。[52] 因此，按照进步知识分子亚辛·哈菲兹（Yasin al-Hafiz）的观点，将失败置于更广泛的背景中是必要的。在他的著作《失败和被打败的意识形态》（*Al-hazima wa al-idiulugiyya al-mahzuma*）中，哈菲兹直率地称 1967 年的战争不仅给埃及军队带来了毁灭性打击，更在根本上击垮了支撑纳赛尔政权的泛阿拉伯民族主义意识形态。[53]

像哈菲兹一样，小说家陶菲克·哈基姆认为，1952 年革命带来的政治体制在 1967 年战败后失去了控制力，这导致了随后的坍塌。通过动摇"独裁"政权的根本意识形态，战败转变为一种离心力，并在纳赛尔去世三年后迅速瓦解了泛阿拉伯民族主义的大厦。

阿拉伯历史学家康斯坦丁·祖莱克（Constantine Zurayk）在 20 世纪 50 年代时出版了《灾难的意义》（*Ma'naal-nakba*），这本书剖析了 1948 年巴勒斯坦灾难背后的原因，在近 20 年后，他在另一部书中再次提到了这一话题。祖莱克认为有两个原因让阿拉伯人在 1967 年陷入灾难：科技上的落后和缺少"群体团结"（asabiyya）。以色列重创了阿拉伯军队，原因是它在科学上、技术上都更先进。阿拉伯人失败是因为缺乏清晰的行动目标，这归因于其相互挞伐的"民族主义者"阵营、"社会主义者"阵营和"反改革派"阵营。祖莱克用毕生的时间呼吁阿拉伯社会向着理性和科学方向转变，抛弃神话、阴谋、主观主义和幻想。在他看来，阿拉伯人所面临的真正挑战是文明之战。[54]

类似地，摩洛哥历史学家阿卜杜拉·拉鲁伊（Abdallah Laroui）把六日战争看作一个分水岭，它标志着阿拉伯历史中一个重要阶段的结束。按照拉鲁伊的说法，泛阿拉伯主义是对殖民遗产的回应，是一项宏伟的事业，致力于让阿拉伯世界摆脱依赖性的枷锁，实现真正的独立。在新的历史阶段中，阿拉伯政治遭遇了六日战争"滑铁卢"，[55]拉鲁伊认为它的灾难后果是一场至今仍未解决的结构危机。[56]

按照拉鲁伊的说法，克服阿拉伯思想危机需要的是真正的历史理解和超越过去的意志，通过"对文化、语言和传统的彻底批判"来吸取其中的重要内容，并将之用于创造新的未来。这种批判性的理解过程必须由当时与时俱进的思想来引导，尤其是以正确理解的马克思主义作为指导，通过这种方式，过去被注入并融入新的思想和行动体系中。[57]类似地，像希沙姆·沙拉比（Hisham Sharabi）之类的学者将失败视为寻找新价值观的契机，以消除阿拉伯社会心理上的疾病。[58]这些疾病包括家庭威权主义、区别对待女性和"主流思想模式的奴役"。[59]沙拉比是阿拉伯裔美国学者，他认为对阿拉伯和伊斯兰遗产的痴迷是"自卑情结"的表征，也是反抗文明西方的自卫机制。[60]

其他的马克思主义者，例如叙利亚哲学家萨迪克·贾拉勒·阿泽姆（Sadiq Jalal al-'Azm）和埃及经济学家萨米尔·阿明（Samir Amin），他们把 1967 年的失败归咎于传统阿拉伯社会的宗教结构和现代民族国家的危机。他们认为，后殖民政府没有处理好关于阿拉伯统一和外交政策的关键问题，也没有处理好政权的阶级本质问题和与之相应的发展战略；独立后的政府中充斥着传统主义和落后，它只是披着一层现代主义外

衣而已。和拉鲁伊不同，阿泽姆称阿拉伯人困境的解决之道在
于真正的科学的马克思主义，并且要把宗教思想完全解除。阿
泽姆借鉴了尼采和卢梭等西方思想家的思想，认为企图把宗教
和科学"加以调和"是注定失败的，这样的尝试是"幼稚的心
智杂技"。[61] 这位叙利亚哲学家指责阿拉伯解放运动不仅蓄意
阻碍了心智上的启蒙，而且抱着虚妄的中世纪的超自然宗教遗
产不放。[62] 同样，阿明批评小资产阶级纳赛尔主义者的民族主
义运动缺少进行真正的社会革命的能力。这些学者均间接地把
问题指向纳赛尔随意的政策，以及他不愿意与过去的框架与他
所属的那一小群小资产阶级切断联系。[63]

尽管不完全同意马克思主义者对传统阿拉伯社会的批判，
叙利亚学者布尔汗·加利昂（Burhan Ghalyoun）聚焦于现代
民族国家的危机，特别是那些疏远阿拉伯群众的权力精英。相
较于要把知识从精英主义者和神权阻挠派的主导中解放出来的
西方世俗精英，阿拉伯世俗精英则被国家赋予了特权地位；他
们给现存的非民主、不公正的体制提供辩护和支持，这些人
"要么是以慢慢来的名义，要么是以历史发展逻辑的名义，总
之他们一定要反对给普通个人以自由"。[64]

讽刺的是，在六日战争后，纳赛尔本人加入了自我批判的
潮流，并且得到了和上述学者相似的结论。阿拉伯社会主义联
盟中的最高决策部门"最高执行委员会"（Supreme Executive
Committee）在 1967 年 8 月初举行了为期两天、气氛紧张的
会议，纳赛尔在会议中坦承战争的灾难性，以及战败暴露出了
埃及一党体制的失败。他提醒同僚，公民在私下里是如何议论
的："我们正在相互消耗，制度正在自我毁灭。"是改变还是等
死，纳赛尔向五位心有余悸的委员会成员提出了警告。他对他
们说："政府分裂成了好几个权力中心：阿卜杜勒·哈基姆权
力中心，扎卡里亚（毛希丁）权力中心，萨达特权力中心，阿

里·萨布里（Ali Sabri）权力中心等。"⁶⁵ 为了挨过 1967 年战
败后的风暴，纳赛尔毫不犹豫地利用宗教作为合法和动员的工
具。比如，在打了败仗之后，他命令每个军队单位、媒体、政
府控制的机构都要任命一名伊玛目，⁶⁶ 给宗教狂热和神话以空
间和发声渠道，比如 1968 年有人说圣玛利亚在开罗的一座教
堂向埃及人显容。⁶⁷ 评论人加利昂指出，政治伊斯兰的崛起是
"宗教策略"（religious maneuvering）的附带产物，即利用
宗教来达到政治目的，当局参与其中。⁶⁸

　　然而，埃及和阿拉伯批评家普遍认为，在纳赛尔执政期
间，宗教不是他的战略选择。安萨里说纳赛尔一直是一个实用
主义者，他偏爱将不同的意识形态内容，比如物质主义、社会
主义和伊斯兰主义综合利用。⁶⁹ 例如，在关于 1967 年失败的
争议中，纳赛尔反驳了归因于"宗教真空"的说法。⁷⁰ 正如第
四章所述，纳赛尔利用宗教来剥夺埃及最重要的宗教机构爱资
哈尔清真寺的功能，并把乌里玛置于他的掌控之下。将重要的
宗教机关国有化让纳赛尔得以传播国家对伊斯兰教的看法，进
而抵消穆斯林兄弟会和沙特阿拉伯等地区敌人的影响力。纳赛
尔政府将伊斯兰教框定为一种开放进步的宗教，并将其纳入新
埃及现代化项目中；它将自己的宗教愿景与沙特和穆斯林兄弟
会的"反动"模式相对立，后者呼吁回归过去的伊斯兰实践。
纳赛尔对伊斯兰教的运用，更多是将它描绘为阿拉伯人的文化
特征，而不是作为一种强有力的压制工具。

变革？

　　毫无疑问，1967 年战败是地缘政治中具有变革意义的事
件，它削弱了纳赛尔的阿拉伯社会主义和阿拉伯民族主义合理
存在的基础。在阿拉伯人眼中，摧枯拉朽的失败让以"国家

和革命"作为主题的激进信条失去了可信度，在 1961 年埃及
"神圣跃进"的高潮时，埃及领导人们曾经清楚地宣布：

> 作为一个国家，作为一种革命，埃及……如果说作为
> 国家的埃及和各国政府是以疆界作为各自的限度的话，那
> 么一个革命的埃及应当在这些疆界面前毫不犹豫地迈过
> 去，将革命信息带到国界以外的人，以开启革命任务。[71]

埃及在国家和革命层面上的双重角色，在 1967 年战败后
就不再站得住脚了。六日战争的一个主要后果是迫使纳赛尔
别无他法，只能放弃埃及的革命先锋角色，并把注意力放在重
建他伤痕累累的军队上。埃及政府的存亡比向周边阿拉伯国家
传播革命、推翻反动的对立政权更加重要。正如中东学者阿迪
德·达维沙（Adeed Dawisha）提出的，"20 世纪 50 年代的
激进分子主要是那些年轻的现代化民族主义军官，他们沉浸在
阿拉伯民族主义者那代人的憧憬中，却无法解决阿拉伯民族主
义者最核心的问题——巴勒斯坦问题"。[72]

在战败几个星期后，阿拉伯国家首脑们于 1967 年 8 月 29
日在苏丹喀土穆举办峰会，清晰地表明了这一现实。参加会议
的阿拉伯国家领导人达成了一项协议，让埃及专注于重建军
队和国内秩序，让沙特阿拉伯向纳赛尔提供财政救助。喀土穆
协议表明纳赛尔已在阿拉伯地缘竞争中落败，国家考量开始
胜过革命考量。1967 年的失败重新确立起国家体制或地区性
民族主义的首要地位。喀土穆峰会也预示了 1973 年的石油危
机，当时大会呼吁产油的海湾国家用石油资源来制衡石油消费
国，尤其是西方国家，以此来影响未来任何战争的结果。艾哈
迈德·舒凯里是巴勒斯坦解放组织的第一任主席，在提到纳赛
尔向十多年来和埃及敌对的海湾君主投降并接受对沙特阿拉伯

的经济依赖时，他说是"阿拉伯人的石油打败了阿拉伯人"。[73]
在和费萨尔国王见面后，纳赛尔同意从饱受战火摧残的也门撤军，同时沙特统治者许诺停止向保王派提供军事援助。[74] 阿卜杜勒·拉赫曼·埃里亚尼（Abdel Rahman al-Iryani）是1967年至1974年的也门总统，他指出沙特在也门基本上获得胜利，因为他们知道，即便没有他们的支持，也门的保王派也有了足够支撑多年的武器。[75]

　　纳赛尔决定不再强调埃及既是国家又是革命力量的双重角色，这种决策是出于必要而非自愿选择。埃及武装力量在他的手中覆灭，只给他留下了痛苦和代价高昂的备选项。在喀土穆会议后，他开始越来越依赖保守产油国的经济支持。同样重要的是，战败损害了纳赛尔在支持者中的革命号召力，并打击了他作为领导人带来救赎和拯救的声誉。阿拉伯人的情绪变得低落，一种不确定感、怀疑和对权威的质疑开始蔓延。这种失望在公众和官方层面都存在，正如纳赛尔的密友阿卜杜勒·拉蒂夫·巴格达迪（Abdel Latif al-Baghdadi）所回忆的那样，他在战败当天见到了总统：

　　　　我们觉得那是一场梦，一场噩梦！我们的空军和陆军是如何在一天中被摧毁的？这样一支大军难道禁不住36小时（的战斗）吗？我们回想军队中发生的事情和领导风格……这是这一政权的结束，也是纳赛尔将整个国家的未来作为赌注来换取个人荣耀的结果。这就是终点，他的不公正的终点。[76]

就像马尔科姆·克尔（Malcolm Kerr）提出的，纳赛尔在阿拉伯人中的支持度和道德立足点是建立在两大基础上的：把巴勒斯坦从锡安主义篡夺者手中解放出来（统一阿拉伯人的土地）和把阿拉伯世界从反动统治者和他们的帝国主义领导者手中解放出来。无论纳赛尔是否能兑现解放巴勒斯坦和统一阿拉伯人土地的承诺，他都从这样的形象中获得了好处，他的这一形象可以在生活的各个方面找到共鸣：

> 足够讽刺的是，这种声望仍然在政治中起作用，事实上在 1967 年以后，纳赛尔在很多阿拉伯人心中虽然仍受尊敬，但他已经不再是意义重大的人了。无论他在过去的日子中创造了多少奇迹，他都不会在未来中占有一席之地了。他能给阿拉伯人带来的只是又一次军事上的失败，或者一次令人恶心的外交投降。如果说有人还怀有奇迹的希望——阿拉伯民众总是在希望中生活——那就是期待巴勒斯坦游击队。[77]

随着纳赛尔的"阿拉伯革命"失势，巴勒斯坦游击队成了传递革命火把的新力量。在溃败的时刻，这些非政府人物填补了纳赛尔的精英人士留下的真空并抓住了阿拉伯人的想象。起初，巴勒斯坦抵抗战士未受官方关系和权力的污染，他们承诺要扭转失败，收复失去的阿拉伯土地和声誉。纳赛尔主义现在被普遍视为"一小部分资产阶级"的追求，"注定会失败"，被很多阿拉伯民族主义者抛弃，他们转而信奉马克思－列宁主义。[78]

值得一提的是，六日战争结束后的自我怀疑浪潮主要来自民族主义者、马克思主义者和世俗人群，而不是宣扬宗教正统的人或那些有伊斯兰主义取向的人。战败后，政府运营的学生代表组织社会主义青年团（Munazzama tal-Shababal-Ishtiraki）的成员都从纳赛尔主义转向马克思主义。[79]甚至纳赛尔自己的国内政策和外交政策都在一些方面开始左倾，在国内逐步推进经济自由化的同时，他越来越依赖苏联阵营。[80] 纳赛尔希望苏联人能提供足够的进攻型武器和专家，让埃及能够在未来从以色列手中收复失地。

最初，只有少数评论家是用宗教术语来解释 1967 年的战败。比如，萨拉赫丁·穆纳吉德（Salah al-Din al-Munajid）在他的著作《灾难之柱》（*A'midat al-nakba*）中认为阿拉伯人输掉战争是因为他们"抛弃了对神的信仰，所以神也抛弃了他们"。[81] 但是他的声音在泛阿拉伯民族主义者、自由派人士、左派人士发出的众多声音中，显得很微小。在对 1967 年失败的评论中，为什么民族主义者和世俗主义者的观点占了主流，而缺少对宗教因素的思考？我们要如何解释 20 世纪 70 年代横扫阿拉伯和伊斯兰世界的宗教复兴和激进政治化的宗教团体与运动的兴起呢？这不仅仅是学术上的研究，它对于分析四十年来阿拉伯政治转型和政治伊斯兰崛起背后的原因来说至关重要。我的核心论点之一是，1967 年阿拉伯国家的战败和 70 年代的伊斯兰复兴之间并不存在直接、明确的联系。虽然阿拉伯国家战败及其余波具有重要意义，但是除了这一偶发事件，还有更多的原因促使穆斯林兄弟会领导的政治伊斯兰崛起。

和传统观念相反，六日战争结束后，除了大本营沙特阿拉伯和海湾国家以外，伊斯兰主义者在埃及已经没有了舞台，听不到他们的声音，也看不到他们的存在，在伊拉克、叙利亚、约旦等国也都是这样。从 1954 年开始，纳赛尔残酷地镇压了穆斯林兄弟会，后者是阿拉伯世界中最有势力、组织最严密的宗教和社会运动。在近 20 年中，这个重要伊斯兰主义运动的普通成员已经在埃及监狱中消耗殆尽。除此之外，虽然纳赛尔政府允许民族主义者和社会主义者在有限范围内发泄不满，但决不容忍伊斯兰主义者或伊斯兰主义支持者把失败和他们认定的抛弃宗教联系起来。

　　但是，纳赛尔削弱穆斯林兄弟会在一定程度上依赖于他能够提出一种有吸引力的意识形态，从而使穆斯林兄弟会的影响力大打折扣。自 20 世纪 50 年代中期以来，他提出了一种意识形态话语，强调尊严、社会正义、国家独立、经济发展、阿拉伯团结和抵抗外国统治，特别是在巴勒斯坦问题上，这些理念吸引了数百万阿拉伯人和穆斯林。正如阿迪德·达维沙所言，正是这种意识形态，使得埃及总统能够推行激进的政策，并获得民众的支持：

　　　　纳赛尔极端的激进主义增强了人民的反殖民主义和反帝国主义倾向。这两种现象的结合激发了阿拉伯近代史上唯一真正的激进群众运动。[82]

　　这种"结合"使纳赛尔主义和类似的民族主义意识形态，如复兴党主义（Baathism），在当时阿拉伯人的心中找到了成长的肥沃土壤。[83] 在政治上和实践中，泛阿拉伯民族主义依靠强人政治，尤其是站在纳赛尔的肩上才获得了更大的公众吸引力和驱动力。如果纳赛尔没有将阿拉伯民族主义当作埃及的国家意识形态的话，阿拉伯民族主义是不会变成阿拉伯大众的战斗口号的，它也不会像日食一样遮蔽穆斯林兄弟会之类的政治伊斯兰主义者。国家如果在阿拉伯民族主义的崛起中如此重要，那么在 20 世纪 70 年代萨达特时期主动放弃这一角色，就会让阿拉伯民族主义失去获得公众支持的关键手段。但是在 1970 年时，阿拉伯民族主义已经成了一股群众运动，是一股更强大的社会力量，它比纳赛尔和埃及政府更为强大。有一些人，比如纳福里和海卡尔，试图将失败归咎于纳赛尔之外的行为者或因素，而不是纳赛尔政治的内在弱点。一些作者甚至说 1967 年的战败巩固了阿拉伯民族主义和纳赛尔的地位。贾迈

勒·巴拉马维（Gamal al-Baramawy）声称"以色列没有认识
到它军事入侵背后的目标是什么；因此泛阿拉伯主义成了一种
不容置疑的现实"。[84] 更加理性和冷静的卢特菲·扈利认为，
战争之后继续发展阿拉伯民族主义仍然至关重要，"因为侵略
一直继续着，土地依然被占领，扩张计划也仍然实施着，推翻
进步阿拉伯政权的目标尚未完全实现"。[85]

　　人们常常会问，纳赛尔是真正相信阿拉伯民族主义，还是
利用阿拉伯民族主义来谋取国家利益。这个问题预设了纳赛尔
的行为中存在明确的区别和干净利落的分界线，而实际上并不
存在这种情况。在执政的大部分时间里，纳赛尔不必在两者之
间做出选择。纳赛尔身边的一些人告诉我，他并不认为阿拉伯
民族主义和保护埃及人的基本利益之间存在着任何矛盾之处。
就像第三章所述，纳赛尔首先是一个埃及民族主义者和爱国
者。但是到了50年代中叶，他选择了阿拉伯民族主义作为地
区和国际关系的基础，这让他能够在和阿拉伯对手和列强们讨
价还价时获得最大的筹码。当复兴社会党人拥护破除国界并代
之以一个泛阿拉伯统一国家时，纳赛尔呼吁阿拉伯人团结和协
作。阿拉伯联合共和国的破裂让他更坚信泛阿拉伯统一在当前
是不可行的，除非阿拉伯各国的社会和政治结构发展到了彼此
和谐的程度，发展水平也到了相适合的程度。纳赛尔甚至认为
只要宗教不是理解和获取国家利益的框架，那么阿拉伯民族主
义和宗教就不会相互排斥。[86] 但是一个被遗漏问题是，纳赛尔
在多大程度上推动并助燃了阿拉伯民族主义。

　　若要理解和解释20世纪50年代和60年代的阿拉伯地区
社会和政治力量，就一定要了解在支持和宣传阿拉伯民族主义
的过程中，埃及政府连同它极具领袖魅力的领导人所扮演的角
色。作为阿拉伯世界的文化和政治中心，纳赛尔的埃及将阿拉
伯民族主义的理论付诸实践，并将其转变为一股不可忽视的力

量。因为民族主义是纳赛尔军械库中最强大的武器之一，他把阿拉伯民族主义用作抗衡国内敌人、阿拉伯敌人以及外国势力的有力武器。[87]

泛阿拉伯知识分子普遍接受了国家对阿拉伯民族主义的支持，认为实现统一需要某种形式的"俾斯麦式普鲁士"。从萨提·霍萨里（Sati'al-Hosary）到纳迪姆·比塔尔（Nadim al-Bitar），泛阿拉伯知识分子一直给支持统一计划的政府唱赞歌。[88]尽管纳赛尔的计划失败了，但这既没有减少他努力的重要性，也没有减弱他激发的泛阿拉伯情感，这些情感在1967年战败后依然存在。正如弗雷德·哈利迪（Fred Halliday）所说，"说阿拉伯民族主义后来失败了很容易。但民族主义在某种程度上是情感和集体怨愤的共同感受；无论是1990年8月还是2003年3月至4月之后，都不能说这些情感已经消失"。[89]哈利迪补充道，这些情感和不满被融入了"在国内和国际政治中占主导的国家利益"中。以国家利益为主导推动了某些意识形态的发展，并确保是"政治目的而非历史'基础'或文化正确决定意识形态"。[90]

但是政府的资助和对阿拉伯民族主义的支持是一把"双刃剑"。泛阿拉伯意识形态的命运和前景已经和埃及政府的命运和前景绑在了一起，形成了紧密的联系。当政府和纳赛尔在五六十年代处于权力最高峰时，阿拉伯民族主义看起来是不可阻挡的，是大势所趋。在战败后，阿拉伯民族主义遭遇了致命的挫折。纳赛尔1970年去世后，阿拉伯民族主义的前途落在了埃及的新统治者安瓦尔·萨达特的手中。

到1970年，阿拉伯民族主义已经成了一场大众社会运动，这场社会运动超越了纳赛尔和埃及，走上了自我发展的道路。然而，萨达特和埃及政府对阿拉伯民族主义的不支持，虽然没有影响阿拉伯主义或泛阿拉伯主义成为一种群众情感，但对阿拉伯民族主义作为一项政治事业产生了严重影响。因此，安萨里等阿拉伯学者将 1970 年——纳赛尔去世，萨达特接任——视为分水岭，标志着右翼政治和伊斯兰主义的"起点"。[91]

需要澄清一点的是，我并不是在暗示 1970 年之前没有伊斯兰主义存在。穆斯林兄弟会和穆斯林兄弟会组织内部的各种观点，证明了伊斯兰政治势力在埃及一直存在。同样，中东许多地方的团体，也从 50 年代起就开始制定我们现在称为伊斯兰主义的政治议程。政治伊斯兰团体几乎在所有地方都可以见到。令人惊讶的是，事实上，美国国家安全委员会在 20 世纪 50 年代中叶就有了关于伊斯兰议题的子委员会；英国文件揭示出英国情报机构和政府部门即使对微不足道的伊斯兰集会，也会进行大量调查和分析，原因是担心它们可能会被卷入冷战中。然而，在 20 世纪 50 年代和 60 年代，纳赛尔借助强制和压制手段，以及提供一种具有吸引力的、竞争性的愿景和意识形态成功削弱了伊斯兰主义运动。他的双管齐下策略让伊斯兰主义者沉默并将他们关进监狱。六日战争本身并没有带来埃及内部政治或整个阿拉伯内部政治的转变。

结　论

然而，六日战争是一个催化剂，让地区力量平衡向以色列、沙特阿拉伯和伊朗等亲美国家倾斜。在埃及人和阿拉伯人眼中，这场失败削弱了纳赛尔的泛阿拉伯主义政权的权威，并暂时增强了无政府主义的新一代巴勒斯坦积极人士的力量，他们发誓成为阿拉伯革命新的旗手和先锋队。在言语和实践上，埃及无法再承担国家和革命的双重角色了。

埃及和那些曾被纳赛尔贴上"反动"标签的阿拉伯国家政权恢复了邦交关系，把它的革命功能让给了巴勒斯坦敢死队

（Palestinian fedayin），这些游击战士在战败后短暂地吸引了阿拉伯人的想象力。

在知识、意识形态和社会层面，一场关于失败原因的深刻反思席卷了阿拉伯地区。马克思、上帝和康德都被召唤来拯救局面，纠正错误。在知识分子的自我批评浪潮中，一个共同点是关注现代民族国家的危机，特别是制度缺乏、社会落后和专制主义霸权。

讽刺的是，大多数的批评是内部批评，存在于纳赛尔政权的支持者群体中，而不是外部或谏言性质。战败让纳赛尔政权的支持者失去了信心，政权被削弱，在外部攻击面前十分脆弱。在对纳赛尔主义和纳赛尔的阿拉伯社会主义失望后，阿拉伯民族主义者转而加入了马克思-列宁主义组织。

除此之外，有些作者认为，六日战争标志着阿拉伯民族主义的终结和一个新时代的开始，受宗教政治推动的新意识形态主导着阿拉伯政治。这种单方面的解释具有误导性，无论这个事件有多关键，我们都不能将因果关系归于某个特定事件。这种警示也适用于1948年的失败和1967年的失败。

1948年的失败只是压死旧政权的最后一根稻草，因为埃及当时已经具备了成熟的革命条件。丢失巴勒斯坦和埃及军队战败加速瓦解了受殖民势力支持的统治精英的合法性和权威性。在1952年政变中，年轻军官不到百人就摧毁了英国支持的君主，这是因为当时君主的地位已经摇摇欲坠。我们也应该用相似的方式、在具体的历史背景中看待1967年战败。萨达特的上台和激进转向具有变革性影响，尤其是他利用政府来清洗纳赛尔的泛阿拉伯民族主义，并且以伊斯兰教为基础来治理国家。埃及政府在清除纳赛尔主义的权力结构和网络，以及削弱纳赛尔阿拉伯社会主义思想方面发挥着关键作用。萨达特政府还投入重要资源来增强宗教团体的力量，从而使得社会力量的平衡向伊斯兰主义者倾斜。

六日战争后，那些撰写阿拉伯民族主义讣告并报道伊斯兰主义复兴的学者并未充分思考引发这一社会转型的真正驱动因素。这些因素有萨达特政府的努力、1973 年十月战争（赎罪日战争）、石油美元革命，以及埃及政府与沙特君主结盟。

然而，一个反事实问题是：如果纳赛尔在 1970 年之后继续活着，并再度参战或解决阿拉伯 – 以色列冲突，那么普遍认知是否会被彻底颠覆？如果是那样的话，当代阿拉伯政治进程一定会大不一样。如果纳赛尔仍然活着，萨达特没有掌握权力，穆斯林兄弟会和其他伊斯兰主义者就不太有机会主导中东地区，伊斯兰主义也不会代替阿拉伯民族主义成为得以呼风唤雨的意识形态。我们必须观察在 1967 年战争前后埃及政府的角色和功能，它先是将泛阿拉伯民族主义作为它的官方信条，随后又提倡一种以宗教为基础的替代性意识形态论述。政府一次又一次地让权力天平向着不同的方向倾斜以反抗与之竞争的社会力量，这一现象证明在后殖民阿拉伯世界，国家主义的霸权一直存在。

第十一章
萨达特政变和伊斯兰主义复兴

　　伊斯兰主义不是在 1967 年纳赛尔政府衰落后突然登上阿拉伯政治舞台的。到 20 世纪 70 年代，宗教活动分子和伊斯兰主义者才再次公开活跃，并开始展现其影响力。[1] 政治伊斯兰和穆斯林兄弟会的复苏发生在 1970 年纳赛尔心脏病突发逝世后。伊斯兰主义者的复兴得到了纳赛尔继任者安瓦尔·萨达特的支持。萨达特将自己塑造成宗教领袖，并摆脱了纳赛尔主义的遗产。与阿拉伯民族主义一样，政治伊斯兰主义在很大程度上得到了国家的资助和支持。

　　为了理解社会力量如何向着有利于伊斯兰主义的方向倾斜，我们必须考虑 1967 年战争后出现的一系列独特变化。这些变化对政治势头从世俗的阿拉伯民族主义向伊斯兰主义转变同样重要。其中，萨达特对前任遗产和传统的攻击发挥了重要作用。通过与伊斯兰主义者建立非正式联盟，萨达特建立了自己的合法性，并利用政府力量在埃及实现了经济、政治和社会上的彻底变革。1967 年战争失败后，其他助力伊斯兰主义者的重要因素有保守的海湾国家日益增长的财富和决断力，特别是沙特阿拉伯。在 20 世纪七八十年代，数百万埃及人和阿拉伯人在海湾国家工作，他们回国时不仅带回了金钱和消费习惯，还带回了极为保守的宗教价值观。石油美元每年资助成千上万种宗教出版物出版，支持对信仰的清教徒式解读。萨达特政权与沙特阿拉伯君主之间的利益联盟，在重新塑造阿拉伯社会和意识形态方面发挥了关键作用。此外，1979 年伊朗革命对埃及也产生了影响。这场革命建立了一个以"教法学家的监护"（wilayat al-faqih）为基础的伊斯兰主义政权。[2] 萨达特上台和他有意在埃及清理纳赛尔阿拉伯社会主义，使阿拉伯民族主义和社会主义失势，为宗教政治化创造了有利条件。

清除政府中的纳赛尔主义者

萨达特上台伊始，就尽全力清除从 20 世纪 50 年代中期到 70 年埃及特有的意识形态。自由军官（包括萨达特本人）推翻君主制后，用清除旧政权支持者的方式来巩固对国家的控制。相似地，作为埃及的新总统，萨达特系统地将忠于纳赛尔的人清洗出了政府。在掌权不到一年的时间里，萨达特遣散了大多数纳赛尔信任的助手和各个部门、机构中的官员并用自己的人马取代。特别值得注意的是，他专门发起了一场清洗行动，打击纳赛尔无所不能的内部小圈子，以阴谋罪指控副总统阿里·萨布里、将军穆罕默德·法齐（Mohamed Fawzi）、高级部长和安全部门头目沙拉维·戈马（Shaarawi Gomaa）以及副官萨米·沙拉夫等人。在 1971 年 5 月的一次突击行动中，萨达特将几乎所有的纳赛尔主义者一网打尽，将他们关进了监狱。他声称这场阴谋包括了 1970 年 5 月 13 日针对他的伏击行动。[3] 在萨达特清洗纳赛尔主义者之前，他主持过一次和武装力量首脑们的会面，当时法齐就坐在他旁边，萨达特告诉他们："我不会允许任何权力和竞争中心存在。如果任何人敢做任何背叛埃及的事情，我会碾碎他。"[4] 他还声明，打击"各权力中心"是为经受多年的"恐惧、不公不义、罪恶、羞辱和折磨"的人们带来自由，这是对他的前任纳赛尔的明确控诉。[5]

沙拉夫曾是纳赛尔麾下的得力副官，他表示，萨达特的行

动是为了发起内部政变，消除纳赛尔主义者的遗产。"萨达特
对纳赛尔有一种不理智的恐惧，他希望能和过去一刀两断。我
们低估了萨达特的盲目野心和他想要让埃及摆脱纳赛尔主义
影响的决心。他愿意和魔鬼（伊斯兰主义者）共眠以达到目
的。"[6] 沙拉夫的怨恨是因为萨达特曾迫害他和其他忠于纳赛尔
的人。"我在心理上受到虐待，并被关在一个不超过两公尺的
小牢房里超过十年，那地方冬天冷得要死，夏天又酷热难耐。"
沙拉夫愤怒地说，"想象一下，萨米·沙拉夫，曾经统治国家，
如今被扔在一个又脏又黑的牢房里，这是什么感受。"[7]

　　另一位纳赛尔内部小圈子中的成员穆罕默德·法耶克，也
被关押了十年；他表示，萨达特不仅让自己和前任保持远远的
距离，也改变了埃及的国内外政策。"萨达特的统治标志着这
个国家在国内和国际事务上与过去决裂。他赋予穆斯林兄弟会
和宗教右翼以力量，把一切希望都寄托在美国身上。"法耶克
在他位于新埃及大厦的办公室接受采访时说道，"在纳赛尔面
前，萨达特有一种自卑感，他用极端的方法来表明自己和纳赛
尔一样是一位伟大领袖"。[8]

　　纳赛尔的女儿胡达在六日战争后担任父亲的私人秘书，她
回忆说，萨达特系统拆除了由她父亲建立起来的网络并颠覆了
政治体系。胡达现在是一名学者和活动分子，她在开罗高档街
区扎玛勒克的公寓中接受了两次长时间访谈，在其中一次采访
中，她告诉我："萨达特尽全力对纳赛尔进行人身诽谤，并且
允许穆斯林兄弟会侵占埃及社会。"她补充道："萨达特在埃及
和阿拉伯民族中播下了宗教极端主义的种子。"[9] 在自传《寻找
自我》（*Al-bahth an al-dhat*）中，萨达特用犀利的语言控诉了
前任留下的遗产。他把埃及在纳赛尔执政期间和之后面临的很
多问题都直接归咎于纳赛尔。萨达特指控纳赛尔"沉迷于一个
和他名声有关的神话……即在 1956 年打败了两大帝国，法国

317

和英国，却忽视（美国总统）艾森豪威尔在转败为胜中起到的作用"。[10]

与此相似的是，萨达特一上台就大力改变埃及的地区关系和国际关系状态，扭转纳赛尔的外交方向。他积极和美国保持亲密关系，让埃及摆脱苏联的影响，从社会主义轨道转入以美国为主导的阵营中。根据 1971 年 5 月萨达特与美国国务卿威廉·罗杰斯（William Rogers）首次会面的备忘录，罗杰斯和他的助手们惊讶地发现，萨达特对纳赛尔主义持强烈反对态度，并推行"埃及优先"的外交政策。萨达特对巴勒斯坦人和叙利亚人表现出极少的兴趣，完全专注于为埃及收回西奈半岛。[11]

意识形态新导向

1970 年 9 月，在纳赛尔去世和萨达特完成内部清洗之后，萨达特激进地将左派政治转向右派政治，并制订了另一个自上而下的转型计划。这一转变在 1974 年 10 月得到了正式确认，当时萨达特宣布了他重构国家经济的意愿。萨达特摒弃了纳赛尔的国家调控经济政策，将经济发展的赌注放在国内外投资和出口导向型工业上。他最初的目标是通过经济自由化政策，即"开放"（infitah）政策，来实现他的政治目标并改善埃及不断恶化的经济。然而，最终他的计划为埃及经济打下了以消费为导向的基础。这种情况使得埃及社会在面对国内外利益和国际贸易波动时更加被动，也更容易受到外国债权人和捐助者的影响。

瓦希德·阿卜杜勒·马吉德是一名自由派公共知识分子，他指出萨达特没有逐步改革埃及的政治系统，而是将国家全盘交给了"肥猫"和"富豪与宗教人士"。在开罗中产阶级社区的住处接受采访时，马吉德告诉我，萨达特的经济自由化或开放政策非常肤浅和混乱，并未实现真正的制度性改革。"这样的政策让埃及成为各种病毒的温床，它们随意吸取埃及的资源，资本家和伊斯兰主义者得以肆意垄断。"[12] 他认为，"虽然纳赛尔犯了错误，高估了埃及的实力，但萨达特犯下了不可饶恕的罪行，将国家从一个极端带向另一个，让埃及失去了平衡，坠入了衰落的深渊"。"这个国家无法在 20 年间应付两次战争，它需要时间和空间来做出调整。""癌细胞源于萨达特，在整个埃及社会和体制中蔓延。穆巴拉克将埃及置于冷冻状态数十年，但腐败早已渗入骨髓。政府和社会都岌岌可危，随时有坍塌的危险。"[13]

同样，线上进步报纸《巴德勒报》（*al-Badeel*）的前编辑穆罕默德·赛义德·赛义德也谴责萨达特把埃及的未来抵押给了一群腐败、寄生的新型商人，放弃了埃及在阿拉伯世界的领导地位，并且让国家依附于美国。"萨达特让埃及从一个重要的区域强权变成了一个衰落的国家，穆巴拉克又将其降为一个承包商国家。"[14]

政府和社会的重新伊斯兰化

和西方主流观点相反，阿拉伯民族主义并没有自然消失。一些学者错误地认为，阿拉伯民族主义不会"结束"。[15] 事实上，这种转变是渐进的，并且被萨达特政权加速推动，后者系统性地恢复了政治伊斯兰作为纳赛尔的阿拉伯民族主义和阿拉伯社会主义的对抗力量。在过去几十年间进行的民意调查说明了这一渐进主义过程。[16] 萨达特裁撤了纳赛尔的主要官员后，把注意力转向社会和建立社会基础上，以巩固统治。宗教活动分子成为他的重要支持者之一，他们特别能够满足萨达特将自己与纳赛尔区分开的目的，并有助于建立他的声望。值得注意的是，商业精英鼓励萨达特实施开放市场的政策，并提供资金支持，从而使权力倾斜有利于伊斯兰主义者。在庇护主义（clientelist）国家制度中，商业精英为在萨达特掌权后在各大学中建立的首批伊斯兰主义团体提供了资金支持。[17] 这些团体给学生们提供车票去沙特阿拉伯参加朝觐和夏令营等活动。[18] 现在，这个国家公开地支持和推动伊斯兰行动主义。

从阿拉伯民族主义向伊斯兰主义过渡

从萨达特的言行中，可以清晰地看出阿拉伯民族主义向伊斯兰主义的渐进转变。在最初的演讲中，萨达特努力在表面上赞扬纳赛尔和拥护阿拉伯民族主义。纳赛尔去世后，萨达特在阿拉伯社会主义联盟演讲时说埃及人"在历史上，也在共同命运上，都是阿拉伯民族的一部分"，并承诺在他的领导下，埃及将成为阿拉伯民族主义的先锋队。他强调纳赛尔的原则和态度"对我们所有人来说都是取之不尽用之不竭的财富"。[19] 在初次当选总统后的议会演讲中，萨达特表示他将"沿着贾迈勒·阿卜杜勒·纳赛尔的道路前进"，并"坚守社会主义"。[20] 然而不到两年后，他完全脱离纳赛尔的政策，并发动了一场内部政变，消除前任的后续影响。

320

在收回纳赛尔人马的权力后，萨达特意识到要用一种吸引人的信条或意识形态来替代纳赛尔的阿拉伯民族主义和社会主义。值得注意的是，到20世纪70年代初，没有任何竞争性的意识形态能够填补纳赛尔及其内部小圈子离开后的真空。自50年代中期开始，伊斯兰运动的普通成员要么隐藏起来，要么身陷囹圄。纳赛尔政府部分解体了穆斯林兄弟会的组织结构，并且消弭了它在社会上的影响力。

在采访中，在纳赛尔时代被关押过的穆斯林兄弟会高级领导人都描述了地狱般的经历，几乎没有人说在监狱中见过光。超过 15 年的关押和镇压让伊斯兰主义组织的基础岌岌可危，只剩下了一些流亡各地的伊斯兰主义异见者。库特布的门徒和他一起被关押了超过 10 年，他们告诉我，在 1967 年战败后的早晨，他们就预感到这可能是纳赛尔政府灭亡的开始。然而，他们并不知道"灭亡"会以何种方式到来，也不知道会在何时发生。但有一件事是清楚的：他们从未预料到政治风向会迅速转向对他们有利，并扫除他们的仇敌——阿拉伯民族主义者。"我们没有人能预见纳赛尔在 1967 年失败后给埃及的政治未来带来的后果。"艾哈迈德·拉义夫说道。他是 1965 年作为库特布秘密社成员被关进监狱的。"尽管兄弟会的囚犯们对纳赛尔受到的羞辱感到欢欣鼓舞，但他们没有想到六日战争会如此迅速地改变埃及内部权力的平衡。"[21]

"1967 年的失败是纳赛尔主义和世俗民族主义彻底破产的标志。"赛义德·艾德称自己在监狱内外都是库特布的亲密朋友和知己。"这是神对我们的惩罚。"然而，当被问及他和其他穆斯林兄弟会成员是否将战败视为苦难的终结，以及纳赛尔政权的终结时，艾德和其他被囚禁的伊斯兰主义者都表示，他们没有预料到会发生如此戏剧性的转变。在 20 年的囚禁中，他们与社会支持者的联系已经中断，更谈不上对整体社会局势有所了解。[22]

"回想起 1954 年初，我们（穆斯林兄弟会）遭遇了几波镇压浪潮，我们被迫顾此失彼地逃亡，直到 70 年代上半叶这种情况才停止。"艾哈迈德·阿卜杜勒·马吉德说道，他是库特布秘密社中的重要人物。他和他的导师一同被判死刑，但纳赛尔将他的判决改为了终身监禁。"纳赛尔政权让伊斯兰主义运动暂时失声，并且震慑了它的同情者，要么让他们屈服，要么斩断他们的行动。但在我们内心深处，我们相信信仰将使我们战胜叛教者。"[23]

　　穆斯塔法·马舒尔（Mustafa Mashour）在监狱中待了将近十年，随后被选为穆斯林兄弟会的总训导师。他承认世俗阿拉伯民族主义曾主导局势，同时他相信伊斯兰教终将重新在所有阿拉伯土地上占据主导地位，包括埃及在内。他认为这是神的旨意，只是时间问题而已。然而，当被问及1967年的战败和纳赛尔逝世是不是伊斯兰运动和穆斯林兄弟会从长期政治休眠中复苏的催化剂时，他的回答是否定的。"还真不是，"他详细解释道，"尽管我们在纳赛尔手下经历了种种折磨和侮辱，但我们对真主的信仰和对伊斯兰使命的信念从未有过丝毫动摇，只是我们当时无法预见这些事件的发生和影响。"[24]

　　到了1970年，埃及政府成功削弱了伊斯兰主义运动的核心力量，并巩固了世俗阿拉伯民族主义的主导地位。在这个历史背景下，萨达特努力清除纳赛尔遗留的影响，并建立自己的领导形象。他释放了数百名穆斯林兄弟会囚犯，允许他们自由活动、自由结社，以及出版著作。因此，在70年代初，萨达特为受到重创的伊斯兰主义运动注入了新的活力。[25] 在这一时期获释的重要人物包括奥马尔·特尔梅萨尼，他在1971年获释之前在监狱中待了将近20年。1974年，特尔梅萨尼成为穆斯林兄弟会新的总训导师，并得到了宣誓效忠。[26] 萨达特知道他的权力可以对穆斯林兄弟会的总训导师产生影响，在1980年，他邀请了特尔梅萨尼和爱资哈尔清真寺的学者们一同参加开斋晚宴（iftar）。因穆斯林兄弟会的喉舌媒体《召唤》（al-Da'wa）杂志抨击他在70年代末期和以色列在戴维营达成了和平协议，萨达特十分愤怒。总统和特尔梅萨尼谈了话并发出严厉警告："奥马尔，我默许《召唤》杂志未经许可运行。我知道这是违法的，但我选择视而不见。然而，你们做得太过火了。如果我愿意，我可以依法关闭这份杂志。"[27]

在这段时间里获释的其他主要穆斯林兄弟会成员还包括阿巴斯·塞西（Abbas al-Sissi），他从1965年起被监禁，在1974年被释放。他一出狱就参与了拉希德俱乐部（Rashid Club）的选举，这个社交俱乐部位于贝赫拉省，是穆斯林兄弟会的一大据点。[28] 穆斯林兄弟会支持的人选赢得了俱乐部所有理事席位。塞西还在俱乐部内外发起了一场"宣教运动"（*da'wa* campaign），重印和免费分发穆斯林文宣品。在塞西的书里，他将纳赛尔治下和萨达特治下的伊斯兰行动主义条件加以对比，这本书的名字叫《从刑场到宣教的广场》（*Min al-mazbaha illa sahat al-da'wa*）。[29] 除了像拉希德俱乐部这样的社交俱乐部之外，穆斯林兄弟会也主导了工会和许多非政府组织。纳赛尔曾经查禁了所有公民社团组织，但和纳赛尔不同，萨达特允许非政府组织和工会更为自由地运作。[30] 这些组织中有些有数百万成员，给伊斯兰主义者提供了重要平台，与此同时他们也遵守萨达特政权设定的红线和限制。

在访问埃及监狱时，这位"虔诚的总统"郑重其事地发言反对侵害埃及人的人格尊严，在照相机面前，他用锤子捶打着牢墙。他发誓要关闭这些监狱并停止酷刑和凌虐，这表明他激进地走向了和纳赛尔截然不同的道路。他没有提醒观众的是，他曾是一名忠诚的高级军官，从革命开始到结束都在执行着纳赛尔的命令。

埃及1971年宪法也反映出了这种转向。宪法第二条说："伊斯兰教法是立法的主要来源之一。"[31] 政治学家阿里丁·希拉勒（Alieddin Helal）称这是前所未有的一步，因为"伊斯兰教法从来没有出现在埃及宪法中"。公民社团批评这一法条有排他性和歧视性，因为科普特基督徒占埃及人口的十分之一。[32] 迄今为止，这一法条已经存在了40多年，尽管一些世俗团体试图在 2011 年 1 月 25 日革命后从新宪法中删除这一法条，但未能成功。[33] 这表明萨达特的统治在埃及社会中具有持久的影响。

政府利用伊斯兰主义者来反对左派纳赛尔主义者

虽然纳赛尔曾经利用爱资哈尔清真寺来打击穆斯林兄弟会和阿拉伯"反动"君主，但萨达特却与埃及的伊斯兰主义派别联合起来，试图瓦解纳赛尔派系在社会层面上的影响。萨达特的官员们将那些在大学校园中占主导地位的阿拉伯民族主义和社会主义学生组织视为主要目标。在纳赛尔的统治下，学生们只能在各种由解放大会控制的青年组织中活动，解放大会是在 1953 年解散所有政党后成立的。[34] 学生在校园里的活动也受到安全官员的监视，这些官员直接由内政部长管理。[35] 然而，在 1967 年战败后，学生政治从纳赛尔主义转向了左派。左派团体在 70 年代上半期主导了大学政治，这给萨达特构成了挑战，他寻求鼓动宗教行动主义者来制衡。

在萨达特统治下，埃及政府积极支持宗教性学生团体，并且大力压制纳赛尔主义者和左派人士。大学中的政治主导权之争是整个社会的缩影，政府在这场角力中选择支持宗教积极人士，并施力让社会力量向他们倾斜。哲学家哈桑·哈奈菲在自传《埃及的宗教与革命》（*Al-din wa al-thawra fi misr*）中，回忆了当时自己作为开罗大学年轻研究员，目睹国家如何建立宗教团体并动员人们反对纳赛尔主义者和社会主义者。伊斯兰团体（al-Jama'at al-Islamiyya）在大学实施了恐怖统治，所有活动都在萨达特安全部门的监控下进行。[36]

在整个 70 年代，萨达特政权在校园中大力扶植伊斯兰主义倾向的学生，并削弱民族主义者和左派学生。新一代政治激进的年轻宗教活动分子随之诞生，他们将颠覆性的思想从校园传播到城市中心、上埃及和其他伊斯兰国家。[37] 据伊斯兰团体的创立者萨拉赫·哈希姆（Salah Hashim）透露，在一场显然协调一致的行动中，伊斯兰主义者接管了学生联合会，这在政府保持中立的情况下是不可能发生的。"我们可以在不受任何骚扰或拘禁的情形下开展活动。他（萨达特）甚至在出现暴力冲突的时候也不采取行动，只要他们不把他当作目标就好了。"[38] 校园中的新变化十分显著，如男女分班、为了礼拜而设置课间间隔、修改课程大纲、查禁持反对意见的演讲和活动，以及禁止举办音乐会。[39] 学者和宗教活动分子指出，萨达特支持政治伊斯兰，从那时起，库特布的思想开始盘踞在这一代人的头脑中。[40]

在采访中，70 年代的伊斯兰主义者一致认为，萨达特允许他们参与公共事务，并利用他们来制衡左派人士和纳赛尔主义者。蒙塔塞尔·扎亚特，前武装伊斯兰团体成员，如今是一位知名的伊斯兰主义者、律师，他在 70 年代时还是一名大学生。他认为萨达特的上台标志着伊斯兰主义者命运的重大转折。"萨达特的统治时期是伊斯兰主义运动的黄金时期。他允许我们在校园内外招募和组织追随者。我们这一代是健康的一代，因为我们不像五六十年代的前辈们那样遭到迫害和骚扰。"他说道。[41] 易卜拉欣·扎法拉尼 70 年代时是一名伊斯兰主义学生，如今是穆斯林兄弟会在亚历山大城的领导人。他回顾当初时说："我们这一代人生活得很正常，没有经历恐慌和地下活动。由于萨达特对伊斯兰主义者的优待，我们拥有了上一辈人想都不敢想的机遇。"[42]

萨达特将注意力从纳赛尔的阿拉伯民族主义和社会主义转向伊斯兰主义，旨在以两种方式巩固自己的统治：首先，削弱那些宣称继承纳赛尔衣钵的敌人；其次，当时公众强烈要求再度对以色列发动战争，想一雪前耻，萨达特通过伊斯兰主义者散播耐心和信仰等价值观来应对这种呼声。[43] 70 年代的年轻宗教活动分子指出，从萨达特统治初期起，他的团队就泄露出纳赛尔虐囚的报告，旨在破坏前任领袖的信誉。"这些负面消息让我们了解了纳赛尔时代的虐囚行径，知道他是一个独裁者。"赛义夫·阿卜杜勒·法塔赫说道。这位现今的伊斯兰主义学者在几次开罗的采访中总结，萨达特故意削弱左翼人士，并推动伊斯兰主义运动的复兴。[44] 胡萨姆·塔马姆是埃及研究穆斯林兄弟会的专家，他认为萨达特当局限制社会主义者和左翼人士的活动，同时对各种色彩的宗教活动表现出容忍和鼓励。[45]

按照 70 年代宗教激进主义者的说法，萨达特还试图拉拢他们，使他们变成自己的人马。"萨达特认为他可以依靠我们，因为在他眼中，多亏了他我们才能活下来，我们不敢挑战他的政权和起身反抗他；后来我们发现他说谎，就杀死了他。"律师扎亚特在开罗宽敞的办公室中接受采访时如此回忆道。[46] 赛义夫·阿卜杜勒·法塔赫提供的观点存在一些细微区别，他指出，在宗教激进主义者中，支持萨达特的占了一半。"我们知道萨达特是利用宗教来达到政治目的，"他说，"他无法愚弄我们，因为我们已经政治化而且很警觉。"[47] 萨达特和伊斯兰主义者之间是利益互惠的。萨达特对伊斯兰主义者施以"慈爱"，伊斯兰主义者则"清洗"了大学中任何带有共产主义或纳赛尔主义色彩的元素。[48]

1973 年十月战争和石油美元革命

在边缘化纳赛尔主义者和社会主义者的过程中，萨达特也播下了宗教复兴和激进主义的种子。1973 年十月战争中阿拉伯联盟的相对成功，为萨达特扶植的宗教主义者提供了新的动力。不同于1967年六日战争，萨达特政权和宗教盟友将1973年战争描绘成神圣的胜利，尽管萨达特政权在1975年去纳赛尔化运动如火如荼时才开始使用"安拉至大"（Allahu Akbar）的战斗口号。萨达特确保纳赛尔无法从这次战争的胜利中获得任何功劳，尽管纳赛尔在1967年战败后沿着更专业的方向重建了军队，为下一次与以色列的对决打下了基础。[49] 这场胜利被个人化和内在化：萨达特被誉为"战争与和平的英雄"，后来这成为他在埃及所享有的称谓。在10月6日战争爆发仅仅三天后，武装部队的信息部门就印刷了小册子并分发给军队，用宗教语言描述这场冲突：

> 奉至仁至慈的真主之名。哦，真主的战士们，先知（穆罕默德）在战场上和我们同在。一位虔诚的人在梦中看到先知穿着白衣和爱资哈尔的谢赫一起，伸出手指说，"和我一同到西奈半岛去"。据说一些虔诚的人看到先知和士兵们一同行军，他脸上带着微笑并且有一束光出现在他周围。哦，真主的士兵们啊，很明显，真主与你们同在。[50]

埃及人被不断告知，"真主和他的天使们"与前进中的埃及士兵们并肩作战，帮助他们战胜敌人。广播节目中充满了真主的介入帮助萨达特虔诚的绿衣军队的故事。例如，萨达特政权将1973年战争的早期胜利描述为真主的胜利："一份军队发行的小册子在战争的前三天称'先知（穆罕默德）在战场上和我们同在'。据说一些虔诚的人看到先知和士兵们一同行军。"[51] 电视上播放了萨达特在清真寺中祈祷的画面，他手中拿着念珠轻声念诵安拉的尊名，这位虔诚的总统想要传达的与其前任截然不同。宗教类节目成为广播电台的主要节目类型。

在埃及的大学里，萨达特政权支持宗教激进主义者反对民族主义者和左翼学生，因此让权力平衡向宗教激进主义者的方向倾斜。纳赛尔的阿拉伯民族主义被批评为世俗或反宗教的，因为它认为把所有阿拉伯人凝聚在一起的先决条件是语言、历史和归属感，而不仅仅是宗教。

除此之外，战争进行到 10 月 13 日时，政府的喉舌媒体《金字塔报》把它和 624 年白德尔之战（Battle of Badr）联系到了一起，后者是穆罕默德反对麦加的狂热崇拜分子的战斗转折点。[52] 事实上，"白德尔"也被用作埃及军队在 1973 年 10 月 6 日跨过苏伊士运河并夺取以色列巴勒夫（Bar-Lev）防线的代号。

这种给战争套上宗教色彩的做法也给萨达特本人带来了正面影响。伊斯兰思想家阿卜杜勒·穆奈姆·哈拉夫（Abdel Moneim Khallaf）再次在《金字塔报》上发文：

> 是真主让萨达特想到（跨越运河），并以欺骗敌人的计划启发了他。（是真主）影响了以色列领导人和情报部门的思想，让他们犹豫不决并且中了圈套……（安瓦尔·萨达特）是个神圣的人，他也是神话英雄的附身……[53]

宗教狂热到达了新的高度。"真主和先知"加入战争中并且让天平向有道德的阿拉伯人那里倾斜，阿拉伯人已经回到了伊斯兰教之中。萨达特政权、伊斯兰主义者和其他人都影射真主在 1967 年惩罚了埃及，因为它放弃了信仰，但是在 1973 年，埃及重新回到伊斯兰教怀抱后得到了真主的奖赏。时代大潮已经明显转向对阿拉伯民族主义者和社会主义者不利的方向。在 1978 年战争五周年纪念活动上，《金字塔报》采访了学者阿卜杜拉·尼米尔（Abdullah al-Nemr），他用二元对立的方法将 1967 年战争和 1973 年战争进行对比：

> 我们经历了两种经验：第一种是我们忘记了真主……
> 结果就是（1967 年 6 月的）苦涩灾难。第二种（经验）
> 是在九月十日（公历 1973 年 10 月），我们用足够的信仰、
> 精神动员和武器装备，为战争做准备；所以军队带有信士
> 的精神，高呼着"真主至大"加入战斗……[54]

从伊斯兰主义者的角度来看，他们赞同 1973 年战争是受
真主相助的论述。阿巴斯·塞西曾是重要的穆斯林兄弟会成
员，在 1965 年因秘密社遭到监禁，他直言不讳地说："在斋月
战争后，我被释放了，这是一个机会，让我能够告诉人民高呼
'真主至大'对胜利至关重要。"[55] 有些人甚至认为随着战争爆
发，他们获得了重新拥抱宗教的新动力。伊斯兰主义者、律师
扎亚特说，实际上，真主在 1973 年 10 月赐予埃及人胜利是他
本人"回到真主怀抱"的主要原因。[56] 萨达特获得了战争胜利
是因为他高举了"万物非主，唯有真主"的大旗。[57]

在 20 世纪 70 年代，沙特阿拉伯石油美元或"石油钱包"
的主导力大幅提升，不仅增强了宗教叙事，还进一步推动了这
一叙事的发展。如果 1967 年战争的主要影响之一是提升了沙
特的影响力和自信，那么 1973 年 10 月战争以及随后阿拉伯国
家的石油禁运政策使原油价格翻倍，则极大地推动了沙特影响
力的提升。甚至连纳赛尔也在六日战争后藏起了傲慢，依靠沙
特人的资金来重建军队，弥补高昂的战争消耗。在 1967 年 8
月的喀土穆会议上，沙特阿拉伯、科威特和利比亚同意每年给
埃及提供约 1.35 亿埃镑，直到失去的领土和财政收入被收回
为止。在喀土穆会议仅仅一个月后，埃及开始从也门撤军。支
票外交让沙特王室巩固了他们在国内的权威，扮演更重要的地

区角色，并且将保守观点传播到更远的地方。

萨达特和沙特君主的盟友关系甚至比纳赛尔晚年时的更为亲密，他们的同盟关系对伊斯兰社会的力量对比有着深远的影响。两个关键的阿拉伯国家积极地推动与纳赛尔主义、社会主义在本质上对立的意识形态。这两大政权将它们的资源和财力用在服务保守宗教叙述上，它们重新诠释了当代阿拉伯历史。另外，国家政府在改换意识形态上起到了带头先锋的作用。

比如说，在 1971 年时，费萨尔国王给爱资哈尔清真寺的宗教长老们提供了一亿美元，以发起一场反对"共产主义和无神论"的运动；大部分资金进了萨达特政权的金库。[58] 除了通过财政支持的手段来推动埃及政府用伊斯兰主义攻击纳赛尔主义和共产主义以外，沙特阿拉伯也扮演了直接且积极的角色。按照穆罕默德·海卡尔的说法，费萨尔国王给萨达特和穆斯林兄弟会的领导们安排了一次会面，时间是 1971 年秋天，地点是萨达特位于伊斯梅利亚（Ismailia）的度假场所。萨达特和与会者同意"抵御无神论和共产主义"，并提出和穆斯林兄弟会结盟。[59]

萨达特政权和沙特王室在创造一个以宗教为导向的选民群体方面具有利益一致性，但这一方面常常被忽视。选民群体是指包括舆论制造者、公共知识分子和宗教人士的共同体。思想不是在真空中流动，而是由物质利益和社交网络支撑和滋养。从 20 世纪 70 年代开始，上百万阿拉伯人，包括工人、专业人士、教育者和作家都在沙特阿拉伯和海湾地区的酋长国中找到了工作机会，后来他们带着积蓄回到本国，也带回了保守的观念和生活方式。一些埃及知识分子和学者甚至在沙特阿拉伯和其他海湾国家生活到去世；他们中最重要的一位是穆罕默德·库特布，即赛义德·库特布的弟弟。库特布曾和他弟弟在 1954 年和 1965 年一同入狱。1972 年，穆罕默德获释，随后前往沙特阿拉伯，直到 2014 年 4 月去世。在沙特阿拉伯居住的 50 年中，穆罕默德宣传了赛义德·库特布被处决前发展的思想。他著述颇丰，其中《20 世纪的蒙昧状态》（*Jahiliyyat al-qarn al-ishreen*）强化了他哥哥在《路标》中提出的观点。[60] 穆罕默德的书于 1980 年在埃及出版，随后多次重印。哈桑·胡岱比的儿子，即穆斯林兄弟会从 2002 年至 2004 年的总训导师马蒙·胡岱比，也曾在沙特阿拉伯的内政部工作，之后响应了穆斯林兄弟会的召唤回到埃及。

　　回到埃及的人带回了沙特阿拉伯保守的社会模式。按照生活在这一意识形态转型期的行动主义者和学者的说法，反抗是无用的。"根本不可能阻止宗教保守主义大潮涌入埃及和其他伊斯兰国家，"公共知识分子贾米勒·马塔尔这样说道，"石油美元革命席卷了所有人，改变了社会样貌。以阿拉伯民族主义和左派政治为代价，石油美元让政治伊斯兰得以重生。"[61] 研究政治伊斯兰的权威学者胡萨姆·塔马姆指出，穆斯林兄弟会从 1973 年战争后油价上涨和沙特阿拉伯建设计划扩张中获益匪浅。然而，这种获益并非没有代价，兄弟会不得不在意识形态上靠近沙特阿拉伯的瓦哈比主义（Wahhabism）。[62] 比如说，沙特的资金流入埃及大学中的伊斯兰积极人士手中，他们给学生们提供免费的萨拉菲主义图书（Salafist books）。许多学生到沙特阿拉伯参加朝觐活动，甚至长时间住在沙特阿拉伯。[63] 回国的学生们带回了他们免费得到的书籍，这些书充斥着对信仰极端保守的阐释。[64] 塔马姆甚至称一些行动主义者变成了像伊本·巴兹（Ibn Baz）和乌塞米恩（al-Uthaymiyan）这样的宗教领袖。沙特王国的官方机构，如宗教学者联盟和宗教基金部也资助保守的萨拉菲主义思想向埃及传播。[65] 萨拉菲主义在埃及的影响力进一步扩大，这是因为上千名获释的伊斯兰主义者在国内找不到工作，于是很多人跑到海湾国家打工，尤其是沙特阿拉伯。[66] 很多穆斯林兄弟会的领导人也去了沙特阿拉伯，其中包括陶菲克·沙维（Tawfiq al-Shawy）、阿里·杰雷什（Ali Gereisha）、阿卜杜勒·穆奈姆·图阿里布（Abdel Moneim Tualib）和艾哈迈德·阿萨尔。[67] 他们追随穆斯林兄弟会高级成员的脚步，比如赛义德·拉马丹（Said Ramadan）就曾在纳赛尔政府开始镇压行动后去卡塔尔和科威特寻求庇护。[68]1973 年，穆斯林兄弟会在沙特阿拉伯的麦加召开了一次会议，这是他们自 1954 年之后召开的首次会议。会议达成的一项决议是重新选举舒拉委员会成员，这个委员会相当于穆斯林兄弟会的立法机构。[69] 会议决定在沙特阿拉伯的利雅德、达曼和吉达建立三个办事机构，另外三个办事机构分别设在科威特、卡塔尔和阿联酋，形成一个资助组织活动网络。[70] 一名卡塔尔成员被任命为财务主管。[71]

这种意识形态方面的渗透在埃及没有遇到阻碍，爱资哈尔清真寺因获得财政上的好处而为沙特支持的极端保守势力提供了协助。埃及经济开始主要依赖海湾国家的汇款，尤其是来自沙特阿拉伯的汇款。从 1973 年至 1983 年，在海湾国家工作的埃及工人通过官方渠道汇款的金额达到了 150 亿美元。[72] 这些汇款影响了埃及的投资力度、通货膨胀率、工资水平和微观经济数据等。[73]

海卡尔和纳赛尔一样，也梦想塑造一个没有国界的阿拉伯世界，但他承认，随着石油富国的崛起和金钱政治日益受到重视，早期对"革命斗争"的关注已经成为过去。[74] 在其他场合中，他巧妙地用阿拉伯语文字游戏来说明这一点：财富（tharwa）替代了革命（thawra）。[75] 简单来说，石油革命压过了泛阿拉伯革命。萨阿德·艾丁·易卜拉欣是一名社会主义者，他在开罗美国大学的小书房中接受采访时说："受石油暴富驱动的瓦哈比意识形态在 70 年代渗透到了埃及社会中，从而改变了人们的感觉、品位、价值观，甚至改变了政治。石油美元允许瓦哈比主义传播到阿拉伯半岛之外，进入阿拉伯世界的心脏，吸引了为数众多的追随者。"[76] 易卜拉欣指出，石油美元直接和间接资助了宗教社团和公民社团的活动，也包括伊斯兰世界古老、声名显赫的高等学府爱资哈尔大学在内，给宗教复兴提供了驱动力。宗教内容如野火燎原，在社会和文化领域蔓延，宗教话语主导了电视和广播媒体。易卜拉欣补充说："流行文化是伊斯兰化的。"[77] 易卜拉欣并不把六日战争看作孤立事件，而是将它与后续发展联系起来，尤其是 1973 年十月战争和石油繁荣，它们共同瓦解了纳赛尔阿拉伯民族主义社会基础，助推了包括穆斯林兄弟会在内的伊斯兰主义潮流。[78]

"如果没有萨达特和石油美元，伊斯兰主义者就不会有资源在埃及内外传播他们的影响力……在 20 世纪 70 年代，宗教商人拥有无穷无尽的资金和阿拉伯世界最强大的两个国家的支持。我们（民族主义者）挣扎地抗争，打一场正在输掉的战争。"赛义德·雅辛这样回忆道。他是一名重要的公共知识分子，也是金字塔政治与战略研究中心（Al-Ahram Center）的评论员。[79]

当沙特阿拉伯用大量的石油美元来打击境外反对伊斯兰主义的对手时，海湾地区其他的酋长国纷纷放弃了阿拉伯民族主义，专注于各自的国内事务。这些海湾小国现在有了足够的钱来"摆平异议和反对者"，避免阿拉伯民族主义这样"需要投入很多"的意识形态，"稀释他们新发现的财富"。[80] 在美国的安全保护伞下，各个由宗教领袖统治的产油国建起美国军事基地，有了足以让他们享受石油和天然气财富的安全环境。"石油民族主义"与"阿拉伯民族主义"激烈交锋，后者惨败。[81]

埃及自由派人士瓦希德·阿卜杜勒·马吉德也强调了石油、金钱、权力和全球化在 20 世纪 70 年代阿拉伯国家政治转型中的关键作用。"萨达特玩弄了人们的希望、恐惧和贪婪，埋葬了纳赛尔主义，把自己描绘成带来救赎的领袖。"阿卜杜勒·马吉德这样说。他从来不隐藏对萨达特的蔑视："他的把戏是打着宗教旗号来操纵宗教符号，以重新建构社会和政治空间。"阿卜杜勒·马吉德说萨达特的短视和鲁莽给埃及带来了灾难，至少是像 1967 年战败一样具有毁灭性。[82]

无论萨达特和石油美元联盟带来的好处和代价如何，他的政策改变了埃及的政治图景和社会结构，给宗教复兴主义和伊斯兰主义创造了肥沃的土壤。在 20 世纪 70 年代下半叶，沙特和埃及政府利用多种工具和奖励机制影响和塑造公众意见，激进的宗教情感得以重新达到高潮。我不是要夸大萨达特在七八十年代伊斯兰复兴中的作用，也不是故意轻描淡写伊斯兰组织和思想的长久性。我的目的是揭示萨达特是如何借助伊斯兰教和战略盟友沙特阿拉伯，让权力天平向对伊斯兰主义者有利的方向倾斜。

当时埃及民众的情绪还受阿亚图拉·霍梅尼（Ayatollah Khomeini）领导的伊朗革命影响，后者在 1979 年成功推翻了国王统治，激发了萨达特培养的新一代伊斯兰主义者的热情。按照穆斯林兄弟会喉舌媒体《召唤》的说法，伊朗革命给埃及上了一堂意义非凡的课，教会人们"不论暴君和支持他们的势力有多强大，真主一定会胜利"。[83]《召唤》杂志攻击那些受政府审查的媒体把后巴列维时代的伊朗描绘成反动国家。

其他伊斯兰主义者也鼓起了勇气。法特希·沙卡奇（Fathi al-Shaqaqi）是未来以巴勒斯坦为基地的伊斯兰圣战组织的创立者，他当时住在埃及，写下了一封宣言书，呼吁用伊朗式伊斯兰方法来解决阿拉伯地区的问题。他的言论超过了萨达特政权许可的范围，沙卡奇被关进了监狱。[84] 他的例子生动表现出萨达特和伊斯兰主义者在埃及摇摆、不稳定的关系，伊朗的形势变化正好让这件事得到了证明。萨达特和伊朗国王的共同点在伊斯兰主义者眼里显而易见，尤其是两者都和美国结盟，也都和以色列走得很近。伊朗国王在国内被推翻，萨达特为其提供庇护的决定更是火上浇油。

在 70 年代后半期，许多杰出的民族主义和马克思主义知识分子和学者开始转向宗教阵营。许多前左派人士和阿拉伯民族主义者在宗教中找到了安慰和庇护以及他们追问问题的答案；他们找到了更"正统"的认同和与人民相契合的文化事业。这些人有阿德勒·侯赛因、塔里克·毕什里、穆尼尔·沙菲克（Nunir Shafiq）、穆罕默德·阿马拉、阿卜杜勒·瓦哈卜·米西里（Abdel Wahab al-Misiri）、拉法特·赛义德·艾哈迈德和哈桑·哈奈菲。要再次强调的是，这样的转变并非一蹴而就，它是一个逐渐的适应过程和重新定向过程。以法学家塔里克·毕什里为例，安吉拉·乔达尼（Angela Giordani）认为 1967 年的战争并不是他从马克思主义向伊斯兰主义调整的转折点。[85] 事实上，塔里克·毕什里又花了十年时间才改变了信仰。他最初指责 1967 年战败是因为缺乏民主，他提出填补民主空缺可以让纳赛尔主义存续下来，因为这种意识形态和埃及人的价值与期待一致。按照乔达尼的说法，塔里克·毕什里的转变发生在"见证了伊斯兰教复兴之后，这股强大的政治伊斯兰大潮席卷了埃及年轻一代，行动主义者、知识分子和大学生皆在其中"。[86] 通过观察复兴，毕什里"看到了人们对传统的渴求，正如人们身着传统服装时所体现的，因此他重新规划了国家项目，以反映其正统性"。[87] 然而，毕什里相信在伊斯兰教和阿拉伯民族主义之间并不存在意识形态对立，它们之间的不同只是在"政治功能性"上，也就是说伊斯兰教和阿拉伯民族主义有着同一起源，相同的基因。[88] 的确，毕什里的摇摆和转变进一步表现出民族主义者和宗教活动家的动荡经历，他们似乎都有着相似的起点。这也有助于解释他们很容易从一种信仰转变到另一种信仰。

毕什里回忆说，虽然他和他的同代人曾经在 20 世纪五六十年代批评穆斯林兄弟会，但是他们在 70 年代认为，挖掘伊斯兰宝库的遗产是扭转失败、实现真正独立和发展的唯一路径。"我们的文化遗产为大众动员和文化复兴提供了象征和框架，"他说，"伊斯兰主义运动是驱动这一改变的重要力量，它不能也不应该被排除和压制。"[89]

同样值得注意的是，马克思主义者阿德勒·侯赛因在 70 年代转变成伊斯兰主义者的例子。虽然对六日战争和纳赛尔政权在整体上的所作所为持批判态度，但是他仍然支持纳赛尔的国内改革计划和外交政策，尤其是他对阿拉伯民族主义的追求。侯赛因表示，他比任何时候都更迫切地感到需要站在纳赛尔一边，以阻止反动势力挫败埃及的革命，并准备投身反抗以色列的战斗。[90] 然而，在七八十年代，侯赛因拥抱了伊斯兰教，他认为伊斯兰教能更有效地抵抗敌对力量和实现解放。他指出，伊斯兰主义复兴体现了全球范围内社会从整体上更重视宗教价值的趋势，即"回归本源"（al-'awda ila al-usul）。这不仅出现在伊斯兰世界中，也是全球范围内殖民国家与被殖民国家斗争的一部分。这是一场在文化和宗教的新旗帜下的新斗争。[91] 侯赛因在他位于新埃及区的公寓中接受采访时说："我们中的许多人重新发现了伊斯兰意识形态，将伊斯兰教视为启发我们反抗外国统治和新殖民主义抗争的意识形态，同时也是我们争取国内自由的力量源泉。"他说，在七八十年代，由于社会精英回归了伊斯兰文化根源，他们和大众之间的文化分歧大大缩小。侯赛因补充道："今天，精英和民众之间更加和谐，意见领袖不再疏远大众文化。"[92]

穆罕默德·阿马拉是另一个从民族主义者变成伊斯兰主义

者的人，他同意侯赛因的观点，在五六十年代，世俗精英人士和虔诚的民众之间的确存在鸿沟，宗教力量一直处于弱势。阿马拉指责世俗知识分子使革命偏离正道，并且在伊斯兰主义阵营和民族主义者阵营之间制造分裂。他认为，在 70 年代，很多公共知识分子与宗教和伊斯兰主义达成了和解。"阿拉伯主义和伊斯兰主义不再相互疏远。"阿马拉暗示自己向伊斯兰主义转变，和其他人一样，是自然而然的。[93]

这些民族主义者和左派人士从宗教遗产中找到了慰藉，并拥抱了伊斯兰主义思潮，贯穿他们叙事的主线是要抵抗以色列和外来干涉。多数人说伊斯兰教比民族主义提供了更多的启发和动员，他们在 1967 年战败和纳赛尔死后才意识到了这一点。"纳赛尔政府在不经意间抽空了阿拉伯民族主义中的宗教内容，这导致了公众的疏离感和疲惫感，"毕什里提出，"我们的目标是在民族主义运动（al-haraka al-wataniya）中重新确立伊斯兰教的地位，并将其重建于更加坚实的基础之上。"[94]

在民族主义者和伊斯兰主义者之间徘徊的活动家和学者拉法特·赛义德·艾哈迈德更直接地说道："对抗锡安主义敌人和美国人需要动员我们的所有力量，包括最强大的武器——伊斯兰教，并结束削弱民族主义事业的内战。"[95] 在萨达特 1970 年掌权以前，纳赛尔已经开始利用宗教象征主义，比如命运和真主的意志，解释埃及在 1967 年 6 月的失败和动员民众。根据赛义德·艾哈迈德的说法，纳赛尔政权派宗教团体到前线为士兵和军官提供宗教教育。"虽然萨达特打开了宗教政治和宗教行动主义的闸门，但这一趋势早在 60 年代末就已开始。"他在开罗的研究中心接受采访时表示。[96]

同样，学者和公共知识分子阿卜杜勒·瓦哈布·米斯里也是 70 年代转向宗教的左派人士之一。他告诉我，纳赛尔政府对宗教人士的迫害是错误的，这导致了民族主义者与伊斯兰运

动的分裂，削弱了埃及抵御外敌的能力。"我们的目标是在分
裂的社会各阶层之间搭建桥梁，建立一个有代表性的联盟，以
击退锡安主义和殖民主义。面对锡安主义者的攻势，除了团结
一致，我们别无选择。"[97]

这些论述表明，70 年代伊斯兰主义复兴与精英人士转向
宗教政治同时出现。这些新兴精英优先将宗教遗产视为有效的
反抗武器和文化更新的工具，为伊斯兰主义者提供知识上的合
理性，推动他们的思想在埃及和阿拉伯邻国传播。虽然他们未
正式加入穆斯林兄弟会或其他伊斯兰主义组织，但像塔里克·
毕什里和阿卜杜勒·侯赛因这样的公共知识分子是 70 年代总
体发展趋势的一部分。这一趋势标志着社会力量正向宗教政治
靠拢，这至关重要。赛义夫·阿卜杜勒·法塔赫表示，萨达特
推动了社会对宗教价值观的接纳和重视，这反过来帮助穆斯林
兄弟会和伊斯兰主义者扩大他们的社会基础。赛义夫·阿卜杜
勒·法塔赫在 70 年代是一名年轻的宗教积极分子，如今是一
名学者和公共知识分子。[98]

然而，人们已经忘记，对纳赛尔阿拉伯民族主义的反抗
最先来自权力内部。尽管极力撇清自己在纳赛尔崛起和地位巩
固过程中的作用，但萨达特从一开始就是纳赛尔最忠诚的同伴
之一，并且曾盲目地捍卫纳赛尔的政策。他的忠诚为他赢得
了"点头先生"的绰号，这个称呼非常贴切，因为他从未提出
过异议。在这一时期，他对挑战纳赛尔和军官权威的政治伊斯
兰主义者毫不留情。事实上，萨达特曾负责迫害异议分子，尤
其是管理穆斯林兄弟会成员的革命法庭。一个例子是 1954 年
10 月暗杀纳赛尔事件发生后，革命指导委员会成立了人民法
庭。萨达特作为法庭成员，审问了那些被指控参与穆斯林兄弟
会阴谋的人。研究穆斯林兄弟会早期历史的权威专家理查德·
米歇尔指出，该法庭的运行极其荒唐：大多数审问的内容与罪

行无关；法庭提供的证据充斥着矛盾之处；法官也与证人互相对骂，多数情况下，法官单方面辱骂证人。[99] 正如米歇尔所言，"观众被允许，甚至是被怂恿起哄、谩骂、嘲弄出庭人"。[100] 侯赛因·沙菲伊是法庭三名法官中的一位，他承认在法庭运行过程中出现"违规"，因为"主要是为了捍卫革命"。[101] 法庭下令处决了七名穆斯林兄弟会成员。考虑到萨达特在纳赛尔政权中扮演的关键角色，他借助伊斯兰主义者的力量来平衡和削弱左翼力量是很冒险的。为了让宗教积极人士打击阿拉伯民族主义者、左翼人士、社会主义者，萨达特允许各种伊斯兰主义团体出现，这些组织的发展最终超出了他的控制。虽然萨达特不断努力让自己远离纳赛尔的遗产，但是许多被纳赛尔政权关押过的伊斯兰主义者，包括穆斯林兄弟会成员在内，仍然对他怀有戒心。虽然他们愿意和他合作来逃避迫害和增加影响力，但是他们从未信任过萨达特。

　　"我们绝不会忘记和原谅萨达特，他曾是自由军官法庭的成员之一，在 1954 年暗杀纳赛尔未遂后，他判处了七名穆斯林兄弟会成员死刑。"阿卜杜拉·拉什万这样告诉我，他是一名伊斯兰主义者，也是一名曾为受指控者辩护的亲穆斯林兄弟会律师。"萨达特不仁不义。"[102] 在我和拉什万、扎亚特和其他伊斯兰主义者的交谈中，我有了这样的印象。萨达特低估了伊斯兰主义者的精明和政治野心，尤其是那些激进的年轻人，他错以为自己能操纵这些人。

　　萨达特在 1980 年被伊斯兰激进分子刺杀，这一事实不应掩盖他将宗教作为政治工具来对抗纳赛尔的阿拉伯民族主义和社会主义，以巩固自己的政治基础。在萨达特的统治下，宗教的工具化成了一项国家政策。讽刺的是，调转枪口并将他杀死的武装伊斯兰一代则对他的统治另有看法。虽然多年来我采访过的宗教激进人士坚持认为，他们不是萨达特政权的产物，而

339

是自己发展出来的，但是他们中有很多人现在承认，是萨达特允许他们组织起来，建立群众基础，并在埃及和其他国家的校园中传播他们的思想。

"细想起来，在萨达特时代，我们是健康的一代。"卡迈勒·哈比布说，他和他周围的一小群人是埃及伊斯兰圣战运动的开创者，他们发起了对埃及总统的暗杀行动。"我们有言论自由和行动自由；不像纳赛尔时代的弟兄们，我们不会受骚扰和迫害。"这位中年活动人士说道，他在监狱里过了超过十年，我在 20 世纪 90 年代、2006 年至 2007 年和他有过交流。"我实话告诉你，萨达特时期是伊斯兰主义运动的黄金时代，我们没有好好把握住。"[103]

哈比布并不是唯一怀念萨达特时代的伊斯兰激进分子。蒙塔塞尔·扎亚特是一名重要的伊斯兰主义者、律师，他承认他那代人犯下的战略错误就是反抗了萨达特。"相比纳赛尔，萨达特是神给伊斯兰主义运动送来的厚礼。他从纳赛尔的监狱中释放了伊斯兰主义者并为 70 年代的宗教复兴做出了贡献。我们如果宽容、有耐心，可能已经将埃及转变成一个真正的伊斯兰社会了。"[104]

在萨达特被暗杀二十多年后，伊斯兰团体的领导人史无前例地正式道歉，称已故总统为"殉道者"，因为他们认为他保护和捍卫了信仰。纳吉赫·易卜拉欣（Najih Ibrahim），因参与暗杀萨达特而被判刑，在狱中服刑 25 年。他在 2011 年的一次采访中表达了对暗杀行动的后悔，承认这一行动弊大于利。[105]尽管这种认可是以巨大的政治和意识形态代价换来的，但伊斯兰团体决定称萨达特为"殉道者"，表明即使是（前）伊斯兰主义激进分子，现在也承认萨达特对伊斯兰运动的贡献。这一行为是对 70 年代国家在推动宗教政治方面所扮演角色的历史性证明。

有大量证据表明，萨达特系统性地为宗教人士主导公共空间铺平了道路。与推动阿拉伯民族主义的纳赛尔不同，萨达特培养了一种宗教潮流。纳赛尔将阿拉伯民族主义作为政府的官方意识形态，而萨达特则间接推动宗教思想的传播，而非正式支持。然而，结果是相同的：后殖民时期的独立国家在支持这些意识形态的同时，也巩固和加强了其持久的霸权统治。这些思想的命运取决于国家提供社会公共产品和安全保障的能力。

结　论

六日战争并没有自动使意识形态从泛阿拉伯民族主义转向泛伊斯兰主义。这种假设简化了复杂的社会和政治现实。正如纳赛尔在 20 世纪五六十年代采纳阿拉伯民族主义一样，萨达特和他的国家机器在伊斯兰主义崛起和扩张中发挥了关键作用。或许有人会认为他们当时并未完全意识到这一点。在试图摆脱前任影响的过程中，这位被称作"虔诚的总统"（al-Ra'is al-Mu'min）的领导人倡导建立一个"知识和信仰的国家"（dawlat al-'ilm wa al-iman）。萨达特通过伊斯兰化政治空间并系统地瓦解纳赛尔主义者的核心势力，重塑了社会格局。

341

他首先清除了纳赛尔内部小圈子，指控他们密谋并将其监禁。为了进一步摆脱纳赛尔的影响，萨达特从左翼转向右翼。这一转变体现在重新构建埃及经济上，他推行了背离纳赛尔社会主义的开放政策，通过吸引国内外投资来振兴经济。这一经济转型与意识形态转变同步进行，萨达特从世俗的阿拉伯民族主义转向支持宗教甚至伊斯兰主义。他希望通过伊斯兰教来填补纳赛尔死后留下的意识形态真空。他强调自己的"虔诚"形象，释放了纳赛尔监禁的伊斯兰主义者，并利用他们来攻击左派联盟和学生组织。1973 年 10 月的战争给了萨达特展示信仰虔诚并巩固国内地位的机会。官方论述中充满了宗教意象和象征，把埃及的胜利描绘成萨达特力量的神圣化。作为"虔诚的总统"，胜利证明了他是埃及理所应当的领袖。最后，萨达特和沙特阿拉伯重新建立起友好关系，日益依赖海湾国家的资金支持，这为政治宗教化提供了更多的意识形态动机，并深刻影响了埃及社会。上百万埃及人出国到海湾国家工作，回国时，他们已经接受了极端保守的萨拉菲主义，并赞同它对伊斯兰教更为严格和狭隘的解释。

　　与过去阿拉伯世俗民族主义受到的支持类似，萨达特时代的伊斯兰主义项目在自下而上的社会和意识形态动员中得到了滋养，同时也得到了国家高层的支持。[106] 纳赛尔政府曾将大量的意识形态和物质资源用于在埃及国内和中东地区传播阿拉伯民族主义。萨达特调转了方向并巩固了自己的统治，他开始用政府资产和国家机关来支持伊斯兰主义者，反对阿拉伯民族主义者和社会主义者。他和沙特阿拉伯的联盟让后者用新得来的财富传播其极端保守的宗教思想，并且在 20 世纪七八十年代在全世界传播，这种态势进一步让埃及和阿拉伯世界倒向伊斯兰主义。

第十二章
穆巴拉克时代

把穆斯林兄弟会打入冷宫

1966 年 8 月，库特布遭处决标志着穆斯林兄弟会一个时代的结束，但他的遗产却并未随他入土。相反，他的影响力逐渐渗透于穆斯林兄弟会的各个发展阶段——从安瓦尔·萨达特领导的 20 世纪 70 年代伊斯兰主义复兴时期，到 80 年代初至 2011 年胡斯尼·穆巴拉克的谨慎部署期间。整个时期内，穆斯林兄弟会一直因巨大的意识形态分歧而分裂。一方面，组织在许多方面被忠于库特布的极端保守元老派掌控。另一方面，一个充满活力的年轻改革派群体崛起，他们的观念更加普世和包容。这两派在重大政治、社会和战略问题上存在激烈冲突，包括女性地位、政治活动形式，以及与世俗反对派合作的程度等。此外，元老派和年轻改革派在穆斯林兄弟会内部运作方式上也存在分歧。改革派呼吁对组织进行根本性重构，以摆脱元老派的威权和不透明行为。

这种概念性的分歧导致穆斯林兄弟会内部的权力平衡在库特布死后发生变动。对立双方一边是库特布遗产的维护者，另一边是改革派挑战者。保守派领导人通过紧抓组织决策权，维持独裁统治，成功削弱了改革派推动更开放、更包容公共政策的努力。此外，穆斯林兄弟会内部的权力斗争推动了极端保守派的崛起，这一现象是由多种发展因素共同促成的，包括自

20 世纪 70 年代起穆斯林兄弟会成员为工作而向海湾地区迁移、越来越多的成员来自埃及农村地区，以及埃及政权对穆斯林兄弟会时而宽松、时而镇压的交替政策。

后库特布时期的内部分裂

正如前一章所述，20 世纪 70 年代埃及在萨达特总统的统治时期里经历了宗教复兴。萨达特希望以伊斯兰主义者为堡垒，反抗纳赛尔主义者和左翼分子构成的政治反对派，他释放了自 60 年代中叶就身陷囹圄的赛义德·库特布门徒和其他穆斯林兄弟会成员。获释后，库特布的门徒在穆斯林兄弟会内部形成了自己的小圈子，并在该组织的核心建起了一个极端保守的权力中心。许多新的权力掮客，如穆斯塔法·马舒尔、艾哈迈德·马尔特（Ahmed al-Malt）、胡斯尼·阿卜杜勒·巴奇（Husni Abdel Baqi）、卡迈勒·萨纳内里（Kamal al-Sananeiry）和艾哈迈德·哈桑宁（Ahmed Hassanein），都曾是和穆斯林兄弟会相关的准军事部门成员，如机密部门和库特布的秘密社。[1] 这一反改革的核心团体，在穆斯林兄弟会独有的 16 名成员组成的总训导师办公室中扮演了至关重要的角色，这个部门的职能是制定政策和选择领导人。

同时，穆斯林兄弟会内也出现了由一群年轻、进步的成员组成的松散联盟。这些常常被叫作"1970 一代"的成员最初是激进的大学生组织中的积极人士，他们在 70 年代加入了穆斯林兄弟会。讽刺的是，这些更年轻的激进元素成了穆斯林兄弟会内部极为保守的库特布势力的挑战者。他们从老一辈穆斯林兄弟会成员那里得到了支持，包括我们前面提到的卡迈勒·萨纳内里，他在穆斯林兄弟会内部的反改革势力集团中是比较温和的人物。实际上，当穆斯林兄弟会在 1970 年开始享受新生时，库特布派和有前瞻眼光的学生们已经加入主流的温和阵线中，这一阵线得到了总训导师哈桑·胡岱比的继任者奥马尔·特尔梅萨尼的支持。特尔梅萨尼在 1971 年获释，他和萨达特的政府保持着紧密联系，这种联系让他得以在穆斯林兄弟会内部扩展他的影响力。到了 20 世纪 70 年代中期，主流阵营几乎控制住了穆斯林兄弟会中的极端保守人物。然而，到了 70 年代末，萨达特的政策，比如与以色列签订《戴维营协议》，具有他越来越重的威权主义色彩，让穆斯林兄弟会和政府的关系日益恶化。[2]1981 年萨达特镇压反对派时，特尔梅萨尼遭到了逮捕。随之而来的特尔梅萨尼和萨达特关系的恶化在一定程度上重新给穆斯林兄弟会中的元老派带来了力量，让该组织走上了更为反动和专制的道路。在回忆特尔梅萨尼曾经扮演的温和角色时，重要的国营报纸《新闻报》（*al-Akhbar*）的主编易卜拉欣·萨达（Ibrahim Se'da）在哀悼于 1986 年 5 月特尔梅萨尼去世时写道：失去导师是这个国家的损失，因为他是"为组织、人民和整个国家服务的安全阀"。[3]

尽管遭遇了挫折，那些加入穆斯林兄弟会主流派别的富有远见的学生，仍然努力抵消反动库特布主义日益增长的影响力。这个新兴的"改革派"阵营试图通过和平行动，实现国家机构的政治转型，如议会和专业协会。阿卜杜勒·穆奈姆·阿布·福图赫早在 70 年代就加入了穆斯林兄弟会，并成为这一运动的一分子。起初，他是埃及大学校园中活跃的伊斯兰团体的领导人，他们呼吁激进变革，包括推翻无神论者政权。在回忆录中，阿布·福图赫揭示了他被穆斯林兄弟会吸引是因为他们用革命行动带来变革的承诺和穆斯林兄弟会库特布派的意识形态具有相似性。[4]阿布·福图赫的激进主义慢慢因特尔梅萨尼"改革派"的吸引而减弱。他甚至成了改革派阵营中立场明确的声音，这在 1987 年为他赢得了穆斯林兄弟会总训导师办公室中的职位。他的专业是儿科医师，在 2009 年离开总训导师办公室之前，他一直是穆斯林兄弟会保守派的强大挑战者。在他离开穆斯林兄弟会之前，他和他的盟友希沙姆·哈马米一同接受了我的采访，讨论他在这场运动中的影响力。"阿布·福图赫是穆斯林兄弟会内部改革派的领袖，他拥有许多人的支持，尤其是年轻人的支持。"哈马米说，"但是他在决策制定上的影响力很小，因为老人们（极端保守的元老派）将他边缘化了。"[5] 保守派和改革派之间的分歧越来越威胁到穆斯林兄弟会的凝聚力，穆赫塔尔·努赫（Mukhtar Nouh）是另一个例证。作为年轻有为的活动家和律师协会中雄辩的演说家，努赫收获了声望，他在 80 年代末 90 年代初首次和元老派发生了冲突。[6] 尽管——或者说因为——他在律师联盟颇具声望，也很受欢迎，马舒尔和马哈茂德·伊扎特等元老派成员努力将他边缘化。[7] 努赫转向特尔梅萨尼，寻求支持。按照穆斯林兄弟会的异见者萨尔瓦特·哈拉巴维（Tharwat al-Kharabawy）的说法，特尔梅萨尼不止一次地低下身子贴着努赫的耳朵说悄悄话，以避免被元老派的眼线看到。[8] 内部的不信任和敌对破坏了穆斯林兄弟会的团结。[9] 最终，努赫离开了穆斯林兄弟会并成为"库特布派分支"的公开反对者。[10]

　　改革派的影响力在穆斯林兄弟会内部越来越大，他们开始挑战元老派的霸权，因为即便是在特尔梅萨尼的领导下，元老派仍然主导了决策制定。例如在 1986 年，著名小说家米拉勒·塔哈维（Miral al-Tahawy）的弟弟，医学生穆罕默德·塔哈维（Mohamed al-Tahawy）呈递了一份内部改革倡议。他的倡议书和其他人的类似倡议书都没有得到任何回应，它们只是被搁置起来。回忆这段日子时，许多成员都抱怨他们曾经面对的是"概念上的死板和组织结构上的僵硬"。[11]

　　尽管穆斯林兄弟会内部的不满和批评不断增多，但在

80 年代中叶特尔梅萨尼任期结束后,穆斯林兄弟会基本上被老一代的库特布代言人领导。虽然在 1986 年,特尔梅萨尼的继任者是改革派人士穆罕默德·哈米德·阿布·纳斯尔(Mohamed Hamed Abu al-Nasr),但他的权力是受限的。他是一位"软弱的领导者,来自该组织的底层,缺乏组织上的分量"。然而在阿布·纳斯尔的任期中还是出现了一些机会,穆斯林兄弟会参加了 1987 年和 1995 年的议会选举,并且和左翼对手——希望党(A'mal party)和自由党(al-Ahrar party)——组成联盟。在 1996 年,阿布·纳斯尔被强硬派的穆斯塔法·马舒尔顶替,后者担任总训导师一职直到 2002 年。马舒尔的上台标志着更为严格、更为保守的权力观点的回归。马舒尔曾数次入狱,他的牢狱经历让他受到其他成员的尊重。马舒尔曾在 1954 年暗杀纳赛尔行动之后被捕,在 1965 年秘密社曝光后的大范围镇压中再次入狱。在萨达特于 1971 年将他释放后,他在穆斯林兄弟会内部重新成为一名有影响力的保守派人物并长年主导制定决策。很多穆斯林兄弟会内部人士都表示,作为最高领导,马舒尔和他的副手马蒙·胡岱比在穆斯林兄弟会内部镇压了"1970 一代"。[12] 很多改革派成员,如阿布·福图赫、阿布·艾拉·马迪、易卜拉欣·扎法拉尼、哈立德·达乌德(Khaled Dawoud),要么心怀不满,要么为了躲避保守派而选择和组织保持距离。

348

随着马蒙·胡岱比在 2002 年 11 月成为总训导师,保守派的影响力进一步增加。马蒙是哈桑·胡岱比的儿子,希望通过集中化、层级化的决策和管理来增强穆斯林兄弟会的力量。他认为"如果组织足够强大,那么(内部)异议将会变得无效"。加倍投下赌注的马蒙拒绝承认组织中有过"新/老派系的说法。那些都是别有用心的媒体编造出来的假消息"。[13] 新的总训导师立即反驳了对穆斯林兄弟会领导人选举过程缺少透明度的指责，他认为这是共产主义者和锡安主义者的阴谋，这也表现出了他的威权倾向：

> 那些提出这样说法的人都是狡猾的不怀好意者。他们希望我们发出声音，然后再煽动政府来反对我们。如果说我们有舒拉委员会的话……那政府会保持缄默吗？（政府）会说：你们是一个已经被解体的组织，但你们居然还有上百名成员的委员会和制定决策的行政体系。毫无疑问，提出这一话题是想要引起穆斯林兄弟会和政府的对抗。提出这些问题的人主要是马克思主义者……他们正在制造暴动和社会危机……他们也是无神论者……埃及最初的共产主义组织是锡安主义者创立的。[14]

虽然马蒙在位只有两年时间，但是他巩固了保守派对决策的主导权。[15] 比如说，在 2001 年他任命众所周知的强硬派——马哈茂德·伊扎特，担任穆斯林兄弟会的秘书长。伊扎特的任务是按照更层级化和父权制的模式重组穆斯林兄弟会的行政机构。[16] 他的两位继任者都是库特布派人士。穆罕默德·马赫迪·阿基夫也是一名强硬派，是 50、60 一代的代表性人物，他从 2004 年至 2010 年担任该组织的总训导师。[17] 他的继任者是穆罕默德·巴迪（Mohamed Badie），库特布的忠实门徒，曾在秘密社被发现后入狱十年之久。他在 2010 年被选为总训导师，2013 年政府镇压伊斯兰主义运动时被关进了监狱。

分裂与冲突

穆斯林兄弟会核心反动领导层和改革派之间几十年的分裂阻碍了组织的制度发展。这两个派别在很多重要问题上相持不下，如呼吁更大的透明度和权力共享，妇女在社会中的角色等。极端保守派拒绝实施有意义的内部改革，这削弱了组织实力，使它无力面对 2011 年 1 月"革命"所带来的巨变。穆斯林兄弟会未能以更为灵活的立场和更开放的心态来面对政治对手，是其领导层在"一月革命"期间及之后犯下的最明显的错误之一。它加重了埃及民众的恐慌，从而让军队发动反革命行动，推翻了该组织在赢得 2011 年总统选举后的政权。人们批判穆罕默德·穆尔西总统越来越专制，决策机制越来越不透明；实际上，许多穆斯林兄弟会成员早已在内部对本组织的领导层提出了类似的指责。

威权统治

改革派对元老派最有争议和持久的指控是过度独裁，把穆斯林兄弟会当作他们的私人领地。改革派人士坚称，那些极端保守的领导强行施加他们的意愿，要求完全服从，拒绝受到监督，不允许有任何的异见和自由思考。穆罕默德·阿卜杜勒·萨塔尔对穆斯林兄弟会了如指掌并且在 20 世纪 90 年代后半叶被穆巴拉克关押了三年，他指出，在内部等级制度中，忠诚和资历压过了创造力和能力。他解释说，职务提拔依靠家族纽带，穆斯林兄弟会在制度上一直很脆弱的原因是它没有发展出制定决策的正式机制。如阿卜杜勒·萨塔尔所言，个人凌驾在制度之上。除此之外，高级领导层对那些在公众中呼声很高的年轻成员感到不满，他们常常藐视他们的公众参与和行动，认为不过是哗众取宠。为了打压这种行为，元老派让一些平庸的人选参加议会和其他选举，因为他们看起来不会对现状造成威胁。"他们害怕那些活力十足、有领袖气质的人物会对他们对伊斯兰主义运动的掌控构成挑战。"[18] 他说："70 年代获释后，

350

他们就开始把持穆斯林兄弟会，就好像（他们）从小监狱换到更大的监狱中。他们仍然抱持着密谋、机密、敌视外部世界的文化不放，从来不和政府和社会妥协。"[19] 阿卜杜勒·萨塔尔把这个问题称作一种受困心态，这种受困心态和伊斯兰运动多年的发展条件息息相关。"你需要明白，穆斯林兄弟会中有一种不忘记、不原谅的力量，"他说，"他们要增强自身抵抗当局渗透和异文化病毒的能力。"

　　阿卜杜勒·萨塔尔详细解释了穆斯林兄弟会领导人背后的驱动力，他们很多都属于"1960 一代"。"坦率地说，穆斯林兄弟会的老人们需要以绝对的复仇来报复埃及政府，找纳赛尔主义革命算账。在他们重获自由后很久，穆斯林兄弟会的长官们仍然将自己视为被社会放逐、被剥夺继承权和公民权的人。因此他们优先考虑的是组织的安全和生存，而不是诚心诚意地改革。这意味着那些元老要守护他们自己的地盘。"[20] 总的来说，阿卜杜勒·萨塔尔描绘了一幅黑暗的肖像画，他们"封闭、机密、不民主地制定决策，60 年代的几个老人决定着整个组织的命运"。他的说法得到了其他人的支持，他们都描述了那些元老是如何将长久的监牢经历当作理所当然的工具，确保年轻成员完全遵从他们的命令，维持他们的主导力。面对元老们曾经的牺牲，那些年轻成员不得不表现得谦卑。[21]

　　艾哈迈德·拉义夫也表达了类似的情绪。2007 年，我在他位于开罗市郊的公寓里做了好几次访谈，他解释了为什么自己不再和这个组织保持正式的附属关系。[22] 拉义夫虽然曾作为秘密社成员而被关押多年，但能够跳出伊斯兰主义框架思考，对此他感到很骄傲。他总结道，他仍然相信伊斯兰主义事业，但是经过几十年的接触和了解，他对这个组织充满了疑虑。"穆斯林兄弟会是一台庞大的机器，由单一的钥匙操控，一个自我封闭的装置，难以理解。"他如是告诉我，"我知道我在说什么，因为在过去的 50 年中我曾是它的一部分。你从穆斯林兄弟会成员中听到的不同声音是有误导性的，因为它们暗示这个组织的多元性和差异性。实际上并非如此，它就像一块石头一样，你这样的外人是无法看透的。"[23]

拉义夫表示，打压、隐蔽和几十年来的地下活动已经让伊斯兰主义运动变形。与阿卜杜勒·萨塔尔一样，拉义夫也把这样的局面和受困心态联系起来，穆斯林兄弟会的领导者自认是受迫害者，是被社会疏离的人。疏离感、孤立感牢牢地存在于该组织的政治文化中，并导致它必然走向隐蔽、自我封闭和不信任外部世界。拉义夫认识穆斯林兄弟会在 20 世纪 50 年代之后的每一任总训导师，他说："穆斯林兄弟会有他们自己的特殊世界。穆斯林兄弟会的公众面貌是它的外墙立面……这一运动的真正力量埋藏在地下，而不是地上。高级领导者自然地被这种文化同化，而且他们也视之为理所当然。"[24]"你去问问穆斯林兄弟会的高层领导关于财务、选举和招募的问题。"他讽刺地建议道，"他们绝不会透露半个字的！穆斯林兄弟会的世界是封闭且层级化的。"[25]除了缺少透明度以外，拉义夫表示，穆斯林兄弟会的领导人没有认识到和其他组织合作或者与广义上的社会取得和解的重要性。"在穆斯林兄弟会内部，普遍存在一种观点，认为他们凭借在埃及乃至全球的强大组织力量，已经在与国家的博弈中占据了上风。"拉义夫解释道。"人多力量大"是穆斯林兄弟会的座右铭，这显示出它的短视和幼稚。[26]在接下来的两年里，埃及发生了 2011 年"1·25 革命"，有些人将拉义夫的言论视为事件的先兆。拉义夫表达了他对穆斯林兄弟会能够掌权的怀疑，因为领导层不愿透明地处理社会事务或者与他人分享权力。"以我对穆斯林兄弟会的了解，以他们的受害者心态，我知道如果掌握了权力，他们将不会信赖其他人或者让外人来分一杯羹。我是作为组织内部的伊斯兰主义者才这么说的。我们处在大灾难的边缘。"[27]

1999 年，我已经向马蒙·胡岱比提出了一些问题，在他的任期里，穆斯林兄弟会内部成员指控他的独裁作风，但是他仍然我行我素。虽然他已准备好要驳斥这些指控——"那些说我们独裁的人是在说谎；我们在 1995 年就选举了一个总训导师办公室并且建立起了一个合法的决策制定机构"，但也坚定地捍卫了要求成员绝对服从的权力。"是的，我们要求成员们表现出服从，这是因为如果不这样的话，将在穆斯林兄弟会中播下混乱和疑惑的种子。"他说，"假如成员们反对经过法定程序选举出的领导人所做出的决定，那么你要如何实践你的正当权力呢？那些批判者为什么要否认我们要求绝对服从的权力呢？"[28]

马蒙的坚定也在另一位前总训导师穆罕默德·阿基夫的身上显现出来，后者十分厌恶我提出的关于元老派主导穆斯林兄弟会并排挤改革派的问题，他认为这都是子虚乌有的事。当我说出阿布·福图赫、阿卜杜勒·萨塔尔等改革派人士的具体指责时，他开始发怒，说那些"在我背后说悄悄话的人不是真正的兄弟会成员"。相比之下，他声称："我的大门对所有那些自律并定期和我联络的成员敞开。那些成员没有什么可以指责的。穆斯林兄弟会是一个大组织，在全国有 25 个行政办公室。我从每个人那里收到报告，每个办公室都对各自辖区的事做决定。"[29] 阿基夫试图把穆斯林兄弟会描绘成一个非中央集权并制度化的组织，但是考虑到改革派成员的说法，他的说法并不能让人完全信服，许多成员认为制定决策是中央集权的、自上而下的，这一组织也是高度家长制的。即便像穆罕默德·哈比布这样的前高层人物也反驳了阿基夫的说法。哈比布曾是阿基夫的第一位副手，他指出，阿基夫本人至少有一次违反规定，指派了一个高级位置人选而没有咨询总训导师办公室的意见。[30]

讽刺的是，那个被指派的人正是穆罕默德·穆尔西，后来成为埃及的总统。

　　穆斯林兄弟会的成员们提出指控，认为选举只是一个提前就决定好的仪式，候选人提前就被内部小圈子选好。当我把他们的指控拿给阿基夫看时，他再一次驳斥这些指控为谎言。"我们不是一人领导的政党，而是一个有制度的，以协商为基础的组织，我们十分严肃认真地对待这一宗教义务。"他不耐烦地说道，"就像其他地方的制度一样，我们彼此商讨并以共识为基础作决定。个人因素并不重要。"阿基夫甚至进一步表现出该组织是接纳不同言论的："我给了每个成员谈论和宣传穆斯林兄弟会的权利……我们用内部调查问卷来了解成员们的想法。在领导层和基层成员之间不存在断链。"[31]

　　尽管马蒙和阿基夫保证，组织已经在认识论和制度上与过去划清了界限，但批评者一致认为，穆斯林兄弟会在认识论和制度上都没有与过去划清界限。按照这一观点，最高领导层仍然抱持着受害者心态、恐惧、怀疑他人的世界观。他们描绘出的形象是一群被监狱的魔鬼压垮了的难以改变的精英。尽管他们坚称不会复仇或进行报复，库特布一代的伊斯兰兄弟会领导人却没有采取任何措施与国家或社会和解。"相比政治学家，老人们有着不同的看法，"艾哈迈德·拉义夫说，"我们与全世界对抗，这是一种诞生于和政府对抗的几十年间的观点。老人们把政治视为战壕。"[32] 艾哈迈德·古兹（Ahmed el-'Gouz）是穆斯林兄弟会中的一名异议者，他把这种对抗性情绪称作"兄弟会特质"，即"贬低他人，认为他们没有兄弟会成员的能力，无法做到成员能做到的事情"。[33]

　　改革派将马哈茂德·伊扎特作为一个例子，他的思维方式是阻碍穆斯林兄弟会制度发展和民主化的主要障碍。伊扎特曾是一个权力掮客，他在最近40年中对决策制定拥有巨大的影

354

响力。我的所有受访者都认为他处于穆斯林兄弟会权力中心，因此，他令人十分畏惧。巧合的是，他也是 2013 年政府镇压穆斯林兄弟会后少数漏网的穆斯林兄弟会顶层领导人之一。有可信的报告称在总训导师巴迪被监禁后，伊扎特成为事实上的领袖。财富和人脉使他可以获得极大的权力。阿布·艾拉·马迪在 1996 年和穆斯林兄弟会决裂，后来组建了温和的伊斯兰政党中央党（al-Wasat），他指责伊扎特"以家长作风行事，偏袒和庇护服从他的人，排除那些不愿意服从官方路线的改革派，并把他们视为找麻烦的人"。[34]

伊扎特扮演的中心角色可从 2008 年穆斯林兄弟会内部选举和 2009 年新任总训导师选举前后发生的事中看出来。当时的总训导师阿基夫拒绝竞选第二个任期，因为他提名埃萨姆·埃里安（Essam al-Erian）为总训导师办公室成员但遭拒绝，据说是因为伊扎特反对。[35]伊扎特反对推迟选举六个月以方便各位参选人来解释各自纲领，他坚持要在更近的日期（2010 年 1 月之前）举行投票，据称是为了排挤改革派参选人穆罕默德·哈比布，后者曾担任总训导师办公室的成员长达 24 年并且已是阿基夫的副手。[36]哈比布向总训导师办公室呈交了一封投诉信，指出组织领导人选举过程过于草率，但是他并没有得到任何反馈。作为回应，哈比布将斗争带到了媒体上并威胁辞职。[37]穆斯林兄弟会只好作出声明，确认选举过程符合穆斯林兄弟会组织章程。哈比布随后辞职并成为该组织最坚定的批评者之一。在 2015 年出版的一系列文章中，他揭发阿基夫"缺乏战略头脑，制订计划、组织和管理的能力十分有限，从而允许库特布派主导了整个组织"。哈比布也指出伊扎特为"库特布派"的一员，是他促成了元老派对穆斯林兄弟会的控制。[38]

与哈比布一样，马迪对伊扎特也十分鄙夷，他愤怒地告诉我说："像伊扎特那样的独裁领袖，败坏了穆斯林兄弟会的名声，阻碍它获得现代性、洞察力和远见。"马迪用强烈的措辞描述穆斯林兄弟会是多么愚蠢，与世界时事脱节。他认为该组织的领导害怕改变并"不愿意培养开放和包容的政治文化"，导致组织变成了一个"有恐龙身躯，小鸟大脑"的怪物。[39] 结果是，他表示说，穆斯林兄弟会"恐吓走了思想家、神学家和改革派人士，是创造力的坟墓"。 值得注意的是，这种批评已经被其他人多次重复，比如艾哈迈德·拉姆齐（Ahmed Ramzy），他认为 2013 年的灾难是穆斯林兄弟会的责任。马迪在接受我的采访 7 年后写道："穆斯林兄弟会是一个没有思考力的组织，它服从命令而不对命令加以思考，这是一种羊群心态。"[40] 另一位持不同意见者艾哈迈德·埃尔·乌兹（Ahmed El-'ouz）在回忆录中透露，他离开穆斯林兄弟会是为了"让我的头脑摆脱被专横的领导层控制的企图"。[41]

结构性意识形态僵化

除此之外，改革派认为，穆斯林兄弟会意识形态僵化，阻碍了成员们在社会中找到自己位置的能力。虽然许多更年轻的穆斯林兄弟会成员是思想开放和有前瞻力的人，但是从整体来看，组织的基础就与上层一样狭隘和反动，而且可能比上层更严重，原因是僵化的父权制和等级制结构。穆斯林兄弟会用类似准军事组织的做法将成员同化，这意味着它通过有限的招募和洗脑不断复制自身，维持结构稳定。这就导致了该组织的基础逐渐成为一种孤立文化，这种文化将成员从他们更广阔的社会环境中孤立出来，变成像机器人一样的特工。他们被教导永远服从老人们的命令，盲目相信组织。按照内部人士的说法，学员课程中充斥着库特布派的名词术语和那些压制异见的参考书。"穆斯林兄弟会并没有抛开库特布的遗产，他的思想仍然启发着年轻的成员。"没有在权力斗争中选边站的前高层领导法立德·阿卜杜勒·哈勒克承认说。对库特布理想的迷恋，他警告说，将会给年轻成员带来持续的危险，让他们走向拿起武器对抗政府的"死胡同"。[42] 哈勒克指出，错误的课程让极端保守的政治文化在成员中长期存在，所以迫切需要对它们进行实质性修订，用更崇尚独立思考、爱国、尊重他者和了解世界的课程取代。他还进一步说，领导层还应强调该组织致力于温和与合作，与其他政治力量携手推动和平变革。

同样，阿布·福图赫认为，这样的招募和同化做法存在风险，他将之称为"延迟性暴力"（postponed violence），这种暴力在未来可能会被激活。这种孤立的社会化文化和持续动员，再加上政府对穆斯林兄弟会的政治迫害，使青年成员变得脆弱，更容易诉诸暴力。"我们不应再去动员年轻人，要避免他们去想那些不可想象的事情——无论是出于防御还是进攻目的而诉诸暴力。"阿布·福图赫说道。[43] 这是因为在年轻成员中弥漫着一种信念，他们相信面对安全机关，政治行为是无效的。阿布·福图赫担心穆斯林兄弟会的年轻人和政府对抗的危险正在增加。

为了避免这样的危险，法立德·阿卜杜勒·哈勒克的儿子乌萨马·阿卜杜勒·哈勒克（Ussama Abdel Khaleq）呼吁穆斯林兄弟会高层领导人能够推行结构性改革："更为急迫的是设计出一套宣教上和文化上的策略来实行自下而上的有效改革，以对组织的贡献而不是对领导人盲目忠诚为标准来奖励；我们需要改变领导层的世界观和政治效益观，这是伊斯兰运动转型的前提条件。"他如是告诉我。[44] 按照乌萨马的说法，现状是给予那些遵循组织路线的成员工作和经济奖励，这会巩固既有结构和穆斯林兄弟会内部的文化，它没有向成员灌输重要的宽容、包容和公民等批判性思想，反而助长对组织的盲目忠诚，从而维持有利于保守派精英们的结构。

正如其他一些在 2011 年"阿拉伯之春"后离开该组织的知名成员抱怨的那样，强硬派继续主导穆斯林兄弟会内部，否决改革倡议。按照穆斯林兄弟会异见者萨米赫·艾德（Sameh Eid）的说法，强硬派阻碍变革的一个关键步骤就是在穆斯林兄弟会成员加入组织后就开始"教育"或洗脑。艾德说他们使用的洗脑方法是"准军事化的……因为它以机密部门的制度为基础"。[45] 为了支持他的说法，艾德引用了穆斯林兄弟会评价"优秀"成员所应拥有的美德，如"忠诚、自信、服从、纪律、保密。（我们要）锻炼身体，在缺少饮用水的条件下长途行走和习武，比如空手道或中国功夫"。[46] 这些批评内容在 2014 年出版，它和穆罕默德·塔哈维在 1986 年对穆斯林兄弟会的批评大同小异。艾哈迈德·巴恩（Ahmed Ban）是穆斯林兄弟会的一名领导人，他在 2011 年也成了异见者，他赞同艾德的指控并谴责那些极端保守的前机密部门成员"总试图控制穆斯林兄弟会的宣教部门，从 1973 年出狱到今天都是如此"。[47]

恩庇主义和裙带关系

这些独裁、专制和偏狭的心态伴随恩庇主义、裙带关系的文化一同发展，确保了组织的秘密性以及问责制和透明度的缺乏。这种文化也允许领导层用严厉的惩罚来对待那些挑战或违反秩序的成员。艾德举了一个例子，一个成员选择退出，却受到威胁说要与他同为伊斯兰兄弟会成员的妻子和孩子分离。[48] 这一惩罚尤其严厉，因为该组织招募成员的首要条件就是"社会排斥"。[49] 因此，如果一个成员决定离开穆斯林兄弟会或被迫离开，他就会失去所有的社会关系，其中可能还包括他的家庭成员。正如艾德指出的，穆斯林兄弟会的领导人用这种方式威胁不守规矩的成员："如果你不服从我们，真主将在后世惩罚你，我们将在今世惩罚你。"[50]

按照因提萨尔·阿卜杜勒·穆奈姆（Intisar Abdel Moneim）的说法，那些有人脉的穆斯林兄弟会成员拥有来自组织的巨额财政支持。[51] 艾哈迈德·拉姆齐是一名记者也是前兄弟会成员，他指出，穆斯林兄弟会成员是通过一条"神圣纽带"彼此联结的。[52] 组织内的提拔标准除了信仰虔诚，还有和组织领导人的亲密程度。[53] 拉姆齐指出组织内部的媒体机构就是例证：媒体的失败是因为"信任优先"，因此编辑职位只提供给穆斯林兄弟会的成员，而不考虑资质。[54] 拉姆齐用自己的理论解释领导层招募和教育成员的目标，他讽刺地把该理论称为"果冻理论"。按照他的解释，领导层关注的一直是"克隆出一样的会员，可以被轻易地洗脑或者重构，就像是生产一模一样的果冻一样"。[55]

其他异议者，比如萨尔瓦特·哈拉巴维，他对社会地位导致内部偏袒持批评态度。他强调了艾哈迈德·赛义夫·伊斯兰·哈桑·班纳（Ahmed Seif al-Islam Hassan al-Banna）的例子，他是穆斯林兄弟会的创立者哈桑·班纳的孙子。1992年时，他被领导层选为代表参加律师联合会选举。这件事明显违反了参选人应该先在内部当选，然后才能参加外部选举的规定。按照哈拉巴维的说法，这完全是因为他的家世背景。这件事也进一步解释了经济、社会和家庭关系是如何让穆斯林兄弟会和外部社会隔离的，他恰如其分地把穆斯林兄弟会的成员称作"金鸟笼中的鸟"：

> （穆斯林兄弟会的成员）和另一名成员结婚，为另一名成员工作，和另一个成员是朋友，他从另一名成员那里租房或买房，他的邻居是兄弟会成员，他有一名兄弟会同

事……他/她最后生活在一个孤立于外部世界的穆斯林兄弟会圈子中。[56]

在穆斯林兄弟会内部，有证据表明资源集中在哈桑·马利克（Hassan Malek）和海拉特·沙特尔（Khairat al-Shater）之类的少数几名高级成员手上，这印证了组织内部物质财富和权力之间的关系。[57] 例如，在 2013 年镇压穆斯林兄弟会和推翻穆罕默德·穆尔西总统时，马利克和海拉特·沙特尔名下超过 66 家公司被冻结。[58]

面对改革派的指控时，穆斯林兄弟会中的元老派倾向于从两个角度反驳。第一，驳斥指控的准确性。第二，为改革派所谓的一些特权辩护，表示他们有权以某些形式行使权力。比如说，当我向前总训导师阿基夫追问穆斯林兄弟会的活动资金来源和财政透明度的问题时，他表现得理直气壮，并且拒绝严肃对待我的提问。当我问及支出问题时，他犹豫了一下，然后生气地说："那些经济上比较富裕的成员给得更多。我无法给你准确的数字，因为我们没有预算。每个办公室负责各自的开销，每个成员都根据自己的能力捐献。我们就像家庭一样。"当我逼问阿基夫谁来管理财政和年度预算时，他回避了我的问题。他称没有特定的人来掌管这类事宜。然而，改革派已经多次告诉我，那位权力极大的穆斯林兄弟会守门人马哈茂德·伊扎特牢牢地抓着钱包。

巧合的是，在面对关于伊斯兰主义运动的成员群体的问题时，阿基夫草草表示我应该去问伊扎特。这明显是一种有效的转移战术，他明知道我和伊扎特有过不愉快的谈话经历。作为穆斯林兄弟会最有影响力的幕后人物，伊扎特极力回避公众。他沉默寡言，他最喜欢的地方就是穆斯林兄弟会关着门的茶水间。虽然一些穆斯林兄弟会成员替我说情，伊扎特在 2006 年末同意在开罗洛达街区的穆斯林兄弟会总部接受我的采访，但是在采访中他拒绝给出有意义的回答。

然而，伊扎特很快就驳斥改革派，称他们是"纯粹的失败者"，他们"不为大多数人讲话，也没有属于他们自己的支持者"。在回应关于独裁和缺乏透明度的指控时，他就像阿基夫一样，告诉我："穆斯林兄弟会定期举行选举，进行协商，而且是透明的。我们有自己的机制来选拔符合道德标准的候选人，而不是那些政治野心家。"[59] 他也驳斥了库特布派人士从 20 世纪 70 年代起就把持了穆斯林兄弟会，损害了伊斯兰运动的发展的说法。他举例子说明总训导师办公室中存在多元的观点，并引述了该组织和非伊斯兰主义政党的协定，他们在 90 年代一同参加议会选举。在反驳僵化和停滞的指控时，他说："你无法停止变化，因为这是生活的法则，而且我们尽力地接纳良善的变化；但是（我们）拒绝会腐蚀我们的信仰和文化的外国影响。我们不会在意那些希望组织受损、充满了嫉妒和仇恨的跳梁小丑。"[60]

公共政策

元老派和年轻的改革派之间的另一个争议性议题是政治参与应该通过正式的政治体系进行，还是通过抗议和其他形式的街头政治来实现。这些争论都归于一个重要问题上：组建一个隶属于穆斯林兄弟会的政党的可能性。这个议题让年轻成员和极端保守领导层加深了裂痕，领导层担心组织民主化会消解他们对决策的主导权并增加改革派的影响力。阿布·艾拉·马迪告诉我，从 80 年代初到 90 年代末，改革派大力游说建立一个政党，目的是让穆斯林兄弟会合法运作，在公共领域中展开竞逐。"我们的目标是更靠近埃及人民的利益和需求并加强与公民组织的互动，建立起民主基础。这就是政治的本质——给社群带来公共利益。"[61]

然而，尽管改革派人士做出了努力，马迪解释说，穆斯林兄弟会的领导人一直在阻碍、拖延和建立政党有关的问题。"大多数（穆斯林兄弟会成员）都有机密部门或秘密社等准军事网络的背景。（他们）对把组织放在公众监督下的做法有着严重的担忧，"他指出，"他们已经习惯了暗中活动，他们偏爱等级制度、秘密行动和密闭决策。他们只信任自己人。"[62] 所以，穆斯林兄弟会的核心成员内化了其早期接受的文化并且在组织内部发展了这种文化。面对一次次拒绝，马迪说他们"已经放弃了穆斯林兄弟会"。如他所言，"我们得出结论，我们不能既属于威权主义团体，又抵制穆巴拉克的威权主义。这会腐蚀我们作为宗教积极人士和伊斯兰主义运动的信誉"。[63]

马迪在 20 世纪 90 年中叶离开了穆斯林兄弟会并在 1996 年组建了中央党。然而，尽管它的纲领中加入了世俗民族主义的诉求，也接纳了温和思想家阿卜杜勒·瓦哈布·梅塞里（Abdel Wahab al-Messeiry），但是穆巴拉克政权仍然拒绝授予中央党以合法地位。[64] 元老派甚至利用穆巴拉克政权拒绝穆斯林兄弟会建立政党的态度来反对马迪等人的倡议。"如果总统（穆巴拉克）都不允许建立（伊斯兰主义）政党，那么我们这些组织内部的人就更反对在不合时宜的情形下提出这类建议。"马蒙·胡岱比在 2005 年接受采访时这样说道。[65] 但是，虽然穆巴拉克政权最初拒绝有穆斯林兄弟会背景的中央党成立，但是它仍然在 2011 年获得了法律认可。[66]

和马迪一样，其他年轻的改革派人士也对元老派对穆巴拉克政权的貌似顺从和拒绝与世俗反对派合作感到沮丧。他们指责高层领导人拒绝和其他政治团体建立联系，因为他们担心有人会从社会和政治运动中脱颖而出，威胁到穆斯林兄弟会的霸权。他们坚称，穆斯林兄弟会的核心领导层缺少公共意识，也没有准备好与其他有共同立场甚至共同利益的组织合作。有些人甚至公开指责和政府合作的领袖是为了给他们自己争取权力。按照为穆斯林兄弟会效力 22 年并在 2011 年退出的海赛姆·阿布·哈利勒（Haytham Abu Khalil）的说法，"总训导师办公室里的某些领导人采取了与穆斯林兄弟会历史相悖的行动，在前一次大选中和政府勾结，他们操纵选票，以换取议席"。[67]

在我采访的所有改革派人士中，阿卜杜勒·萨塔尔是批评声最犀利的人。他认为穆斯林兄弟会领导人拒绝成为任何反对派团体联盟的一部分，归根结底来说，是因为他们认为和政府当局合作更有利，不必和反对派一起承担风险。"为了获得合法地位，穆斯林兄弟会的领导者拼命又无所顾忌地讨好统治者，他们试着和统治者的政党成员达成非正式的选举联盟来反对他们自己的候选人，规避任何挑战。"他说道，"那些老人既没有政治想象力，也没有道德方向标，他们不计损失地想要得到认可，甚至不惜疏远公民社团。"[68]他指出穆斯林兄弟会最终自我损害并被孤立。比如说，他回忆了穆斯林兄弟会的领导层如何拒绝和全国变革运动（Kifaya）协同行动，在 2005 年的总统大选之前，全国变革运动积极地参与反政府街头示威。阿卜杜勒·萨塔尔认为领导层的做法是出于心胸狭隘的敌对作风和不愿意改变现状。"他们（领导层）小气又善妒，害怕全国变革运动会成为他们的政治对手，"他说，"元老派把组织私利放在国家利益之上。他们并不想和旧政权撕破脸。"[69]

2007 年时，我追问阿基夫为何拒绝加入像全国变革运动之类的政党或运动的抗议示威时，他的回答和 2005 年接受采访的马蒙的思路相同。"我不会拿组织的未来冒险，反抗穆巴拉克政权会导致全面对抗发生。那些批评我们不敢上街抗议的人没有想到这种毁灭性后果。和其他小团体不同，我们作为最大的组织，要负责任地行动，周全考虑我们的行动。我们不会给安全部门任何借口来镇压我们。我必须保护兄弟和运动。"他如是告诉我。[70] 阿基夫的语气毫不含糊，表明他鄙视全国变革运动和其他政党，称它们为"纸老虎"，暗示它们没有真正的社会基础。在实践中，穆斯林兄弟会领导层倾向于与当时的穆巴拉克政权保持妥协，而不是走上具有不确定结果的革命道路，这种保守倾向分化了反对派力量，并在一定程度上延长了穆巴拉克政权的寿命。虽然改革派人士已经做出了最大努力，但结果很明显，极端保守派仍然在穆斯林兄弟会内部呼风唤雨，直到该运动在 2013 年遭到镇压。

女性角色

　　女性的社会地位问题也许最能反映改革派和反改革派之间的分歧。在采访中，阿基夫和他的同僚坚定地认为女性没有权利担任法官或是政府首脑。"一个女总统？别扯了！"阿基夫大喊道。虽然他声称"我们尊重女性"，但是他清楚地把女性的角色限定在私人领域内。他说："女人是成就男人的人。""我清晰地记得（我的）母亲 1965 年时到军事监狱看望我的场景，她告诉我：'儿子，坚强点。'"阿基夫对女性角色的理解非常单一地局限在私人领域中，他曾反问我："要是一个女人在开会时来月经了怎么办？"他接着回答说："她会把墙弄脏并感觉无地自容。"他还补充说："不怀好意的男人太容易利用女性的情绪化将她们带偏。"大多数极端保守的核心领导人也持与阿基夫一样的性别观念。穆斯塔法·马舒尔也表达过类似的观点。在 20 世纪 90 年代末的一次采访中，当时仍担任总训导师的马舒尔，先是赞扬了女性对社会的贡献，随后

大声说："但是如果女人当上了总统，她要如何带领大家做礼拜呢？" [71]

私下里，年轻的改革派指出，从元老派看待女性和少数族裔的立场就能一窥穆斯林兄弟会内部的公共议程斗争。虽然他们承认大多数基层成员和元老派一样保守和反动，但他们还是谴责后者不愿意采取行动，教育基层成员包容性和性别宽容的重要性。一个变革迹象出现在 2004 年 3 月，一份改革声明明确保障了女性在投票、选举身份和担任政府高级职务上的平等权利。然而，穆斯林兄弟会的这一明显突破在 2007 年却被突然逆转，一份新的声明重新确认了该组织的传统趋向，扭转了允许女性担任法官或总统的决定。[72]

除此以外，有证据表明，女性从来没有在组织内部获得平等的机会。前穆斯林兄弟会积极人士因提萨尔·阿卜杜勒·穆奈姆在自传里详尽记录了加入穆斯林兄弟会的女性是如何被诱导接受组织内部的等级制决策结构的。阿卜杜勒·穆奈姆说，理由是宗教和绝对服从的组织原则。[73] 2000 年至 2005 年，女性被允许参加竞选，这是裙带关系的反映，而不是真正的态度转变，穆奈姆说。[74] 比如在 2000 年，穆斯林兄弟会高层人物易卜拉欣·扎法拉尼的妻子吉汉·哈莱法维（Jihan al-Halafawi）被选为竞选者。相似地，马卡雷姆·迪里（Makarem al-Deiry）在 2005 年成为竞选人，她是易卜拉欣·沙拉夫的遗孀，沙拉夫曾是总训导师办公室成员，在纳赛尔和穆巴拉克的监狱里待了近十年时间。按照阿卜杜勒·穆奈姆的说法，女性成员甚至没有参与 2004 年的改革新方案或是 2007 年的政治计划。[75]

然而，一些穆斯林兄弟会领导人把缺乏女性代表人归因于政府的压迫态度。"每个在街上抛头露面的男人都有被拘禁的可能。我们甚至听到了女人也可能被监禁。" [76] 马蒙·胡岱比

366

在一次采访中警告说。实际上，这样的恐惧并不是空穴来风。2005 年，虽然穆巴拉克承诺进行一场民主、和平的选举，但安全部队仍使用武力干扰选民投票，特别是在穆斯林兄弟会推选女性参选人的选区。这一波暴力事件造成了 14 人丧命，800人受伤和 1700 人被关押。[77] 在过去 20 年间，通过采访众多穆斯林兄弟会成员，我发现，无论持何种观点，穆斯林兄弟会成员普遍对女性持有根深蒂固的非自由主义观点，这主要是由于父权制社会化的影响。尽管穆斯林兄弟会内部的元老派和年轻改革派在女性问题上存在显著差异，但这些差异更多是程度上的，而非根本性的对立。

改革派对元老派的众多批评可以归结为对他们根深蒂固的保守主义和拒绝进行政治和社会变革的失望。这个问题在很久以前就有人提出来了，这个人并非别人，而是声望显赫的宗教学者优素福·卡拉达维，人们普遍将他视为穆斯林兄弟会的精神导师。在 1992 年，卡拉达维在他的书中警告组织领导层不要采取"极端主义立场"，不要"一味遵古、反对现代和新事物"。[78] 他警告说，拒绝现代化和独立思考（ijtihad）会导致人才流失，使穆斯林兄弟会只剩下"传统主义和保守派"成员。他警告说，这样会让穆斯林兄弟会困在"僵硬和无法接续"的状况中。[79] 卡拉达维最担心的已经成真了，因为包括哈桑·巴库里、穆罕默德·加扎利（Mohamed al-Ghazli）和安瓦尔·金迪（Anwar al-Gindi）在内的许多改革派人士都退出了组织以示抗议。[80]

367

穆斯林兄弟会的乡土化

从 1970 年开始，穆斯林兄弟会成员的社会构成出现了重大改变。越来越多的乡村和农业人口成为低阶和高阶的穆斯林兄弟会成员，这加深了穆斯林兄弟会的秘密文化和孤立文化。很少有机会融入城市环境和大都市多元主义的乡村人口能够迅速融入穆斯林兄弟会，这也让以赞助和裙带主义为基础的人脉关系建立起来，进一步加深了成员对组织的依赖。通过培养对"他者"的恐惧，高层能够利用传统的亲属关系和忠诚价值观，成功遏制潜在的异议。除了乡土化现象之外，穆斯林兄弟会和政府的复杂关系是极端保守派权力得以巩固的另一个重要驱动力。穆斯林兄弟会领导层利用与政府时而协调、时而对抗的关系，成功抑制了改革派的变革努力。

在穆斯林兄弟会的最初十年中，一些和该组织有联系的人称有一半的成员来自乡村地区。[81]虽然这种情形是真实存在的，但是学者理查德·米歇尔认为，这些农村成员不过是"城市活动家塑造该组织政治命运的背景"。[82]20世纪30年代至50年代参加过重要集会活动的穆斯林兄弟会领导人名单表明，他们中只有少数一部分人是来自乡村地区。[83]另外，当时穆斯林兄弟会的章程明确规定了总训导师办公室的11人中必须有9人来自开罗。[84]纳齐赫·阿尤比（Nazih Ayubi）也得出了与米歇尔一致的观点，"1953年一份协商大会名单显示，在1950名成员中，除了22人以外，其他人都属于中产阶级。12名最高领导人有更好的教育背景、文化背景，而且也很可能拥有更高的社会地位"。[85]但是，在70年代，穆斯林兄弟会的领导组成发生了变化。在这10年中，社会经济发展让大量农村人口移入城市，这两种变化给穆斯林兄弟会造成了前所未有的影响。除了越来越多的大学生去开罗接受大学教育以外，萨达特推行的经济自由化政策也让私营公司有了很多机遇，大部分公司都设立在都市地区。这让农村人口更多地向城市迁移，尤其是向开罗迁移。另外，很多来自埃及农村地区的穆斯林兄弟会成员到海湾国家，尤其是沙特阿拉伯打工，他们回国时变得富裕且更为保守，他们影响了穆斯林兄弟会。

　　大量证据表明，"搬到城市地区的移民中，大多数人是直接从家乡社群直接来到大城市，跳过了中小乡镇"。[86] 从乡村到城市的移民造成了社会疏离感和激进化。[87] 比如说，问卷调查表明"七八十年代的武装伊斯兰组织成员往往有从乡村或小城镇搬到城市的背景"。[88] 穆斯林兄弟会领导层的乡土化让恩庇主义出现了新形式，官员与特定省份之间形成了稳定的庇护者—客户关系（patron-client relationships）。[89] 这种社会层面的转变也巩固了父权制度，比如"听从和顺从"，从而让伊扎特这样极端保守的权力掮客有了更大的影响力。[90] 引人注目的是，在 8 位总训导师中，只有特尔梅萨尼出生在首都开罗。其他 7 人都来自上埃及或下埃及地区。有充分的理由可以认为特尔梅萨尼的开放性和容忍度可以追溯到他的国际化"城市"背景，根据他的回忆录，这种背景包括去看电影、跳探戈、查尔斯顿舞和音乐。[91] 他的童年回忆与来自"农村"的穆斯林兄弟会领导人，如库特布或阿基夫形成鲜明的对比。

369

　　作为前穆斯林兄弟会成员，学者胡萨姆·塔马姆表示，乡土化过程让这个组织"再传统化"（re-traditionalization），扩大了保守派和改革派之间的鸿沟。[92] 在 21 世纪前十年，组织乡土化给总训导师办公室的人员组成造成了直接影响。比如，在 2008—2009 年的选举中，5 名当选人中有 4 位来自乡村地区。[93] 最后，总训导师办公室的 17 名成员中有 15 人生活或者扎根在首都外的省级辖区。[94] 穆斯林兄弟会的舒拉委员会也遵循了这一模式，这个委员会强制要求将 23 个席位分配给来自三个省级辖区（代盖赫里耶省、沙尔基亚省和赫尔格利亚省）的候选人，11 个席位分配给来自开罗和亚历山大都市的候选人。[95] 领导层还利用漏洞增加农村成员在组织中的参与度，任命他们担任原本为城市成员预留的配额职位。[96]

压制与反抗

乡土化是增强元老派权力的因素之一，而保守派和改革派的前途也在一定程度上取决于在过去几十年中埃及政府对伊斯兰主义运动镇压力度的强弱。正如后文将讨论的，国家机器的大力镇压往往对穆斯林兄弟会内部的保守派有利。如果萨达特签署了戴维营和平协议，并在任期末加大镇压力度，就会增强穆斯林兄弟会内部极端保守派的地位。我们可以把后来穆巴拉克的 30 年统治分成两个阶段。第一阶段是 20 世纪 80 年代，这段时期是相对适应的时期。第二阶段从 90 年代开始到 2011年 1 月革命为止，之前相对适应的关系被更紧张和更对抗的关系取代。

虽然穆斯林兄弟会在 80 年代仍被官方视为非法组织，但莫娜·埃尔·戈巴什（Mona El-Ghobashy）将这一时期描述为"选举主义和适应性政治"时期，其特点是"事实上的容忍"。[97]1984 年，穆斯林兄弟会被允许派出独立候选人参加议会选举，因此得到了 8 个席位。1987 年，穆斯林兄弟会再一次参加了议会选举，他们和自由派的华夫托党组成联盟并赢得了 36 个席位。除了议会选举之外，穆斯林兄弟会也参加埃及的各种专业人员联合会选举并且获得了最多席位，其中包括医生联合会、工程师联合会、药剂师联合会、科学家联合会和律师联合会。这些穆斯林兄弟会主导的联合会不仅致力于"埃及的伊斯兰化"，还包括给会员提供社会服务、助推国民经济和反对与以色列关系正常化等各项计划。[98]

尽管穆斯林兄弟会在整个 80 年代都支持穆巴拉克，但是穆巴拉克政权却对穆斯林兄弟会不断增长的影响力感到焦虑。比如在 1986 年，开罗医生联合会中的穆斯林兄弟会成员推出

370

了一种补贴医保计划，该计划让医生联合会中的 43000 名成员的家庭受益。巨大的受益人数目凸显了人们对埃及医保服务质量的真实需求，并让人们看到负责卫生医疗服务的国家机关失职。政府官员尤其担心穆斯林兄弟会从社会福利资源和服务中获得"社会合法性"并扩大影响力，以获得该组织在埃及的合法认可。[99]

随着穆斯林兄弟会秘密地扩大自身影响力，它和穆巴拉克政权之间的冲突也变得更加尖锐。冲突迹象出现在 1991 年海湾战争中，穆斯林兄弟会在海湾战争中支持萨达姆，反对埃及加入美国领导下的联军并将伊拉克军队逐出科威特。[100] 另一转折点出现在 1992 年的埃及地震中，这场地震导致上百人死亡，上千人受伤，并且造成了巨大破坏。官方在震后反应迟缓，穆斯林兄弟会扮演了救援者的角色。该组织动用了职业联合会的资源来搜救地震遇难者，并且比政府更有组织、更迅速地提供了救灾援助。[101] 穆斯林兄弟会既能动员志愿者也能调动资源，这让穆巴拉克十分不安。[102]

因此，在 20 世纪 90 年代，政府和穆斯林兄弟会之间的关系转向对抗，发生了一波又一波由政府领导的镇压行动。当紧张关系加剧，穆斯林兄弟会抵制了 1990 年的议会选举，因为领导层认为穆巴拉克政府不会让他们获得席位。实际上，该组织的担忧并不是完全没有根据的，因为在 1995 年时就是这样，穆斯林兄弟会只保住了一个席位。[103] 与此同时，负责重要穆斯林兄弟会事务的安全部门更加担心该组织在工会中的主导地位，以及他们在开罗市中心举行公共示威活动时表现出来的自信。[104] 穆巴拉克政权也因为穆斯林兄弟会对劳工党（'Amal party）的控制而感受到了威胁，他们怀疑穆斯林兄弟会利用劳工党的报纸《人民报》（*al-Sha'ab*）宣传其理念。[105] 时常刊登马舒尔和其他穆斯林兄弟会领导人文章的《人民报》大受欢

371

迎，出版人不得不把一周一刊改为一周双刊。该报纸刊登了严肃的调查报道，记录了政府的腐败和安全部队使用的酷刑。穆巴拉克政权终于将其查封，封杀了劳工党，并且动用立法手段冻结联合会的活动。[106] 一项允许公民被送上军事法庭受审的司法裁决升级了镇压行动，从 1995 年至 2005 年，有 3 万名成员遭到关押。[107]

372　　在政府的打压下，穆斯林兄弟会内部的元老派得以利用机会巩固其内部霸权。随着穆斯塔法·马舒尔被选为总训导师，极端保守派巩固了对改革派的优势。从这时起，穆斯林兄弟会开始努力创造属于自己的"准政府"基础设施。它按照地理和行政区划将它的组织结构分开，像国家一样给每个地区指派一名"准省长"。它也雇佣了各种团体和个人来建立"行动据点"，以控制公民团体和大学。虽然政府称这些做法是为了逐渐获得掌控国家的能力，但是穆斯林兄弟会的高级成员告诉我这些动作是为了保护伊斯兰主义运动，以及确保在领导层失去行动力时组织能够存活下来。[108] 他们坚持说穆斯林兄弟会的多个权力结构是为了在穆巴拉克政权决定解散它时，给伊斯兰运动组织提供战略纵深和安全。

　　在接下来的十年里，穆斯林兄弟会和政府再一次从对抗变得相对平和。在 2000 年的议会选举中，穆斯林兄弟会赢得了 17 个席位，在 2005 年赢得了 80 个席位，但 2010 年一个席位都没得到。虽然政府对穆斯林兄弟会持更加安抚的态度，但元老派权力的巩固让他们有能力让其他伊斯兰主义者变得更激进。一些新的激进伊斯兰主义者把穆巴拉克视为"叛教统治者"（hakem kaffer）并呼吁要杀死他，这是实行伊斯兰法律的必要步骤。[109] 相互对立的武装伊斯兰主义组织的兴起，比如埃及伊斯兰圣战组织（Egyptian Islamic Jihad）和伊斯兰运动（Islamic Movement），这些组织的成员中包括前"基地"

组织的领袖艾曼·扎瓦希里，相比之下，穆斯林兄弟会中的极
端保守元老派看起来都更为温和。穆斯林兄弟会内部的改革派
发觉他们被夹在自己组织中的极端保守派和外部伊斯兰武装分
子中间。

　　在 2001 年 9 月 11 日之后，穆巴拉克政权制订了有利于
民主化的改革计划，其中包括和总统大选有关的宪法修改和扩
大言论自由、抗议示威自由的空间。这些改变背后是美国要求
埃及实现自由化和与穆斯林兄弟会等"温和"伊斯兰组织开展
对话。美国希望借此推动该国打击"极端主义"的伊斯兰主义
者。[110] 为了从埃及政权和美国那里获得双重利益，穆斯林兄弟
会的领导层对开罗的新变化表示欢迎。面对新的政治气氛，时
任总训导师穆罕默德·阿基夫在一场媒体会议上公开宣布了穆
斯林兄弟会的"改革计划书"，这场会议是在记者联合会的场
地举行，属于政府机关场地。穆斯林兄弟会提出的改革计划与
执政党民族民主党（National Democratic Party）在 2003 年
9 月年度大会上的计划内容互补。[109] 前穆斯林兄弟会成员和该
组织研究专家胡萨姆·塔马姆解释了政府和穆斯林兄弟会改革
派之间的共生关系：

373

　　　　政治形势为一个不同的（改革派的）穆斯林兄弟会的
　　话语体系做好了准备，这种体系与席卷埃及的变革热潮相
　　呼应。因此，这一少见的现象标志着改革派已经在穆斯林
　　兄弟会内部崛起，这种状况允许改革派改变穆斯林兄弟会
　　在埃及人政治生活中的地位，回应埃及人对进步改革计划
　　的要求。只要保守人士能够获得传统上无法触及的新领域
　　的影响力和受众，他们就会对这样的局势发展睁一只眼闭
　　一只眼。[112]

塔马姆的论断和其他分析人士的研究是一致的，有研究表明，当政府开始允许一些政治参与形式出现，"改革派的影响力便在穆斯林兄弟会中渐渐扩大，当政府采取压制性手段时，改革派在穆斯林兄弟会中的影响力就会慢慢缩小"。[113] 然而，保守派知道这些改革计划更多是为了"吸引外部公众"，而不是针对该组织基层。[114]

虽然穆斯林兄弟会在 2005 年议会选举中取得的胜利十分引人注目，但事实证明胜利只是短暂的。为了打击该组织，穆巴拉克再次发起了逮捕行动。大约有 1000 名穆斯林兄弟会成员被关进了监狱，其中包括富有影响力的领导人海拉特·沙特尔。[115] 反对派阵营也决定把穆斯林兄弟会排除在与改革相关的审议和会谈之外。当时政治环境的特征是街头运动，这些运动是由全国变革运动和由记者、工人甚至孩子组成的更小团体煽动起来的，他们被动员起来寻求政治和社会变革。[116] 在改革派的呼吁下，穆斯林兄弟会表现得十分低调，避免公开挑战政府。元老派甚至有意和政府缓和关系并期待与穆巴拉克达成协议。[117] 然而当局并没有接受穆斯林兄弟会的示好，而是继续对其施压。按照前武装伊斯兰分子和研究伊斯兰主义运动的专家卡迈勒·哈比布的说法，这是因为穆巴拉克当局已经不再需要穆斯林兄弟会的帮助了。穆巴拉克曾在 20 世纪 80 年代利用该组织作为"围攻"类似埃及伊斯兰圣战组织和伊斯兰运动等团体的"政治和知识机构"，但这时候它们已经被消灭掉了。[118]

穆斯林兄弟会的元老派用保守手段持续削弱改革派的力量。改革派本希望 21 世纪初缓和的政治形势能允许他们推进改革议程。极端保守主义者认为穆斯林兄弟会不应该放松警惕，冒政治风险，他们认为既不要和当局合作，也不要和世俗反对派合作。[119] 穆斯林兄弟会先前的改革计划被撤回。他们称先前的改革计划不是领导层做出的决定，而是由一些不代表穆斯林兄弟会官方的个人提出的。新草案推翻了 2004 年宣布的改革计划，比如女性和科普特人可以担任总统。在 2008 年的内部选举中，极端保守派巩固了他们对穆斯林兄弟会的主导权，进一步削弱了改革派阵营。

从某种意义上讲，政府的压制给穆斯林兄弟会的元老派提供了理想的环境来壮大力量。像马迪和阿卜杜勒·萨塔尔这样的改革派人士指出，穆巴拉克政权的利益和库特布派元老的利益重合，他们都希望能让穆斯林兄弟会保持孤立和僵化的状态。一方面，穆巴拉克将穆斯林兄弟会作为内部和外部稳定的威胁，将自己的政治专制主义描绘成一种"必要的恶"，以遏制伊斯兰主义。另一方面，穆斯林兄弟会元老派以组织受到当局打压和威胁为由，一再反对改革派的开放和民主化要求。领导层将组织的生存和安全置于改革、透明度和决策民主化之上。

元老派的思考方式——偏爱安全和稳定，反对真正的改革——在时任总训导师穆斯塔法·马舒尔的谈话中反映出来。他在 20 世纪 80 年代时回答了艾哈迈德·拉义夫关于高层领导人想要什么的问题。拉义夫持有穆斯林兄弟会世界观，他说当时马舒尔说："我想要把这个组织放在冰室中冰冻 20 年。我的目标是把组织保存下来，其他一切都是次要的。"[120]

按照拉义夫的说法，穆斯林兄弟会内部元老派的战略目标只是"囤积"和拉拢尽可能多的成员，时机成熟时将他们动员起来。拉义夫补充说，高层领导嘴上说需要改革和透明度，但是他们不会有实际行动，反而反对那些会威胁到他们的绝对控制权的倡议。学者将穆斯林兄弟会在口头和行动之间存在巨大差异的议题，如伊斯兰教法、暴力、多元主义、公民和政治权利、女权和宗教少数族裔等，称为"灰色地带"。尽管穆斯林兄弟会支持民主改革，但是其领导层却不愿意正式给埃及本土

375

的基督徒、少数族裔科普特人的平权背书。[121] 例如，穆斯林兄弟会继续使用"伊斯兰教是出路"的选举口号，让世俗势力和科普特人感到惊愕。[122]

虽然内部的评论者指责穆巴拉克的威权主义巩固了穆斯林兄弟会内部的秘密文化和偏执妄想，[123] 政府的政治压迫实际上是极端保守派强化权力的借口。双方努力维持现状，既有利于穆斯林兄弟会的领导人，也有利于政府。结果是保守的穆斯林兄弟会拒绝改革，继续"冷冻"穆斯林兄弟会，直到条件成熟推行正统的伊斯兰愿景。

最终，这一策略弊大于利，因为穆斯林兄弟会在面对 2011 年席卷埃及的大规模民众抗议时措手不及。

改革派 – 元老派分歧

自萨达特时代结束，改革派在实现他们的议程方面只取得了有限的进展。穆罕默德·阿里·贝什尔是 20 世纪 70 年代另一颗冉冉升起的明星，他认为内部和外部压力已经在很多事情上改变了元老派的态度，包括是否需要民主化。我在穆斯林兄弟会总部采访阿卜杜勒·萨塔尔时遇到了贝什尔，他说："在我认识的穆斯林兄弟会成员中，无论老少，没有人赞成库特布提出的'真主主权论'（hakimiyyat allah）这一争议性概念。"[124] 贝什尔代表了穆斯林兄弟会中技术专家群体力量的崛起，确认伊斯兰主义运动已经发生变化，并且放弃了将暴力作为实现变革的手段。虽然他认为高级领导人仍然抗拒向民众提供详细的政策计划，但是他指出，穆斯林兄弟会从 90 年代中叶起就参与到政治进程中了。"这场运动逐渐被政治和公民参与改造，向着与元老派的意愿相悖的方向发展，"他说，"新的精英崛起，这群人思想开放且不排斥与世俗派、左派团体合作。"[125] 这一转变，贝什尔提醒我说，也表现在议会中的穆斯林兄弟会议员身上，他们在议会中的问政内容主要涉及改革教育和医疗部门，取消紧急状态法，甚至环境保护。[126]

　　贝什尔的观点在某些方面和阿布·福图赫的相似，虽然后者似乎对组织内部缓慢的变革感到不满："我们的进步非常缓慢。这场运动仍然被后退倾向主导，这是受先入为主的部落思维和监狱思维影响，这两种思维都阻碍着变革。"[127] "我这代人试着通过制度化和改革来发动一场穆斯林兄弟会内部的政变，但是我们在内部和外部都受制于人。我们被夹在内部的反抗和外部的政府镇压中间。我这一代的改革派没有很多外部操作的空间，也无法担负起大的风险。"阿布·福图赫透露说。

　　然而，他也指出，20世纪五六十年代那代人以及他们的僵化思维已经失去了主导权。90年代和21世纪初的竞选迫使穆斯林兄弟会的领导人做出尝试和冒险，吸引民众并且和不同的政治、意识形态力量达成和解。"已经没有回头路可走了。"阿布·福图赫指出。

　　按照阿布·福图赫的说法，在2006年至2007年为时7个月的采访期间，改革派实际上掌握了穆斯林兄弟会总训导师办公室的多数席位。"改革派并不像人们想象的那样毫无力量。我们有选票。我们面临的挑战是把我们手中的多数票转变为有利于我们的政治力量，这一挑战要求我们进一步地制度化并改变穆斯林兄弟会的政治文化。"他告诉我。[128] 然而，这一点并没有阻碍总训导师和他身边的小圈子绕过正式的决策过程，他愤愤不平地说："为了克服这种独裁趋势，我们必须保持公众参与和温和的立场，并与埃及广泛的意见群体建立联盟。穆斯林兄弟会不能独自完成公共事务，因此，摆在面前的道路是建立包容的国民联盟，将左派、中间派和右派都囊括进来。"[129] 最高领导层会接受这个雄心勃勃的路线图吗？"目前还不会。"

378 阿布·福图赫说，"老人们做出了坚决的抵抗。但是他们必输无疑。（他们）握有过去的钥匙，我们握有未来的钥匙。"[130]

"21 世纪的第一个 10 年是穆斯林兄弟会的一个分水岭。"艾萨姆·哈达德说，他是该组织在亚历山大城的领袖，也是中间路线者。"我们全力投入政治领域和公共议题的辩论中。虽然被安全部门残酷镇压，但是伊斯兰主义运动已经开始严肃地思考内部结构和改革。"[121] 哈达德的职业是医生，他承认极端保守分子握有主导权让穆斯林兄弟会的制度改革进程放缓。但是，他向我保证说，天平正在倾斜。"我们 70 一代正在建立起自己的力量，我们握起方向盘只是时间问题。"

作为参与穆斯林兄弟会创立的领导人，法立德·阿卜杜勒·哈勒克强调当前的重要性。"伊斯兰主义运动正处在至关重要的节骨眼上——要么改革自身，要么倒塌崩溃，"他说，"当前亟需重新思考伊斯兰主义话语和行动。"[132] 在阿卜杜勒·哈勒克看来，伊斯兰主义者过度迷恋外表和仪式，比如胡须、衣着和面纱，在政府管理、政治经济，以及人民的真正需求与利益等重要议题上花的时间太少。他批评穆斯林兄弟会的高级领导把组织的统一和内部忠诚放在改革和制度化的前面；组织存活已经成了内在目标，压过了更加重要的因素。

与贝什尔和阿布·福图赫不同，阿卜杜勒·哈勒克曾亲身经历伊斯兰主义运动内部的激烈争论，因此对穆斯林兄弟会在多年间是否真正实现了转变持更加怀疑的态度。穆斯林兄弟会的改革都是空话，没有权力分享和增强透明度的实际行动。在现实中，变化是很少的，改革派成员几乎没有自由空间去进行理论化思考和相互辩论。从整体上说，穆斯林兄弟会并没有民主化，也没有跟上快速变化的现实。"西方给伊斯兰主义者贴

379 上倒退的标签是对的，因为我们没有建立起现代的进步观念来解决我们面临的严重问题，"他说，"我们必须学会如何与'他

者'相处，并提供一种关于我们宗教和运动的积极的文明模式。这个问题在于如何向人们介绍伊斯兰教并重新构建适应当今时代的伊斯兰话语。"[133] 阿卜杜勒·哈勒克的批评无法被元老派轻易忽视，因为他在穆斯林兄弟会内部有着不容忽视的资历、地位和历史性角色。伊斯兰主义运动的关键问题，他强调说，是它还没有在公众领域和秘密领域之间架起桥梁。这个问题给伊斯兰运动的发展和成长造成了巨大破坏，让它一只脚埋在地下，另一只脚却在地面上。

按照阿卜杜·哈勒克的说法，这种逻辑辩证法源于两种对立的概念和意识形态或方法：哈桑·班纳与赛义德·库特布，或者说改革派与革命派。"成员在这两大派系之间被来回拉扯。库特布的世界观持续启发着低阶成员和关键的高层人物。"他说。[134] 要实现伊斯兰主义运动的结构性转型，关键在于保持透明和开放，并终结那种削弱公众信任和信心的"分裂人格"。阿卜杜勒·哈勒克指出："穆斯林兄弟会必须努力赢得埃及公众的信任。"[135]

阿卜杜勒·哈勒克告诉我，把穆斯林兄弟会放在冷冻库里只会让它衰落下去。阿卜杜勒·哈勒克说："我的希望倾注在像我儿子乌萨马那样的改革派身上，他正在革新伊斯兰主义运动并让它与人们的生活产生更多的联结和回应。""乌萨马和他的兄弟伙伴们持有更包容和实用的观点，比我们这一代人更能够解答如何改善埃及人的社会经济福祉的问题。"[136] 他指出，乌萨马这一代人深知埃及人的贫穷和失业让他们无法成为活跃积极的公民。这一代人更在意的是寻找实用的办法来解决都市贫民窟和青年教育的问题，而不是像他们的父辈那样想着复兴哈里发国家。他还进一步指出，改革派愿意采纳任何能够解决问题的系统，包括借助美国，因为他们想要成功和福祉，尽管他认为改革派对穆斯林兄弟会的决策没有什么影响力："改革派正在缓慢但坚定地取得进展，并在穆斯林兄弟会内获得权威。但这个过程非常痛苦，甚至可能破产。"[137]

虽然他极力游说变革，但是阿卜杜勒·哈勒克说他对前路的重重困难并不乐观。他承认，改革派面临来自穆斯林兄弟会内强大势力的反对，而且仍未发展出属于自己的改革计划；他的儿子这一代人没有空间和自由去构建未来的观点和路线图。"改革派正在被保守的老人和政府安全部门挤压，他们对采取独立行动感到无能为力，"他一边叹气一边说，"他们的战斗局面十分不利。"当被问到下一步应该怎么做时，阿卜杜勒·哈勒克感觉希望十分渺茫，他直言不讳地告诉我："在我有生之年里很难发生变革。"[138] "我们没有从错误中吸取教训，没有发展出一套能让组织不再重蹈覆辙的制度。面对正在聚集的风暴，穆斯林兄弟会没有做好防御准备，对风暴猝不及防又被打得落花流水。灾难塑造了'伊斯兰群体'的性格和身份，尽管从中吸取的教训很少。"[139] 阿卜杜勒·哈勒克的警告也预示了2011年1月25日"革命"后的一系列事件。

我也询问了关于他的儿子乌萨马是如何看待穆斯林兄弟会这个组织的问题。作为一名工程师，乌萨马拥有自己的建筑公司和一家国内航空公司。他代表了穆斯林兄弟会内部一股新的力量，这些成功的商人称伊斯兰教有利于商业，商业也有利于推动温和伊斯兰教的发展。乌萨马直言不讳地指责元老派阻碍改革进步，并且从结构上削弱伊斯兰主义组织。"危机的核心在于高级领导层存在知识鸿沟，他们与世界隔绝，并顽固地抵制变革。"他说道，"为了使穆斯林兄弟会能够增强治理能力，并为未来治理埃及做好准备，必须在其内部培养现代文明理念。"[140] 与其他评论者一样，他用暗号"小脑"来指代穆斯林兄弟会的顽固僵化，缺少活力与开放思维。

"我告诉总训导师我们必须跳出思维定式，在内部推行根本性变革。需要给成员更自由的环境来让他们提出观点，让他们的声音被听见。"他解释说。乌萨马强调了重要的一点，即穆斯林兄弟会成员需要"公民教育"，让他们和广义上的社会有接触互动。他说，成员内部的认知鸿沟会对该组织的未来产生深远影响。和其他人相比，乌萨马更在意自下而上的改变，尤其是改变普通成员对公民团体所持的心理孤立状态。"许多成员仍然活在过去，疏远和排斥社会的自然节奏，害怕迫害和动员，"他哀叹道，"我们需要培养国家自豪感，让成员有常态化的社会互动和文化参与。领导层排斥对成员进行教育，只是害怕他们反叛和加入公民团体，这一事实暴露了教育和社会化年轻成员的困难境地。"141

按照乌萨马的说法，穆斯林兄弟会内部没能实现民主化的原因之一在于它本身具有一种自我诱导的趋势，它将自身和外部世界孤立起来并专注在全力发展组织上，以丧失制度化和透明度为代价。"穆斯林兄弟会领导人的问题是他们不知道他们想要的是什么，而且也不向公众解释他们计划的初衷是什么。"乌萨马说，"他们对政治活动的基本要求和与公众互动的必要性视而不见、听而不闻，像聋子和盲人一样。伊斯兰主义者面临的最大挑战是把自己融入政治和公共领域中去。"142 按照乌萨马的说法，穆斯林兄弟会的问题更多在于组织文化和惯性，而不是外部。"问题在于穆斯林兄弟会领导者缺乏政治意识和政治视野，他们没有管理战略和知识储备以提供政策选择。"他强调说，"从文化上看，穆斯林兄弟会是一个文盲。"143

他强调地下和秘密文化必须被现代文化、公民文化和包容的政治概念替代。乌萨马的相对进步思想与伊斯兰组织内部的主流思想有争执。他告诉我，高层领导人很容易就会被超出他们舒适圈的词汇和说法激怒，比如民权、公民社团和政教分离等。他说他曾对前总训导师穆罕默德·阿基夫和他的副手穆罕默德·哈比布说，政治和宗教已经分开了，还在考虑政教合一只会是一厢情愿、掩耳盗铃。"我说，穆斯林兄弟会没有政治想象力，也不知道政治的意义。"乌萨马一边说一边微笑起来，"我告诉过他们，他们需要培养各个领域的专业人员并发展出制度机制来为组织输入新鲜血液。他们应该允许年轻人和中层人才担任领导角色，提振穆斯林兄弟会。"[144] 阿基夫和哈比布是否知道在现实中，埃及的国家和宗教是分离的？"是的，他们知道，但他们生活在一种自我否认的状态中，并且在敏感问题上持模糊态度。"乌萨马说："穆斯林兄弟会的领导人必须制订一个能够解决矛盾的计划，并与年轻成员坦诚沟通，明确运动的真正意义。"[145]

乌萨马警告说，如果穆斯林兄弟会不克服它的秘密文化和迫害妄想，它就会走向衰落并失去公众支持；伊斯兰主义运动的未来取决于是否能更新领导层和观念，是否能和外部世界和谐相处。在和乌萨玛交谈两个小时后，显然，他和他的同代人并不对新刮起来的变革之风感到乐观。年轻成员常常说，高层领导害怕变革并抵制从内部改革组织。

希沙姆·哈马米是一名年轻的中间派人士，他是穆斯林兄弟会领导层的批评者，他对未来的态度是悲观的。他承认20世纪80年代和90年代是两个失去的十年，因为穆斯林兄弟会没有拿出一张路线图指出接下来的路要怎么走，没有解释清楚他们的哲学观点和关于国家认同的观点，没有说明他们的渴望是什么，也没有指出它与政府和公民团体是什么关系。相反，他们抵制像阿布·福图赫、阿卜杜勒·萨塔尔、马迪和穆罕默德·阿里·贝什尔这样的改革派人士，反对他们将各种问题的分散言论转化为具体的政策提案。

他也哀叹穆斯林兄弟会高层领导人的煽动性言论，比如阿基夫曾侮辱自豪的民族主义者为"埃及屁眼儿"；另外，他的副手穆罕默德·哈比布说科普特人没有权利竞选总统；马舒尔说科普特人不应该在军队服役，以防对国家安全构成威胁。[146]他还表示，他对马蒙·胡岱比吹嘘自己控制非政府组织一事感到悲哀。在1992年穆斯林兄弟会大规模集会的视频片段中，胡岱比甚至还暗示说该组织的机密部门仍在运作中，这和领导层先前的说法正好相反。在视频中，他说："我们拥有真主并依靠机密部门来接近真主。"[147]哈马米将此类声明归因于穆斯林兄弟会高层领导的不成熟，以及他们急于"被听到"和"制造头条新闻"的心态。在这个过程中，他们不断发表公开言论，为敌人提供了攻击的弹药。[148]按照哈马米的说法，穆斯林兄弟会的老人们并不觉得这样的言论会加深公众对伊斯兰主义运动的不信任，对他们的立场与名声造成损害。

哈马米认为，将会有一场内部革命来转变穆斯林兄弟会的权力结构。"即使各种条件都不利于我们，但这是一场改革派必须要打、必须胜利的斗争。在可预见的将来，老人们会继续占据优势，要付出的代价则是伊斯兰主义运动的僵化和瘫痪。"[149]内部斗争不仅将决定穆斯林兄弟会的未来，也会决定埃及和阿拉伯世界的未来，哈马米断然地说。

与其他改革派人士一样，他将伊斯兰主义运动的停滞和进步阵营的边缘化归咎于元老派。"虽然改革派被噤声、受压迫，士气低落，失望又沮丧，但像阿布·福图赫那样的改革派正在卧薪尝胆，等待安全机关权力衰落。"他说。然而，他也表现出乐观态度，甚至带有一丝藐视："迟早，改革派将会在更透明、负责和包容的基础上重建这一运动。未来是属于我们的。"[150]

384

仔细分析穆斯林兄弟会内部保守派和改革派之间的权力斗争后，我们可以看到，元老派对改变的抗拒并没有阻碍年轻一代挑战现状。像阿卜杜勒·穆奈姆·阿布·福图赫、穆罕默德·阿里·贝什尔和希沙姆·哈马米这样的改革派精英带来了更温和、开放和透明的前景，他们能够与世俗派对手进行成效卓著的沟通。尽管改革派遭到压制，穆斯林兄弟会仍然被根深蒂固的孤立文化、秘密文化、绝对服从和独裁文化主导。尽管改革派未能彻底改变组织，但他们成功推动了辩论，并引发了内部对于更透明、更具包容性的议程的斗争。穆斯林兄弟会参与 20 世纪 90 年代中期和 2005 年的议会选举，扩大了他们的政治诉求，这迫使他们考虑制定面向公众的政策，并通过建立政党来实现合法化。

但是，对所有这些努力构成威胁的是，元老派仍然很强大，一次又一次地阻止了任何真正变革的发生。

正如我们看到的，极端保守派权力的巩固是由于该组织僵化的组织结构和严格的库特布主义意识形态。这种意识形态通过在组织内部复制主导的权力关系，来培养对高层绝对服从的成员。通过切断成员与原有社会网络的联系，并将他们融入一个全新的仅限穆斯林兄弟会成员的社交圈子，领导层赢得了他们的认同和忠诚。从某种意义上讲，在领导人和成员之间，一种意识形态和物质的协同从属关系被建立起来：成员对更好生活的要求、就业前途和社会阶层的上升都要仰赖权力和恩庇主义。领导层通过强调纪律和服从来消除异议，这表明元老派对控制和权力是多么看重。把穆斯林兄弟会形容为一个传统大家族可以维持从属和支配的状态，普通成员被比作家庭中的小孩，他们必须顺从父亲和家族中的老人。

除了内部的控制手段和意识形态灌输之外，政治镇压也在一定程度上帮助极端保守派牢牢掌控了运动，并抵制了变革尝试。穆巴拉克政权的政治威权和穆斯林兄弟会老一辈领导层的专制主义是一枚硬币的两面；它们相互补充、相互助长，以维护各自阵营的主导地位。

结　论

结果是伊斯兰主义运动未能实现根本性的改变和民主化，也没有发展出能够完全融入埃及政治生活的内部适应力，以及足以治理如此复杂的国家和社会的能力。这些缺陷在很大程度上解释了该组织在 2013 年"阿拉伯之春"后的惨败。穆斯林兄弟会领导层的选择被证明是代价高昂甚至是灾难性的。面对 1 月 25 日"革命"后的挑战，穆斯林兄弟会内部装备不良、准备不足，领导层只会使用他们最擅长的方式：静候时机，关起门来与最高武装力量委员会（Supreme Council of the Armed Forces，SCAF）做交易，该委员会由穆罕默德·侯赛因·坦塔维（Mohamed Hussein Tantawi）将军领导。他们一次又一次地从历史中总结出错误的经验并押错筹码，1952 年的自由军官和 2011 年的军人集团都只是利用穆斯林兄弟会来巩固他们的势力，随后便转过身来对伊斯兰主义运动大开杀戒。

或许领导层最大的错误在于仅仅将权力视作自身的终极目标，而非实现目标的手段。结果是穆斯林兄弟会的领导人无法制订一个能够与公众互动并提供未来发展蓝图的政治计划。这段长达三十年的变革抵制期，阻碍了该组织的社会学演变，强化了其孤立的政治文化和与社会民众脱节的状态。缺乏国际视野和对外联系是穆斯林兄弟会面临的更大挑战的表现：对政治和外部世界充满怀疑。在 20 世纪 40 年代、50 年代初和 60 年代中叶一波又一波的政府迫害或"天灾"（meh'an）的重压之下，元老派将那些历史上的悲苦片段内化到了穆斯林兄弟会中，并且发展成了一种防御心理。

在过去 20 年里，与穆斯林兄弟会的高级成员接触和谈话，使我深信他们感到自己被一个本质上敌对的世界包围。他们中那些富有影响力的元老派从来没有和外部世界和解，我感觉他们生活在一种战争状态中。在他们眼中，潜伏着的敌人无处不在，他们试图伤害伊斯兰主义运动，这种状态让穆巴拉克政权将穆斯林兄弟会描绘成一股颠覆势力，是国家安全的威胁。极端保守派成为该运动自身最大的敌人，疏远了重要的社会群体。

与国家机器长久的对抗给他们留下了深深的伤疤，这些伤疤至今仍未愈合。那些在监狱中接受洗礼的一代人既没有忘记，也没有原谅。相反，伊斯兰主义者和民族主义者旷日持久的战争已经框定了穆斯林兄弟会领导层的主观想法和优先事项。穆斯林兄弟会的强硬派不乐意或是没有能力克服这一苦涩的历史遗产，总是用过去的视角来看待现在和未来。马舒尔关于把穆斯林兄弟会放在冰室中冰冻 20 年的说法反映了一种以政治存活和组织扩张为重心的心态，这牺牲了开放性、透明度和内部决策民主化。

从某种角度来看，穆斯林兄弟会和威权政府很像，其狭隘的自上而下的决策模式以强大、反动的少数派的观点为主。伊斯兰主义组织尚未发展出透明、正式的治理机构，以树立一个治理的典范。一个在内部都不践行透明和民主的运动，也不会在外部做到这些。尽管老一辈领导层增强了穆斯林兄弟会的组织能力并扩大了其成员规模，但他们并没有加强那种能够使其成为一个强大且富有活力的政党的制度基础。穆斯林兄弟会的结构弱点主要是自己造成的，尽管国家镇压是让伊斯兰主义运动领导层患上妄想症的一个重要因素。

在采访中，穆斯林兄弟会内的保守派对任何针对其权力结构或主导权的批评都过于敏感。在会面时，阿基夫居高临下地称我为"哈比比"（habibi，意为"朋友"），并将所有质疑兄弟会领导智慧和纯洁性的人——包括兄弟会内部的改革派成员——都斥为误导者，甚至是阴谋者和叛徒。这样的态度反映了极端保守的老人们和改革派在社会论和认识论上的鸿沟，改革派拥有更开放的思维，想要与外部世界保持和平。作为最重要的社会和政治运动之一的领导者，阿基夫、伊扎特和他们的同僚并不认为他们有责任改变埃及的威权主义政治，并在更大的范围内影响阿拉伯世界。不管什么时候被追问，他们总是回到"正统性""认同""伊斯兰"这样的术语上，将它们作为推迟对该地区最有影响力的伊斯兰主义运动进行结构性改革的理由。对穆斯林兄弟会的领导人来说，与其掩耳盗铃、兜售阴谋论、做过去的俘虏，不如认真审视那些阻碍它发展为成熟的多元化组织的内部结构缺陷。不幸的是，他们并未这样做，即使冒着将它毁灭的风险。

随着 1 月 25 日"革命"暴露出该组织的困境，显而易见，旧领导层"将组织冰冻"是他们迄今为止最大的错误之一。穆斯林兄弟会措手不及，对开放和活跃的政治舞台毫无准备。领导人一如既往地缺乏透明度和真诚，继续加深公众对他们虚伪、表里不一的印象。早在 2013 年军方推翻穆斯林兄弟会成员、埃及自 1952 年革命以来首位民选总统穆罕默德·穆尔西之前，该组织已经失去了许多重要群体的信任，其中包括曾把票投给了穆尔西的人。军方能够对穆尔西发动政变，部分原因在于穆斯林兄弟会领导人在 1 月 25 日"革命"期间和之后所犯的一系列错误，这些错误疏远了许多埃及人。当阿卜杜勒·法塔赫·塞西将军领导的埃及军队在 2013 年 7 月对穆尔西和穆斯林兄弟会采取行动时，伊斯兰主义运动如同熟透的果子般迅速衰败。民众早已转而反对穆斯林兄弟会，这为军方提供了额外的动力，以摧毁他们的宿敌。

当然，安全部队和国家中的隐秘势力阻碍了穆尔西行使权力，以防止他控制关键机构。国家和社会中的既得利益者，他们决心破坏穆斯林兄弟会并让其失败。穆尔西的无能为力和缺少技巧以及元老派干政，让敌对势力的计谋得逞。不论这些说法是否真实，许多埃及人认为穆尔西总统与穆斯林兄弟会领导层，尤其是与强人海拉特·沙特尔和最高领袖穆罕默德·巴迪之间的界限模糊。此外，穆尔西未能兑现自己夸张的承诺，加深了民众对伊斯兰主义运动不可信和无能的看法，为军方提供了用军事手段打击穆斯林兄弟会的借口。

与贾迈勒·阿卜杜勒·纳赛尔一样，塞西也把穆斯林兄弟会描绘成对国家生存构成威胁的组织，并把军方描绘成救世主和人民意愿的捍卫者。在他粉碎伊斯兰主义运动的过程中，塞西将自己包装成披着纳赛尔外衣的人，提醒埃及百姓他是在沿着前辈纳赛尔的道路前进，阻止穆斯林兄弟会绑架国家。如往常一样，军方认为他们的政变是在捍卫国家。

相对而言，穆斯林兄弟会将推翻穆尔西总统和接踵而来的镇压看作军方对伊斯兰主义运动的又一次打压和对人民意愿的嘲弄。与五六十年代不同的是，穆斯林兄弟会的领导人指控塞西和其他埃及将军与美国及其他地区强权相互勾结，以拆解民主进程并重建独裁统治。和以前一样，穆斯林兄弟会的领导层发誓要反抗军方的政变并捍卫人民的意愿。

两个阵营都将他们的斗争赋予意识形态和甚至文化色彩，并将对方描绘为人民的敌人，两个阵营都已经为另一轮对抗做好了准备。尽管他们的致命斗争更多关乎权力政治和控制，而非捍卫民主或国家，但两者都唤醒了过去的幽灵。

结　语

在 2011 年 1 月 25 日"革命"后，穆斯林兄弟会和埃及军政府之间并不存在不可避免的对立。历史并非必然重演，伊斯兰主义者和民族主义者之间的历史恩怨也是可以放下的。但是，领导层、历史记忆和周遭环境却能带来巨大的影响，使双方陷入自我和对方的既定话语体系中，这些话语充满了文化和末日启示的意味。因此，在 1 月 25 日"革命"后，军队和伊斯兰主义者之间的和平十分短暂，合作转而变得火药味浓烈。

归根结底，利益的激烈冲突，伴随严重的信任赤字，给任何友善的解决方式都造成了难以克服的障碍。然而他们都从长久的对抗中学会了对方熟悉的套路，他们想要用这些熟悉的套路来制服对手。在 1954 年和 2011 年，穆斯林兄弟会把筹码押在了军队身上，把军队作为他们获得权力的工具。但结果他们都引火烧身，引来了灾难。伊斯兰主义者根本无力控制军方。他们深知政治冒险的严重后果，却冒着不必要的风险依然这么做。极端保守的领导层错判局势，头脑发热般地投身战争——但收效甚微。穆斯林兄弟会再一次展示了什么叫浮躁行事。

因此，穆斯林兄弟会在其 85 年的历史中再次处于一个关键的转折点，四面楚歌，艰难求生。尽管它以前也遭受政府打压，但现在民众支持的丧失加剧了其困境。随着塞西政权系统性地拆解其社会基础设施，包括企业、诊所、学校和托儿所，该运动可能处于崩溃的边缘。它孤立无援，暴露在时代的猛烈冲击下，民众支持日益减少，政治选择极其有限。不同派系之间互相攻击的危险是真实存在的，穆斯林兄弟会有可能被内讧吞噬。

然而，现在就给穆斯林兄弟会写下讣告还为时过早。[1] 它深深嵌入埃及社会，拥有庞大的成员和广泛的福利服务网络，影响着数百万埃及人的生活。几十年来，这一运动建立了许多地方组织和支持网络，防止被当权者斩草除根。即便是同时拥有特殊领袖魅力和公众吸引力的贾迈勒·阿卜杜勒·纳赛尔也无法将穆斯林兄弟会控制住，也不能剥夺它神学上的影响力和社会影响力。1966 年，当纳赛尔把穆斯林兄弟会的高级理论家和煽动者赛义德·库特布处决在绞刑架上时，他的这一做法却无意中让库特布变成了"永生不死的殉道者"，启发了后来一波又一波的宗教激进分子。纳赛尔的阿拉伯民族主义支持者与库特布的伊斯兰主义者之间的政治对立演变成了一场影响中东现代历史的巨大冲突。可以说，塞西总统对穆斯林兄弟会的镇压很可能与纳赛尔的镇压一样不成功。[2] 这样的话，塞西可能会引发新一波宗教极端化浪潮，就像库特布被处死后的 70 年代，这种情形可能会进一步激化穆斯林兄弟会内部的分歧。

在过去 85 年的历史中，穆斯林兄弟会表现出了卓越的适应力并发展出了令人印象深刻的社会和心理机制以应对国家机器的迫害和持续的监禁。事实上，在过去 20 年间，穆斯林兄弟会各级成员都告诉过我他们在艰苦中成长，迫害只会加强而不是削弱他们的毅力。穆斯林兄弟会成员普遍存在一种认识，即在监狱受难的经历是在组织中获得升迁的先决条件。共同的监狱经历将成员紧密地团结在一起，这种经历也是群体精神的一部分，形成一种"阿萨比亚"（asabiyya），即群体认同感和团结精神。穆斯林兄弟会所模仿的是部落的组织形态，有凌驾在政治制度之上的非正式网络和家庭（血缘）联系。这有助于解释该组织内部的韧性和在面对埃及政府打压时的存活能力。

虽然如今军方领导下的民族主义者占有优势，但是他们没有把对伊斯兰主义者的胜利转换成持久的政治和社会资本。他们的胜利是空洞的，既未能为人民带来繁荣，也未能实现正义和公平。那些自诩的民族建设者没有成功建设一套国家机器，他们为了自己的权力而破坏了制度。他们脑海中的进步的观念恰恰带来相反的效果。纳赛尔的泛阿拉伯主义神话已被阿拉伯国家间的敌对和地缘政治摧毁。泛阿拉伯民族主义在纳赛尔去世后就不复存在了，而萨达特的经济自由化愿景则打开了国家庇护和腐败的闸门，催生了拥有巨额财富的超级富豪，这些财富是以牺牲公民利益为代价的。穆巴拉克，这位官僚型总统，推行了类似于萨达特的政策，最终导致埃及在政治和经济上的衰弱。在穆巴拉克的统治下，埃及成了一个破产国家。

塞西曾是一名将军，他披上了纳赛尔的神秘外衣，并承诺将埃及从穆斯林兄弟会的阴谋中解救出来。但是他看起来正在走一条和穆巴拉克相同的路。塞西的第一个总统任期接近尾声时，很明显他没有给埃及人一个令人振奋的战略愿景，而是一次又一次地处理危机。就像他的前辈们一样，塞西严重依赖军队和安全部门来确保自己的权力和地位，并试着改善经济。他比纳赛尔更重视打击穆斯林兄弟会，并将它当作自己执政的主要使命——尽管塞西没有纳赛尔的领袖魅力和公众吸引力，并且面临着埃及国内日益严峻的社会和经济问题。

自 20 世纪 50 年代中期以来，阿拉伯政治一直处于两极分化的状态，即伊斯兰主义者和民族主义者之间的斗争。不存在第三方势力或明显的替代方案能够和伊斯兰主义者或民族主义者-军人联盟的意识形态霸权竞争。然而"阿拉伯之春"暂时唤起了这样的希望，暗示着这样的替代力量将会出现，但希望被两个天敌之间的合作粉碎。伊斯兰主义者和民族主义者都从

393

对方的存在中获益。军政府依靠鼓吹伊斯兰主义者要夺取权力来为自己获取合法性，而穆斯林兄弟会则是向追随者灌输对民族主义者和世俗主义者进行报复的渴望。穆斯林兄弟会内部的库特布派依然兴盛。

随着"阿拉伯之春"爆发，纳赛尔派和库特布派的冲撞将持续下去并且塑造着阿拉伯政治的发展轨迹。塞西把自己打扮成身披纳赛尔外衣的人，大量借用前辈的手法来诋毁穆斯林兄弟会的信誉，使其失去正当性。他一再重复地提醒埃及人，不可以信任伊斯兰主义组织来治理国家，因为他们的成员不是爱国者：他们效忠的对象是境外势力。相似地，伊斯兰主义组织把后"阿拉伯之春"的挫折和经验看作国家机器及其亲西方赞助人反对伊斯兰价值和遗产的历史恩怨的延续。塞西被描绘成纳赛尔的继承人。在今日的冲突中，唯一重要的不同是库特布的追随者已经公开和穆斯林兄弟会分道扬镳，他们加入了像"伊斯兰国"和"基地"组织这样的激进团体，他们指控穆斯林兄弟会偏离了伊斯兰认同。从西奈半岛到开罗，甚至到埃及之外，受到库特布启发的宗教激进分子发起全面战争来反对他们口中的"叛徒"和"投敌"政权。库特布主义者是一群要和一切"偶像"决裂的人，他们要把包括穆斯林兄弟会在内的传统打破。

倘若纳赛尔和库特布地下有知，一定会对埃及和阿拉伯世界出现的戏剧性发展惊愕不已。纳赛尔看到埃及如今失去昔日辉煌，漂泊无依，没有统一这个古老国家的思想基石，必然会心碎。他的继任者用地方主义取代了泛阿拉伯主义，却不得不依靠军事力量来维持统治。倘若纳赛尔在地下有知，他一定会批评后辈们抛弃了阿拉伯民族主义，从而将意识形态领域拱手让给了伊斯兰主义者，未能为埃及人民提供意识形态的激励和动力，也未能使埃及成为地区核心。他会把 2012 年穆斯林兄弟会上台视为上述情况的后果。纳赛尔会惋惜埃及在政治上和经济上的衰落，哀恸它丧失了阿拉伯地区先锋的角色。库特布也会对穆斯林兄弟会领导层的天真和愤世嫉俗感到愤怒，因为他们参与了腐败的政治进程，并堕落为叛教者。他会指责他们放弃了穆斯林兄弟会的意识形态，在神学上放弃了建立一个以《古兰经》为准则的乌托邦式国家的梦想。库特布也会愤怒于他亲自培养的门徒偏离了伊斯兰教法，在国内外散播暴力和混乱。

　　纳赛尔和库特布的继任者已经主导政治舞台六十多年了，他们不仅彼此攻伐，有时候还携手阻止第三势力的出现。阿拉伯世界未能克服伊斯兰主义和军国主义的二元循环，无法迈入新的民主领域。当前的对抗是否会打破这一恶性循环，产生不同的政治结果？军队对政府和社会的掌控在"阿拉伯之春"后会有怎样的变化？在"阿拉伯之春"运动之后，以及军事统治精英未能提供公共产品和提出新的政治愿景的情况下，军队对国家和社会的掌控在多大程度上被削弱了？穆斯林兄弟会是否因他们在"阿拉伯之春"期间及之后的行为，尤其是其短暂的执政经历，而声誉受损？伊斯兰主义运动是会改变、重生并吸取历史教训，还是会重复过去的错误？穆斯林兄弟会的内部变动会揭示出它未来怎样的发展方向呢？

395

分歧和缺陷

　　在埃及"阿拉伯之春"爆发和穆斯林兄弟会总统穆罕默德·穆尔西于 2013 年 7 月被推翻之前很久，伊斯兰主义运动就已经在代际、意识形态和社会路线方面产生了严重分歧。我采访的成员揭示了领导层的威权主义作风，在占主导地位的库特布派和中间派之间有一条存在已久的意识形态裂痕。虽然中间派和改革派在穆斯林兄弟会中占多数，但是他们不具备实际操控力，无法主导政策议程。决策权仍然被强硬的库特布派掌握。直到"阿拉伯之春"爆发为止，保守派穆斯林兄弟会领导层仍压制着分歧并惩罚那些胆敢挑战官方路线的成员。穆斯林兄弟会也极力避免出现在公众视线中，故意远离公共事务的竞技场，散播着模棱两可、与他们的政治意图相反的信息。

随着穆巴拉克在 2011 年 2 月倒台以及随后的社会动荡，穆斯林兄弟会内部和外部的所有矛盾都暴露了出来。他们公开表示该组织对有效、透明地治理国家还准备不足。习惯在暗中行事的领导层没有办法按照民主原则对运动进行重组。穆斯林兄弟会官员的言论与其最高领导层的行为相矛盾。从革命开始到 2013 年 7 月穆尔西被推翻，穆斯林兄弟会把伊斯兰主义运动的利益置于公共福祉之上，与军队结盟谋求权力。穆斯林兄弟会领导层不信任民主进程，反而选择成为反革命力量。在野心的盲目驱使下，元老派更偏爱与深层政府的残余势力进行有利可图的合作，而不是与人民达成难以预测的协议。

396　　在与埃及政府旷日持久的对抗中，穆斯林兄弟会已经学会了如何避免直接冲突，他们愿意不计代价地获得合法地位。自 1954 年起被宣布为非法组织，他们就无法公开活动，而且深知是政府利用法律来打压他们。保守派准备不惜代价与当局达成协议，以获得法律地位和官方认可。最高武装力量委员会所代表的新权威在将穆巴拉克推下台之后，与穆斯林兄弟会达成了一项协议，以结束威胁政治基础的民众抗议。军队和穆斯林兄弟会都受利益驱动，希望将斗争从街头转移到投票箱，并维持现状。穆斯林兄弟会因遵守规则而得到回报，赢得了议会的多数席位和总统职位。

穆斯林兄弟会一跃从被取缔的组织变成至少在理论上掌控埃及的领导者。极端保守的库特布派，由那些在监狱里度过多

年、形成了避世心态的顽固老人控制，成为埃及事实上的领导
者。面对多层面的社会挑战，这个毫无治理准备的组织只能临
时应对。穆斯林兄弟会的领导人花了几十年时间来扩大组织规
模，却忽略理论、公共政策和国家的战略愿景。他们既没有宏
大的政治计划，也没有具体的社会议程，上台执政暴露了其思
想的贫乏。穆罕默德·穆尔西是穆斯林兄弟会领导层选定的总
统，但他很平庸。坦率地说，穆尔西是一个政治侏儒，智慧和
魅力有限，还喜欢夸夸其谈。他为深夜喜剧节目提供了无尽的
素材。在他的任期内，埃及人普遍认为穆尔西只是一个无能的
傀儡，总统身后的真正推手是穆斯林兄弟会的总训导师穆罕默
德·巴迪及其得力助手海拉特·沙特尔。

　　2012 年穆斯林兄弟会通过选举上台后，并未对其组织架
构进行改革，也没有显著改变其决策过程。它仍然缺乏透明
度、明确的权力归属和真正掌权的人。就像和他们敌对的民族
主义者和世俗主义者一样，主导着穆斯林兄弟会的元老派认为
他们自己是受害者，外部世界满怀敌意，敌人无孔不入。穆尔
西无法控制关键的国家机构，特别是安全部队，这强化了穆斯
林兄弟会领导人根深蒂固的恐惧，即害怕有人策划剥夺他们的
胜利果实。被受害妄想禁锢、被恐惧压倒的穆尔西和穆斯林兄
弟会的高级领导人低估了民众不满的严重性，未能及时回应日
益高涨的民众抗议。确实，安全部队，与世俗主义者和民族主
义者一起，煽动了民众并动员活动人士发起抗议示威，反对穆
尔西并要求他辞职。但穆斯林兄弟会领导人掩耳盗铃，认为民
众的不满仅仅是敌人策划的阴谋，严重损害了他们的事业。正
如过去一个世纪中反复出现的情况一样，穆斯林兄弟会的领导
层再次成了他们自己的最大敌人。

　　穆尔西总统与穆斯林兄弟会之间界限模糊，加深了埃及
人对该组织既无能又不可信的看法。安全部门和旧政权势力通

397

过让穆尔西无法控制国家机构来激化民众的不满情绪，民众的反对变成了强烈的抵抗。和 1954 年不同，穆斯林兄弟会的领导人选择等待时机，希望风暴会过去，他们高估了自己的适应力，低估了军方要粉碎他们的决心。例如，当一位阿拉伯领导人警告穆尔西要小心塞西的时候，据说穆尔西说了一句："塞西在我的口袋里。"³ 这是一个阿拉伯语表达，暗示穆尔西完全掌控了国家机器。但事实并非如此。

2013 年，穆斯林兄弟会面临着比 1954 年更困难的局面，因为他们没能给苦苦挣扎的埃及经济提供一套发展战略，因此失去了大部分民众的支持。如果穆尔西和穆斯林兄弟会能给人们提供就业和希望，改善人们的生活，埃及民众一定会支持他们。但是伊斯兰主义运动缺乏政策观念，而且总的来说治国能力低下。面对意志坚定、纪律严明且得到外部支持的安全机构，穆斯林兄弟会像往常一样，什么也没做。

一场风暴让塞西将军领导的军队在 2013 年对穆尔西采取行动，结束了穆斯林兄弟会短暂的执政期。民众对穆尔西失去信任是促成军方行动的最重要因素之一。

许多埃及人相信伊斯兰主义运动在耍两面派，他们默默地巩固自己的实力，然后再绑架民族国家。这样的论断得到了军方、民族主义者和世俗主义者的赞同，他们认为穆斯林兄弟会的目标是暗中把埃及民族国家变成伊斯兰国家，这种说法在 2013 年变得十分流行。它在埃及和相邻的阿拉伯国家中变成了反穆斯林兄弟会集会的口号，就像 50 年代中叶和 60 年代末那样。讽刺的是，穆斯林兄弟会在 2012 年掌权后，并没有作为埃及民族国家的反对力量，而是试图维持现状。那些持批评立场的穆斯林兄弟会成员把穆巴拉克政权和穆尔西政权看作一枚硬币的两面，他们认为穆斯林兄弟会已经被国家拉拢了。2012 年上台后，兄弟会对国家的态度发生了戏剧性的变化：它通过拉拢而非胁迫来巩固对国家机构的掌控。权力变成了最终目的。就像民族主义者，伊斯兰主义者也寻求独占权力，而不是坚持他们的传统理想或所谓的伊斯兰主义计划。

在反对者和一些支持者看来，穆斯林兄弟会的现实主义暴露了整个伊斯兰主义计划的虚幻性，而该组织在近一百年中都把它作为其正当性的基础。穆斯林兄弟会简短的执政经验表明："伊斯兰主义，这种消除今生与来世界限的意识形态，在2013年发现自己面对着一道铁幕，将今生与来世隔开。"[4] 换句话说，穆斯林兄弟会无法再假装追求建立"伊斯兰国家"，复兴哈里发，使成员实现伊斯兰的认同、救赎和赋权的梦想了。[5] 在掌权以后，穆斯林兄弟会表现得像一个由现代主义思想驱动的特殊利益集团，其理念更接近于"建立一个强大、威权的发展型国家，而不是采取传统的伊斯兰政治模式"。[6] 穆斯林兄弟会模仿他们的民族主义敌人去理解和行使权力。艾哈迈德·巴恩是穆斯林兄弟会的前领导人，他现在认为该组织是一个缺少宗教认同的特殊利益群体，而且他也发出了诘问："纯粹的政治利益和绝对的谎言要如何与诚实、兄弟情谊和牺牲等穆斯林兄弟会的庄严信条联系到一起呢？"[7]

世俗主义者、民族主义者和安全部队把穆斯林兄弟会的现实主义视为更恶毒的事情，是把埃及人的国家伊斯兰化的战略考量的一部分。他们达成了共识：要将穆尔西逐出总统府。伊斯兰主义者和民族主义者之间的矛盾被激化，升级为暴力。他们都把对方描绘成威胁国家生存的敌人。就像五六十年代那样，这场对决被套在观念、意识形态和道德论述下，不仅仅是政治斗争——是一场关于国家的未来和穆斯林社群的斗争。

后来军队和穆斯林兄弟会之间的冲突更加血腥、更加暴

力，比之前几次波及范围更广。纳赛尔在 20 世纪五六十年代
镇压库特布的追随者时，只有十几人被处决，但是塞西和伊斯
兰主义组织的对抗已经导致上千人死亡。塞西政府正在全面打
击伊斯兰主义组织，并且双方都在为长期战斗做准备。埃及将
包括总训导师在内的数千名穆斯林兄弟会官员监禁，将穆斯林
兄弟会列为"恐怖组织"，并游说地区盟友效仿。相应地，这
个伊斯兰运动似乎已经崩溃，领导层缺失，处于逃亡状态。数
千名基层和高级成员流亡到土耳其、卡塔尔、英国和其他欧洲
国家。[8]仍在埃及的人则隐藏到了地下。

400

裂痕加深了，一方是流亡中的事实上的领导层，他们努
力维持纪律、凝聚力和组织统一，另一方是埃及境内的年轻干
部，他们呼吁与当局进行军事对抗。这种裂痕威胁到旧领导层
努力维持的制度稳固的假象。激进化、组织化的年轻成员已经
自行采取行动，在整个埃及境内发动袭击。[9]判断这些袭击是
穆斯林兄弟会内部自由行动者所为，还是一个有组织的叛乱派
别所为还为时过早。在埃及政府眼中，穆斯林兄弟会和"伊斯
兰国"之类的极端主义组织是没有区别的，而且已经发起了对
整个伊斯兰主义运动的打击。真正的危险在于，如果更多年轻
的穆斯林兄弟会成员加入准军事组织，那么局面将会戏剧性地
升级，就像20世纪60年代发生的那样。在穆斯林兄弟会内部，
有一些人在煽动和国家机器展开武力对抗，同时也有一些人拥
护真心实意的改革。[10]我们很难去确定这些竞争势力的分量和
影响力，以及传统领导层能否控制散居海外和国内的各个分散
力量。

有一件事是明确的：伊斯兰主义运动不会在短时间内实现
民主转型。在历史上每当穆斯林兄弟会遭受打击和围困，它的
领导人就会蜷起身子等风暴过去。他们优先考虑的是组织的存
活，避免争议性的意识形态辩论和社会试验。他们偏爱提出粗

略又空泛的口号，而不是详细的政策方案和指令。考虑到他们
各级成员中的分歧和遭受的打压，除非奇迹发生，否则穆斯林
兄弟会的领导人是很难进行自我批评和改革的，尽管时不时会
有关于内部讨论的报道出现。[11] 自我批评将引起年轻的强硬派
成员的反抗，他们要求用暴力方式来对抗政府，而非民主化。
如果以历史为引导，穆斯林兄弟会的领导人将不会在普通成员
面前承认任何错误，唯恐让自己看起来脆弱、摇摆。他们将静
候时机，寄希望于塞西政府在增进人民福祉上栽跟头，尤其是
在解决严峻的失业问题上折戟。穆斯林兄弟会此前在类似的形
势下存活了下来。熬过了 1954 年到纳赛尔 1970 年死去这段时
间的牢狱之灾以后，穆斯林兄弟会迅速恢复起来，并在 70 和
80 年代实现复兴。这种经历塑造了穆斯林兄弟会的世界观和
他们对于自己的定义。

401

在我长达 20 年的采访中，穆斯林兄弟会的官员们似乎已
经把纳赛尔执政时期的监狱岁月内化成了一种创伤性但能净化
和自我激励的经验。他们给我讲述了穆斯林兄弟会囚徒们的勇
气和英雄主义，他们蔑视纳赛尔和安全部队，拒绝放弃伊斯兰
理想。该运动的主流话语歌颂穆斯林兄弟会成员付出的汗水、
痛苦、牺牲和坚韧，藐视纳赛尔和他的狱卒们。在他们眼中，
伊斯兰神圣的真理最终将会战胜强大的暗黑势力和叛教者。这
种坚定信念会成为批评性自我审视的障碍，阻碍他们正视运动
中出错的地方。很难想象流亡的领导层会呼吁进行公开和真正
的讨论，这不属于他们的政治基因。

最有可能的剧情发展是，如果塞西在 2018 年 4 月连任（可
能性很高）①，那么穆斯林兄弟会将会试着伸出触角与政府达成
令人惊讶的和解——回到国家机器和伊斯兰组织之间冷和平且

① 本书英文版出版于 2018 年。——编者注

共存的状态。双方都要确保自身的政治生存，防止出现对其自身领导权的有组织的内部挑战。

新的异见者

402

在 2011 年至 2013 年，穆斯林兄弟会的行为为不满的成员提供了一个"解放"的时刻，至少在个人层面上是这样，因为他们不再因放弃该组织的乌托邦式梦想而感到内疚。在他们看来，领导层已经放弃了梦想，因为他们牺牲了基本理念来换取短期的政治利益。[12] 对一些成员来说，这好似"哥伦布发现新大陆"的时刻，年轻成员萨米赫·法耶兹（Sameh Fayez）说，[13] 他突然感觉到可以自由地阅读穆斯林兄弟会课程以外的书籍而不必受到领导的审查。[14]

伊斯兰主义运动现在面临着来自内部的清算，在埃及有一波新的叛离浪潮和激进年轻成员的反叛。尽管成员脱离现象并非新鲜事，自哈桑·班纳创建该组织以来就一直存在，但 2011 年之后的这波脱离潮在人数上远远超过以往，并且在社会层面也更为复杂。以前的叛离者羞于出现在镁光灯下，也避免挑战穆斯林兄弟会的正统权威，他们并没有影响到组织的统一或决策制定。相比之下，"阿拉伯之春"发生后的"异议者"对领导层的威权主义的批评则更勇敢。像易卜拉欣·扎法拉尼这样的老一辈领导人和穆斯林兄弟会舒拉委员会或称立法部门的成员；前总训导师副手穆罕默德·哈比布；穆斯林兄弟会在西方的发言人卡迈勒·赫勒巴维（Kamal al-Helbawi），几乎在 2011 年至 2012 年同一时间下台或被解职。他们每人都写了自传，定期在重要的报纸上写专栏文章，接受电视采访谈论他们在穆斯林兄弟会内部的经历，并支持国家认可的政党。

这些新异议者所描述的穆斯林兄弟会和组织的官方论述有

根本上的不同。这些新叛离者旨在揭露极端保守领导人对组织的控制以及在成员及其家族内部形成的部落主义关系。穆斯林兄弟会的根本思想是复兴伊斯兰教，以及建立起一个以兄弟会成员为中心的新的宗教社群，这些心怀不满的高级官员对此提出了质疑，并将领导层描述为一群渴望权力，关心主导权，维护自身势力的人：权力、政治和物质利益是兄弟会领导人的优先考量。

另外，2011 年之后的异议者甚至对不可批评的组织开创者哈桑·班纳提出了批评。例如，一名年轻的穆斯林兄弟会成员艾哈迈德·古兹发表了一篇文章，这篇文章主要是他和哈桑·班纳想象中的谈话，在谈话中他对组织创立者的关键决定和原则提出了疑问，其中包括绝对服从领导层的要求和在组织内部成立机密部门的决定。"如果今天他（班纳）活在我们中间，他是否会在第一时间创立穆斯林兄弟会呢？"[15] 相似地，艾哈迈德·巴恩是 2012 年 2 月辞职的穆斯林兄弟会领导人，他最先把总训导师拿来批评，因为他"参与权力斗争""许可使用武力""破坏国家稳定"，还犯下了其他一系列错误。[16] 萨米赫·艾德是另一名年轻的异议者，他谴责班纳的"圣洁幻想"（illusion of sacredness）让组织的极端保守者能够"阻止任何内部的自我批评"。[17]

通过把矛头对准哈桑·班纳，新异议者攻击了穆斯林兄弟会的意识形态正当性的核心象征。因提萨尔·阿卜杜勒·穆奈姆也是一名异议者，她质疑班纳的教义"与先知穆罕默德及其哈里发的神学教义相矛盾"。[18] 阿卜杜勒·穆奈姆指责组织的领导人制造了一个围绕在哈桑·班纳身边的"迷思"，他们将它当作利剑，挥舞着打击对手。[19] 法耶兹是另一位批评者，他的批评更进一步，称穆斯林兄弟会对每个成员的教育是让他们"成为班纳和他的宗教的奴隶"和"将他尊为一个先知"。[20]

403

毫无疑问，2011 年 1 月"革命"之后的政治环境和穆斯林兄弟会内部异议者越来越多的批评存在着联系。改革派认为在穆巴拉克被推翻后，一个"让他们表达异议"并对绝对服从的组织文化提出挑战的黄金机会到来了。例如，穆罕默德·哈比布是总训导师的副手，也是穆斯林兄弟会的执行机构总训导师办公室的领导人，他在 2011 年 7 月辞职并指责该组织曾一边和穆巴拉克的密友密谈使 1 月"革命"流产，一边加入解放广场的抗议示威呼吁政权更迭。[21]

404　　　阿卜杜勒·穆奈姆·阿布·福图赫是总训导师办公室的另一位资深成员，于 2011 年 3 月离开穆斯林兄弟会，于 2012 年 11 月成立了自己的政党，并在 2012 年 5 月的总统大选中和穆斯林兄弟会的候选人穆罕默德·穆尔西竞逐。尽管穆斯林兄弟会领导层反对并下令禁止，但许多成员还是加入了福图赫的埃及趋势党（al-Tayyar al-Misry）。相似地，像萨米赫·法耶兹之类的前穆斯林兄弟会成员和中央党合作，中央党是 1996 年穆斯林兄弟会的异见者脱离组织后成立的政党，曾被政府封禁。另外，穆罕默德·哈比布加入了易卜拉欣·扎法拉尼成立的复兴党（al-Nahda）。[22]

随着旧政权被削弱，新异见者感受到了自由，开始反抗穆斯林兄弟会内部的权力结构。他们加入了一个新组织，异见者兄弟会（Ikhwan Munshawun），带有民族主义色彩。在 2011 年至 2013 年这段没有政府独裁压迫的时期里，穆斯林兄弟会内部的批评和异见被激发出来，这对领导层构成了严重挑战。

虽然这些叛离者和异见者损害了穆斯林兄弟会的公众形象、地位甚至凝聚力，但他们的活动并未带来组织内部的自我反省或变革。保守的领导层野心勃勃、闭门造车，将推翻胡斯尼·穆巴拉克和新获得的自由视为夺取权力的黄金机会，而不是改革组织的催化剂。被权力的承诺迷惑，像巴迪、沙特尔和

掌握财政大权的马哈茂德·伊扎特这样的穆斯林兄弟会领导人
继续沉醉在空洞的言辞中——这些言辞虽然在追随者中引起共
鸣，却削弱了他们在公众眼中的可信度，容易受到敌人对其叛
变甚至叛国的指控。

　　穆斯林兄弟会并不认为有必要真正回应改革派和外部批
评者的关切，相反，他们认为埃及国内的变化让他们离权力更
近了一步。高层领导对真正的变革并不感兴趣。2011 年 6 月，
穆斯林兄弟会成立了自由与正义党（Freedom and Justice
Party），如名称所示，他们承诺要带来自由和正义。领导层
也承诺将新近成立的政党与宣教职能分离开来。许多观察家都
赞扬穆斯林兄弟会的这一步是变革性的，标志着它已告别过
去。穆斯林兄弟会的观察家认为这个伊斯兰组织正在蜕变成一
个现代、有多元声音的政治联盟，在受过教育、有理解力的专
业人士的指挥下，获得了新的动力。[23] 但事实上，变化更多是
表面的和装饰性的，而不是深刻的和真实的。在宗教和政治之
间，伊斯兰主义运动和穆尔西总统之间的界限并不清晰，穆尔
西本应是手握决策权的总统和所有埃及人的领袖。作为一个缺
少领袖魅力和实际权力基础的傀儡人物，穆尔西只是生活在穆
斯林兄弟会内部权力掮客的怜悯之下，尤其是活在总训导师巴
迪和他的富豪助手沙特尔，以及呼风唤雨的副官伊扎特的阴影
之下。

405

拥抱死亡

　　如今穆斯林兄弟会已经失去了权力，保守的领导人又回到
了"舒适圈"里，他们流散到世界各地，竭尽全力地从国家机
器的围剿和镇压中求生。随着新政府成立，新异见者的道德权
威已经不比之前。如今穆斯林兄弟会遭到查禁，它的领导人要

么被关进监狱，要么流亡在外，元老派谴责那些新异见者是叛徒，说他们受命于塞西政权；面对国家机器的镇压，元老派呼吁团结和统一。[24] 像"组织统一""坚定不移""伊斯兰计划"之类的旧口号再次被提出来，以取代"自我批评"和前瞻性思考的内部呼声。穆斯林兄弟会的战略优先是生存，在领导人眼中，生存意味着成员们的绝对服从，而不是恼人的路线选择和关于所犯错误的公开辩论。

引人注目的是，穆斯林兄弟会还面临着另外一股反叛力量。激进化的年轻成员不是追求内部民主改革和公开对话，而是躁动不安地鼓吹"武装起来"的斗争，以此来报复塞西政权推翻穆尔西和随后对穆斯林兄弟会的镇压。[25] 穆斯林兄弟会已经开始用拉拢成员担任核心职位来缓和这部分人的不满。[26] 这一做法似乎并不能完全让激进化的年轻人放弃和当局对抗，以免给穆斯林兄弟会带来灾难，给埃及带来灾难。伊斯兰组织正面对着来自内部和外部的清算，它在国内放弃的社会空间如今充斥着极端主义者的宗教政治。在这种严峻的环境中，穆斯林兄弟会很可能不会将其立场缓和下来，或是进行重大的内部改革。

相似地，塞西政府并不容忍民族主义者和世俗主义者盟友所呼吁的和穆斯林兄弟会减少冲突并和解。政府已经大力地镇压了持不同意见的民族主义者和自由派声音，确保塞西总统的统治不会遭遇有组织的重大挑战。政府对穆斯林兄弟会开战，把它归类为和"基地"组织、"伊斯兰国"等萨拉菲圣战者一样的恐怖组织。就像五六十年代的纳赛尔一样，塞西的目的是粉碎有实力的伊斯兰组织并分解其社会网络，这是一项棘手而代价高昂的任务。

自由、公开辩论和政治行动主义的空间遭到了严重挤压，不仅对这两个相互对立的阵营如此，对于其他阵营来说也是如此，这种不利的局面和五六十年代相似，所有阵营都以斗争为立足点，彼此之间壁垒分明地对抗。在付出高昂代价的同时，这场延续六十年的暴力斗争仍然继续着，这种局面让阿拉伯国家的政治处在极端化和军事化的状态中，导致了更加高压的统治和更深的压迫。伊斯兰主义者和民族主义者之间的冲突仍然是埃及这个人口最多的阿拉伯国家实现政治生活正常化和制度化的最大障碍，两者的对立也是其他阿拉伯国家所面临的重大困难。只要穆斯林兄弟会——阿拉伯世界最具影响力的社会运动之一，和军人政权仍然处于战争状态，就无法实现政治变革。

注　释

序　言

1　比如 Christina Phelps Harris, *Nationalism and Revolution in Egypt: The Role of the Muslim Brotherhood* (Stanford, CA: Hoover Institution Publication, 1964)。这本书出版时纳赛尔正处于最受欢迎的巅峰时期，它表现了在过去的研究中伊斯兰主义和民族主义是如何融合在一起的。但最近，学者们倾向于把两个主题分开独立研究，见后来的批评研究：Tarek Osman, *Egypt on the Brink: From Nasser to the Muslim Brotherhood* (New Haven, CT: Yale University Press, 2010); Said K. Aburish, *Nasser, the Last Arab: A Biography* (New York: St. Martin's Press, 2004); Joel Gordon, *Nasser: Hero of the Arab Nation* (Oxford, UK: Oneworld Publications, 2006); Omar Khalifah, *Nasser in the Egyptian Imaginary* (Edinburgh: Edinburgh University Press, 2017); Carrie Rosefsky Wickham, *The Muslim Brotherhood: Evolution of an Islamist Movement* (Princeton, NJ: Princeton University Press, 2013); Abdullah al-Arian, *Answering the Call: Popular Islamic Activism in Sadat's Egypt* (New York: Oxford University Press, 2014); Barbara H. E. Zollner, *The Muslim Brotherhood: Hasan al-Hudaybi and Ideology* (New York: Routledge, 2009)。

2　Adnan Musallam, *From Secularism to Jihad: Qutb and the Foundations of Radical Islamism* (Westport, CT: Praeger Press, 2005); Sayed Khatab, *The Political Thought of Sayyid Qutb: The Theory of Jahiliyyah* (London: Routledge, 2006); John Calvert, *Sayyid Qutb and the Origins of Radical Islamism* (New York: Columbia University Press, 2010); Gilles Kepel, *Muslim Extremism in Egypt: The*

Prophet and Pharaoh (London: Al Saqi, 1985); James Toth, *Sayyid Qutb: The Life and Legacy of a Radical Islamic Intellectual* (Oxford: Oxford University Press, 2013); Wickham, *The Muslim Brotherhood.*

3 作者与马吉德于 2007 年 1 月 7 日在开罗的访谈。

4 作者与马吉德于 2007 年 1 月 15 日在开罗的访谈。

5 作者与拉义夫于 2007 年 3 月 19 日在开罗的访谈。艾哈迈德·拉义夫不久后去世。

6 同上。

前 言

1 见阿拉伯地区报纸和网站的头条标题："Egypt's Future in the Shadow of Nasser"；"Sisi Runs for President in Nasser's Shadow"；"Egypt Won-ders If Army Chief Is Another Nasser"。

2 http://www.theguardian.com/world/2013/aug/07/egypt-morsi-nationalist-generalsisi [accessed 21 October 2014].

3 http://alhayat.com/Details/535673 [accessed 22 October 2014].

4 例如在 2014 年 7 月 13 日，穆斯林兄弟会在其网站上称他们的支持者是和不信者进行战斗的"真主的士兵"，并摘引了一段《古兰经》经文，总结说信仰者的力量最终会获胜。见 http://www.ikhwanonline.com/Article.aspx?ArtID=193050&SecID=212[accessed 21 October 2014]。

5 作者与谢里夫·尤尼斯于 2006 年 10 月 20 日在开罗的访谈。

6 作者与法立德·阿卜杜勒·哈勒克于 2006 年 10 月 2 日在开罗的访谈。

7 Michael Barnet, *Dialogues in Arab Politics: Negotiation in Regional Order* (New York: Columbia University Press, 1998). 另 见 M. Barnet's chapter, "Identity and Alliances in the Middle East," in *The Culture of National Security: Norms and Identity in World Politics*, ed. Peter J. Katzenstein (New York: Columbia University Press, 1996)。

8 Anissa Haddadi, "Myths, Norms and the Politics of National Identity in the Egypt

of Nasser and Qutb: Society Must Be Desired," PhD dissertation at the London School of Economics (work in progress, 2017).

9   Aziz al-Azmeh, *Islams and Modernities* (London: Verso, 2009).

10   Nayef al-Rushaydat, *Gamal Abdel-Nasser til Mizan* (Beirut: Al-Muassasa al-A'rabiyya leil Derasat wal Nashr, 2003), pp. 57–60. Sa' id Abul-Reesh, *Gamal Abdel-Nasser: Akher al-Arab* (Beirut: Markaz Derasat al-Wihda al-A' rabiyya, 2005); James Jankowski, *Nasser's Egypt, Arab Nationalism, and the Unite Arab Republic* (Boulder, CO: Lynne Rienner Publishers, 2002); Rashid Khalidi, ed., *The Origins of Arab Nationalism* (New York: Columbia University Press, 1993).

11   Peter Johnson, "Egypt under Nasser," *MERIP* Reports 10 (July 1972), pp. 3–14. Anouar Abdel-Malek, *Egypt: Military Society; the Army Regime, the Left, and Social Change under Nasser* (New York: Random House, 1968); *Gamal Hamad, Asrar Thawrat 23 Uluu*, 2 vols. (Cairo: Al-Zahraa Leil E' laam Al-Arabi, 2006).

12   可参考奥马尔·哈利法在概念和语言上都十分有趣的研究，他提出纳赛尔已经变成了一个"修辞论述的工具"，这种修辞转义会唤起特定形象：*Nasser in the Egyptian Imaginary* (Edinburgh: Edinburgh University Press, 2016)。

13   作者与卡迈勒·哈比布于 2006 年 11 月 21 日和 2007 年 2 月 8 日在开罗的访谈。

14   作者在 2006 年 11 月 21 日、2007 年 2 月 8 日和胡达·阿卜杜勒·纳赛尔在开罗的访谈。

15   作者于 2007 年 2 月 8 日在开罗和萨米·沙拉夫的访谈。

16   作者于 2006 年 12 月 12 日在开罗和哈立德·毛希丁的访谈。

17   2006 年 11 月 26 日作者在开罗和穆罕默德·法耶克的访谈。

18   2006 年 10 月 10 日作者在开罗和阿卜杜·贾法尔·舒克尔的访谈。

19   同上。

20   2006 年 10 月 20 日作者在开罗和蒙塔泽·扎亚特的访谈。

21   2007 年 1 月 13 日作者在亚历山大城和易卜拉欣·扎法拉尼的访谈。

22   2006 年 11 月 20 日作者在开罗和赛义夫·阿卜杜勒·法塔赫的访谈。

23   2007 年 1 月 11 日作者在开罗和瓦希德·阿卜杜勒·马吉德的访谈。

24　2006 年 12 月 9 日和 12 月 16 日在开罗和穆罕默德·阿卜杜勒·萨塔尔的访谈，
　　2007 年 3 月 19 日在开罗和艾哈迈德·拉义夫的访谈，2006 年 12 月 7 日在开罗
　　和法立德·阿卜杜勒·哈勒克的访谈。

25　2007 年 3 月 19 日在开罗和艾哈迈德·拉义夫的访谈。

26　作者于 2006 年 12 月 16 日在开罗和穆罕默德·阿卜杜勒·萨塔尔的访谈。

27　作者于 1999 年 12 月 13 日在开罗和马蒙·胡岱比的访谈。

28　作者于 2007 年 3 月 22 日在开罗和穆罕默德·马赫迪·阿基夫的访谈。

29　作者于 2006 年 12 月 24 日在开罗和穆罕默德·马赫迪·阿基夫的访谈。

30　作者于 2006 年 12 月 24 日在开罗和马哈茂德·伊扎特的访谈。

31　同上。

32　作者于 2007 年 1 月 14 日在开罗和希沙姆·哈马米的访谈。

33　作者于 2007 年 1 月 15 日在开罗和希沙姆·哈马米的访谈。

34　Eric Hobsbawm, *On History* (UK: Hachette, 2011).

第一章　埃及的“自由时代”

1　这种地理上的交会曾被著名的埃及地理学家兼学者贾迈勒·哈姆丹（Gamal
　　Hamdan）生动地描述过，他写道：“从土地和水域的角度来看，埃及属于非洲；
　　但从心理取向、历史、影响力和命运来看，埃及则属于亚洲。因此，欧洲的部分
　　始于亚历山大，亚洲的部分始自开罗，非洲的部分则从阿斯旺开始。” G. Hamdan,
　　Shakhsiyyat misr, vol. 1 (Cairo: Dar al-Hilal, 1984), p. 45.

2　J. Cole, *Napoleon's Egypt: Invading the Middle East* (Basingstoke, UK: Palgrave
　　Macmillan, 2007), pp. 145–155. 例如，波拿巴“曾经以法兰西学院为范本创建了
　　埃及学院，作为一个研究社团，埃及学院将仔细地研究埃及并为军队服务”。学
　　院的建立被冠以正当的理由，即“给埃及植入自由”（同上，p.145）。拿破仑所宣
　　称的文明任务可以从他的演讲中得知，他在军队到达埃及时用阿拉伯语对埃及民
　　众说：“我到这里来的目的只有一个，就是让你们从压迫者手中恢复权利。” A. R.
　　Al-Jabarti, *Mazhar al-taqdis bi-dhahab dawlat al-faransis*[The holy feature with the

disappearance of the French state], vol. 1, collected by ‘A.Al-Raziq, R. A. ‘Isa, and ‘I. A. Hilal (Cairo: Dar al-‘Arabi li al-Nashr wa al-Tawz’ i,1998), pp. 101, 105.

3　在马穆鲁克苏丹国中，马穆鲁克精英被认为拥有比其他人民更高的社会地位。

4　切尔克斯人发源于北高加索地区。最初，他们与埃及的马穆鲁克王朝有密切联系。随着 19 世纪 50 年代至 60 年代中叶越来越多的切尔克斯人移民到奥斯曼帝国，埃及也接纳了大量切尔克斯移民。这些马穆鲁克的后代和新移民在埃及形成了一个被称为土耳其 - 切尔克斯的精英统治阶层。

5　保护条约最初是一种治外法权，它允许政府在对其有利时将法律适用于外国公民，而在不利时将其废除。这种保护条约是奥斯曼帝国与以法国为主的欧洲国家签订的。

6　这是一个穆斯林学者群体，他们被公认为对伊斯兰教的神圣法律和神学拥有专业的认识。

7　S. A. Hanna and G. H. Gardner, *Arab Socialism: A Documentary Survey* (Leiden: E. J. Brill, 1969), p. 51.

8　同上书，p. 51。

9　A. Hourani, *Arabic Thought in the Liberal Age, 1798-1939* (London: Oxford University Press, 1967), p. 108.

10　同上。

11　G. Baer, "Islamic Political Activity in Modern Egyptian History: A Comparative Analysis," in *Islam, Nationalism, and Radicalism in Egypt and the Sudan*, ed. G. R. Warburg and U. M. Kupferschmidt (New York: Praeger, 1983), p. 39.

12　R. al-Sa’ id, *Al-asas al-ijtima’i leil thawra al-urabiyya* (The social basis of the ‘Urabi revolution) (Cairo: Maktabat Madbouli, 1967), p. 69. 阿卜杜在 1881 年 11 月的一篇文章中提到了"民族主义"的含义，他将"家园"的概念建立在每一位公民享有平等、公平和个人权利的基础上。A. ‘A. Mustafa, *Al-thawra al-‘urabiyya* (The ‘Urabi revolution) (Cairo: Ministry of Culture and Guidance, 1961), pp. 12–13.

13　A. Goldschmidt, "The Egyptian Nationalist Party: 1892–1919", P. M. Holt ed.,

Political and Social Change in Modern Egypt: Historical Studies from the Ottoman Conquest to the United Arab Republic (London: Oxford University Press, 1968), pp. 308–309. 作者把泰勒凯比尔的战斗称为"第一次埃及民族主义革命的失败"，特别是除乌拉比之外的民族主义者与赫迪夫陶菲克讲和，并且与法国入侵者"几乎友好地进行了合作"（出处同上）。

14　A. 'Urabi, *'Urabi: Kashf al-sitar 'an sire al-asrar fi al-nahda al-mirsiyya al mashhura bi al-tahwra al-'urabiya* (Unveiling the secret of the secrets on the Egyptian renaissance known as the 'Urabi revolution), vol. 1, ed. 1, ed. A. M. I. Al-Jumi'i, (Cairo: Dar al-Kutub wa al-Watha'iq al-Qawmiyya, 2005), pp. 485–587. 在乌拉比派的压力下，赫迪夫陶菲克勉强同意赋予埃及代表大会（Majlis al-Nuwab al-Misri，埃及众议院）立法权。大会的首要任务是制定政府的"基本法"。此基本法赋予大会广泛的权力，包括召集会议、质询部长和讨论国家预算（包括支出和收入），这引起了向埃及政府放贷的欧洲债权人的不满。英国评论家和外交官威尔弗里德·S. 布伦特（Wilfrid S. Blunt）在他的回忆录中评论道："这一著名事件之后的三个月是埃及政治最为活跃的时期。"见 W. S. Blunt, *Secret History of the English Occupation of Egypt: Being a Personal Narrative of Events* (New York: Howard Fertig, 1967), p. 116。 历史学家甚至提出，1881 年叛乱使埃及人在公元前 343 年波斯人征服埃及之后首次通过宪法和选举产生的立法者参与到政治生活中。然而，仅仅三个月后，英国出兵占领了埃及，解散了代表大会，并取消了基本法。这无疑让乌拉比将失败归咎于法国人和英国人。见 A. 'Urabi, *'Urabi*, vol. 1, pp.485–487。

15　T. Abu Arja, *Al-muqatam jaridat al-ihtilal al-britani fi misr* (Al-Muqatam: The paper of the British occupation in Egypt) (Cairo: al-Hay'a al-Misriyya al-'Amma li-l-Kitab, 1997), p. 9; S. Aziz, *Al-sahafa al-misriyya wa-mmawqifuha min al-ihtilal al-ingilizi* (The Egyptian press and its position on the British occupation) (Cairo: Dar al-Kitab al-'Arabi, 1968), pp. 68–69.

16　这样的记者包括阿卜杜拉·纳迪姆（'Abdullah al-Nadim），他遭到英国人的关押和流放。纳迪姆在埃及被称为"19 世纪的记者"，因为他在创办富有影响力的

新出版物上起到了重要作用；这些新出版物包括 *Al-Tankit wal Tabkit, Al-Ustadh,*
Al-Ta'if。M. T. A. Allah, *Al-Nadim: Al-tankit wal tabkit,* intro. A. A. Ramadan
(Cairo: Al-Hay'a al-Masriyya al-'Amma li al-Kitab, 1994), pp. 5–6. 和鲁特菲·赛
义德不同，纳迪姆严厉批评欧洲的影响，指责外国人总是带来外来问题和挑战
（同上 p. 37）。在文章中，纳迪姆呼吁埃及人唤回他们的历史和"他们的荣耀"
记忆，以抵御欧洲人的影响力。但是，纳迪姆也批判埃及的政治和社会问题，比
如埃及人的 khurafat（超物质的信念和不科学的行为）。然而他坚持认为解决
这些问题是要"用生长在埃及、由埃及医生开具、由埃及药师调制的药"（同上
p.11）。纳迪姆在乌拉比运动期间游历了埃及各地。他也对民族主义者领袖穆斯
塔法·卡米勒产生了重大影响，他甚至影响了后者投身出版业（同上 p.5）。A.
M. A. Naga, *AL-awda ella al-manfa: Hayat 'abdullah al-nadim* (Cairo: Dar al-
Helal, 1969).

17 A. Goldschmidt, *Biographical Dictionary of Egypt* (Boulder, CO: Lynne Rienner,
2000), pp. 101–102.

18 A. Goldschmidt, "The Egyptian Nationalist Party: 1892–1919", p. 320.

19 同上。

20 同上。

21 A. Goldschmidt, *Historical Dictionary of Egypt* (Plymouth, UK: Scarecrow Press,
2013), p. 124.

22 Y. L. Rizq, "Al-guzour al-tarikhia leil ahzab al-misriyya" [The historical roots of
the Egyptian parties], in *Al-ahzab al-misriyya: 1922–1953* [The Egyptian parties:
1922–1953], ed. R. A. Hamed (Cairo: Markaz al-Ahram li-l-Dirasat al-Siyasiyya
wa-l-Istratijiyya, 1995), p. 12.

23 A. Goldschmidt, "The Egyptian Nationalist Party: 1892–1919," p. 321.

24 I. Gershoni, *Egypt, Islam, and the Arabs: The Search for Egyptian Nationhood,*
1900-1930 (New York: Oxford University Press, 1986), pp. 8–9.

25 S. Tadros, *Motherland Lost: The Egyptian and Coptic Quest for Modernity*
(Stanford, CA: Hoover Institution, 2013), pp. 113–114.

26　A. R. Al-Rafi' i, *Mustafa Kamil: Ba'ith al-haraka al-wataniyya, tarikh misr al-qawmi min 1892 ila 1908*, 5th ed. (Cairo: Dar al-Ma' arif, 1984), p. 265.

27　A. A. R. Mustafa, *Tarikh misr al-siyasi min al-ihtilal ila m'ahada* (Cairo: Dar al-Ma' ref, 1967), pp. 33–35.

28　Goldschmidt, "The Egyptian Nationalist Party: 1892–1919," p. 321.

29　Mustafa, *Tarikh misr,* p. 50.

30　P. J. Vatikiotis, *The Modern History of Egypt* (London: Butler and Tanner, 1969), pp. 226–227.

31　Goldschmidt, *Historical Dictionary of Egypt*, p. 124.

32　Rizq, "Al-guzour al-tarikhia leil ahzab al-misriyya," p. 35.

33　同上。赫尔米是第一位因"玷污统治者形象"罪名遭到监禁的记者。开罗最著名的广场即以他的名字命名。

34　Rizq, "Al-guzour al-tarikhia leil ahzab al-misriyya," p. 6. 按照学者阿巴斯的说法，自由时期（Liberal Era）结束于 1953 年，在这一年中，革命指导委员会发布决议解散了各政党。

35　例如当穆斯塔法·卡米勒宣布成立自己的政党时，有 7000 人参加了在亚历山大举行的庆祝活动。这一人数是他的政党喉舌报纸 *al-Liwa* 报道的，而它的对手报纸报道的人数则是 5000 人。即便如此，这一数字在当时也是很了不起的。Rizq, "Al-guzour al-tarikhia leil ahzab al-misriyya," p. 19.

36　同上书，p. 36。

37　同上书，p. 6。

38　其他学者，比如 F. 格里弗（F. Griffel），相继提到了这种自然的关系。"在以阿富汗尼和穆罕默德·阿卜杜为先锋的萨拉菲运动失败后，更年轻一代的宗教激进人士拒绝把殖民政府当作改革的载体，从而创造出了一股新势头。"F. Griffel, "What Do We Mean by 'Salafi'? Linking Muhammad 'Abduh with Egypt's Our Party in Islam's Contemporary Intellectual History", *Die Welt des Islams, International Journal for the Study of Modern Islam 55*, no. 2 (2015): 196. 格里弗把哈桑·班纳称为这新一代人中的"原型人物"，他认为赛义德·库特布也是

这样的人物，理由是他对国家持有和哈桑·班纳一样的态度（同上）。

39 例如，穆斯塔法·卡米勒曾被这些学者和塞缪尔·塔多斯（Samuel Tadros）描述为"浪漫的民族主义者"，以对比像艾哈迈德·鲁特菲·赛义德这样的"现实的民族主义者"。卡米勒"宣扬对埃及的爱，却很少注意亲伊斯兰、亲苏丹和最初的亲赫迪夫论述与埃及民族主义之间的矛盾。这种矛盾在1906年表现得更明显了"，当时奥斯曼军队为了控制红海而占领埃及西奈半岛上的塔巴（Taba）。S. Tadros, *Motherland Lost: The Egyptian and Coptic Quest for Modernity* (Stanford, CA: Hoover Institution, 2013), p. 112. 当英军在埃及屯兵以迫使奥斯曼军队退出时，亲奥斯曼的卡米勒挑战了英国就埃及领土问题谈判的权利。面对英国占领者和奥斯曼苏丹就埃及领土的争斗，他"放弃了埃及的领土权利而支持苏丹的权利"。这件事表现出穆斯塔法·卡米勒仍然抱持塔多斯所述的"泛伊斯兰主义梦想"，也表现出他与艾哈迈德·鲁特菲·赛义德等以领土概念来定义埃及民族的人之间的分歧。同上书，pp. 112–114。

40 例如，扎格鲁勒在1919年1月的一次演讲中提出，自由派立宪主义是埃及应采用的政治模式。在这种模式中，国家将进行大规模经济、行政和社会改革，以保护"民主原则"和"人类价值"。此外，埃及的独立应通过有法律约束力和国际承认的渠道维护，如通过国联来摆脱英国的占领。扎格鲁勒和他在立法大会中的民族主义伙伴们曾给美国总统伍德罗·威尔逊写信，以获得这位"从他的国家启程在世界上传播和平与公正的更伟大的民主人士"对埃及的支持。这封信的最后一句是："美国万岁，威尔逊博士万岁。"此外，扎格鲁勒所持有的自由主义观点也明确表示，在埃及独立得到保障后，外国人在埃及的特权将保持不变。扎格鲁勒认为，这些外国人将成为西方与其"科学之春与创新和发现的源泉"之间的桥梁。华夫托党领导人预见到，埃及"必须"参与国际竞争。这些原话均引自 *Mudhakkirat sa'ad zaghloul* , vol. 7, collected by 'A. A. Ramadan (Cairo: Al-Hay'a al-Misriyya al-'Amma li al-Kitab, 1990), pp. 210–214/2890–2894 (Note: the pages of the publication are double-numbered).

41 P. J. Vatikiotis, *The Modern History of Egypt* (London: Butler and Tanner, 1969), p. 248.

42　*Mudhakkirat sa'ad zaghloul*, pp. 260–262/2940–2942 (Note: the pages of the publication are double-numbered).

43　Encyclopaedia Britannica Online, s.v. "Wafd," http://www.britannica.com/ EBchecked/topic/633823/Wafd [accessed 1 November 2013].

44　*Al-dasatir al-misriyya, 1805-1971: Nusus wa tahlil* (Cairo, Markaz al-Tanzim wa al-Microfilm, 1977), pp. 79, 159–160.

45　M. Deeb, *Party Politics in Egypt: The Wafd and Its Rivals, 1919-1939* (London: Ithaca Press for the Middle East Centre, St. Antony's College, Oxford, 1979), p. 124. *Al-dasatir al-misriyya, 1805-1971*, pp. 162–165.

46　J. Berque, *Egypt: Imperialism and Revolution*, trans. J. Stewart (London: Faber, 1972), p. 393. See also H. A. Rashid, *Tarikh nahdat misr al-haditha min Mohamed 'Ali al-Kabeer ella al-rais Gamal Abdel-Nasser, 1801–1960* [The history of modern Egypt's renaissance from Mohamed Ali to President Gamal Abdel-Nasser, 1801–1960] (Beirut: Maktabat al-Fikr al-'Arabi, 1960), pp. 162–163. 因为埃及宪法规定了埃及最早的选举法，因此 1923 年和 1924 年埃及选出了国会议员。华夫托党在选举中大获全胜，得到了 215 席中的 188 席。国王别无选择，只好让对手华夫托党领导人扎格鲁勒来组阁。出于历史和个人原因，国王和华夫托党关系不佳；危机在 1942 年达到了顶点，当时英国坦克包围了王宫并强迫国王任命华夫托政府。

47　Deeb, *Party Politics in Egypt*. p. 128.

48　同上书，p. 126。

49　同上书，p.131。

50　扎格鲁勒和英国人的谈判中最棘手的一点是他拒绝在苏伊士运河或埃及任何其他地方有英国人的职位存在：Deeb, *Party Politics in Egypt*, p. 132。扎格鲁勒也面临着来自内部的反对，比如华夫托党内部激进势力和其他政治势力，如自由派立宪主义者的反对，后者坚持认为在（英国人）撤离以前不应该有任何谈判（同上书，pp. 133–135）。

51　同上书，p.135。当 1926 年 5 月举行普选时，华夫托党也获得了胜利，但是年近 70 岁的扎格鲁勒并没有接受总理职位。在新任英国最高行政长官洛里爵士的施压下，扎格鲁勒同意组成联合政府，自己出任众议院主席。Encyclopaedia Britannica Online, s.v. "Sa'd Zaghlul," http://www.britannica.com/EBchecked/topic/655329/Sad-Zaghlul [accessed 4 February 2014].

52 Berque, *Egypt: Imperialism and Revolution*, p. 394.

53 Deeb, *Party Politics in Egypt*, pp. 127, 142. Y. L. Rizq, "An Issue of Identity," Ahram Weekly Online, 22–28 November 2001, available from http://weekly.ahram.org.eg/ Archive/2001/561/chrncls.htm [accessed 12 February 2014].

54 这场危机被称为《结社法》危机，当时英国阻止埃及议会获得公共集会权，这一权利会限制政府镇压抗议示威。历史的延续性在本书中得以进一步阐释；英国用尽全力废除的 1923 年法律（实行议会体制）持续存在了 70 年，甚至延续到 2011 年穆巴拉克总统倒台之后。

55 Deeb, *Party Politics in Egypt*, p. 128.

56 同上书，p. 144。引自洛里和张伯伦的谈话，FO407/206, No. 137, 1928 年 6 月 22 日。

57 Vatikiotis, *The Modern History of Egypt*, p. 265.

58 Berque, *Egypt: Imperialism and Revolution*, p. 393.

59 fellah 和 fellahin 的意思是农民，通常用来指代佃农阶级。

60 Vatikiotis, *The Modern History of Egypt*, p. 332.

61 Deeb, *Party Politics in Egypt*, p. 320.

62 I. Gershoni, J. P. Jankowski, *Redefining the Egyptian Nation, 1930-1945* (Cambridge: Cambridge University Press, 1995), pp. 11–12.

63 伊斯雷尔·格肖尼（Israel Gershoni）和詹姆斯·扬科夫斯基（James P. Jankowski）把这些情况和新型民族主义的出现联系到了一起，新型民族主义不同于埃及在几十年前形成的地域性民族主义。新型民族主义是 20 世纪 30 年代之后的"上层埃及人"民族主义，该民族主义的基础是城市化程度加深和教育普及（以开罗、亚历山大人口的增加和埃及识字率的提高为表现），新形成的职业群体比新中产阶级更为传统，西化程度较低。Gershoni, Jankowski, *Redefining the*

Egyptian Nation, pp. 11–12. 事实上，这种民族主义的转型可以被理解为一个重大历史发展，因为埃及历来的民族主义都是地域性民族主义，它指在一片特定的地域生活的人是埃及人，他们生活在固定的自然边界中，即便该区域处于一个大帝国的中心或被纳为帝国省份，它依旧保持着地域上的特性。A. L. A. Marsot, *A Short History of Modern Egypt* (Cambridge: Cambridge University Press, 1985), p. vii. Marsot 甚至把地域性民族主义追溯至法老时代，那时候的埃及人就已经把他们自己认定为"被称作埃及的固定、不变的范围内的居民"（同上书，p. 7）。新型民族主义拥有巨大的影响力，随着受教育范围的扩大，新型民族主义大大提高了阶级动员力。著名小说家纳瓦尔·萨达维（Nawal Sa'dawi）的父亲就是这样的一个例子。她的回忆录中提到了相关内容。N. Sa'dawei, Awraqi…Hayati (Beirut: Dar al-Mustaqbal al-'Arabi, 2004 [vol. 1, 2nd ed.], 2005 [vol. 2, 7th ed.], 2007 [vol. 3, 2nd ed.]), p. 202.

64 Berque, *Egypt: Imperialism and Revolution*, p. 418.

65 Gershoni, Jankowski, *Redefining the Egyptian Nation*, p. 1.

66 同上书，pp. 1–2。

67 Vatikiotis, *The Modern History of Egypt*, p. 335.

68 同上。

69 同上。

70 同上。

71 同上书，pp. 336–337。

72 R. A. Hinnebusch, "The Reemergence of the Wafd Party: Glimpses of the Liberal Opposition in Egypt," *International Journal of Middle East Studies* 16, no. 1 (1984): 101.

73 同上。

74 同上。

75 1942 年 2 月 4 日，英国驻埃及大使米尔斯·朗普森爵士（Sir Miles Lampson）出动坦克包围阿布丁宫，迫使法鲁克国王将其盟友首相艾哈迈德·马希尔（Ahmad Mahir）解职，理由是后者对盟军战事的支持不温不火。作为艾哈迈德·马希尔的替代者，法鲁克国王任命了对英国人俯首帖耳的华夫托党内阁，由纳哈斯领导。此举激怒了马希尔和许多埃及人，他们认为这是华夫托党和英国占领者狼狈为奸。除此之外，这场危机还涉及个人野心和复杂的利害关系，新的任命有助于纳哈斯寻求权力。C. D. Smith, "4 February 1942: Its Causes and Its Influence on Egyptian Politics and on the Future of Anglo-Egyptian Relations, 1937–1945", *International Journal of Middle East Studies* 10, no. 4 (1979): 470–472. 在纳哈斯获得权力后，狭隘的思考方式依然存在。例如，当对埃及和世界大战的未来具有决定意义的阿拉曼战役在亚历山大城 50 英里外打响时，"纳哈斯仍忙着处理党内的暴力争斗，也让奥贝德在（同年）7 月出走"。同上书，p. 474。

76 新成立的政党包括库特拉萨蒂亚党（Kutla Sa' diyya Party），该党由华夫托党的前领导人艾哈迈德·马希尔和马哈茂德·努克拉什于 1938 年成立，另外还有库特拉华福迪亚党（Kutla Wafdiyya），它是由华夫托党最重要的元老人物马克拉姆·奥贝德成立的，他在扎格鲁勒死后担任过华夫托党秘书长。他是一名知识分子，也是一名出色的演说者，他是科普特选民的主要代表，在华夫托党内外都具有很大影响力，他的出走影响了华夫托党的历史。马希尔在 1937—1938 年组建了库特拉萨蒂亚党。这时，他已经和华夫托党没有联系了。华夫托党的领导人穆斯塔法·纳哈斯已经在几年前将马希尔开除出党（在 1936 年华夫托党签署同意书后）。

77 "国家良心"是华夫托党在 1924 年出版的宣言中的重要概念。

第二章 反殖民斗争和地下政治的黎明

1 P. J. Vatikiotis, *The Modern History of Egypt* (London: Butler and Tanner, 1969), pp. 315–316, 328–329.

2 同上书，p. 328。

3 Schulze 把阿卜杜的运动归为"萨拉菲主义"，将班纳的运动归为"新萨拉菲主义"，他强调两者之间虽然有不同点，但也有相似之处。R. Schulze, *A Modern History of the Muslim World* (New York: New York University Press, 2000), pp. 18,

90; F. Griffel, "What Do We Mean by 'Salafi'? Connecting Muhammad 'Abduh with Egypt's Our Party in Islam's Contemporary Intellectual History," *Die Welt des Islams, International Journal for the Study of Modern Islam 55*, no. 2 (2015): 196.

4   C. R. Wickham, *The Muslim Brotherhood: Evolution of an Islamist Movement* (Princeton, NJ: Princeton University Press, 2013), p. 24.

5   R. A. Hinnebusch, "The Reemergence of the Wafd Party: Glimpses of the Liberal Opposition in Egypt," *International Journal of Middle East Studies* 16, no. 1 (1984): 100. 华夫托党的人脉联系在埃及不同地区和阶级中进一步扩散。在乡村地区，与大众的联系主要依靠华夫托党中的乡绅对佃农的赞助。在城市中，华夫托党在各个社会部门中有类似的人脉联系：华夫托党人主导了职业联合会、学联组织和大部分劳工运动；其影响力通过中产阶级渗透到官僚阶层，通过重要的商人进入商业社群。同上书，p. 100。

6   S. Bahr, *Al-aqbatfil hayaa al-siyassiya al-misriyya* (Cairo: Maktabat a-Anglo al-Misriyya, 1979), pp. 156–157.

7   S. Botman, *The Rise of Egyptian Communism, 1939-1970* (New York: Syracuse University Press, 1988), p. 20.

8   塔哈·侯赛因承认写这部作品（上下册）有感情和审美上的双重目的。见上册的介绍，T. Hussein *'Ala hamish al-sira*, vol. 1, 31st ed. (Cairo: Dar al-Ma'arif, n.d.)。塔哈·侯赛因写一部伊斯兰取向的作品让很多人感到震惊。另外，这一事实也和指责他总是批评《古兰经》并讽刺穆罕默德言行的批评者和研究者的说法矛盾。F. H. J. al-Hussayni, *Fikr Taha Husayn fi daw* (al-'Aqida al-Islamiyya, MA: Umm al-Qura University, 2009). 然而，这并不妨碍侯赛因完成其他伊斯兰作品，如 al-wa'd al-haq，他在这部作品里认真讨论了伊斯兰教对于弱势群体的支持和巩固个人自由的历程。T. Hussein, *Al-wa'd al-haq* (Cairo: Al-Hay'a al-Misriyya al-'Amma Li al-Kitab, 1995).

9   M. H. Haykal, *Hayat Muhammad* (Cairo: Dar al-Ma'arif, 1965), pp. 36–37, 41. 请勿把他与穆罕默德·哈桑宁·海卡尔相混淆，此海卡尔是经验丰富的泛阿拉伯记者，曾任埃及参议院主席。

10 'A. M. al-'Aqqad, *'Abqariyyat Muhammad* (Cairo: Nahdat Misr, 1941).

11 N. Safran, *Egypt in Search of Political Community: An Analysis of the Intellectual and Political Evolution of Egypt, 1804-1952* (Cambridge, MA: Harvard University Press, 1961), p. 140.

12 Vatikiotis, *The Modern History of Egypt*, pp. 324–325.

13 见 the official website of Dar-al-Iftaa al-Misriyaa, available from http://www. daralifta. org/ViewScientist.aspx?ID=58&LangID=1 [accessed 14 February 2014]。

14 J. Jankowski, "Egyptian Responses to the Palestine Problem in the Interwar Period," *International Journal of Middle East Studies* 12, no.1 (1980): 1–38.

15 同上书，pp. 1–38。

16 G. H. Talhami, *Palestine and Egyptian National Identity* (New York: Praeger, 1992), p. 36.

17 同上。

18 M. H. Haykal, *Mudhakkirat fi al-siyasa al-misriyya*, vol. 3 (Cairo: Dar al Ma'arif, 1978), p. 15.

19 'A. F. M. El-Awaisi, *The Muslim Brothers and the Palestine Question, 1928-1947* (London: Tauris Academic Studies, 1998).

20 'A. Salima, *Misr wa al-qadiyya al-filistiniyya* (Cairo: Dar al-Fikr li al-Dirasat wa al-Nashr wa al-Tawzi', 1986), p. 48.

21 阿拉伯高级委员会于 1936 年 4 月成立，由耶路撒冷穆夫提阿明·侯赛尼（Amin al-Husayni）领导。在联合国分治巴勒斯坦的情况下，委员会呼吁人们罢工、拒缴税金和关闭市政府（但允许政府雇员留守工作岗位）。委员会要求停止向巴勒斯坦输入犹太移民，禁止将土地出售给犹太人，呼吁国家独立。1937 年 9 月，英国发布戒严令，巴勒斯坦阿拉伯高级委员会被解散。1945 年，阿拉伯国家联盟签署协议，协议中包括强调巴勒斯坦阿拉伯属性的附件。相应地，联盟要求阿拉伯高级执行委员会（Arab Higher Executive for Palestine）"为巴勒斯坦阿拉伯人发声"。该委员会中包括了许多巴勒斯坦人领袖。1947 年 10 月 3 日，联合国做出分治决议，委员会呼吁举行大罢工。*Enyclopaedia Britannica*, s.v.

"Palestine," http://www.britannica.com/EBchecked/topic/439645/Palestine/45070/World-War-II[accessed 1 November 2013].

22　埃及女权主义联盟是胡达·沙拉维在 1923 年成立的，它专注于女性投票权、教育、着装自由等事务，但胡达·沙拉维和其他女性成员也将议程扩大到更广泛的民族主义者事业上，例如反对英国占领和英国占领造成的影响。毫无疑问，胡达·沙拉维在 1919 年革命中促成了最大规模的女性反英抗议示威。Huda Sha'rawi, *Harem Years: The Memoirs of an Egyptian Feminist (1879–1924)*, trans. and ed. M. Badran (London: Virago, 1986). 在我看来，女权主义联盟关注的广泛议程是体现埃及社会团体本质的另一个例子。

23　Talhami, *Palestine and Egyptian National Identity*, p. 40.

24　同上书，p. 38。摘自 Salima, *Misr wa al-qadiyya al-filistiniyya*, p. 116。

25　Talhami, *Palestine and Egyptian National Identity*, p. 40.

26　A. A. al-Rahman, *Misr wa Falastin* (Kuwait: al-Majlis al-Watani li al-Thaqafa wa al-Funun wa al-Adab, 1980), p. 290. 青年埃及党是一支激进的民族主义政党，他们以泛阿拉伯主义来为埃及的国家利益服务，目标是"彻底的埃及帝国主义……致力于复兴埃及荣光并创造一个由埃及和苏丹组成的伟大帝国"。该组织认为"即便这个（谋划中的）帝国信仰伊斯兰教，但根本仍是埃及，埃及高于一切"。同上书，p. 140。穆斯林兄弟会组建了一些队伍准备参加圣战，并在巴勒斯坦南部设立了大本营。伊斯兰主义组织宣扬其思想并且送志愿者到巴勒斯坦作战，这是哈桑·班纳圣战计划的一部分，他向阿拉伯联盟许诺将派出"10000 名志愿者在巴勒斯坦殉教。"Mahmud Abd al-Halim, *Al-Ikhwan al-Muslimun: Ahdath Sana'at al-Tarikh*, p. 412.

27　一些访谈内容将在后面的章节中引述。

28　Talhami, *Palestine and Egyptian National Identity*, p. 49.

29　同上。

30　F. Gerges, "Egypt and the 1948 War: Internal Conflict and Regional Ambition", *War for Palestine: Rewriting the History of 1948*, ed. E. Rogan, A. Shlaim (Cambridge: Cambridge University Press, 2007), p. 154, taken from M. Naguib, "The War for Palestine", *Al-Masa'*, 2 June 1974.

31 Talhami, *Palestine and Egyptian National Identity*, p. 51.

32 Gerges, "Egypt and the 1948 War", p. 154, citing *I. Shaqib, Harb Filistin: Ru'ya filistiniyya* (Cairo: Zahra' li-l-I'lam al-'Arabi, 1986), p. 1127.

33 Gerges, "Egypt and the 1948 War," p. 153.

34 M. H. Heikal, *Suqut nizam: Limadha kanat thawrat 23 yulyu lazema* (Cairo: Dar al-Shuruq, 2003), p. 210 M. H. Haykal, *Mudhakkirat fi al-siyasa al-misriyya, men July 29, 1937 ella July 26, 1952*, vol. 2 (Cairo: Matba't Misr, 1953), p. 325.

35 Heikal, *Suqut nizam*, p. 210. Gerges, "Egypt and the 1948 War," pp. 150–155.

36 G. A. al-Nasser, Falsafat al-Thawra, 9th ed. (Cairo: Dar al-Sha' ab, n.d.), p. 12.

37 同上书，p. 11。

38 R. P. Mitchell, *The Society of the Muslim Brothers* (Oxford: Oxford University Press, 1969), pp. 180–183. 关于成员人数的增加，见 pp. 200–205。

39 同上书，p. 182。

40 同上。

41 S. al-Hakim, *Asrar al-'alaqa al-khassa bayna 'Abd al-Nasir wa-l-ikhwan* (Cairo: Markaz al-Hadara al-'Arabiyya li-l-I'lam wa-l-Nashr, 1996), p. 8.

42 Heikal, *Suqut nizam*, pp. 213–214.

43 同上书，p. 191。

44 同上书，pp. 367–369。

45 同上书，pp. 367。

46 同上书，pp. 432–433.

47 同上书，p. 598.

48 H. Kandil, *Soldiers, Spies, and Statesmen: Egypt's Road to Revolt* (London: Verso, 2012), p. 13.

49 A. Abdel-Malek, *Al-mujtama' al-misry wal thawra*, trans. M. Haddad, M. Khouri (Beirut: Dar al-Tali'a, 1974), p.120.

50 Mitchell, *The Society of the Muslim Brothers*, pp. 240–249.

第三章　自由军官组织和穆斯林兄弟会

1　2006 年 12 月 10 日作者与 M.H. 海卡尔在开罗进行的访谈。

2　*Egypt's Liberation: The Philosophy of the Revolution*，常被简称为 *Falsafat al-Thawra*（《革命的哲学》），是 1955 年出版的一份宣言，文中讨论了 1952 年革命背后存在的合理性和纳赛尔泛阿拉伯主义意识形态的基础，该意识形态在 1950 年中期将埃及和阿拉伯地区卷入了风暴中心。

3　CBC Egypt, interview with Mohamed Hassanein Heikal, video, viewed 10 September 2013, http://www.youtube.com/watch?v=qCBrwEAJehA.

4　M. H. Heikal, *Suqut nizam: Limadha kanat thawrat 23 yulyu lazema* (Cairo: Dar al-Shuruq, 2003), p. 569.

5　同上书，p. 568。

6　见上书末尾处英国和美国的官方外交通讯，pp. 569–602。

7　王权对埃及人的生活影响很大，包括控制民选部长和间接地创造忠于王室的政党。

8　作者在 2006 年 10 月 27 日于开罗和谢里夫·尤尼斯的访谈。

9　作者在 2006 年 12 月 12 日于开罗和毛希丁的访谈。

10　S. K. Aburish, *Nasser: The Last Arab* (London: Duckworth, 2004), p. 49.

11　M. Naguib, *Kuntu ra'isin li-misr* (Cairo: al-Maktab al-Misry al-Hadith, 1984), pp. 178–180.

12　G. Hammad, Asrar thwart 23 yulyu, vol. 1 (Cairo: al-Zahra li-l-E' laam al-'Arabi, 2006), pp. 601–602. 毛希丁指责桑扈利最先偏离了民主道路，他和其他人 "接受了埃及首先需要革命威权的理论，在施行政治民主和代议制之前先通过经济发展和修建大型工程树立革命权威"。K. Mohieddin, *Mustaqbal al-democratiyya fi misr* (Cairo: Al-Ahali, 1984), p. 22.

13　Naguib, *Kuntu raisin li-misr*, p. 169.

14　同上书，p. 170。

15　G. Hammad, *Asrar thawrat 23 yulyu*, vol. 2 (Cairo: al-Zahra li-l-E' laam al-'Arabi,

2006), p. 1047.

16 同上书，pp. 1048–1049。

17 T. Badawi, *Thawrat 23 yulyu wa-tatawwur al-fikr al-thawri fi misr* (Cairo: Dar al-Nahda al-Arabiyya, 1970), p. 225.

18 Aburish, *Nasser: The Last Arab*, p. 50.

19 K. J. Beattie, *Egypt during the Nasser Years: Ideology, Politics, & Civil Society* (Oxford: Westview Press, 1994), pp. 88.

20 A. Hamroush, *Qissat thawrat 23 yulyu: misr wa-l-askariyyun,* vol. 1 (Syria: al-Mawsua' a al-'Arabiyya li-l-Dirasat wa-l-Nashr, 1974).

21 K. Mohieddin, *Wa Alan Atakallam* (Cairo: Ahram, 1992), pp. 271–272.

22 A. Ramadan, *Awraq Yusuf Siddiq* (Cairo: al-Hay'a al-Misriyya al-'Amma li-l-Kitab, 1999), p. 171.

23 Hammad, *Asrar thawrat 23 yulyu*, vol. 2, pp. 1194–1195.

24 同上书，p. 1195。

25 同上书，1194。

26 Naguib, *Kuntu ra'isan li-misr*, p. 186.

27 同上。

28 Aburish, *Nasser: The Last Arab*, p. 50.

29 同上书，pp. 50–51。

30 Hamroush, *Qissat thawrat 23 yulyu: Misr wa-l-askariyyun*, vol. 1, p. 322.

31 Naguib, *Kuntu raisin li-misr*, pp. 231–233; A. Nutting, *Nasser* (London: Constable, 1972), pp. 66–67.

32 G. Gordon, *Nasser's Blessed Movement: Egypt's Free Officers and the July Revolution* (Cairo: American University in Cairo Press, 1992), pp. 133–135.

33 Aburish, *Nasser: The Last Arab*, p. 51.

34 作者 2006 年 12 月 6 日于开罗和 K. 毛希丁的访谈。

35 J. Lacouture, S. Lacouture, *Egypt in Transition*, trans. F. Scarfe (London:Methuen, 1956), p. 168. 从 1938 年（成立）至 1952 年，赛迪耶党一直足够强大，在内阁

中获得一半席位。Cf. A. Khallf, *Min tarikh misr al-mu'asir: Al-hayaa al-sa'diyya* (Cairo:' Ein li-l-Dirasat wa-l-Buhuth al-Insaniyya wa-l-Ijtima' iyya, 1999), p. 397.

36　K. Keira, *Muhakammat al-thawra*, vol. 1 (Cairo: Maktab Shuun Mahkamat al-Thawra, 1954), p. 38.

37　F. Abdel-Bar, *Mawqif And al-Razzak al-Sanhuri min qadaya al-hurriyya wa-l-dimuqratiyya* (Cairo: al-Nasr al-Dhahabi li-l-Tiba' a, 2005), p. 195.

38　Hamroush, *Wissat thawrat 23 yulyu: Misr wa-l-askariyyun*, vol. 1, p. 282. 1952 年至 1954 年，政变领导人设立了四个法庭，以 "叛国" "人民" "革命" 字眼为法庭命名。T. al-Bishry, *Al-dimuqratia wa-23 yulyu* (Cairo: Dar al-Helal, December 1991), pp. 184, 492.

39　Hamroush, *Qissat thawrat 23 yulyu: Misr wa-l-askariyyun*, vol. 1, p. 282.《古兰经》"黄牛章"（Surat al-Baqara）第 191 句。

40　同上书，p. 283。

41　A. Ramadan, *Abdel Nasser wa hazmat maris 1954* (Cairo: Rose al-Youssef, 1976), p. 30.

42　F. Abdel-Bar, Mawqif And al-Razzak al-Sanhuri, p. 154. 这段论述来自阿卜杜勒 - 阿齐兹·凯尔·迪恩（Abdel-Aziz Kheir al-Deen）的证词，他是国家委员会的大法官，参加了 1952 年关于政权更迭的法律裁决，这段内容发于 *Akhbar*（1975 年 9 月 18 日）。

43　作者 2006 年 12 月 16 日于开罗和 A. 拉义夫的访谈。

44　作者 2006 年 12 月 6 日于开罗和 K. 毛希丁的访谈。

45　作者 2007 年 2 月 5 日和 M. 萨巴格的访谈。

46　Z. Mardini, *Al-ladoudan: Al-wafd wa-l-ikhwan* (Beirut: Iqraa, 1984), p. 128.

47　同上。

48　S. Shadi, *Safahat min al-Tarikh: Hassad al-Umr* (Cairo: Dar al-Tawzi' wa-l-Nashr al-Islamiyya, 2006).

49　H. M. A. Hamouda, *Asrar harakat al-dubbat al-ahrar wa-l-ikhwan al-muslimun* (Cairo: al-Zahraa, 1985), p. 194.

50　A. Mansour, *Hussein al-Shafei: Shahed 'alla 'asr thawrat yulyu* (Cairo: Al-

Maktab al-Misry al-Hadith, 2004), p. 126.

51　作者 2007 年 10 月 5 日于开罗和阿卜杜勒·哈勒克的访谈。

52　作者 2006 年 10 月 28 日和 11 月 26 日于开罗和 A. 拉什万的访谈。

53　Mardini, *Al-ladoudan: Al-wafd wa-l-ikhwan*, pp. 83, 86.

54　Naguib, *Kuntu raisin li-misr*, p. 169.

55　作者 2007 年 2 月 7 日于开罗和 T. 阿克利曼多斯的访谈。

56　作者 2006 年 12 月 6 日于开罗和 K. 毛希丁的访谈。

57　M. Fathi, "Bi-l-tafasil wa-l-video: Abd al-Nasser qaher al-ikhwan wa-yuakid: Kunna nuriduhum an yasiru 'ala tariq sahih wa-lakinnahum umalla", *Al-Shabab*, 23 July 2013, available from http://shabab.ahram.org.eg/NewsContent/7/147[accessed 1 October 2013].

58　Mansour, *Hussein al-Shafei*, pp. 131, 128.

59　Mohieddin, *Wa alan atakallam*, p. 208.

60　Mansour, Hussein al-Shafei, p. 131.

61　同上书，p. 137。

62　A. H. al-Baquri, *Baqaya dhikrayat* (Cairo: Markaz al-Ahram li-l-Dirasat al-Siyasiyya wa-l-Istratijiyya, 1988), p.124.

63　作者 2007 年 2 月 7 日于开罗和 T. 阿克利曼多斯的访谈。

64　Mohieddin, *Wa alan atakallam*, p. 183.

65　P. Woodward, *Nasser* (London: Longman, 1992), p. 34.

66　作者 2006 年 12 月 7 日于开罗和阿卜杜勒·哈勒克的访问。

67　作者 2006 年 12 月 6 日于开罗和 K. 毛希丁的访谈。

68　作者 2006 年 12 月 7 日于开罗和阿卜杜勒·哈勒克的访谈。

69　作者 2006 年 12 月 12 日和毛希丁的访谈；2006 年 12 月 7 日和阿卜杜勒·哈勒克的访谈；12 月 6 日和毛希丁的访谈；12 月 7 日和阿卜杜勒·哈勒克的访谈。

70　这一结论依据作者和阿克利曼多斯、毛希丁的访谈。

71　Fathi, "Bi-l-tafasil wa-l-video: Abd al-Nasser qaher al-ikhwan wa-yuakid."

72　作者 2007 年 2 月 7 日于开罗和阿克利曼多斯的访谈。

73　Al-Baquri, *Baqaya Dhikrayat*, p. 87.

74　同上书，p. 93。

75　引自 R. al-Sa'id, *al-Irhab al-Mutaslim: Limadha? wa-Mata? wa-Ayn?*, Vol. 1 (Cairo: Akhbar al-Youm, 2004), p. 182。

76　B. Lia, *The Society of the Muslim Brothers in Egypt: The Rise of an Islamic Mass Movement, 1928-1942* (Reading, UK: Ithaca Press, 1998), p. 87.

77　R. Mitchell, *The Society of the Muslim Brothers* (Oxford: Oxford University Press, 1993), p. 147.

78　作者 2007 年 2 月 4 日于开罗和萨巴格的访谈。

79　同上。

80　作者 2007 年 2 月 5 日于开罗和萨巴格的访谈。

81　K. Mohieddin, *Wa alan atakallam*, p. 196.

82　同上。

83　同上。

84　作者 2007 年 2 月 5 日于开罗和萨巴格的访谈。

85　A. H. Qandeel, "Al-nasseriyya wa-l-Islam: 'iadat nazr", in *'an al-Nasseriyya wa-l-Islam*, ed. A. H. Qandeel (Cairo: 'Ein li-l-Dirasat wa-l-Buhuth al-Islamiyya wa-l-Ijtima' iyya, 1998), p. 42.

86　A. H. al-Baquri, *Baqaya dhikrayat*, p. 121.

87　作者 2007 年 2 月 4 日于开罗和萨巴格的访谈。

88　作者 2007 年 2 月 5 日于开罗和萨巴格的访谈。

89　作者 2007 年 2 月 4 日于开罗和萨巴格的访谈。

90　A. Ashmawi, *Al-tarikh al-sirri li-jama'at al-ikhwan al-muslimun: Mudhakkirat al-Ashmawi akher qadet al-tanzim al-khass* (Cairo: Markaz Ibn Khaldoun leil Derasat al-Inma'iyya, 1994), p. 19.

91　同上书，p. 14。

92　作者 2007 年 2 月 6 日于开罗和拉什万的访谈。

93　作者 2006 年 12 月 7 日于开罗和阿卜杜勒·哈勒克的访谈。

94　同上。

95　作者 2006 年 12 月 12 日于开罗和毛希丁的访谈，以及 2006 年 11 月 26 日和法耶克的访谈。

96　作者 2006 年 12 月 7 日于开罗和阿卜杜勒·哈勒克的访谈。

97　Mitchell, *The Society of Muslim Brothers*, p. 127.

98　Hammad, *Asrar thawrat 23 yulyu,* vol. 2, p. 1109.

99　同上。

100　同上书，p. 1101。

101　同上书，pp. 994–1000。这一段权力斗争以利于纳吉布的结果结束，在纳赛尔和革命指导委员会下达裁决，让纳吉布辞去总统职务几个小时后，后者就恢复了总统职位。纳吉布的回归发生在有穆斯林兄弟会积极参与的大规模群众示威和一些军事单位抗命之后。

102　同上，p. 1110。

103　见阿卜杜拉·伊马姆（Abdullah Imam）对卡迈勒丁·侯赛因（Kamaleddin Hussein）的采访，后者是革命指导委员会中的伊斯兰主义成员，他以和穆斯林兄弟会的联系而知名，见 A. Imam, *Al-unf al-dini fi misr: Abdel Nasser wa-l-ikhwan al-muslimun* (Cairo: Dar al-Khayyal, 1997), p. 136。

104　作者 2007 年 2 月 8 日于开罗和沙拉夫的访谈。

105　A. Imam, *Sami Sharaf: Rahul al-ma'lumat alas samara tawilan yatahadath li abdullah Imam: Abdel-Nasser: haifa hakama misr?* (Cairo: Dar al-Geel, 1997), p. 136.

106　同上书，pp. 137–139。

107　Mitchell, *The Society of Muslim Brothers*, p. 138.

108　同上。

109　作者 2007 年 2 月 9 日于开罗和阿卜杜勒·哈勒克的访谈。

110　R. Mitchell, p. 42.

111　A. Nutting, p. 72.

112　同上书，p. 71。

113　同上书，p. 72。

114 同上书，p. 73。

115 A. Imam, *Al-unf al-dini fi misr*, p. 137.

116 同上书，pp. 124, 134。

117 关于纳赛尔 1954 年 10 月 26 日演讲的内容， 见 G. Abdel Nasser, Bibliotheca Alexandria archives, http://nasser.bibalex.org/speeches/browser.aspx?SID=263&lang=ar [accessed 28 September 2014]。

118 Mitchell, *The Society of the Muslim Brothers*, p. 150.

119 A. Nutting, *Nasser*, p. 72.

120 见纳赛尔于条约签署之前的演讲和采访内容，其中包括他在 1952 年 3 月 17 日誓要"英国完全、无条件地从埃及撤离"，见 *Khutab wa-tasrehat al-ra'is, Gamal Abdel-Nasser: 1952-1959*, part 1 (Cairo: Sharikat al-I'lanat al-Sharqiyya, n.d.), pp. 20–21.

121 作者 2007 年 2 月 4 日于开罗和萨巴格的访谈。

122 A. Al-Sayyed, *Abdel-Nasser wa-azmat al-dimuqratiyya: Satwet al-zaama wa-junun al-sulta* (Alexandria: Fleming, 2001), p. 77.

123 作者 2007 年 2 月 8 日于开罗和 S. 沙拉夫的访谈。

124 作者 2007 年 2 月 5 日和 A. A. 卡迈勒的访谈。

125 Hamouda, *Asrar harakat al-dubbat al-ahrar wa-l-ikhwan al-muslimun*, p. 112.

126 同上书，p. 194。

127 作者 2006 年 9 月 22 日和 T. 毕什里的访谈。

128 作者 2006 年 12 月 6 日和 K. 毛希丁的访谈。

129 Hamouda, *Asrar harakat al-dubbat al-ahrar wa-l-ikhwan al-muslimun*, p.112.

第四章 深层政府和现代极端伊斯兰主义的诞生

1 T. al-Bishry, *Al-dimuqratia wa-23-yulyu* (Cairo: Dar al-Helal, December 1991), p. 185.

2   G. Hamad, *al-Hukuma al-Khafiyya fi ʿAhd* Gamal Abdel-Nasser (Cairo: al-Zahraa, 1986).

3   al-Bishry, Al-dimuqratiya wa-23-yulyu, p. 186.

4   A. Imam, *Salah Nasr yatadhakkar: Al-thawra, al-mukhabarat* (Cairo: Rose al-Youssef, 1984), pp. 74, 78.

5   A. Abdel-Malek, *Egypt: Société Militaire* (Paris: Editions de Seuil, 1962).

6   R. Kamal, *Thawrat yulyu wa-l-sahafa* (Cairo: Mahmoud al-Gidawi, 1989), p. 73.

7   同上。

8   穆罕默德·埃马拉（Mohamed Emara）是一名热忱的伊斯兰主义者，他说，不管纳赛尔用宗教包装自己的言论是出于真情，还是想要用谋略战胜穆斯林兄弟会，他本人都是不信教的。M. Emara, "Hal kana Abdel-Nasser almaniyyan", *An al-Nassiriyya wa-l-Islam*, ed. A. Qandil (Cairo: ʿEin li-l-Dirasat wa-l-Buhuth al-Insaniyya wa-l-Ijtimaʾ iyya, 1988), pp. 181–188.

9   Anissa Haddadi, "Myths, Norms, and the Politics of National Identity in the Egypt of Nasser and Qutb: Society Must Be Desired," PhD dissertation at the London School of Economics (work in progress, 2017).

10 作者 2006 年 10 月 2 日于开罗和阿卜杜勒·哈勒克的访谈。

11 同上。

12 同上。

13 作者和 S. 沙拉夫在 2006 年 12 月 14 日和 2007 年 2 月 8 日的访谈。

14 作者 2006 年 12 月 10 日于开罗和 M. 海卡尔的访谈。

15 作者 2006 年 12 月 6 日于开罗和 K. 毛希丁的访谈。

16 D. Bonhoeffer, *Conspiracy and Imprisonment, 1940-1945* (Minneapolis: Fortress Press, 2006).

17 例如 R. Mengus, "Dietrich Bonhoeffer and the Decision to Resist," *Resistance against the Third Reich, 1933-1990*, ed. Michael Geyer, John Boyer (Chicago: Chicago University Press, 1994)。

18 A. Gramsci, *Prison Notebooks*, vol. 3 (New York: Columbia University Press,

1991).

19　A. Sampson, *Mandela: The Authorized Biography* (London: HarperCollins, 1999),
　　 p. 288.

20　S. Qutb, *Al-shati' al-majhul* (Minya, Egypt: Sadiq, 1950), pp. 200–202.

21　同上书，pp. 121, 126, 157。

22　S. Khatab, *The Political Thought of Sayyid Qutb: The Theory of Jahiliyyah*
　　 (London: Routledge, 2006), p. 80.

23　M. H. Haykal, *al-Imbraturiyya al-Islamiyya wa-l-Amakin al-Muqaddasah* (Cairo:
　　 Dar al-Hilal, n.d.), p. 34.

24　A. Shalash, *Al-tamarrud 'ala al-adab: Dirasa fi tajribat Sayyid Qutb* (Cairo: Dar
　　 al-Shuruq, 1994), p. 5.

25　哈立德后来改变了他的民主和伊斯兰教不是国家机器的立场。关于他民主立场的
　　 改变，详见他的著作《为了不锄地》(*Likay la tahritho al-ardh*，1955)，关于他
　　 伊斯兰教不是国家机器的立场改变，见《伊斯兰教中的国家政府》(*Al-dawlah fi
　　 al-islam*，1981)。

26　S. A. Hanna, G. H. Gardner, *Arab Socialism* (Leiden: E. J. Brill, 1969).

27　Khatab, *The Political Thought of Sayyid Qutb*, p. 81.

28　同上书，p. 80。

29　Shalash, *Al-tamarrud 'ala al-adab*, pp. 76–77.

30　A. A. Musallam, *The Formative Stages of Sayyid Qutb's Intellectual Career and
　　 His Emergence as an Islamic Dā'iyah: 1906-1952* (London: University Microfilms
　　 International, 1984), p. 214.

31　同上书，p. 214。

32　S. Qutb, *Ma'arakat al-Islam wa-l-Ra'smaliyya* (Cairo: Dar Al-Shuruq, 1982), pp.
　　 12–17.

33　同上。

34　同上书，p. 25。

35　同上书，p. 28。

36　Fethi Benslama, *La Guerre des subjectivities en Islam* (Paris: Nouvelles Editions Lignes, 2015), 该书作者提供了对伊斯兰叙述中伊斯兰教理想角色的心理分析。

37　Qutb, *Ma'arakat al-islam wa-l-ra'smaliyya*, p. 36.

38　同上书，p. 59。

39　V. Lenin, *What Is to Be Done?*, trans. Joe Fineberg and George Hanna; revisions to translation, introduction, and glossary by Robert Service (London: Penguin Books, 1988).

40　在机密部门中有忠于塔拉特的人，也有忠于萨纳迪的人，他们彼此分立。

41　S. Qutb, *Milestones* (Indianapolis: American Trust Publications, 1990), p. 39.

42　Calvert, *Sayyid Qutb and the Origins of Radical Islamism*, p. 231, citing S. Al-Khalidi in *Sayyid Qutb: Min al-milad ila al-istishhad* (Damascus: Dar al-Qalam, 1991), p. 392.

43　同上书，p. 233。

44　Z. Al-Ghazali, *Ayyam min Hayati* (Cairo: Dar al-Shuruq, 1980).

45　Qutb, *Milestones*, p. 46.

46　同上书，p. 50。

47　H. Al-Banna, *Majmu'at rasa'll al-imam al-shahid Hassan al-Banna* (Cairo: Dar al-Tawzi'wa-l-Nashr al-Islamiyya, 1992), pp. 33–56.

48　A. M. Shamuq, *Kayfa Yufakkiru al-Ikhwan al-Muslimun* (Beirut: Dar al-Jil, 1981), p. 98.

49　同上书，pp. 434–437。

50　M. H. Heikal, *Gharif Al-Ghadab* (Cairo: Markaz al-Ahram li-l-Tarjama wa-l-Nashr, 1983), p. 290.

51　Al-Ghazali, *Ayyam min Hayati*, p. 4.

52　同上书，p. 5。

53　同上。

54　同上书，p. 58。

55　同上书，p. 36。

56 同上书，p. 37。

57 A. Hamouda, *Sayyid Qutb: Min al-Qarya ila al-Mishnaqa* (Cairo: Sina'li-l-Nashr, 1987), p. 181. 有令人惊讶的证据证明胡岱比没有亲自写这本书，只是让他的团队假托他的名字。

58 作者 2006 年 12 月 6 日于开罗和阿马拉的访谈。

59 作者 2006 年 9 月 25 日于开罗和 H. 哈奈菲的访谈。

60 Mohamed Habib, "Islam siyassi muatadel… mumken?", *al-Masry al-Youm*, 6 September 2014, http://www.almasryalyoum.com/news/details/517470 [accessed 19 November 2015].

61 Hamouda, *Sayyid Qutb*, p. 184.

第五章　年轻的贾迈勒·阿卜杜勒·纳赛尔

1 见 E. Podeh 和 O. Winckler 的研究，eds., *Rethinking Nasserism: Revolution and Historical Memory in Modern Egypt* (Gainsville: University Press of Florida, 2004)。

2 O. Khalifah, *Nasser in the Egyptian Imaginary* (Edinburgh: Edinburgh University Press, 2016).

3 P. Mansfield, *Nasser* (London: Methuen, 1969), p. 4.

4 同上书，p. 6。有趣的是，纳赛尔的学校所在街区名叫"El-Nahassin"，意思是"铁匠"。

5 纳赛尔告诉《星期日时报》(*Sunday Times*) 记者戴维·摩根（David Morgan）："我妈妈去世本身就是一个悲剧事件，但是以这种方式失去她所带来的伤痛如此之深，时间也无法抚平……当时的悲伤和痛苦让我从那以后在伤害任何人之前都思虑再三。"采访内容节录参考 http://nasser.bibalex.org/common/pictures01–%20 sira_en.htm。另外，传记作者把纳赛尔母亲的去世视为这个年轻人人生的重大时刻，让他变得更为坚韧，成为现代阿拉伯世界最强大的领袖。按照歌颂式传记作者的说法，早年经历让纳赛尔发展出了值得人们青睐的个性，勇敢、坚定、耐心，有出众的领袖天赋。后来，纳赛尔的同袍和成功接替他成为总统的安瓦尔·萨达特总结说，若没有纳赛尔的个人魅力和手腕，自由军官是无法成功团结为一个组织的。关于这一点，萨达特在一封给他儿子的信中生动地写道："儿子，把这样一群支持者凝聚在一起的人是你的贾迈勒叔叔……贾迈勒叔叔有平衡适度的个性，我们（自由军官成员中的支持者）敬重他的个性并且习惯了依靠……我们感觉到安心、自信和踏实。"（A. Sadat, *Ya waladi haza amuck Gamal*, Cairo: Madbouly, 2005, pp. 99–100.）

6　http://nasser.bibalex.orgcommon/pictures01-%20sira_en.htm.

7　J. Lacouture, *Nasser* (London: Secker and Warburg, 1973), p. 27.

8　马哈茂德·法齐（Mahmoud Fawzi）曾描述纳赛尔和科普特主教柯洛斯（Coptic Pope Kerlos）之间有 "极好的关系"。这位主教曾为纳赛尔生病的儿子阿卜杜勒·哈基姆祈祷，当纳赛尔命令从政府财政中拨款 50 万英镑来支持主教堂的建设时，纳赛尔的孩子们也捐赠了存款。有一次，纳赛尔告诉主教："不用来总统官邸找我。你可以直接来我家，我的家就是你的家。" M. Fawzi, *al-baba Kerlos wa-'Abd al-Nasir* (Cairo: Muassat al-Ahram Leil Nashr wal Tawzei, 1998), pp. 59–60. 按照纳赛尔的密友海卡尔的说法，纳赛尔一直相信科普特人在埃及的历史中发挥了至关重要的作用，他们应该得到和埃及穆斯林同等的对待。

9　Mansfield, *Nasser*, p. 20.

10　Available at http://nasser.bibalex.org/images/fi_megalet_alnadah_01.jpg [accessed 23 January 2015].

11　J. Joachim, Nasser: *The Rise to Power* (London: Odhams, 1960), p. 19.

12　甚至连教育大臣艾哈迈德·纳吉布·海拉里（Ahmad Naguib al-Hilaly）也观看了这出戏的演出。表演的宣传单原件见 http://nasser.bibalex. org/images/fi_almasra7.jpg [accessed January 23, 2015]。

13　作者 2006 年 9 月 24 日于开罗和 M. H. 海卡尔的访谈。

14　Lacouture (*Nasser*, p. 27) 生动地描述了首都对纳赛尔的影响，他 7 岁时来到开罗，"在这里学习、产生影响、斗争、被逮捕，最终读上法学院，然后选择从军，他做出这样的选择不是为了获得社会地位，而是为了行动"。

15　M. Gasper, *The Power of Representation: Publics, Peasants and Islam in Egypt*

(Stanford, CA: Stanford University Press, 2009), p. 19.

16　同上。

17　见第一章。

18　M. Gasper 在前述著作中研究了埃及民族主义者论述的农民问题。

19　I. Gershoni, J. P. Jankowski, *Redefining the Egyptian Nation, 1930-1945* (Cambridge: Cambridge University Press, 1995), pp. 100–101.

20　同上。

21　同上书，pp. 2–3。

22　摘自 1935 年 9 月 2 日纳赛尔给友人哈桑·纳沙尔（Hassan al-Nashaar）的信。http://nasser.bibalex.org/common/mapviewer.aspx?index=0&lang=ar&dir=non&type=dochandwrt&activelink=1&ID=1&path=http://nasser.bibalex.org/data/PHDocs/high/01_01.jpg [accessed: January 20, 2015]. 这封信写于 1935 年 9 月，两个月后，纳赛尔参加了学生游行示威，抗议英国拒绝埃及的立宪回归。1930 年，埃及君主废除了 1923 年宪法，这部宪法被视为埃及现代历史上最具自由主义和民主取向的宪章。

23　同上。

24　如传记作者安东尼·纳廷所言，"因为（纳赛尔）几乎所有的演说和采访都是在他统治埃及之后，他多次申明埃及和阿拉伯民族主义的第一原则，尊严要求独立，独立则要求完全结束外国占领和干预"。A. Nutting, Nasser (London: Constable, 1972), p. 7.

25　Gershoni, Jankowski, *Redefining the Egyptian Nation*, 1930–1945, pp. 3–6.

26　同上书，p. 4。

27　H.G.A. Nasser, A Historical Sketch of President Gamal Abdel-Nasser, n.d., available online from http://nasser.bibalex.org/common/pictures01-%20sira_en.htm (accessed: 21 August 2014).

28　Nutting, *Nasser*, p. 15.

29　作者 2006 年 12 月 6 日于开罗和 K. 毛希丁的访谈。

30　Nutting, *Nasser*, p. 21.

31 同上书，p. 22。

32 作者 2006 年 12 月 12 日于开罗和 K. 毛希丁的访谈。

33 P. Johnson, "Egypt under Nasser", *MERIP Reports* 10 (1972): 3, quoting A. Sadat, *Revolt on the Nile* (London: Alan Wingate, 1957), p. 53.

34 Gershoni, Jankowski, *Redefining the Egyptian Nation*, 1930–1945, p. 18.

35 同上。

36 B. A. R. al-Tikriti, *Gamal 'Abd al-Nasir: Nasha'at wa-tatawwur al-fikr al-nasiri* (Beirut: Markaz Derasat al-Wihda al-Arabiyya, 2000), p. 113.

37 G. Abdel Nasser, *Falsafat al-Thawra* (Cairo: Matab'i al-Dar al-Qawmiyya, n.d.), p. 16.

38 M. Naguib, *Kuntu Ra'isan li-Misr* (Cairo: Al-Maktab al-Misri al-Hadith, 1984), p. 61.

39 A. Sadat, *Ya waladi haza amuka Gamal* (Cairo: Madbouly, 2005), pp. 51, 83. 萨达特称纳赛尔在 1942 年创建并领导了自由军官组织，同年英国军队保卫了国王王宫。自由军官"表达了同一感受，即对英军控制军队生活内外方方面面的憎恨"（同上书，p.83）。

40 M. H. Heikal, "Introduction", G. Abdel Nasser, *Yawmiyyat Gamal 'Abd al-Nasir an'Harb Falastin* (Paris: al-Watan al-'Arabi li-l-Tiba'a wa-l-Nashr, 1978), p. 116., 这是一个成立于 19 世纪末的极端激进团体，其领导人艾哈迈德·侯赛因（Ahmad Hussein）曾被指控参与了 1952 年 1 月的埃及大火。

41 同上。

42 S. al-Hakim, *Asrar al-'alaqa al-khassa bayna 'Abd al-Nasir wa-l-ikhwan* (Cairo: Markaz al-Hadara al-'Arabiyya li-l-I'lam wa-L-Nashr, 1996), p. 8.

43 马赫迪是一个幅员辽阔的伊斯兰教国家的创建者，该国的范围从红海一直延伸到中非，马赫迪运动影响了苏丹一百多年。作为年轻人，马赫迪从传统的宗教研究转而用神秘主义阐述伊斯兰教。1881 年，他称自己是净化伊斯兰教的得天命者，但被官方谴责。他发起的运动在 1885 年 1 月 26 日攻占了喀土穆，随后在苏丹建立了一个神权国家，以恩图曼（Omdurman）为首都。请参考 Encyclopaedia

Britannica, s.v. "Al-Mahdi", http://www.britannica.com/EBchecked/topic/358109/
al-Mahdi[accessed 10 December 2013].

44　S. al-Hakim, *Asrar al-'alaqa al-khassa bayna 'Abd al-Nasir wa-l-ikhwan*,
pp. 9–11.

45　M. 'Abdel-Halim, *Al-ikhwan al-musleemoon: Ahdath san'at al-tarikh*, part 3
(Alexandria: Dar al-Da'waa, 1985), pp. 252–254.

46　作者 2006 年 10 月 12 日于开罗和 A. S. 雅辛的访谈。

47　乔尔·戈登（Joel Gordon）批评这种解释趋向缺少概念化，在和 1952 年政变
相关的作品中"十分普遍"。戈登指出一些历史学家的研究范围很局限，把
1952 年 7 月当作旧秩序的终结点，意味着他们把纳赛尔派运动中这些变动和发
展之间的联系切断了，其中也包括他们和穆斯林兄弟会之间的关系。J. Gordon,
Nasser's Blessed Movement: Egypt's Free Officers and the July Revolution
(Cairo: American University in Cairo Press, 1992), pp. 10–12. 亦参考 R. Takeyh,
K. Gvosdev, *The Receding Shadow of the Prophet: The Rise and Fall of Radical
Political Islam* (Westport, CT: Praeger, 1992), p. 60. 本书通过这些意识形态二元
论的视角分析了这些争论。

48　Lacouture, *Nasser*. 有一次，纳赛尔说穆斯林兄弟会"全是笨蛋，没有一个聪
明人"，并且说他们是"为反动势力和殖民主义服务的间谍"，指的是穆斯
林兄弟会与埃及的主要对手沙特阿拉伯合作。请参考 *Khitab Gamal Abdel-
Nasser fi Did al-Wihda*, 1966 年 2 月 22 日 (N.D.) Cairo: Ministry of National
Guidance, p.12。

49　作者 2006 年 12 月 10 日于开罗和 M. 海卡尔的访谈。

50　S. al-Hakim, *Asrar al-'alaqa al-khassa bayna 'Abd al-Nasir wa-l-ikhwan*, p. 8.

51　纳赛尔在他所有的回忆录里都没有提及这段生活经历。

52　作者 2006 年 12 月 6 日和 12 日于开罗和 K. 毛希丁的访谈。

53　作者 2006 年 10 月 2 日于开罗和 F. 阿卜杜勒·哈勒克的访谈。

54　见本书第二章。

55　作者 2006 年 12 月 6 日于开罗和 K. 毛希丁的访谈。

56 作者 2006 年 12 月 6 日和 12 日于开罗和 K. 毛希丁的访谈。

57 同上。

58 同上。

59 作者 2006 年 12 月 6 日于开罗和 K. 毛希丁的访谈。

60 同上。

61 G. Abdel Nasser, *Al-haqiqa al-lati eishtaha*, part 2 (Cairo: Idarat al-Shu' un al-'Ama li-l-Quwwat al-Musallah, 1955), pp. 4, 17, 22.

62 同上书，p. 5。

63 同上。

64 同上。

65 同上书，p. 17。

66 同上。

67 同上书，p. 22。

68 al-Tikriti, *Gamal 'Abd al-Nasir*, p. 120, citing W. Wynn, *Nasser of Egypt: The Search for Dignity* (Cambridge, UK: Arlington Books, 1959), pp. 30–35.

69 Nasser, *Yawmiyyat Gamal 'Abd al-Nasir 'an Harb Falastin*, p. 47.

70 F. Fahmy, *'Abd al-Nasir min al-Hisar leil Inqilab* (Cairo: Muassar Amoun al-Haditha, 1994), pp. 10–13.

71 他们一度被围困在费卢杰（Falluja）而拒绝了以色列军队的劝降，纳赛尔清晰地记得他的想法：“我们在这里要捍卫我们军队的荣誉”；G. Abdel Nasser, *Yawmiyyat Gamal "abd al-Nasir 'an herb falastin*, p. 84。

72 同上书，p. 177。无论是否出于泛阿拉伯主义，考虑到埃及当时的国内利益，其他学者和知识分子也同意这一观点。M. El-Sulh, *Misr wal-Uruba* (Beirut: Al-Muasassa al-'Arabiyya leil derasaat wal Nashr, n.d.), pp. 22–25. Louis Awad. 学者甚至将泛阿拉伯主义的兴起和他所说的纳赛尔的民粹主义要求联系到了一起：L. Awad, *Aqni't al-Nassiryya al-Saba': Munaqashat Tawfiq al-Hakim and Mohamed Hassanein Heikal* (Cairo: Madbouli, 1987), p. 49。

73 作者 2006 年 12 月 12 日于开罗和 K. 毛希丁的访谈。

74   Nasser, *Falsafat al-Thawra*, p. 64.

75   T. G. A. Nasser, *Zikrayati ma'ahu* (Cairo: Dar al-SHuruq, 2012), p. 27.

第六章　年轻的赛义德·库特布

1   请参考近年问世的信息丰富的库特布传记：J. Toth, Sayyid Qutb: *The Life and Legacy of a Radical Islamic Intellectual* (Oxford: Oxford University Press, 2013), J. Cavert, *Sayyid Qutb and the Origins of Radical Islamism* (New York: Columbia University Press, 2010)。

2   S. Qutb, *Tifl min al-Qarya* (Beirut: n.p., 1967), p. 21.

3   同上书，pp. 201–203。

4   同上书，p. 21。

5   同上书，p. 22。

6   同上书，pp. 128，140–146。

7   同上书，pp. 140–146。

8   S. Botman, *Egypt from Independence to Revolution, 1919-1952* (New York: Syracuse University Press, 1991), pp. 18–19.

9   Qutb, *Tifl min al-Qarya*, pp. 147–151.

10   A. J. Bergesen, "Sayyid Qutb in Historical Context," *The Sayyid Qutb Reader: Selected Writings on Politics, Religion, and Society*, ed. A. J. Bergesen (New York: Routledge, 2007), pp. 1–13.

11   M. H. Diab, *Al-Khetab walideologia* (Cairo: Dar al-Thaqafa al-Gadida, 1987), pp. 50, 89–90.

12   库特布的乡村背景让他在成年后陷入了认同危机，这场危机一直持续到他 1966 年离世。例如，在他的小说 *Ashwak* 里，到处都可以看到在开罗生活要面对的城市生活原则和他来自上埃及小乡村的出身之间的冲突。按照小说家萨瓦·巴克尔（Salwa Bakr）的说法，库特布的小说显示了他和其他的同代文学人物所持的"智识双重标准"。H. Mostafa, "Al-Namnam: Ruwayat ashwak ta' kes al-azma al-

thaqafiyya wal ibda' iyya le Sayyid Qutb", *Al-Youm al-Saabi'* (26. 4.2012), http://www.youm7.com/story/0000/0/0/-/662966#.Bnlhm_mLSUk [accessed 10 March 2014]。库特布的小说也表现出他在乡村和城市生活的困境；在作品中，他承认他的冲突部分源自保守的背景，这让他难以从容地面对女性，因此终生单身。S. Qutb, *Ashwak* (Cairo: Al-Hayaa al-Misriyya al-'Ama leil Kitab, 2011)。这部小说在 1947 年问世，值得注意的是，库特布的乡村成长背景和其他穆斯林兄弟会领导人的相似，比如被视为穆斯林兄弟会精神领袖的优素福·卡尔达维。他们两人都给他们的自传作品选了相似的题目：卡拉达维的《乡村之子》和库特布的《来自乡下的孩子》。

13 库特布在他自传作品的致谢部分提到了塔哈·侯赛因对他思想的影响。

14 T. Hussein, *Mustaqbal al-thaqafa fi misr* (Cairo: Dar al-Ma'rif, 1996).

15 I. M. Abu-Rabi', *Interllectual Origins of Islamic Resurgence in the Modern Arab World* (Albany: State University of New York Press, 1996), pp. 100–101.

16 关于库特布和其他知识分子，如阿卜杜勒－拉赫曼·拉菲仪（Abdel-Rahman al-Rafi'i）的"文学对战"，见A. Badawi, *Sayyid Qutb* (Cairo: Al-Hayaa al-Misriyya al-'Ama leil Kitab, 1992), pp. 203–228。

17 Qutb, *Tifl min al-Qarya*, p. 22.

18 M. Fadlallah, *Ma'a Sayyid Qutb fi fikrihi al-siyasi wa-l-dini* (Beirut: Mu'assasat al-Risala, 1978), p. 46.

19 A. Musallam, *From Secularism to Jihadism* (London: Praeger, 2005), p. 35; A. B. M. Hussayn, *Sayyid Qutb* (Egypt: al-Mansura, 1986), p. 122.

20 Musallam, *From Secularism to Jihadism* (London: Praeger, 2005), p. 35.

21 同上书，p. 36。

22 S. Qutb, "Naqd '*Mustaqbal al-Thaqafa*'", *Sahifat dar al-'lum 5* (4), p. 69, cited in Musallam, *From Secularism to Jihadism*, p. 36.

23 Musallam, *From Secularism to Jihadism*, pp. 50–53. H. Sharabi, *Arab Intellectuals and the West: The Formative Year, 1875-1914* (Baltimore: Johns Hopkins University Press, 1970).

24 A. Shalash, *Al-tamarrud 'ala al-adab: Dirasa fi tajribat Sayyid Qutb* (Cairo: Dar al-Shurouk, 1994), p. 84. M. H. Did, *al-Khetab wal ideologia*, p. 94.

25 M. A. Khouri, H, Algar, *An Anthology of Modern Arabic Poetry* (Berkeley: University of California Press, 1974), p. 9.

26 M. Fadlallah, *Ma'a Sayyid Qutb fi Fikrihi al-Siyasi wa-l-Dini* (Beirut: Mu'assasat al-Risala, 1978), pp. 48–49.

27 R. Al-Naqqash, *Abbas al-Aqqad bayna al-yamin wa-l-yasar* (Riyadh: Dar al-Marikh li-l-Nashr, 1988), p. 31.

28 Musallam, *From Secularism to Jihadism*, p. 36.

29 M. A. Khouri, H, Algar, *An Anthology of Modern Arabic Poetry, 8-9.*

30 同上书, pp. 8–9; H. al-Maltawi, *Falsafat al-Taqadum enda al-Aqqad: Falsafat al-Tarikh-Mashro' al Nahda,* (Cairo: Al-Arabi Leil nashr wal Tawzei, 1996), pp. 50–53。

31 库特布的文章发表在 1938 年 7 月 10 日出版的《金字塔报》，题目是"夏日度假酒店的思考：死海滩"。"Nanshur maqal kadeem le Sayyid Qutb …", *Albedaiah* 11 July 2014),available online at http://www.albedaiah.com/node/53984 [accessed 8 January 2015].

32 M. Abdel Halim, *Al-Ikhwan al-muslimun: Ahdath san't al-tarikh*, vol. 1 (Alexandria: Dar al-Da'wa, n.d.,) pp. 190–191.

33 同上书, p. 192。

34 作者 2006 年 10 月 20 日于开罗和 S. 尤尼斯的访谈。

35 作者 2006 年 9 月 25 日于开罗和 H. 哈奈菲的访谈。

36 作者 2007 年 1 月 12 日和 A. M. 沙奇里的访谈。

37 Shalash, al-Tamarrud 'ala al-Adab, p. 83.

38 A. J. Bergesen, ed., The Sayyid Qutb Reader, p. 3.

第七章　阿拉伯雄狮

1 "他觉得自己与巴勒斯坦人民没有什么不同；他们的历史和生活自然地与埃及人的

历史和生活联系在一起。他发现自己正与之战斗的敌人不仅是巴勒斯坦人的敌人，也是巴勒斯坦以南、以北所有阿拉伯人民的敌人。他发现身边有来自约旦、叙利亚、伊拉克和沙特阿拉伯的战士，他们的目标并不限于各自的国境线内。他意识到帮助犹太人建立国家的帝国主义势力也在控制着开罗、巴格达和阿拉伯半岛。"

A. Nasser, *Yawmiyyat Gamal 'Abd al-Nasir 'an herb falastin* (Paris: al-Watan al-'Arabi li-l-Tiba'a wa-l-Nashr, 1978), p. 119.

2   G. Abdel Nasser, *Falsafat al-Thawra* (Cairo: Matab'i al-Dar al-Qawmiyya, n.d.), p. 57.

3   J. Lacouture, *Nasser: A Biography*, trans. D. Hofstadter (London: Secker and Warburg,1973), p. 189.

4   纳赛尔使用"阿拉伯主义"作为他打击国内政治敌人的武器。在一次访谈中，他说："共产主义者已经不再当自己是阿拉伯人，为外部势力服务。他们在伊拉克、叙利亚和阿拉伯世界各地像工具和代理人一样行事。因此我们不能像对阿拉伯人一样对他们。"见 *President Gamal Abdel-Nasser's Speeches and Press-Interviews: 1959* (Cairo: Maslahat al-Isti'lamat, n.d.)，选 自 "Interview granted by President Gamal Abdel Nasser to Mr. R. K. Karanjia on April 17, 1959," p. 548。

5   作者 2006 年 12 月 10 日于开罗和海卡尔的访谈。

6   作者 2006 年 12 月 12 日于开罗和 K. 毛希丁的访谈。纳赛尔并没有将他的阿拉伯民族主义信仰与他使用这一意识形态来消灭国内反对声音区别开来。例如，纳赛尔总是把穆斯林兄弟会描绘成"帝国主义势力的帮凶"。在梅哈拉纺织品工厂扩建的开幕仪式上，纳赛尔说："我们将不给帝国主义者任何机会来制造分裂，也不允许它的傀儡像过去那样制造争端。我们有过党派政治和不团结的经历，我们意识到了党派政治只是用来削弱我们的工具，让我们的敌人控制我们并把我们置于他们的影响范围之内……我们的敌人以宗教、民主和其他名号来破坏共和国，分裂阿拉伯世界，摧毁阿拉伯团结。" http://nasser.bibalex.org/Speeches/browser.aspx?SID=787&lang=ar [accessed 16 December 2015].

7   P. Seale, *The Struggle for Syria: The Study of Post-War Arab Politics, 1945-1958* (London: I. B. Tauris, 1965), p. 325.

8 同上。

9 M. H. Heikal, *Sanawat al-Ghalayan* (Cairo: Ahram, 1988), pp. 258,266.

10 *Arba'una 'aman 'ala al-wihda al-misriyya al-suriyya* (Cairo: Ahram, 1988), p. 204. 这份文件是 1988 年 2 月 22 日和 23 日研讨会的成果。

11 同上。

12 阿拉伯联合共和国举行选举时，9445 名获选者中只有 250 个复兴党人：K. Deeb, *Tarikh suriya al-mu'asir: Min al-intidab al-faransi hatta sayf 2011* (Beirut: Al-Nahar, 2011), pp. 185–196。

13 J. Lacouture, Nasser: A Biography, trans. D. Hofstadter (London: Secker and Warburg,1973), p. 186.

14 *President Gamal Abdel Nasser's Speeches and Press-Interviews: 1959* (Cairo: Maslahat al-Isti'lamat, United Arab Republic, n.d.). From "Interview Granted by President Gamal Abdel Nasser to William H. Stringer and published by the *Christian Science Monitor* on Jan. 22," p. 524.

15 'A. Abul-Nur, *'Abdel-Mohsen Abul Nur Yarwi al-Hakika an Thawrat Yulyu* (Cairo: Maktabat al-Usra, 2003), p. 83.

16 Lacouture, *Nasser*, p. 186.

17 作者 2006 年 12 月 6 日和 12 日和毛希丁的访谈。

18 2006 年 12 月 10 日和海卡尔的访谈。

19 尽管纳赛尔的妻子塔西娅（Tahia）的回忆录中从未提到他做礼拜，但她确实常常写到他信仰虔诚。她写道，丈夫离家时总是放着一本《古兰经》。有一次，他要求妻子"快点在日出前去礼晨礼"。尽管在伊斯兰教中，在太阳升起后礼晨礼是被允许的，但纳赛尔还是热忱地要求他的妻子按准确的规矩礼拜。她在回忆录中的下一句是："他表现出了安慰、爱和同理心。"T. G. A. Nasser, *Zikrayati Ma'ahu*（Cairo：Dar al-Shuruq, 2012），p. 62.

20 例如，纳赛尔曾将他的社会主义民主工程与《古兰经》进行对比："正如我说过的，我们没有写过一本名叫'社会主义民主，合作社会'的书。万能的真主给我们提供了范例。真主可以在一瞬间带来《古兰经》，但用了 23 年时间来向我们传达《古兰经》，以给我们提供遵循的范例"，available from http://nasser. bibalex.org/Speeches/browser.aspx?SID=787&lang=ar [accessed 16 December 2015]。

21 "Khitab al-rais Gamal Abdel-Nasser ba'da salat al-jum'a min al-jam'i al-azhar athna'al-'udwan al-thulathi"，available from http://nasser.bibalex.org/Speeches/ browser.aspx?SID=524 [accessed 22 March 2014].

22 纳赛尔的宗教言论让埃及人认识到爱资哈尔的宗教学者在动员民众反抗1798 年拿破仑入侵和英国殖民主义中发挥的重要作用。谢赫基什克（Sheikh Kishk） 是一名很受欢迎的教士，他在清真寺演讲、抨击纳赛尔就是一个例子。M. G. Kishk, *Wa dakhalat al-khayl al-azhar*, 3rd ed. (Cairo: Al-Zahraa leil I'lam al-Araby, 1990), pp. 239, 344.

23 "Qanun raqam 103 lesanat 1961 beshaan i'adat tanzeem al-azhar wal hayaat allatiyashmalluah"，available from http://www.alazhar-alsharif.gov.eg/Statistics/ law [accessed 21 March 2014].

24 A. Morsy, N. Brown, "Egypt's al-Azhar Steps Forward," Carnegie Endowment for International Peace, 2014; http://carnegieendowment.org/2013/11/07egypt-s-al-azhar-steps-forward[accessed: 21 March 2014].

25 M. Al-Bahy, *Hayati fi rehab al-azhar: Taleeb wa ustaz wa wazir* (Cairo, Maktabat Wahba, 1983), p. 76.

26 同上书，pp. 83，116–117。

27 同上书，p. 117。

28 同上书，p. 116。

29 S. V. R. Nasr, *Islamic Leviathan: Islam and the Making of State Power* (New York: Oxford University Press, 2001), pp. 3–14; N. Ayubi, *Over-Stating the Arab State* (London: I. B. Tauris, 1995), p. 84.

30 Nasr, *Islamic Leviathan*, pp. 13–14.

31 C. J. Beck, "State Building as a Source of Islamic Political Organization," *Sociological Forum 24*, no. 2 (2009: 341–342); *Nasr, Islamic Leviathan*, p. 4.

32　了不起的是，纳赛尔以葛兰西–福柯式视角理解思想："思想有力量。在军事上，假设今天某个强国带着十万大军来占领我们，但是如果我们全民都坚定地拥护阿拉伯民族主义的话，那些要侵略我们的人就要三思了。侵略者如今需要一百万人才能征服埃及"，*President Gamal Abdel Nasser's Speeches and Press-Interviews: 1959* (Cairo: Maslahat al-Isti'lamat, United Arab Republic, n.d.)。Interview Granted by President Gmal Abdel Nasser to William H. Stringer and published by the *Christian Science Monitor* on Jan. 22", pp. 521–525. 纳赛尔指出，"意识形态或原则的问题是不现实的，主导权和影响范围才是现实。我们可以用南斯拉夫的例子来说明，南斯拉夫是社会主义国家，却是苏联一次又一次的攻击目标，因为南斯拉夫拒绝进入苏联的影响范围或屈服于苏联的主导。因此，这不是意识形态问题，而是主导权的问题"：*President Gamal Abdel Nasser's Speeches and Press-Interviews: 1959* (Cairo: Maslahat al-Isti'lamat, United Arab Republic, n.d.)。From "President Gamal Abdel Nasser's Speech Addressed to Arab Workers Delegations, April 29, 1959," pp. 227–231. *President Gamal Abdel Nasser's Speeches and Press-Interviews: 1959* (Cairo: Maslahat al-Isti'lamat, United Arab Republic, n.d.). "President Gamal Abdel-Nasser's Speech in Damascus March 20, 1959," pp. 162–167.

33　萨达特的政策和对宗教的利用将在本书第八章中详细讨论。

34　纳赛尔关于巴勒斯坦的演说，*Palestine: Min Aqwal al-Ra'is Gamal 'Abd al-Nasir* (Cairo: al-Dar al-Qawmiyya li-l-Tiba'a wa-l-Nashr, n.d.)。

35　同上书，p. 3。

36　作者 2006 年 11 月 26 日于开罗和法耶克的访谈。

37　G. Abdel Nasser, *'Ala Tariq al-Ishtirakiya* (Cairo: al-Dar al-Qawmiyya li-l-Tiba'a wa-l-Nashr Abdel-Nasser, n.d.), p. 15.

38　作者 2006 年 9 月 24 日于开罗和海卡尔的访谈。

39　F. Fanon, *The Wretched of the Earth*.

40　同上书。

41　这就是法农和纳赛尔出现分歧的地方。法农本人曾警告反殖民运动强调民族身份的局限性，更具体地说，是对民族总体化和本质化观念的强调。

42 Nasser, *Falsafat al-Thawra*, p. 16.

43 Nutting, *Nasser* (London: Constable, 1972), p. 46.

44 同上。

45 同上书，p. 49。

46 作者 2006 年 12 月 12 日于开罗和毛希丁的访谈。

47 作者 2006 年 12 月 10 日于开罗和海卡尔的访谈。

48 作者 2006 年 11 月 26 日于开罗和法耶克的访谈。

49 Nutting, *Nasser*, p. 117.

50 作者 2006 年 12 月 12 日于开罗和毛希丁的访谈。

51 Nasser, *'Ala Tariq al-Ishtirakiya,* p. 14.

52 同上书，pp. 15–16。

53 同上书，p.16。

54 J. Gordon, Nasser: Nero of the Arab Nation (Oxford, UK: Oneworld, 2006), p. 50.
    F. Labib, *Al-shu'yoon, wa Abdel Nasser: Al-tahalyf wal muwagaha* (1958–1965),
    part 2 (Cairo: Sharkat al-Tiba' al-'Arabiyya al-Haditha, 1992).

55 Nutting, *Nasser*, p. 118.

56 Hanna, Garner, *Arab Socialism*, p. 114.

57 同上书，p. 112。

58 在 1958 年的一场演说中，纳赛尔暗示了革命的发展："7 月 23 日革命刚刚登场
    时，所有人都觉得这是一场埃及人的革命。然而除了这种感受，人们也觉得它不
    仅仅是埃及人的革命，也是一场和帝国主义势不两立的革命，它沿着土地延伸到
    了阿拉伯人的心和灵魂中，这场革命绝不会让任何外国势力扶植它自己的工具。"
    President Gamal Abdel-Nasser's Speeches and Press-Interviews: 1958 (Cairo:
    Maslahat al-Isti'lamat, United Arab Republic, n.d.). From "Address by President
    Gamal Abdel Nasser to yet another Lebanese delegation that arrived at Evacuation
    Square, Damascus at 1:15 in March 1958," pp. 94–102.

59 Preamble, Constitution of the Republic, January 16, 1956.

60 作者 2007 年 2 月 8 日于开罗和沙拉夫的访谈。

61 作者 2006 年 12 月 6 日于开罗和毛希丁的访谈。

62 作者 2006 年 11 月 26 日于开罗和法耶克的访谈。

63 作者 2006 年 12 月 6 日于开罗和毛希丁的访谈。

64 M. A. Sadat, *Asrar al-thawra al-misriyya wa bawaethha al-khafiya wa asbabaha al-saychologia*, intro. by G. Abdel Nasser (Cairo: al-Dar al-Qawmiyya leil Tiba'a wal Nashr, 1965), p. 167.

65 B. A. R. al-Tikriti, *Gamal 'Abd al-Nasir: Nasha'at wa-tatawwur al-fikr al-nasiri* (Beirut: Markaz Derasat al-Wihda al-Arabiyya, 2000), p. 111.

66 同上书，pp. 111–112, citing A. Hamroush, *Qissat thawrat 23 yulyu: Misr wal-askaryouun* (Beirut: Al-Muassassa al-A'rabiyya leil Derasat wal-Nashr, 1974–1978), p. 99。

67 K. Mohieddin, *Wal-Ann atakallam* (Cairo: Ahram, 1992), pp. 64–66.

68 作者 2006 年 12 月 12 日于开罗和毛希丁的访谈。

69 F. Mattar, *Bi-saraha 'an 'Abd al-Nasir* (Beirut: Dar al-Qadaya, 1975), p. 95.

70 作者 2006 年 12 月 10 日于开罗和海卡尔的访谈。

71 同上。

72 作者 2006 年 12 月 6 日于开罗和毛希丁的访谈。

73 作者 2006 年 10 月 20 日于开罗和尤尼斯的访谈。

74 同上。

75 安努瓦·阿卜杜勒·马利克（Anouar Abdel Malek）将纳赛尔的国家称为"军官共和国"：A. Abdel Malek, *Egypt: Military Society: The Army Regime, the Left, and Social Change under Nasser*, trans. C. M. Markmann (New York: Random House, 1968)。艾哈迈德·哈姆罗什说过，1952 年的政变是"把权力从公民手中转移到军队手上的转型……是从一个阶级到另一个阶级的转变"：A. Hamroush, *Qissat Thawrat Yulyu 23: Al-Bahth 'an al-Demoqratiyya* (Cairo: Dar Ibn Khaldoun, 1982), p. 97。哈姆罗什还提出，纳赛尔在把20世纪50年代的"合作民主社会主义"转向60年代的"科学社会主义"时缺少在社会经济层面的意识形态承诺和作为。同上书，p. 129。

第八章　偶然的伊斯兰主义者？

1　关于库特布宗教和文学分离的立场，见 M. Fadlallah, *Ma'a Sayyid Qutb fi fikrihi al-siyasi wa-l-dini* (Beirut: Mi'assasat al-Risala, 1978), p. 48。他与以世俗观点知名的阿卡德决裂后开始向伊斯兰教靠拢的内容，见 A. Shalash, *Al-tamarrud 'ala al-adab: Dirasa fi tajribat Sayyid Qutb* (Cairo: Dar al-Shurouk, 1994), pp. 124–125。

2　S. A. Khalidi, *Sayyid Qutb min al-min al-milad ella al-istishhad* (Damascus: Dar al-Qalam, 2010); M. Abdel Haleem, *al-ikhwan al-muslimun: Ahdath san't al-tarikh*, vol. 1 (Alexandria: Dar al-Da'wa, n.d.), p. 192.

3　S. Qutb, *Ma'alim oil Tariq* (Cairo: Dar al-Shurouk, 1979), p. 131.

4　J. Calvert, *Sayyid Qutb and the Origins of Radical Islamism* (New York: Columbia University Press, 2010), p. 72.

5　作者 2006 年 10 月 18 日于开罗和 A. S. 雅辛的访谈。

6　S. Qutb, "Illa ustazana al-duktur Ahmed Amin", *Al-Thaqafa,* no. 633 (10 September 1951).

7　A. Musallam, *From Secularism to Jihadism* (London: Praeger, 2005), pp. 89–90.

8　Qutb, "Illa ustazana al-duktur Ahmed Amin."

9　S. Qutb, "Bada al-ma'raka: Al-damir al-adabi fi misr, shun wa shuyukh", al-'Aram al-'Arabi, year 1, no. 4 (1947.07): 52–54; Musallam, *From Secularism to Jihadism*, pp. 89–90.

10　Shalash, *Al-tamarrud 'ala al-adab*, p. 118.

11　Qutb, "Bada al-ma'raka," pp. 52–54; Musallam, *From Secularism to Jihadism*, pp. 89–90.

12　M. R. Al-Bayoumi, "Qutb bayna al-Aqqad wal Khili", *Al-Thaqafa*, year 3, no. 53 (1978. 02).

13　Shalash, *Al-tamarrud 'ala al-adab*, pp. 124–125.

14 同上书，pp.116，126。

15 正是在这段时期，埃及遭遇了极其悲惨的社会经济衰败，大面积种植棉花让粮食种植面积减少，导致食品短缺。更多信息详见 N. Reynolds, *A City Consumed: Urban Commerce, the Cairo Fire, and the Politics of Decolonization in Egypt* (Stanford, CA: Stanford University Press, 2012), pp. 148–149。

16 H. al-Namnam, *Sayyid Qutb wa thawrat yulyu* (Cairo: Misrit, 1999), p. 75.

17 同上书，p. 76。

18 在当时，埃及社会因联合国分治巴勒斯坦的决议大受震动。抗议示威和爆炸在埃及各大城市此起彼伏，还伴随对科普特人和犹太人商店的攻击。见 N. Reynolds, *A City Consumed*, p. 151。法律和秩序的缺失导致民众和警察之间冲突持续不断，而当街头流氓发起攻击时，警察却袖手旁观；媒体煽动性的报道也使民众怒火中烧。此外，学生的政治积极性高涨，他们的不满自 1936 年华夫托党签署条约以来一直存在，该条约允许英国继续在埃及存在，只保障了埃及人极其有限的独立。

19 Reynolds, *A City Consumed*, p. 151.

20 海卡尔是当时重要的政治人物和作者，他将伊斯兰教作为自己的生活方式，脱离了青年时期对西方思想的迷恋。在 20 世纪 30 年代之前，海卡尔并未特别考虑将伊斯兰教作为埃及的政治基础。他也没有详细思考在科学完全满足人类需求之前，宗教除了精神功能之外是否还有其他社会功能以维持社会秩序。C. D. Smith, *Islam and the Search for Social Order in Modern Egypt: A Biography of Muhammad Husayn Haykal* (Albany: State University of New York Press, 1983), p. 103. 海卡尔这一人生阶段在他的《文学反叛》(*Thawrat al-Adab*) 中有清晰展现，他从科学和哲学对人类发展至关重要的观点出发，对埃及的身份认同表现出一种传统倾向：M. H. Haykal, *Thawrat all al-Adab* (CairoL Dar al-Maaref, 1983), p. 25。他指出，在伊斯兰文明的黄金时代中，伊斯兰文明得到了西方文明的滋养（同上书，第 28 页）。但是在经历剧烈变化后，海卡尔提倡回归早期伊斯兰教，采纳与现代生活相适应的早期伊斯兰原则。在他的《穆罕默德传》(*Hayat Muhammad*) 中，他大力宣扬伊斯兰文明对西方文明的优越性，因为在他看来，近代西方文明在"安拉面前的完全平等和法律面前的平等"之间存在巨大鸿沟。M. H. Haykal, *Hayat Muhammad*, 14th ed. (Cairo: Dar al-Maareif, 1977), p. 526. 他还提出，穆罕默德·阿卜杜对《古兰经》的解释使伊斯兰教可以合理地决断任何事（同上书，第 520 页）。正如我们所见，海卡尔在知识分子生涯中早期和后期的思想存在巨大冲突。查尔斯·史密斯（Charles Smith）教授解释说，这种冲突反映了海卡尔为确保其政治和智识地位所做出的意识选择，无论他的论点多么矛盾。按照史密斯的说法，海卡尔试图"操弄公众的宗教热忱，尽管他作为教育部官员时不懈地排除宗教对政府教育政策的侵入"：*Smith, Islam and the Search for Social Order in Modern Egypt,* p. 132。

21   I. M. Abu Rabi', *Intellectual Origins of Islamic Resurgence in the Modern Arab World* (Albany: State University of New York Press, 1996), p. 59.

22   Mark Juergensmeyer, *The New Cold War? Religious Nationalism Confronts the Secular State* (Berkeley: University of California Press, 1993), p. 24.

23   埃及青年党成立于 1933 年，是受益于伊斯兰教功能角色的一个实例。该党"在行动和哲学上都反对欧洲民主实践，尤其是华夫托党在埃及的操作，他们在意识形态上与纳粹党等当时在欧洲活跃的法西斯组织相呼应"。S. Botman, *Egypt from Independence to Revolution, 1919-1952* (New York: Syracuse University Press, 1991), p. 118. 埃及青年党的爱国主义和军国主义要求埃及人只买国货，只说阿拉伯语，该党的领导人还回首伊斯兰教的光辉过去，寻求文化复兴，呼吁将宗教和道德作为生活的指导原则。塞尔玛·波特曼（Selma Botman）指出，向宗教极端主义发展是该党领导人艾哈迈德·侯赛因的尝试，为了增强埃及青年党的吸引力，他们首先瞄准高中生和大学生，然后是城市中低阶层的成年人（同上书，第 117 页）。该党在 1940 年更名为国家伊斯兰党（National Islamic Party），成功扩大了影响力。从那以后，该党的目标是"重现埃及的辉煌并获得国家独立"，这使该党在华夫托党大本营的各大学中获得了极大支持。A. Abdalla, *The Student Movement and National Politics in Egypt: 1923-1973*（Cairo：American University in Cairo，1985），pp. 51–53. 同样重要的是，埃及青年党拥护工业和农业改革，甚至支持实施一元钱计划（Piastre Plan）来改变地方工业或提供资金解决方案。该党还因"反英"而出名，他们组织暴动反抗占领者。Abdalla，*The Student Movement and National Politics in Egypt*：*1923-1973*, pp. 51–53。

24　S. Qutb, al-'Adala al-Ijtima'iyya fi-l-Islam (Cairo: Dar al-Shurouk, 1993), p. 17.

25　Abu Rabi', *Intellectual Origins of Islamic Resurgence in the Modern Arab World*, p. 109.

26　作者 2006 年 9 月 25 日于开罗和哈纳菲的访谈。

27　作者 2006 年 12 月 12 日于开罗和阿萨尔的访谈。

28　作者 2006 年 10 月 16 日于开罗和哈勒克的访谈。

29　Namnam, *Sayyid Qutb wa thawrah yulyu,* p. 40.

30　F. Gerges, *Journey of the Jihadist: Inside Muslim Militancy* (2006), chapter 4, pp. 143–181; S. Qutb, "The America I Have Seen: In the Scale of Human Values," *America in an Arab Mirror: Images of America in Arabic Travel Literature: An Anthology*, ed. Kamal Abdel Malek (Basingstoke, UK: Palgrave Macmillan, 2000), pp. 9–28.

31　S. Younis, *Sayyid Qutb wa-l-Usuliyya al-Diniyya* (Cairo: Dar Tiba'a, 1995), pp. 144–145.

32　S. Qutb, *Ma'rakat al-Islam wa-l-Ra'smaliyya* (Cairo: Dar al-Shurouk, 1993), p. 21.

33　同上书，p. 19。

34　同上书，pp. 19，54。

35　S. Younis, *Sayyid Qutb wa-l-Usuliyya al-Diniyya*, p. 147.

36　S. Qutb, "Jabha wahida"，al-Liwa al-Jadid, issue 15 (1951.07.24), S. Younis, cited in Sayyid Qutb wa-l-*Usuliyya al-Diniyya* (Cairo: Dar Tiba'a, 1995), p. 148.

37　S. Qutb, "Hadha Huwa al-Tariq⋯ Harb 'Isabat'"，*Da'awa* (1951.08), S. Qutb, "*Alan ila al-'Amal," al-Liwa al-Jadid*, issue 30 (1951), cited in S. Younis, *Sayyid Qutb wa-l-Usuliyya al-Diniyya*, p. 148.

38　作者于 2006 年 10 月 27 日在开罗采访迪亚卜。另见迪亚卜，*Al-khetab wal ideologia* (Cairo: Dar al-Thaqafa al-Gadida), 1987)。

39　作者 2006 年 12 月 6 日于开罗和 K. 毛希丁的访谈。

40　Namnam, *Sayyid Qutb wa thawrat yulyu*, pp. 61–62.

41　Musallam, *From Secularism to Jihadism*, pp. 140–141.

42　S. Qutb, "Istigwab ella al-batal Mohamed Naguib", *al-Akhbar al-Jadidia*, issue 46 (1952.08.08), cited in S. Younis, *Sayyid Qutb wa-l-Usuliyya al-Diniyya*, p. 157.

43　Namnam, *Sayyid Qutb wa thawrat yulyu*, p. 61.

44　讽刺的是，在 2013 年对军方推翻埃及历史上首位民选总统穆尔西（穆斯林兄弟会成员）的大规模抗议上，他们相似地将"革命正当性"作为行动基础，谴责批评者把所发生的事情称为政变。

45　S. Qutb, "Idrebou wal hadeed sakhin", *al-Da'wa* (1952.08.21), cited in Younis, *Sayyid Qutb wa-l-usuliyya al-diniyya*, p. 179.

46　S. Qutb, "Hazehi al-ahzab gheir qabela leil-baqaa", *al-Akhbar al-Jadida*, issue 1268 (1952.09.29).

47　同上。

48　S. Qutb, "Harakat la tukhifana", al-Akbar al-Jadida, issue 52 (1952.09.29), cited in Younis, *Sayyid Qutb wa-l-usuliyya al-diniyya*, p. 157.

49　作者 2006 年 10 月 27 日于开罗和迪亚卜的访谈。

50　S. Al-Masri, *Al-Ikhwan al-Muslimun wal tabaqaa al-'amela* (Cairo: Al-Amal leil Nashr, 1992), pp.76–77, cited in Musallam, *From Secularism to Jihadism*, p. 140.

51　Musallam, *From Secularism to Jihadism*, p. 140.

52　纳赛尔和库特布之间的关系存在一些争议。按照艾哈迈德·巴库里的说法，纳赛尔告诉他说库特布曾想要担任解放大会的秘书，但纳赛尔拒绝把他安排在这个职位上，"以免库特布将解放大会变成穆斯林兄弟会的部门"：A. H. al-Baquri, *Baqaa dhikrayat* (Cairo: al-Ahram, 1988), p. 218. 穆斯林兄弟会的重要成员萨拉赫·沙迪则表示赛义德·库特布拒绝了这一职位：S. Shadi, *Al-shahidan Hassan al-Banna wa-Sayyid Qutb* (Mansura, Egypt: Wafa Press, 1988), p. 61. 萨拉赫·阿卜杜勒·法塔赫·哈立迪摘录了赛义德·库特布的兄弟穆罕默德·库特布的话，称革命指导委员会指派赛义德·库特布担任其内部事务和文化事务的顾问；库特布只在这个职位上待了几个月：S.A. F. al-Khalidi, *Sayyid Qutb: al-SHahid al-*

Hayy (Amman: Maktabat al-Aqsa, 1981), p.142。

53　Musallam, *From Secularism to Jihadism*, p. 139.

54　S. Qutb, "Min masalaht kebab al-Mulak an Yakhdau leil Thawra", *Rose al-Yusuf,* issue 1263.

55　S. Fayyad, "Sayyid Qutb bayna al-Naqd al-Adabi wa-Jahaliyyat al-Qarn al-'Ishrin", *al-Hilal* (1986.09).

56　纳赛尔和其他自由军官在 1952 年政变前几天在库特布家中与他见面，这表明库特布在革命准备中扮演了重要角色: S. A. F. al-Khalidi, *Sayyid Qutb: al-Shahid al-Hayy*, p. 140; 作者于 2006 年 10 月 27 日在开罗与迪亚卜的访谈。

57　A. Hamouda, *Sayyid Qutb: Min al-Qariyya ella al-mishnaqa, tahqiq wathaiqi* (Cairo: Sina leil Nashr, 1987), p. 111.

58　作者 2006 年 12 月 12 日于开罗和 K. 毛希丁的访谈。

59　据评论家谢里夫·尤尼斯的说法，库特布与倾向穆斯林兄弟会的自由军官卡迈勒丁·侯赛因关系密切，后者的任务是"清理部级单位中的忠于前政权者"。尤尼斯是在采访了当时的教育部长办公室主任伊斯梅尔·卡巴尼（Ismail al-Qabbani）后得知此事的。S. Younis, *Sayyid Qutb wa-l-usuliyya al-diniyya*, p. 154.

60　同上书，p. 154。

61　Hamouda, *Sayyid Qutb*, pp. 111–112.

62　M. Abdel-Halim, *Al-ikhwan al-muslimun: Ahdath san'at al-tarikh*, vol. 3 (Alexandria: Dar al-Da'wa, n.d.), p. 174.

63　S. Qutb, *Limaza 'adamuni* (Riyadh: Al-Sharika al-Saudiyya leil Abhath wal Nashr, 1990), p. 14.

64　同上书，p. 15。

65　同上书，p.16。

66　同上书，pp. 15–16。

67　S. Qutb, "Nuqtat al-bad", issue 995, al-Da'wa (1952.07.28), cited in Younis, *Sayyid Qutb wa-l-usuliyya al-diniyya*, p. 161.

68　S. Qutb, "Al-Shu'ub al-Islamiyya Tazhaf", *Al-Risala*, issue 979 (1952.04.07), cited in Younis, *Sayyid Qutb wa-l-usuliyya al-diniyya,* p. 161.

69 S. Qutb, "Nuqtat al-bad", issue 995, al-Da'wa (1952.07.28), cited in Younis, *Sayyid Qutb wa-l-usuliyya al-diniyya,* p. 161.

70 作者 2007 年 1 月 12 日于亚历山大和 A. M. 沙奇里的访谈。

71 Diab, *Sayyid Qutb*, p. 101.

72 同上。

第九章　库特布的秘密社

1   Z. Munson, "Islamic Mobilization: Social Movement Theory and the Egyptian Muslim Brotherhood," *Sociological Quarterly* 42, no. 4 (1972): 487–510.

2   关于会员等级，参考 R. Mitchell, *The Society of the Muslim Brothers* (New York: Oxford University Press, 1993), p. 183。

3   同上。

4   同上书，p. 196。

5   Munson, "Islamic Mobilization", pp. 487–510.

6   Mitchell, *The Society of the Muslim Brothers,* p. 328. 这些数字是基于官方文件（Qadiyat al-Nuqrashi），在米歇尔做研究时，这些文件存放在开罗的国家委员会大楼中。

7   Munson, "Islamic Mobilization," pp. 487–510.

8   Mitchell, *The Society of the Muslim Brothers,* p. 188.

9   同上书，p. 189。

10 U.S. Department of State (USDS), Confidential Central Files, Egypt, 1954, #2439,cited in Munson, "Islamic Mobilization," pp. 487–510.

11 同上书，p. 499。另参考 M. Abdel Halim, *Al-ikhwan al-muslimun: Ahdath san'at al-tarikh,* vol.3 (Alexandria: Dar al-Da'waa, 1985), pp. 32–33。

12 Munson, "Islamic Mobilization," p. 499. 马哈茂德·阿卜杜勒·哈立姆是穆斯林兄弟会的创始成员，他认为逮捕和镇压是无效的，因为"穆斯林兄弟会的成员是由‘*habl ellah*’（真主的纽带）连在一起的，真主的纽带比任何联系都更紧密”：
Abdel Halim, *Al-Ikhwan al-Muslimun*, vol. 3, p.32。

13　作者 2007 年 1 月 10 日于开罗和阿卜杜勒·马吉德的访谈。

14　同上。

15　同上。

16　作者 2007 年 1 月 13 日于开罗和卡迈勒的访谈。

17　M. A. Al-Siman, *Hassan al-Banna: Al-rajul wa-l-fikra* (Dar al-I'tisam, 1978).

18　作者 2007 年 2 月 20 日于埃及曼苏拉和 S. 艾德的访谈。

19　《在〈古兰经〉的绿荫下》是一系列作品，其中每一本都是对《古兰经》某部分
　　的经注和评论。库特布在 1954 年入狱前完成了一些，其余的在狱中完成。在
　　1954 年以前完成的部分中，他更多关注伊斯兰在美学和智识方面的内容，而入
　　狱后的内容则有清晰的政治和意识形态色彩，包括蒙昧、革命行动主义和先锋
　　队；S. Qutb, *Fi Zilal al-qur'an*, vol. 1 (part 1–4) (Cairo: Dar al-Shurouk, 2003)。

20　S. Al-Khalidi, *Al-manhaj al-haraki fi zilal al-qur'an*, 2nd ed. (Amman: Dar
　　Ammar, 2000), pp.26–30.

21　Qutb, *Fi zilal al-qur'an*, vols. 1–6, p. 1417.

22　S. Qutb, *Ma'lim fil tariq* (Cairo: Dar al-Shurouk, 1979), p. 17.

23　同上书，pp. 17–18。

24　同上书，pp. 149–150。

25　同上书，pp.12–19。

26　同上。

27　作者 2007 年 2 月 30 日于埃及曼苏拉和 S. 艾德的访谈。

28　Qutb, *Fi zilal al-qur'an*，p. 1411.

29　作者 2007 年 2 月 18 日于埃及曼苏拉和 S. 艾德的访谈。

30　Qutb, *Fi zilal al-qur'an*，pp. 1416–1417.

31　作者 2007 年 2 月 18 日于埃及曼苏拉和 S. 艾德的访谈。

32　作者 2006 年 12 月 31 日于埃及达卡里亚和阿什马维的访谈。

33　作者 2007 年 2 月 20 日于埃及曼苏拉和 S. 艾德的访谈。

34　S. Qutb, *Ma'lim fil tariq,* p. 150.

35　作者 2007 年 2 月 9 日于埃及亚历山大和沙奇里的访谈。

36　作者 2007 年 2 月 20 日于埃及曼苏拉和艾德的访谈。

37　S. Qutb, *Ma'lim fil tariq,* p. 35.

38　同上书，p. 81。

39　虽然库特布在此并未直接指明，但他所指的是爱资哈尔的学者们。在 20 世纪 60 年代，纳赛尔将声名显赫的千年学府和最高宗教权威爱资哈尔清真寺置于政府的直接管控之下，目标是"将爱资哈尔的教师和学生管理起来，并解释伊斯兰教和纳赛尔社会主义的相容性"。爱资哈尔的教师和学生甚至"被配发军服并在军官指挥下练习齐步走"。G. Kepel, *Jihad: The Trail of Political Islam*, trans. R. Anthony (Cambridge, MA: Belknap Press of Harvard University Press, 2002), p. 53.

40　Qutb, *Ma'lim fil tariq*, p. 35.

41　同上书，p. 9。

42　I. Taymiyaa, *Fiqh al-Jihad* (Beirut: Dar al-Fiqr al-Araby, 1992), pp. 63–64.

43　在伊斯兰教法律中，个人主命指的是每个穆斯林都必须尽到的义务，包括礼拜、慈善捐献、斋戒和朝觐。与个人主命相对的是集体主命。"Fard al-Ayn" in *The Oxford Dictionary of Islam*, ed. J. L. Esposito, Oxford Islamic Studies Online, available from http://www.oxfordislamicstudies.com/article/opr/t125/e624[accessed 7 April 2014].

44　作者在 2007 年 2 月 16 日于开罗和阿卜杜勒·哈勒克的访谈。

45　同上。

46　同上。

47　作者 2007 年 2 月 12 日于埃及曼苏拉和 S. 艾德的访谈。

48　同上。

49　作者 2007 年 2 月 18 日于埃及曼苏拉和 S. 艾德的访谈。

50　作者 2006 年 12 月 1 日于开罗和拉义夫的访谈。

51　作者 2007 年 2 月 30 日于埃及曼苏拉和艾德的访谈。

52 作者 2007 年 2 月 18 日于埃及曼苏拉和艾德的访谈。

53 作者 2007 年 2 月 30 日于埃及曼苏拉和艾德的访谈。

54 作者 2006 年 11 月 30 日于埃及达卡里亚和阿什马维的访谈。

55 作者 2006 年 12 月 31 日于埃及达卡里亚和阿什马维的访谈。

56 作者 2007 年 1 月 8 日于开罗和阿卜杜勒·马吉德的访谈。

57 作者 2007 年 1 月 13 日于开罗和阿卜杜勒·马吉德的访谈。

58 作者 2007 年 1 月 7 日于开罗和阿卜杜勒·马吉德的访谈。

59 作者 2007 年 2 月 6 日于埃及曼苏拉和 A. 穆萨的访谈。

60 作者 2007 年 2 月 6 日于埃及曼苏拉和 A. 穆萨的访谈。

61 作者 2007 年 2 月 12 日作者于埃及曼苏拉和 S. 艾德的访谈。

62 同上。

63 S. Qutb, *Dirasat Islamiyya* (Cairo: Dar al-Shurouk, 1967), p. 161.

64 Qutb, *Fi zilal al-qur'an*, p. 414.

65 以教育部官员的身份，库特布被派往美国学习教育管理。这段时间成为库特布思想发展的"路标"，他对西方文化和现代主义感到厌恶。库特布在美国期间写的书信和文章由哈立迪整理，见 S. A. Al-Khalidi, *Amrika min al-dakhel bi munzar Sayyid Qutb* (Damascus: Dar al-Qalam, 1985)。在美国的生活激化了库特布"文化冲突的感受——受困的伊斯兰教面对着步步紧逼的西方"，见 L. C. Brown, *Religion and State: The Muslim Approach to Politics* (New York: Columbia University Press, 2000), p. 155。在库特布去美国之前，他在一本 1949 年出版的书中曾赞扬美国的"社会正义"是可效法之榜样。从这一点来看，库特布随后在美国的经历是他激进化的转折点。见 S. Qutb, *Al-Adala Ijtimi'iyya fil Islam* (1949; Cairo: Dar al-Shurouk, 1995)。

66 作者 2007 年 1 月 7 日于开罗和阿卜杜勒·马吉德的访谈。

67 作者 2007 年 2 月 12 日于埃及曼苏拉和 S. 艾德的访谈。

68 Al-Khalidi, *Amrika min al-dakhel bi mantra Sayyid Qutb*.

69 An example of one such forum is the I Am a Muslim Network, available from http://www.muslm.org/vb [accessed 28 March 2013].

70　M. I. Mabrouk, *Al-islam al-nafi': Al-islam alladhi turiduhu amrika* (Cairo: Markaz al-Hadara al-'Arabiyya, 2010).

71　作者 2007 年 1 月 20 日于埃及亚历山大和沙奇里的访谈。

72　同上。

73　同上。

74　同上。

75　同上。

76　同上。

77　同上。

78　同上。

79　作者 2006 年 10 月 20 日于开罗和尤尼斯的访谈。

80　阿布·阿拉·毛杜迪于 1903 年在印度出生。他的意识形态论述成为很多逊尼派伊斯兰主义者的规范，库特布也深受其影响。蒙昧无知和先锋队的概念是库特布在毛杜迪的著作出版 20 年后才接受的。对毛杜迪来说，伊斯兰主义运动是"一种革命性的意识形态和行动计划，这种意识形态和行动计划将改变全世界的社会秩序并重建全世界，使之和伊斯兰教的原则与理想相符"：A. A. Al-Mawdudi, *Jihad in Islam* (Kuwait: International Islamic Federation of Student Organizations, 1980), p. 5。因为伊斯兰教是广泛包容的，它涵盖了公共生活和私人生活，既包括政府，也包括可以堕入蒙昧无知的人。对毛杜迪来说，蒙昧无知不只是先知穆罕默德传教前的历史时期特点，也是存在于任何时代、任何地方的状态，在这种状态中，真主的命令无法实现。L. C. Brown, *Religion and State: The Muslim Approach to Politics* (New York: Columbia University Press, 2000), p. 153. 因此，毛杜迪呼吁实现"客观圣战"（objective Jihad），坚持说伊斯兰教"从来不是一个超越物质的命题；而是社会革命的一章"。A. A. Al-Mawdudi, *Jihad in Islam*, p.14. 因此，穆斯林应该创造并身处"真主的党"中，按照毛杜迪的说法，该党的目标是"摧毁非伊斯兰体制的霸权并建立起伊斯兰体制，按照'真主的话语'，即《古兰经》，来建立调节生活并且和人类法律相平衡的社会和文化秩序"（同上书，pp. 17–18）。毛杜迪被视为"20 世纪首位针对伊斯兰教创立之初的原始衰败而建立起政治理论的穆斯林思想家"。Kepel, *Jihad*, p. 35. 毛杜迪在 1941 年组建了政党伊斯兰促进会（Jamaat-e-Islami），发挥其伊斯兰革命"先锋队"的作用，与之不同，库特布建立了"秘密组织，将无神社会的分裂转变成了暴力对抗"（同上书，p. 35）。然而，毛杜迪在印度次大陆竞争激烈、议论纷纷的政治中得到了组建政党的许可，但自由军官组织在 1953 年 1 月发布了查禁所有政党的法令。

81 A. A. H. Al-Nadawi, *Al-tafseer al-siyassi leil islam fi miraat kitabaat al-ustaz Abi al-A'laa al-Mawdudi wa al-shahid Sayyid Qutb* (Cairo: Dar Afaq al-Ghad, n.d.), pp. 53, 66–67, 101.

82 作者 2006 年 11 月 30 日于埃及达卡里亚和阿什马维的访谈。

83 同上。

84 作者 2006 年 12 月 31 日于埃及达卡里亚和阿什马维的访谈。

85 作者 2006 年 10 月 16 日于开罗和阿卜杜勒·哈勒克的访谈。

86 同上。

87 作者 2007 年 1 月 10 日于开罗和阿卜杜勒·马吉德的访谈。

88 同上。

89 S. Tarrow, *Power in Movement and Contentious Politics* (Cambridge: Cambridge University Press, 1998), p. 4.

90 按照理论家西德尼·塔罗（Sydney Tarrow）的说法，秘密社作为一场社会运动，不仅要求在面对"大量挑战"时保持"社会团结"，还需要在理论层面"维持与精英的互动"。除此之外，还需要提供马克·布莱思（Mark Blyth）所称的"蓝图"，以塑造对"危机"的理解，见 M. Blyth, *Great Transformations: Economic Ideas and Institutional Change in the Twentieth Century* (Cambridge: Cambridge University Press, 2002), pp. 38–41。这一"理论框架"在"高危"环境中更为重要，见 C. Wickham, *The Muslim Brotherhood: Evolution of an Islamist Movement* (Princeton, NJ: Princeton University Press, 2013), p. 13。

91 J. Calvert, *Sayyid Qutb and the Origins of Radical Islamism* (New York: Columbia University Press, 2013), p. 13.

92 作者 2007 年 2 月 18 日于埃及曼苏拉和艾德的访谈。

93 作者 2007 年 2 月 9 日于埃及亚历山大和沙奇里的访谈。

94 同上。

95 作者 2007 年 2 月 18 日于埃及曼苏拉和艾德的访谈。

96 同上。

97 同上。

98 同上。

99 S. E. Ibrahim, "Anatomy of Egypt's Militant Islamic Groups: Methodological Note and Preliminary Findings," *International Journal of Middle East Studies* 12, no. 4 (2006): 423–453. 作者 2006 年 10 月 19 日和易卜拉欣的访谈。

100 作者 2007 年 2 月 9 日在埃及亚历山大和沙奇里的访谈。

101 作者 2006 年 12 月 31 日于埃及达卡里亚和阿什马维的访谈。

102 同上。

103 同上。

104 作者 2007 年 2 月 9 日在埃及亚历山大和沙奇里的访谈。

105 作者 2006 年 12 月 31 日于埃及达卡里亚和阿什马维的访谈。

106 同上。

107 作者 2007 年 2 月 6 日于埃及曼苏拉和阿乌德的访谈。

108 作者 2007 年 2 月 11 日于开罗和伊扎特的访谈。

109 作者 2006 年 10 月 16 日于开罗和阿卜杜拉·哈勒克的访谈。

110 同上。

111 同上。

112 作者 2007 年 1 月 7 日和阿卜杜勒·马吉德的访谈。

113 作者 2006 年 10 月 21 日于埃及达卡里亚和阿什马维的访谈。

114 作者 2007 年 1 月 7 日于开罗和阿卜杜勒·马吉德的访谈。

115 同上。

116 同上。

117 Z. Al-Ghazali, *Ayyam min hayati* (Cairo: Dar al-Shurouk, 1980), pp. 35–36.

118　同上。

119　作者 2006 年 10 月 21 日和阿什马维的访谈。

120　作者 2006 年 10 月 21 日和阿什马维的访谈。

121　作者 2007 年 2 月 9 日于埃及亚历山大和 A. M. 沙奇里的访谈。

122　作者 2007 年 2 月 18 日在埃及曼苏拉和 S. 艾德的访谈。

123　S. Guhar, *Al-mawta yatakallamun* (Cairo: al-Maktab al-Misri al-Hadith, 1975), pp. 197–199.

124　Al-Ghazali, *Ayyam min hayati*, p. 183. 埃及当局相信秘密社是沙特政府的工具，但没有足够证据证实这件事。

125　同上书，p. 184。

126　作者 2007 年 2 月 9 日于埃及亚历山大和 A. M. 沙奇里的访谈。

127　Kepel, *Jihad: The Trail of Political Islam,* pp. 33–35; Abu Rabi', *Intellectual Origins of Islamic Resurgence in the Modern Arab World*, pp. 99–166; H. Kandil, *Inside the Brotherhood* (Malden, MA: Polity Press, 2014), pp. 82–92.

第十章　纳赛尔主义计划的失败

1　和本章内容相似的作品有 "The Transformation of Arab Politics", in *The 1967 Arab-Israeli War: Origins and Consequences,* ed.W.R.Louis, Shlaim (Cambridge: Cambridge University Press,2012),pp.285–314。

2　在宣扬此观点的学者中，已故的福阿德·阿贾米（Fouad Ajami）是杰出的一位，他认为泛阿拉伯主义也随着 1967 年战争的失败而"死亡"。阿贾米把 1967 年战败简明扼要地称为"泛阿拉伯主义的滑铁卢"。阿贾米的论述在阿拉伯地区也得到了其他分析的响应。纳希夫·优素福·希提（Nasif Youssef Hitti）把战败视为"阿拉伯系统所有的价值、框架和意识形态的结束"，并且导致了"革命重新定向的时刻"。N. Y. Hitti, "Al-'Amal al-'Arabi bahada al-Hazimab", *Harb yunyu 1967 bad 30 'aman*, ed. L. Al-Kholi (Cairo: Ahram, 1997), pp. 196–207。

3　比如说，哈利勒·阿纳尼（Khalil al-Anani）呼吁将 1967 年战败和伊斯兰主义的兴起从方法论上分离，因为将它们捆绑在一起已经"过时"并且"不具说服力"了。K. Al-Anani, *Al-ikhwan al-muslimun: Shaykhukha tusari' al-zaman* (Cairo: Maktabat al-Shuroq al-Dawliyya, 2007), pp. 34–35.

4　R. Al-Naqqash, *Naguib Mahfouz: Safahat min mudhakkiratihi wa adwa' jadida 'ala adabihi wa hayatihi* (Cairo: Ahram, 1998), p. 272.

5　R. A. Hinnebusch, *Egyptian Politics under Sadat: The Post-Populist Development of an Authoritarian-Modernizing State* (Cambridge: Cambridge University Press, 1985), p. 35.

6　J. Waterbury, *Egypt of Nasser and Sadat: The Political Economy of Two Regimes* (Princeton, NJ: Princeton University Press, 1983).

7　L. C. Brown, *Religion and State: The Muslim Approach to Politics* (New York: Columbia University Press, 2000), pp. 130–133.

8　同上书，p.132。

9　G. Amin, *Qissat al-iqtisad al-misri: Min 'ahd Muhammad Ali ila 'ahd Mubarak* (Cairo: Dar al-Shurouk, 2012), pp. 52–53.

10　同上书，pp. 52–53，57。

11　A. Imam, *Salah Nasr yatadhakkar: Al-thawra, al-mukhabarat, al-naksa* (Beirut: Dar al-Khayyal, 1999), p. 179.

12　Amin, *Qissat al-Iqtisad al-Misri*, p. 64.

13　G. Shoukri, *Al-thawra al-mudadda fi misr*, 3rd ed. (Cairo: Al-Ahali, 1987); Y. Elwy, "A Political Economy of Egyptian Foreign Policy: State, Ideology and Modernisation since 1970," unpublished doctoral thesis. London: London School of Economics and Political Science, 2009.

14　S. E. Ibrahim, "al-Hirak al-Ijtim'i wa-Tawzi' al-Dakhl", *Al-Iqtisad al-Siyasi li-Tawzi' al-Dakhl fi Misr*, ed. G. Abdel-Khaleq (Cairo: Al-Hay'a al-Misriyya al-'Amma li-l-Kitab, 1993), pp. 609–686.

15　Elwy, "A Political Economy of Egyptian Foreign Policy: State, Ideology and Modernisation since 1970."

16 Y. Aboul-Enein, *The Egyptian-Yemen War* (1962–67): Egyptian Perspectives on Guerrilla Warfare, 2004, available from https://www.thefreelibrary.com/ The+Egyptian-Yemen+War+(1962–67)%3A+Egyptian+perspectives+on+Guerrilla. ..–a0116585276 [accessed 16 October 2017].

17 S. Sharaf, *Sanawat wa ayyam m'a Gamal Abdel-Nasser*, part (Cairo: Madbouli, 2006), p. 665.

18 也门共和国第一任总统在 1962 年上任时说过:"也门有能够摧毁利雅得拉基亚宫殿的导弹。" M. H. Heikal, *Sanawat al-Ghalayan* (Cairo: Ahram, 1988), p. 647.

19 Y. Aboul-Enein, *The Egyptian-Yemen War* (1962–67).

20 同上。值得注意的是,沙特 – 埃及在也门的敌对是在宗教和意识形态的伪装下进行的。1965 年 8 月,当纳赛尔和沙特人达成《吉达协定》(Jeddah Agreement) 之后,沙特要求也门的过渡政府取名为 "也门伊斯兰国"(the Islamic State of Yemen): A. Al-Iryani, *Muzakerat al-Rayees al-Qadi Abdel-Rahman Bin Yehia al-Iryani*, vol. 2 (Cairo: Al-Hayaa al-Masriyya al-'Ama leil Kitab, 2013), p. 382。影响力很大的沙特学者阿卜杜拉·阿里·卡西米 (Abdullah Ali al-Qassimi) 在 1965 年给阿卜杜 – 拉赫曼·埃里亚尼 (Abdel-Rahman al-Iryani) 写过一封信,后者是革命的重要人物并在 1967 年至 1974 年担任也门总统,阿卜杜拉·阿里·卡西米向他提出警告,说他的命运将会是 "下地狱",因为他和外国人合作。见 A. Al-Iryani, *Muzakerat al-rayees al-qadi Abdel-Rahman Bin Yehia al-Iryani*, p. 369。一些也门部落族长也要求建立伊斯兰国家——这和被罢黜的伊玛目的要求相同,后者的王室家族因为是先知穆罕默德的孙子伊玛目哈桑和侯赛因的后代而具有政治合法性。*Sirat al-Imam Mohamed Ibn Yehia Hamededdin, al-musamaa bel-dr al-manthour fi sirat al-imam al-mansour,* collected by M. S. Salhiyya (Beirut: Dar al-Basheer, 1996). 在伊玛目写的一首诗中,他呼吁所有国家都按照伊斯兰教法和谐地生活并避免异端,这里指的是民族主义和社会主义,他总是竭尽全力地挞伐这两种意识形态, A. Al-Baydani, *Azmat al-Umaa al-Arabiyya wa Thawrat al-Yemen* (Cairo: al-Maktab al-Misri al-Hadith, 1984), p. 192。伊朗加入了沙特阿拉伯的行列反对纳赛尔,这是因为伊朗国王感到必须给什叶派伊玛目扎

伊迪提供金钱。对比之下，纳赛尔则鼓吹革命阵营的统一和团结。在也门对埃及
士兵讲话时，他提醒士兵们，他们在也门的存在是"阿拉伯地区革命运动统一
之证明"，*Tarikh al-yemen al-mua'sser: 1917-1982*, trans. M. A. Al-Bahr (Cairo:
Madbouli, 1990), p. 150。相似的是，在和一些也门要人会面时，纳赛尔则是用
宗教立场来为自己的介入辩护，他辩称伊斯兰教是一个要求自由、正义和平等的
宗教，也门过去起到了伊斯兰教宣教者的角色，并且现在要成为自由的宣教者，
Tarikh al-yemen al-mua'sser: 1917-1982, p. 150。在此次访问也门期间，纳赛尔
说阿拉伯社会主义可以十分娴熟地运用伊斯兰原则和阿拉伯传统，比如，舒拉委
员会自伊斯兰教创立之初就已经存在了（同上）。

21 Cited in *Tarikh al-yemen al-mua'sser: 1917-1982*, p. 90.

22 同上。

23 M. H. Heikal, *Waqa'i' tahqiq siyasi amama al-mudd'i al-ishtraki* (Beirut:
Sharikat al-Matu'at, 1979); M. Doran, "Egypt," *Diplomacy in the Middle East:
The International Relations of Regional and Outside Powers*, ed. L. C. Brown
(London: I. B. Tauris, 2001), pp. 97–120.

24 M. H. Heikal, *Sanawat al-Ghalayan* (Cairo: Ahram, 1988), pp. 633,669.

25 Al-Baydani, *Azmat al-umaa al-arabiyya wa thawrat al-yemen*, p. 150.

26 纳赛尔政权高层人物的激烈争论，见 Sami, *Sanawat wa ayyam m'a Gamal Abdel-
Naser*, pp. 652–659。

27 A. Nutting, *Nasser* (London: Constable, 1972), p. 349.

28 Cited in A. Imam, *Al-'unf al-dini fi miss: 'Abdel Nasser wa-l-ikhwan al-muslimun*
(Beirut: Dar al-Khayyal, 1997), p. 186.

29 这些议员包括 Ahmed Yunus, Ahmed Said, Nawal Amer, Mustafa al-Rifaei。同上书，
p. 187。

30 A. Mansour, *Hussein al-Shafei: Shahid 'ala al-'Asr Thawrat Yulyu* (Cairo: Al-
Maktab al-Misri al-Hadith, 2004), p. 174. 秘密社的创建者之一艾哈迈德·阿卜杜
勒·马吉德枚举了当时针对穆斯林兄弟会的"压迫机构"，包括：（1）内政部综
合调查局；（2）内政部犯罪调查局；（3）内政部中央安全局；（4）总统府下属的

综合情报局;（5）总统府下属的行政监视部门;（6）萨米·沙拉夫领导的总统安全部门;（7）军事警察和军事犯罪调查局;（8）军事情报部门。A. Abdel Majid, *Al-ikhwan wa-'Abdel-Nasser: Al-qissa al-kamila li-tanzim 1965* (Cairo: Al-Zahraa leil 'lam al-Araby, al-Maguid, 1991), pp. 42, 57. 萨拉赫·纳赛尔 (Salah Nasser) 并没有否认这些机关实体的多重性，他说纳赛尔认为"让它们相互制约"是十分有趣的事情。纳赛尔有时候让他们中的一些人执行他们权限以外的任务，比如要求处理外部情报的国家情报单位来执行国内任务，见 A. Imam, *Salah Nasr yatadhakkar,* pp. 171, 207。

31 A. Al-Nafouri, *Tawazun al-quwwa bayna al-'arab wa-israel: Dirasa tahliliyya istratijiyya li-'idwan huzayran 1967* (Damascus: Dar al-I'tedal, 1968), p. 16.

32 Y. Heikal, *Falastin qibla wa b'ada* (Beirut: Dar al-elm leil Malayeen, 1971), p. 273.

33 A. Al-Shuqayri, *Al-hazima al-kubra ma' al-muluk wa-l-ru'sa min batt 'Abdel Nasser ila ghorfat al-'amalyat* (Beirut: Dar al-Awda, 1973), pp. 8–9.

34 A. Hourani, *A History of the Arab Peoples* (Cambridge, MA: Harvard University Press, 1991), p. 300.

35 同上书，p. 442。

36 Al-Naqqash, *Naguib Mahfouz*, pp. 269–279.

37 G. Tarabishi, *Al-muthaqqafun al-'arb wa-l-turath: Al-tahlil al-nafsi li-'isab jama'i* (London: Riad el-Rayyes, 1991), pp. 22,39–40.

38 T. Al-Hakim, *The Return of Consciousness*, trans. B. Winder (New York: Macmillan, 1985), p. 18.

39 同上书，pp. 39–40。

40 同上书，p.40。

41 同上书，pp.52–53。

42 同上书，pp.1–73。

43 同上书，p.22。

44 同上书，p.43。

45 同上书，p.44。

46 同上书，p.53。

47 我从卡巴尼的书中摘录了这首长诗来表现当时的情况，见 N. Qabbani, *al-A'mal al-Siyasiyya al-Kamila*, part 3, vol. 6 (Beirut: Manshurat Nizar Qabbani, 1993), pp. 71–98。

48 同上书，pp.71–98。

49 同上书，pp.73。

50 M. J. Al-Ansari, *Al-nassiriyya bi-manzour naqdi: Ay gurus leil mustaqbal* (Beirut: Al-Muasassa al-Arabiyya leil Nashr, 2002), p. 151.

51 写于六日战争之后的加扎利、马哈福兹等作家的作品的确抓住了阿拉伯人的气质和心境。

52 A. Baha'al-Din, *Isra'iliyyat wa-ma ba'ada al-'Udwan*, vol. 200 (Cairo: Dar al-Helal, 1967).

53 Y. Al-Hafiz, *Al-hazima wa al-idiulugiyya al-mahzuma* (Beirut: Al-Tali'a, 1978).

54 C. Zurayk, *Ma'na al-nakba mujaddadan* (Beirut: Dar al-'Ilm lil-Malayyin 1967), pp. 14, 17. C. Zurayk, *Fi Ma 'rakat al-hadara* (Beirut: Dar al-'Ilm lil-Malayyin, 1973).

55 A. Dawisha, *The Arab Radicals* (New York: Council on Foreign Relations Press, 1986), p. 24.

56 A. Laroui, *The Crisis of the Arab Intellectual: Traditionalism or Historicism?* (Berkeley: University of California Press, 1976), pp. 7–9.

57 A. Laroui, *L'idéologie Arabe Contemporaine: Essai Critique* (ParisL François Maspero, 1977); A. Laroui, *The Crisis of the Arab Intellectual*, pp. 7–9; Hourani, *A History of the Arab Peoples*, p. 445.

58 H. Sharabi, *Muqademat li derasat al-mujtama' al-araby*, 3rd ed. (Beirut: Al-Dar al-Mutaheda leil Nashr, 1984), pp. 16, 25–29.

59 同上。

60 同上书，p. 122。

61　S. J. Al-'Azm, *Naqd al-fikr al-dini*, 6th ed. (Beirut: Dar al-Tali'ah, 1988), p.23.

62　同上书，pp.9–10。

63　Al-'Azm, *Al-naqd al-dhati ba'da al-hazima;* S. J. Al-'Azm, *Naqd al-fikr al-dini;* S. Amin, *The Arab Nation: Nationalism and Class Struggles* (London: Zed Books, 1978).

64　B. Ghalyoun, *Ightiyal al'Aql Mihnat al-Thaqafat al-'Arabiyya Bayna al-Salafiyyat wa al-Taba'iyya* (Cairo: Maktabat Madbouli, 1990), pp. 198, 240, 300; B. Ghalyoun, *Naqd al-Siyasa: al-Dawla wa-l-Din* (Beirut: Al-Mu'assasa al-'Arabiyya lil Dirasat wa al-Nashr, 1991). 另外可参考阿布 – 拉比的精彩归纳，见 Abu-Rabi', *Intellectual Origins of Islamic Resurgence in the Modern Arab World*, pp. 259–261。

65　A. Farid, *Min mohair ijtima'at 'Abdel Nasser al-'arabiyya wa-l-dawliyya: 1967-1970* (Beirut: Mu'assasat al-Abhath al-'Arabiya, 1985), pp. 281–306.

66　An interview with a former military and war correspondent of Ahram, Abdu Mubasher, in M. Menshawy, unpublished PhD thesis, "The Role of the State in Re/Constructing War Victory in Egypt," University of Westminster, 2016.

67　S. J. Al-'Azm, *Naqd al-fikr al-dini*, p. 97.

68　Ghalyoun, *Naqd al-siyassa: al-dawla wal-din,* p. 221.

69　Al-Ansari, *Al-nassiriyya bi-manzour naqdi*, pp. 136–139.

70　同上书，128。

71　A. Dawisha, *The Arab Radicals*, p. 24.

72　同上书，p.12。

73　Al-Shuqayri, *Al-hazima al-kubra ma'al-muluk wa-l-ru'sa min bayt 'Abdel Nasser ila ghorfat al-'amaliyyat*, p. 138.

74　Al-Iryani, *Muzakerat al-rayees al-qadi Abdel-Rahman Bin Yehia al-Iryani*, p. 582.

75　同上。

76　A. Al-Baghdadi, *Mudhakkirat 'Abdel-Latif al-Baghdadi,* vol. 2 (Cairo: Al-Maktab al-Misri al-Hadith, 1977), p. 290.

77　M. Kerr, *The Arab Cold War: Gamal 'Abd al-Nasir and His Rivals, 1958-1970*, 3rd ed. (Oxford: Oxford University Press, 1971), p. 135.

78　A. Dawisha, *Arab Nationalism in the Twentieth Century: From Triumph to Despair* (Princeton, NJ: Princeton University Press, 2003), p. 284. 人们对这一结论没有共识，比如曼·索赫（Manh al-Solh）就认为 1967 年战败让纳赛尔得以通过公共革命，而不是像 1952 年的政变那样来获得阿拉伯地区的领导地位，在纳赛尔辞职后，埃及民众涌上街头要求纳赛尔重回领导职位。索赫把这样的受欢迎程度归因于泛阿拉伯巴勒斯坦事业的作用，见 M. al-Solh, *Misr wal-'uruba* (Beirut: Al-Muassasa al-'Arabiyya leil Derasat wal Nashr, 1979), pp. 190–191。

79　*Jil al-sab'inat: al-rawafid al-thaqafiyya wa-l-ijtima'iyya wa-l-siyasiyya* (Cairo: Markaz al-Fustat wal Derasat fi Misr, 2000), pp. 32–33.

80　在 1967 年战败以后，纳赛尔重建埃及军队时对苏联过度依赖，同时在国内实行新经济政策——这一政策脱离社会主义经济，偏向自由市场经济，有一些经济自由化的措施得以实施。1968 年 3 月 30 日的宣言旨在压制"激进化"的呼声和"技术官僚话语"——声称右倾是技术合理性的结果，而非意识形态的后退。关于这一点，可参考 Elwy, *A Political Economy of Egyptian Foreign Policy*; Hinnebusch, *Egyptian Politics under Sadat;* Waterbury, *Egypt of Nasser and Sadat;* M. Wahba, *The Role of the State in the Egyptian Economy, 1945-1981* (Reading, UK: Ithaca Press, 1994)。虽然在六日战争后，纳赛尔已经开始重新修复和沙特阿拉伯的关系，但萨达特和沙特阿拉伯建立战略关系并利用这一关系来反击他们共同的敌人——纳赛尔主义者、社会主义者和马克思主义者。这一联盟得到了石油革命的推动和巩固，能源发展让社会力量更倾向以宗教为基础的团体。

81　S. Al-Munajid, *A'midat al-nakba: Bahth 'ilmi fi asbab hazmat 5 haziran*, 2nd ed. (Beirut: Dar al-Kitab al-Jadid, 1968), p. 17. 虽然作者将失败归因于缺少对神的信仰，但是他也提到了科技落后等原因。同上书，p. 127, 作者也提及了"泛阿拉伯团结"的缺失，同上书，p. 169。

82　Dawisha, *The Arab Radicals*, p. 24.

83 同上书，p.12。

84 G. al-Baramawy, *Hasan al-ayyam al-sitta aw hard 5 yunyu* (Cairo: Dar al-Sha'ab, 1969), p. 51.

85 Al-Khouli, *5 yunyu: al-haqiqa wa-l-mustaqbal* (Damascus: al-Mu'assasa al-'Arabiyya li-l-Dirasat wa-l-Nashr, 1974), p. 80.

86 E. Seifeddawla, *Usus al-Ishtirakiyya al-'Arabiyya* (Cairo: al-Dar al-Qawmiyya li al-Tiba'a wa al-Nashr, 1965).

87 在该情形的背后是外交政策分析中的简单区分：一方面是由国家利益的现实追求所驱动的现实主义外交政策和意识形态从属于国家利益；另一方面是以意识形态为基础的外交政策以意识形态目标为优先项，国家利益从属于意识形态。对纳赛尔来说，至少是在六日战争之前，埃及国家利益和泛阿拉伯民族主义意识形态之间存在着令人愉悦的重叠。但是 1967 年之后，意识形态不再为埃及国家利益服务，纳赛尔尽管在埃及外交政策中注入了许多现实主义，但并没有完全抛弃阿拉伯民族主义。对比之下，萨达特发动了全面战争来打击纳赛尔的泛阿拉伯主义支持者并且依靠泛伊斯兰主义的拥护者来清除对手。以宗教意识形态为外衣来追求战略－实利的政策，萨达特比其他任何人都更倾向政治伊斯兰主义（更多内容将在下一章中讨论）。

88 N. Bitar, *Min al-tajzi'a ella al-wihda: Al-qawanin al-asasiya li-tajarib al-tarikh al-wahdawiyya* (Beirut: Markaz Dirasat al-Wahda al-'Arabiyya, 1983).

89 F. Halliday, *The Middle East in International Relations: Power, Politics, and Ideology* (Cambridge: Cambridge University Press, 2005), p. 86.

90 同上书，p. 210。

91 Sharabi, *Muqademat li derasat al-mujtama' al-araby*, p. 162.

第十一章　萨达特政变和伊斯兰主义复兴

1 里法特·赛义德·艾哈迈德（Rif'at Sayyed Ahmed）绘制了一个他称为"伊斯兰主义暴力"的地图，他总结说，所有武装团体都是在萨达特上台后成立的，其中一个团体在 1981 年刺杀了萨达特。见 S. R. Ahmed, *Quraan wa sayef: Min malafat al-silam al-siyassi* (Cairo: Madbouli, 2002), pp. 68–69。可参考以下关于萨达特统治时期伊斯兰行动主义的出色研究: A. Al-Arian, *Answering the Call: Popular Islamic Activism in Sadat's Egypt* (Oxford: Oxford University Press, 2014)。

2 伊朗革命得到了纳赛尔的阿拉伯民族主义者的支持，他们将它视为反抗西方和亲西方的伊朗国王的尝试。见 M.al-Solh,Misr wal-uruba,pp.235–242。

3 A. Sadat, *Al-bahth 'an al-zat* (Cairo: Al-Maktab al-Misri al-Hadith, 1979), p. 236.

4 同上。

5 同上书，p. 237。

6 作者 2006 年 12 月 14 日于开罗和沙拉夫的访谈。

7 同上。

8 作者 2006 年 11 月 26 日于开罗和法耶克的访谈。

9 作者 2006 年 11 月 21 日于开罗和胡达·阿卜杜勒·纳赛尔的访谈。

10 A. Sadat, *Al-Bahth 'an al-zat*, pp. 160–161.

11 A. Condron, "The Nixon Administration between Cairo and Jerusalem, 1969–1974:Concepts, Strategies, and Implementation," a doctoral thesis submitted in the faculty of International Politics, Aberystwyth University, 2015, pp. 111, 154, 246.

12 作者 2007 年 1 月 11 日于开罗和马吉德的访谈。

13 同上。

14 作者 2006 年 10 月 22 日和 M. A. 赛义德的访谈。

15 F. Ajami, *The Arab Predicament: Arab Political Thought and Practice since 1967* (Cambridge: Cambridge University Press, 1981), pp. 355–373; A. Dawisha, "Requiem for Arab Nationalism", *Middle East Quarterly 10*, no. 1 (2003); H. Khashan, *Arabs at the Crossroads: Political Identity and Nationalism* (Gainesville: University Press of Florida, 2000); J. G. Mellon, "Pan-Arabism, Pan-Islamism and Inter-State Relations in the Arab World", *Nationalism and Ethnic*

Politics 8, no. 4 (2002): 1–15; B. Tbi, *Arab Nationalism: Between Islam and the Nation-State* (Houndmills, UK: Palgrave Macmillan, 1980).

16　有 78% 的阿拉伯受访者认为他们是"同一民族"（one nation）的一部分。S. Ibrahim,*Itigahat al-rai al-'am nahwa mas'alat al-wahda* (Beirut: Markaz Derasat al-Wahda al-'Arabiyya, 1980). 其他调查显示，在所有受访者中，有 35% 的人认为他们属于"同一阿拉伯民族"（one Arab nation），但是在 2011 年"阿拉伯之春"后，这个比例上升到了 44%。见 Y. M. J. El-Sawany, *Itigahat al-rai al-'am nahwa mas'alat al-wahda* (Beirut: Markaz Derasat al-Wahda al-'Arabiyya, 2014), pp. 106–107; "Mashru' Qiyas al-Rai al-'am al-'Araby, 2012–2013", Arab Center for Research and Policy Studies, http://www.dohainstitute.org/release/657dc82a-dfa2-4749-9e96-5af5bf20913a [accessed 5 April 2014].

17　F. Rabi', *Al-harakat al-islamiyya fi miss: Min Muhammad Ali ella thwart 25 janayir* (Cairo: Dar al-I'tisam, F. 2011), p. 81.

18　同上。

19　"The Arab World, Israel, Greece, Turkey, Iran", *Summary of World Broadcasts*, part 4, BBC, 1970, pp. 3–4.

20　"Bayan al-rais Mohamed Anwar al-Sadat mama majlis al-umma, 7 October 1970", http://sadat.bibalex.org/Historic_Documents/Historic_Docs_All.aspx?TabName=Speech [accessed 20 January 2016].

21　作者 2006 年 12 月 1 日、29 日和 2007 年 3 月 19 日和 26 日于开罗和拉义夫的访谈。

22　作者 2007 年 2 月 12 日、3 月 19 日和 21 日于曼苏拉和 S. 艾德的访谈。

23　作者 2007 年 2 月 14 日于开罗和阿卜杜勒·马吉德的访谈。

24　作者 2007 年 12 月 16 日于开罗和马舒尔的访谈。

25　H. Hanafi, *Al-Din wa-l-thawra fi misr, 1952-1981: Al-usuliyya al-islamiyya* (Cairo: Maktabat Madbouli, 1989), pp. 62–68.

26　H. Mustafa, *Al-Dawla wal harakat al-islamiyya al-mu'arada: Bayna al-Muhadana wa al-muwajaha fi 'ahday al-Sadat wa Mubarak* (Cairo: Al-Mahrousa Centre, 1995), p. 204.

27　Cited in M. H. Heikal, *Kharif al-ghadab: Qissat bidayat wa nihayat 'asr Anwar al-Sadat*, 2nd ed. (Cairo: Sharikat al-Matbu'at, 1983), pp. 298–299.

28　A. al-Sissi, *Min al-mazbaha ila sahat al-da'wa* (Cairo: Dar al-Tib'a, 1987), p.21.

29　在伊斯兰教中，*da'wa* 的字面意思是"召唤""邀请"，在上下文语境中指一个人得到了追随伊斯兰教的"呼唤"。但是这个词也获得了新的意涵，比如宗教上或政治上的"任务"或"政治宣传"。

30　A. Al-Taweel, *Al-mujtama' al-madani wa-l-dawla fi miss: Q19 ila 2005* (Cairo: al-Mahrousa, 2006), pp. 42–43.

31　"The 1971 Egyptian Constitution," English-language version, available at http://www.wipo.int/wipolex/en/text.jsp?file_id=189854 [accessed 16 October 2017]. 除此之外，在 1980 年，也是在萨达特的统治下，宪法在 5 月 22 日的公投后得到了修改。第二条被修改为"伊斯兰教法是立法的主要来源"，而不是 1971 年版本中的"伊斯兰教法是立法的主要来源之一"。online copies of the original texts as published in the official gazette, https://matnw ahawamesh.wordpress.com/ [accessed 25 March 2015].

32　'A. Helal, *Al-nizam al-siyasi al-misri bayna erth al-madi wa-afaq al-mustaqbal* (Cairo: Al-Hay'a al-Misriyya al-'Ama li al-Kitab, 2010), pp. 40–41.

33　"The 2014 Egyptian Constitution，" The State Information Service, available online from:http://www.sis.gov.eg/Newur/constt%202014.pdf [auessed 14 July 2014].

34　H. H. A. Mohamed, *Al-tanzimat al-siyasiyya li-thawrat yulyu 1952* (Cairo: Al-Hay'a al-Misriyya al-'Amma li al-Kitab, 2002), p. 183.

35　同上书，p186，taken from L. Awad, "Al-haras al-gam'i marratan ukhra"，*Ahram*, February 1977。

36　Hanafi, *Al-din wa-l-thawra fi misr, 1952-1981*, pp. 65–71.

37　同上书，p. 67。

38　Ahmed Zaghlul's interview with Salah Hashim, Islam Online, 2 October 2011, available from http://islamonline.net/feker/discussion/1880 [accessed 2 July 2014].

39　Rabi', *Al-Harakat al-Islamiyya fi Misr*, p. 81.

40　同上书，p. 82。

41　2006 年 10 月 20 作者于开罗和扎亚特的访谈。

42　作者 2007 年 1 月 13 日于亚历山大和扎法拉尼的访谈。

43　G. Abdel Khaleq, ed., *Al-iqtisad al-siyasi li-tawzi' al-dakhl fi misr* (Cairo: Al-Hay'a al-Misriyya al-'Amma li-l-Kitab, 1993), p. 133.

44　作者 2006 年 11 月 20 日于开罗和 S. A. 法塔赫的访谈。

45　作者 2007 年 2 月 7 日于开罗和塔马姆的访谈。

46　作者 2006 年 10 月 20 日于开罗和扎亚特的访谈。

47　作者 2006 年 11 月 20 日于开罗和 S. A. 法塔赫的访谈。

48　G. Kepel, *Muslim Extremism in Egypt: The Prophet and Pharaoh* (Berkeley: University of California Press, 1993), p. 71.

49　M. H. Heikal, *Al-Tariq ella ramadan* (Beirut: Dar al-Nahar, 1975). 海卡尔其至声称是纳赛尔制订了最初的 1973 年战争计划，这个说法被萨达特及其支持者驳斥。

50　同上书，p. 256。

51　同上。

52　B. al-Shatei, "Fi zekra badr: Aya wa madad", *Ahram*, 13 October 1973, p. 5.

53　A. Khallaf, "Yawm min ayyam al-lah wa qaid min regal al-lah", *Ahram*, 6 October 1974, p. 9.

54　M. Ibrahim, "Al-Qiyam al-Diniyya fi Uktubir wa Ba'da Uktubir", *Ahram*, 22 October 1978, p. 13.

55　A. al-Sissi, *Min al-mazbaha ila sahat al-da'wa*, p. 24.

56　M. Al-Zayat, Al-Jama'a al-islamiyya: Ry'ya min al-dakhil (Cairo: Dar Masr al-Mahroussa, 2005), pp. 33–34.

57　同上。

58　M. H. Heikal, *Kharif al-Ghadab: Qissat Bidayat wa Nihayat 'Asr Anwar al-Sadat*, 2nd ed. (Cairo: Sharikat al-Matbu'at, 1983), p. 268.

59　同上书，p. 269。

60　M. Qutb, Jahiliyyat al-qarn al-'ishrin (Cairo: Dar al-Shurouk, 1980).

61　作者 2006 年 9 月 23 日和 10 月 18 日于开罗和马塔尔的访谈。

62　H. Tammam, Tasalluf al-Ikhwan: Ta'akul al-Utruha al-Ikhwaniyya wa-Su'ud al-Salafiyya fi Jama'at al-Ikhwan al-Muslimin (Alexandria: Bibliotheca Alexandria, 2010), p. 13.

63　同上书，p. 15。

64　同上。

65　同上。

66　同上书，p. 12。

67　同上。

68　A. B. Al-Uteiby, "Al-ikhwan al-muslimun wa al-hijra wa-l-'alaqaa", Al-ikhwan al-muslimun wa-l-salafiyyun fi al-khalij, 2nd ed. (Riyadh: Al-Misbar li-l-Dirasat wa-l-Buhuth 2011), pp. 7–56.

69　'A. Al-Nifissi, "Al-Ikhwan al-Muslimun: al-Taghreba wa-l-Khata'", Al-haraka al-islamiyya: Ru'ya mustaqbaliyya, awraq fi al-naqd al-dhati, ed. 'A. al-Nifissi (Kuwait: Afaq, 2002), p. 233.

70　同上。

71　同上。

72　G. Feiler, Economic Relations between Egypt and the Gulf Oil States, 1967-2000: Petro-Wealth and Patterns of Influence (Brighton, UK: Sussex Academic Press, 2003), p. 98.

73　同上书，p. 113。

74　A. Dawisha, Arab Nationalism in the Twentieth Century: From Triumph to Despair (Princeton, NJ: Princeton University Press, 2005). p. 256. M. Heikal, The Sphinx and the Commissar: The Rise and Fall of Soviet Influence in the Middle East (London: Collins, 1978), p. 262.

75　Heikal, The Sphinx and the Commissar, p. 262.

76　作者 2006 年 9 月 27 日于开罗和易卜拉欣的访谈。

77　同上。

78　同上。

79　作者 2006 年 10 月 19 日于开罗和雅辛的访谈。

80　A. Gogoi, G. I. A. Ghafour, *Arab Nationalsm: Birth, Evolution and the Present Dilemma* (New Delhi: Lancer Books, 1994), p. 220.

81　同上。

82　作者 2007 年 12 月于开罗和马吉德的访谈。

83　"Ru'ya Islamiyya", al-Da'wa, April 1979, p. 13, cited in J. Cole and R.N.R. Keddie, Shi'ism and Social Protest (New Haven, CT: Yale University Press, 1986), p. 254.

84　F. Abdel Azizi, *Al-khomeini: Al-hal al-islami wa-l-badil* (Cairo: al-Mukhtar al-Islami, 1979).

85　A. Giordani, *Al-Mustashar Tariq al-Bishry wa rihlatuhu al-fikryya: Fi masa al-intiqal min al-nassiriyya ila al-islam al-siyasi* (Alexandria: Bibliotheca Alexandrina, 2011), pp. 8, 17, 19.

86　同上书, p. 22。

87　同上。

88　T. Al-Bishry, *Fil masa'ala al-islamiyya: Bayna al-islam wal-'uruba* (Cairo: Dar al-Shuruouq, 1998), p. 51.

89　作者 2006 年 9 月 22 日于开罗和毕什里的访谈。

90　作者 1999 年 12 月 6 日于开罗和 A. 侯赛因的访谈。

91　同上。

92　同上。

93　作者 2006 年 12 月 6 日于开罗和 M. 阿马拉的访谈。当纳赛尔在 1970 年 1 月离世时, 阿马拉在几个月后出版了一份报纸并在报纸上面力劝修复和作为包容文明的伊斯兰教的关系; 见 M. Amara, "Al-islam walqawmiyya wal-'uruba wal-'almaniyya", *Qadaiyya Arabiyya*, issue 12, May 1970, pp. 67–92。

94　作者 2006 年 9 月 22 日于开罗和毕什里的访谈。

95　作者 2006 年 10 月 2 日于开罗和 R. S. 艾哈迈德的访谈。

96　同上。

97　作者 2006 年 9 月 28 日于开罗和米斯里的访谈。

98　作者 2006 年 11 月 20 日于开罗和 S. 阿卜杜勒·法塔赫的访谈。

99　R. P. Mitchell, *The Society of the Muslim Brothers* (Oxford: Oxford University Press, 1993), p. 155.

100　同上。

101　A. Mansour, *Hussein al-Shafei: Shahid 'ala al-'asr thawrat yulyu* (Cairo: Al-Maktab al-Misri al-Hadith, 2004), p. 136.

102　作者 2006 年 11 月 26 日于开罗和 D. 拉什万的访谈。

103　作者 2006 年 2 月 8 日于开罗和 K. 哈比布的访谈。

104　作者 2006 年 10 月 20 日于开罗和扎亚特的访谈。

105　N. Ibrahim, "Law 'ada al-umr sa'mn'a ightiyal al-Sadat", *al-Wafd*, October 7, 2011.

106　这里谈到的意识形态是一种神学框架，它解释了国家机器如何用赞同，而不仅仅是强制力来治理国家。相应地，"意识形态"被定义为一整套控制个人思维的概念、体系和行为。换句话说，对所有的政治或者社会构成来说，为了能够再生出使其得以产生的各种条件，意识形态都是必须的。见 L. Althusser, *Essays on Ideology* (1976; London: Verso, 1984), p. 2。作者强调说政府拥有"意识形态性质的国家机关"，比如媒体、学校和博物馆，以巩固其统治。同上书，pp. 17, 28。

第十二章　穆巴拉克时代

1　H. Tammam, *Tahawwulat al-ikhwan al-muslimin: Tafakkuk al-idiyulujiya wanihayat al-tanzim* (Cairo: Maktabat Madbouli, 2006), pp. 7–8.

2　For further details on the position of al-Telmessany on the peace accords, see O. Al-Telmessany, La Nakhaf al-Salam wa Laken(Cairo: Dar al-Tawze', 1992).

3 O. A. Al-Shahat, "Al-Ikhwan", al-Masry al-Youm, 7 June 2007, http:// today. almasryalyoum.com/article2.aspx?ArticleID=63729 [accessed 20 May 2015].

4 A. Abu al-Futuh, Abdel Moneim Abu al-Fotouh: Shahid ala tarikh al-haraka al-islamiyya, 1970–1984, ed. H. Tammam, intro. T. al-Bishry (Cairo: al-Shurouk, 2010), pp. 65, 70, 95. 武装分子当时的想法在很多团体中都占主导地位，这些团体采取武力来改变政策，导致了对内阁部长的绑架和对开罗的军事学院发起攻击。关于对这些团体的采访，见 H. Moustafa, *Al-islam al-siyassi fi misr: Min haraket al-islah ella gama'at al-unf* (Cairo: al-Mahrousa, 1999), pp 191–228。

5 作者 2006 年 12 月 13 日于开罗和哈马米的访谈。我在 2006 年对他进行采访，他提出的警告被证明是具有预见性的。在 2009 年，在被一些人描述为宫廷政变或"迷你政变"的事件发生后，阿布·福图赫离开了总训导师办公室，在这以后，强硬派排挤了温和派和像阿布·福图赫和副总训导师穆罕默德·哈比布这样的改革派。此后，阿布·福图赫坚持要与包括穆尔西在内的其他候选人竞争 2012 年总统选举。许多穆斯林兄弟会成员和前成员支持阿布·福图赫（他了不起地获得了总票数的 18%），这也显现出了穆斯林兄弟会内部的分裂。

6 T. Al-kharabawy, *Qalb al-ikhwan: Mahakim taftish al-jama'a* (Cairo: Dar al-Helal, 2010), p. 49.

7 同上。

8 *Al-Masry al-Youm*，一份私人报纸和一份在埃及发行量大的日报刊登出的说法是机密部门招募了特尔梅萨尼的司机马哈茂德·沙拉夫，以监视总训导师的改革动机；见 Al-Shahat, "Al-ikhwan"。

9 T. Al-Kharabawy, *Qalb al-ikhwan: Mahakim taftish al-jama'a* (Cairo: Dar al-Helal, 2010), p. 33.

10 努赫把电视变成了表达他反对立场的平台。M. Nouh, "Al-halaka al-ula min kashf al-mastour ma'Mukhtar Nouh", December 20, 2013, YouTube, https://www.youtube.com/watch?v=Rqf2nqViQpQ [accessed 1 August 2014].

11 H. Abu-Khalil, *Ikhwan islahiyun: shihadat muwaththaqa tunshar li-l-marra al-ula 'n tajarib al-islah al-mamnu'a dakhil al-jama'a* (Cairo: Dar Dawen, 2013), p. 23.

12　同上书，pp. 26-29。

13　O. Abdel Haq, *Al-Islamiyyin al-Gudud: Ella Ayn?* (Cairo: Markaz al-Hadaraa al-'Arabiyya, 2005), pp. 96-97.

14　A. Al-Ansari, "Al-ikhwan al-muslimoon: 60 qadiyaa sakhina, muwagaha m'a Ma'mun al-Hudaybi" (Cairo: Dar al-tawze' wal Nashr, 1999), pp. 46-47.

15　Al-Anani, K., "Perestroika at the Brotherhood," Ahram Online, 5 May 2013, http://english.ahram.org.eg/NewsContentPrint/4/0/70701/Opinion/0/Perestroika-at-the-Brotherhood.aspx [accessed 13 November 2014].

16　同上。

17　对穆斯林兄弟会领导人的主要指控之一是他们受到赛义德·库特布的颠覆性思想的强烈影响，他们只关注运营事宜，排除了智识上和理论上的追求。K. Al-Anani, *Al-Ikhwan al-muslimun: Shaykhukha tusari' al-zaman* (Cairo: Maktabat al-Shurouk al-Dawliya, 2007), pp. 296-297. 阿纳尼（Anani）认为库特布把穆斯林兄弟会从哈桑·班纳公开的"改革派萨拉菲主义"拖拽到了"孤立、传统的萨拉菲主义"，同上书，p. 297。这样的保守主义阻碍了穆斯林兄弟会在一些关键事情上表明立场的能力，这些事情包括科普特人的地位、头巾和组建政党。同上书，pp. 138-297。穆斯林兄弟会当前的总训导师是穆罕默德·巴迪，他是库特布的门徒，曾在 1965 年被监禁，罪名是领导了在阿苏特的秘密社分支。见 S. Eissa, "Hakadha takallama murshid al-ikhwan: Mohamed Badi''an mabadi' tandem 1965: al-mujtama''jahili' wa-l-hukuma 'kafira'", *al-Masry al-Youm*, 11 February 2010, http://www.almasryalyoum.com/news/details/27098[accessed 8 April 2014]。如果有什么不一样的话，在库特布派或否决派（rejectionists）和妥协派（accommodationists）之间存在着巨大鸿沟。这一冲突在穆斯林兄弟会的异议者和领导人的写作中体现得很明显；最清楚的例子是萨尔瓦特·哈拉巴维（Tharwat al-Kharabawi），他自传的第一部分是在他所遭遇过的分裂的背景中书写赛义德·库特布的意识形态。见 Kharabawy, *Qalb al-Ikhwan*, pp. 1-30。作者反复提到他和其他成员就是否应抛弃库特布的理念而争吵的事。

18　作者 2006 年 12 月 9 日和 16 日于开罗和萨塔尔的访谈。

19 同上。

20 同上。

21 A. Ramzy, *Dawlat al-murshid wa sanam al-ikhwan* (Cairo: Rodiy, 2013), p. 40.

22 拉义夫卒于 2011 年 1 月 27 日。

23 作者 2007 年 3 月 19 日于开罗和拉义夫的访谈。

24 同上。

25 同上。

26 同上。

27 同上。

28 作者 1999 年 12 月 13 日于开罗和 M. 胡岱比的访谈。

29 作者 2006 年 12 月 24 日和 2007 年 3 月 22 日于开罗和阿基夫的访谈。

30 M. Habib, *Al-ikhwan al-muslimun bayna su'ud al-riyasaa wa taakul al-shari'ya* (Cairo: Al-Magmou' al-Dawliyya leil Nashr wal-Tawzei, 2013), pp. 24–25.

31 作者 2006 年 12 月 24 日和 2007 年 3 月 22 日于开罗和阿基夫的访谈。

32 作者 2007 年 3 月 19 日于开罗和拉义夫的访谈。

33 A. Al-'Gouz, *Ikhwani Out of the Box* (Cairo: Dar Dawen, 2011), p. 31.

34 I. Eissa, *'Amim wa-Khanager: 'An Karithat al-Tatarruf fi Misr* (Cairo: Sphinx, 1993), p. 61. 引人注目的是，中央党软化了对穆斯林兄弟会要以伊斯兰教法为基础创造伊斯兰国家的强硬立场。相反，在 2004 年中央党的计划中，他们呼吁在埃及建立一个参考伊斯兰教的民主政治系统。N. J. Brown, A. Hamzawy, M. Ottaway, "Islamist Movements and the Democratic Process in the Arab World: Exploring the Gray Zones," Carnegie Endowment for International Peace's Democracy and Rule of Law Project, March 2006, p. 18.

35 "Mustaqbal jam's al-ikhwan al-muslimun", *Aljazeera*, 18 December 2009, http://www.aljazeera.net/programs/withoutbounds/2009/12/18[accessed 8 August 2014].

36 T. Salah, "Mohamed Habib bad al-istiqala: Atawaq'a 'an yahkum al-ikhwan misr, wa igraat tasmiyat al-murshid batella'", *al-Masry al-Youm*, 1 January 2010, http://www.almasryalyoum.com/news/details/516[accessed 1 August 2014].

37　A. Khatib, T. Salah, "Mohamed Habib yufaji' al-ikhwan bi-bayan yatlub fihi istiqalatahu min jami' manasibihi", *al-Masry al-Youm*, 29 December 2009, http://www.almasryalyoum.com/news/details/34399[accessed 1 August 2014].

38　M. Habib, "Ghurub al-jamaa", *El Watan News*, 10 October 2015, http://www.elwatannews.com/news/details/819159[accessed 22 October 2014].

39　作者 2007 年 1 月 5 日于开罗和马迪的访谈。

40　Ramzy, *Dawlat al-Murshid wa Sanam al-Ikhwan*, p.42.

41　Al-'Gouz, *Ikhwani Out of the Box*, p. 8.

42　作者 2007 年 2 月 9 日于开罗和阿卜杜勒·哈勒克的访谈。他在 2013 年 4 月去世。

43　作者 2007 年 1 月 14 日于开罗和阿布·福图赫的访谈。

44　作者 2007 年 1 月 9 日于开罗和阿卜杜勒·哈勒克的访谈。

45　S. Eid, *Tajribati fi saradeeb al-ikhwan* (Cairo: Jazeerat al-Ward, 2013), p. 35.

46　同上。

47　A. Ban, *Al-ikhwan al-muslimun wa mihnat al-watan wal deen* (Cairo: Markaz al-Nil leil De al-istratijiyya, 2013), p. 89.

48　Did, *Tajribati fi saradeeb al-ikhwan*, p. 42.

49　同上。

50　同上书，p 41。

51　I. Abdel Moneim, *Hikayati m'a al-ikhwan: Mudhakkirat ukht sabiqa* (Cairo: al-Hay'a al-Misriyya al-'Amma li-l-Kitab, 2011), p. 145.

52　Ramzy, *Dawlat al-murshid wa sanam al-ikhwan*, p. 40.

53　同上书，p. 78。

54　同上书，pp. 70–74。

55　同上书，pp. 39。

56　T. Al-Kharabawy, *Qalb al-Ikhwan*, p. 130.

57　The Ministry of Justice's breakdown of al-Shater's fortune in 2006: M. Al-Marsafawi, "Bill-arqam … imbratoriyat Khayrat al-Shater" [In figures … The empire of Khairat al-Shater], al-Masry al-Youm, 13 April 2012, http://www.almasryalyoum.

com/news/details/171799 [accessed 12 August 2014].

58 M. Abdel-Ati, "Al-Ithtithmar Tugamed Ashum Al-Shater wa Malek fi 66 shareka wa tasmah bi-istimrar al-Nashat" [The organization of investment freezes the shares of al-Shater in 66 companies and allows the resumption of activities], al-Masry al-Youm, 19 July 2014, http://www.almasryalyoum.com/news/ details/485460 [accessed: 12 March 2015.] 2015.

59 作者 2006 年 12 月 24 日于开罗和伊扎特的访谈。

60 同上。

61 阿布·艾拉·马迪指控穆斯林兄弟会内的元老派在 1996 年以前曾作出过努力以阻止中央党的组建，因此他为了能够组党，只好退出穆斯林兄弟会并且以独立身份来组党。这段内容来自作者在 2006 年 9 月 26 日于开罗和马迪的访谈。更多有关马迪的人员招募和意识形态的细节，见 A. Madi, *Gamaat al—u'nf al-misriyya wa taawilatiha leil islam: Al-guzur al-tarikhiyya-al-usus al-fikriyya-al-muragaat* (Cairo: Maktabat al-Shuruouk al-Dawliyya, 2006)。

62 作者 2006 年 10 月 30 日于开罗和马迪的访谈。

63 同上。

64 Abdel Haq, *Al-islamiyyin al-gudud*, pp. 55–61.

65 同上书，p. 95。

66 S. el-Karanshawi, "Egypt Court Approves Moderate Islamic Party", Egypt Independent, 19 February 2011, http://www. egyptindependent.com/news/egypt-court-approves-moderate-islamic-party[accessed 3 September 2014].

67 阿布·哈利勒没有透露为什么等了这么长时间才辞职。有关辞职声明的更多细节，见 H. al-Waziri, "Abu Khalil yastaqeel min al-Ikhwan", *al-Masry al-Youm*, 31 March, 2011, http://www.almasryalyoum.com/news/details/122713[accessed 12 November 2014]。

68 作者 2006 年 12 月 16 日于开罗和萨塔尔的访谈。

69 同上。

70 作者 2007 年 3 月 22 日于开罗和阿基夫的访谈。

71 作者 1999 年 12 月 13 日于开罗和马舒尔的访谈。

72 2007 年，穆斯林兄弟会拿出了一份计划草案，未来可能会以这份草案为基础组
成隶属于穆斯林兄弟会的政党。International Crisis Group, "Egypt's Muslim
Brothers: Confrontation or Integration?" *Middle East Report 76*, June 2008,
https://www.crisisgroup.org/middle-east-north-africa/north-africa/egypt/egypt-s-
muslim-brothers-confrontation-or-integration[accessed 17 October 2017].

73 Abdel Moneim, *Hikayati m'a al-ikhwan*, pp.12, 13,16.

74 同上书，p. 180。

75 同上书，p. 175。

76 Al-Ansari, *Al-ikhwan al-muslimun*, p. 48.

77 Habib, *Al-ikhwan al-muslimun*, p. 22.

78 Y. Al-Qaradawi, *Al-ikhwan al-muslimun: 70 'aman fi al-d'awa wa-l-tarbiya wa-l-
jihad* (Cairo: Maktabat Wahba, 1999), p. 248.

79 同上书，p 252。

80 Ramzy, *Dawlat al-Murshid wa Sanam al-Ikhwan*, p. 66.

81 Mitchell, *The Society of the Muslim Brothers*, p. 329.

82 同上。

83 同上。

84 同上。

85 N. Ayubi, *Political Islam: Religion and Politics in the Arab World* (London:
Routledge, 1991), p. 81.

86 A. Zohry and B. Harrell-Bond, "Contemporary Egyptian Migration: An Overview
of Voluntary and Forced Migration," working paper published in December 2003
by the Development Research Centre on Migration, Globalisation and Poverty.

87 S. Younis, *Suwal al-hawiya: Al-hawiya w sultan al-muthaqaf fi'asr ma bahada al-
hadatha* (Cairo, Merit, 1999), p. 189.

88 N. Ayubi, *Political Islam: Religion and Politics in the Arab World*, pp. 81–82.

89 同上书，p. 90。

90 同上书，p. 88。

91 关于特尔梅萨尼的背景，见他的回忆录：Q.Al-Telmissany, *Zekrayat La Muzakerat* (Cairo: Dar al-Tawzei al-Islamiyya, 2012)。

92 同上书，p. 92。

93 H. Tammam, *Al-ikhwan al-muslimun: Snawat ma qibla al-thawra* (Cairo: Dar al-Shurouk, 2013), p. 84.

94 同上书，p. 86。

95 同上。

96 同上。

97 M. El-Ghobashy, "The Metamorphosis of the Egyptian Muslim Brothers," *International Journal of Middle East Studies 37* (August 2005): 373–395.

98 M. Mouro, *Al-haraka al-islamiyya fi misr an curb from 1928until 1993* (Cairo: al-Dar al-Masriyy aleil Nashr wal Tawzei, 1994), pp. 141–142.

99 H. Al-Awadi, "A Struggle for Legitimacy: The Muslim Brotherhood and Mubarak, 1982–2009," *Contemporary Arab Affairs* 2 (April-June 2009): 214–228.

100 2003 年，穆斯林兄弟会在开罗体育馆举行了一场大规模反对美国侵略的抗议示威，让其成员"有了胜利的感觉"，Al-Gouz, *Ikhwani Out of the Box*, p. 35。但是，这场示威是在公共场所举行，得到了政府的许可，这也让人不禁怀疑是不是穆巴拉克想要拉拢该组织，同时又让埃及人愤怒抗议以美国为首发动的战争。

101 同上。

102 Al-Awadi, "A Struggle for Legitimacy," pp. 214–228.

103 *Al-ikhwan fi barman 2000: Dirasa tahliliyya li-ada nub al-ikhwan al-muslimin fi barman 2000-2005* (Cairo: al-Markaz al-Dawli li-l-I'lam & Markaz al-Umaa li-l-Dirasat wa-l-Tanmiya, 2005).

104 H. Imam, *Al-ikhwan wa-l-sulta: Sira'at damiyya wa-tahalufat sirriyya* (Cairo: Markaz al-Hadara al-'Arabiyya, 2005), pp. 77,92.

105 *Al-ikhwan fi barman 2000. Imam, Al-ikhwan wa-l-sulta*, pp. 84–90.

106 *Al-ikhwan fi barman 2000. Imam, Al-ikhwan wa-l-sulta*, p. 140.

107 Habib, *Al-ikhwan al-muslimun*, p. 7.

108 1992 年，埃及政府公布了在对穆斯林兄弟会重要人物之一海拉特·沙特尔的
     沙沙贝尔（Salsabeel）公司的突袭检查中发现的"授权"文件。穆斯林兄弟会
     否认了文件的存在，但是一些研究者和穆斯林兄弟会的前成员，例如塔马姆和
     哈拉巴维，给出了相反的说法。Tammam, *Tahawwulat al-ikhwan al-muslimun*,
     T. Al-Kharabawy, *Sirr al-ma'bad: Al-asrar al-khafiya li-jam'at al-ikhwan al-
     muslimun* (Cairo: Nahdet Masr, 2012).

109 赛义德·伊马姆·沙利夫（Sayyid Imam al-Sharif）是一位和扎瓦希里意气
     相投的伊斯兰主义者领袖，在 1987 年至 1988 年，他写了一本名为 *Al-'umda
     fi i'dad al-'udda* 的手册，他在手册中提出优先对被他称为"活暴君"的穆
     斯林统治者发起战斗，因为这些统治者"离我们更近，而且他们也是叛教
     者"，见 A. I. Abdel-Aziz, *Al-'Umda fi I'dad al-'Udda*, http://www.m5zn.com/
     newuploads/2015/02/18/pdf/4f2fb076fd7d595.pdf [accessed 8 October 2015], p.
     342。在手册中，沙利夫说，对像穆巴拉克那样的"叛教领导人"发起战斗是
     每个年满 15 岁的穆斯林的"主命"，同上书，p.30。这份手册成为武装伊斯兰
     分子在埃及的"路标"，他们行动的优先对象是"近敌"（穆斯林统治者），更
     胜过"远敌"（美国、欧洲和以色列）。F. Gerges, The Far Enemy: Why Jihad
     Went Global (Cambridge: Cambridge University Press, 2010), p. 14;R. S. Ahmed,
     Quran wa sayef: Min malafat al-islam al-sayasi, dears muwathaqa (Cairo:
     Madbouli, 2002).

110 K. Habib, Tahawulaat al-Haraka al-Islamiyya wal Isratejiyya al-Amrikiyya (Cairo:
     Dar Masr al-Mahrousa, 2005), pp. 192–193.

111 N. Antar, "The Muslim Brotherhood's Success in the Legislative Elections in
     Egypt 2005: Reasons and Implications," EuroMesco paper 51, October 2006.

112 Tammam, *Al-ikhwan al-muslimun*, p. 19.

113 Brown, Hamzawy, Ottawa, "Islamist Movements and the Democratic Process in
     the Arab World", p. 19.

114 Tammam, *Al-ikhwan al-muslimun*, p. 19.

115　M. Salah, "Masr tutahim al-ikhwan bi-l-'amal 'ala qalb al-bukm wa-bi-irsal 'anasir ila al-'iraq wa-al-shishan li-l-tadrib", *al-Hayat*, 18 May 2004.

116　A. A. Hassan, "Al-haraka al-siyasiyya al-gadida: S'ubat al-tagazur al-ijtim'i", *Hudud al-islah al-siyasi fi misr*, ed. A. Thabet (Cairo: Dar Merit, 2007), pp. 223–246.

117　同上。

118　Habib, *Tahawulaat al-haraka al-islamiyya wal isratejiyya al-amrikiyya*, pp. 184–185.

119　Tammam, *Al-ikhwan al-muslimun*, p. 61. 萨米赫·法齐（Sameh Fawzi）是一名埃及科普特人学者，他同意塔马姆的看法，认为穆斯林兄弟会中进步势头不足导致了对科普特人的激进态度。然而，法齐进一步地将穆斯林兄弟会对科普特人采取的立场和该组织根本的"伊斯兰家园"理想联系在一起，这一目标和更具包容性的"民族国家"相冲突。S. Fawzi, "Al-ikhwan wal aqbat: Qiraa fil masarat", *Ghewayat al-sulta wa wahm al-tamkeen*, (UAE: Al-Misbar, 2013), pp. 179–188.

120　作者 2007 年 3 月 19 日于开罗和拉义夫的访谈。

121　Brown, Hamzawy, Ottaway, "Islamist Movements and the Democratic Process in the Arab World", p. 6.

122　同上书，p. 13。

123　以穆罕默德·哈比布（Mohamed Habib）为例，他认为是穆巴拉克政权的威权主义导致了组织内部的许多变化并对此予以谴责，例如过于强调组织，将权力集中化并由总训导师办公室垄断，组织内的其他部门没有权力，组织的领导人和基层成员之间缺少互动和反馈。Habib, *Al-ikhwan al-muslimun*, pp. 15–16.

124　作者 2006 年 12 月 16 日于开罗和贝什尔的访谈。

125　同上。

126　*Adwaa alla adaa nuwab al-ikhwan al-muslemeen fi parlaman*, 2005–2010 (Cairo: al-Markaz al-I'lami leil Kutala al-Barlamaniyya Leil Ikhwan al-Muslemeen, 2010)，这是由穆斯林兄弟会的议员在议会发布的简报，手稿上未标

明日期。

127 作者 2006 年 12 月 17 日于开罗和阿布·福图赫的访谈。

128 作者 2007 年 3 月 22 日于开罗和阿布·福图赫的访谈。

129 作者 2007 年 1 月 14 日于开罗和阿布·福图赫的访谈。

130 同上。

131 作者 2007 年 1 月 9 日于开罗和哈达德的访谈。

132 作者 2007 年 1 月 19 日于开罗和阿卜杜勒·哈勒克的访谈。

133 同上。

134 同上。

135 同上。

136 作者 2006 年 12 月 7 日于开罗和阿卜杜勒·哈勒克的访谈。

137 同上。

138 同上。

139 作者 2007 年 1 月 19 日于开罗和阿卜杜勒·哈勒克的访谈。

140 作者 2007 年 1 月 9 日于开罗和阿卜杜勒·哈勒克的访谈。

141 同上。

142 同上。

143 同上。

144 同上。

145 同上。

146 1997 年，穆斯林兄弟会的最高指挥者马舒尔提出不应允许基督徒参军，相反他们要向政府缴纳吉兹亚税（al-jizya）。该发言让科普特人和自由派圈子一片哗然，最终促使马舒尔出面否认。其他的伊斯兰主义者则撇清关系，说这是马舒尔"自己的"看法，并不能代表穆斯林兄弟会的想法。K. Dawoud, "Significant Gestures", *Ahram Weekly*, 15 January 2015, http://weekly.ahram. org.eg/News/10168/17/Significant-gestures.aspx[accessed 14 August 2014].

147 "Video nader: Murshid al-ikhwan: Nahnu naftakher wa nataqrab ella allah bil-gihaz al-sirri", 1 May 2013, http://www.youtube.com/

watch?v=GD8ltBk5szo[accessed 2 August 2014]. 尽管这段视频无法独立证实，但穆斯林兄弟会前领导人萨尔瓦特·哈拉巴维声称该组织仍然有一个像胡岱比在视频中暗示的那样的有效机密部门。Al-Kharabawy, *Sirr al-Ma'bad.*

148　作者 2007 年 1 月 14 日于开罗和哈马米的访谈。

149　同上。

150　同上。

结　语

1　见埃及重要的公共知识分子瓦希德·阿卜杜勒·马吉德（Wahid Abdel Majid）的批判性分析："The Crisis of the 'Ikhwan': Disentangling Myth from Reality", *al-Hayat*, 2017 年 4 月 9 日（阿拉伯语）。

2　事实上，穆斯林兄弟会赌定政府的镇压最终一定会为他们赢得公众同情。从前总训导师穆罕默德·马赫迪·阿基夫在 2017 年 9 月 23 日离世就可以看出穆斯林兄弟会如何将监禁和幸存联系起来，激起公众的同情。89 岁的阿基夫死于一家公立医院，此前他是从牢房转移到医院的。哈斯姆（Hasm）是穆斯林兄弟会的武装组织——有一些成员批评它使用暴力——该组织发布了一则声明，将阿基夫称为"英雄、战士，抵抗的旗帜和坚定的象征"。卡塔尔和土耳其的忠于穆斯林兄弟会的电视台强化了他的受迫害感，电视节目聚焦埃及当局反复拒绝医疗请求，致使他的病情恶化。阿基夫的葬礼是在严密的安保措施下进行的，但禁止任何下葬后的葬礼仪式。"Dafn Mahdi Akef wasta igraat amniya wa hasm taatabruhu al-batal al-muqatel", *al-Hayat*, 24 September 2017. Online at http://www.alhayat.com/Articles/24236104[accessed 18 October 2017].

3　http://www.watanserb.com/2016/07/24[accessed 23 October 2017].

4　Hazem Kandil, *Inside the Brotherhood* (Malden, MA: Polity Press, 2015), p. 178.

5　Ashraf El-Sherif, 'The Egyptian Muslim Brotherhood's Failures', *Carnegie Endowment for International Peace* (July 2014), p. 14.

6　同上。

7 A. Ban, *Al-ikhwan al-muslimun wa mihnat al-watan wal deen* (Cairo: Markaz al-Nil leil Derasat al-istratijiyya, 2013), p. 14. 这一相反的论述也得到了维基解密释出的一份沙特阿拉伯官方文件的支持，在这份文件中，穆斯林兄弟会的领导人海拉特·沙特尔提出可以用海湾国家支付 100 亿美元来换得穆巴拉克的释放和免于受审。Sasapost, "Wikileaks: Al-saudiya wal ikhwan al-muslimeen fi masr", 20 July 2015, http://www.sasapost.com/saudi-cables-and-ikhwan-in-egypt/ [accessed 23 October 2017].

8 和 20 世纪五六十年代沙特阿拉伯支持穆斯林兄弟会对抗纳赛尔不同，现在强大的沙特王国是穆斯林兄弟会的死敌，另外的敌人还包括给塞西政府提供了数十亿美元经济援助的海湾国家。民族主义者 – 伊斯兰主义者的冲突正在阿拉伯世界和中东地区的街道上上演，如叙利亚和利比亚等，土耳其和卡塔尔支持伊斯兰主义者。

9 埃及当局指责穆斯林兄弟会设立了一个被称作"哈斯姆"的准军事组织。自 2016 年 7 月成立以来，该团体袭击了法官和安全部队据点。2017 年 10 月 20 日，哈斯姆宣称对一起针对警察和安全部队的大规模袭击负责，他们杀死了至少 59 名军人。埃及的军事专家怀疑哈斯姆是否有能力实施如此大规模的行动。虽然哈斯姆的组织架构依然模糊不清，但它是由穆斯林兄弟会成员领导的，他们对塞西 2013 年起发动的残酷镇压感到愤怒，抛弃了穆斯林兄弟会的非暴力政策。Declan Walsh and Nour Yousseff, "Militants Kill Egyptian Security Forces in Devastating Ambush," *New York Times*, 21 October 2017, and also "Maza taaref an harakat hasm", Aljazeera.net, http://www.aljazeera.net/encyclopedia/movementsandparties/2017/2/13 [accessed 18 October 2017].

10 An internal document by a radical faction within the Ikhwan: Mahmoud Ali, "Al-Akhbar Publishes a New Internal Ikhwan Document: 'A Coup' within the Group," *al-Akhbar*, 19 December 2016 (in Arabic), and Mahmoud Ali, "The Option of Resolution and Reconciliation Diminishes: 'A Coup' within the Group," *al-Akhbar*, 20 December 2016 (in Arabic).

11 "Ikhwan Revisions … Will They Pave the Way for a Settlement between the Opposition and the Regime?," *Quds al-Arabi*, 12 January 2017 (in Arabic).

12　El-Sherif, "The Egyptian Muslim Brotherhood's Failures," p. 12.

13　S. Fayez, *Janat al-ikhwan: Rehlat al-khuroug min al-gama'* (Cairo: Al-Tanweer, 2012), p. 16.

14　同上。

15　A. al-'Gouz, *Ikhwani out of the box* (Cairo: Dar Dawen, 2011), pp. 44–45.

16　Ban, *Al-ikhwan al-muslimun*, pp. 38, 51–52.

17　S. Eid, *Al-ikhwan al-muslimoon: Al-hader wal mustaqbal, awraq fil naqd al-zati* (Cairo: Mahroussa, 2014), p. 90.

18　I. Abdel Mon'im, *Hekayatii ma'al-ikhwan* (Cairo: Al-Hayaa Al-Misriyya al-'Ama leil Kitab, 2011), pp. 39, 209–210.

19　同上书，p. 195。

20　Fayez, *Janat al-ikhwan*, p. 18.

21　M. Habib, *Al-ikhwan al-muslimoon bayna so'ud al-riyasaa wa taakul al-shari'ya* (Cairo: Al-Magmou' al-Dawliyya leil Nashr wal-Tawzei, 2013). H. Al-Awadi, "Islamists in Power: The Case of the Muslim Brotherhood in Egypt," *Contemporary Arab Affairs* 6, no. 4 (2013): 544. 按照解密文件的说法，无论是出于实用主义还是政治自利主义，穆斯林兄弟会向军政府许诺，只要最高武装部队委员会（Supreme Council of Armed Forces）不再控制政府，就立即豁免2011年"革命"期间安全部队的罪行。"H: Intel: Muslim Brotherhood on the Move. Sid," Wikileaks, https://wikileaks.org/clinton-emails/emailid/12522 [accessed 23 October 2017].

22　El-Khirbawi, *Qalb al-ikhwan: Mahakem taftesh al-jamaa* (Cairo: Nahdet Masr, 2013), p. 176.

23　M. El-Ghobashy, "The Metamorphosis of the Egyptian Muslim Brothers," *International Journal of Middle Studies 37*, no. 3 (2005): 373–395.

24　2010年，一些年轻的穆斯林兄弟会成员向他们的领导人提出了一项倡议，旨在发起一场广泛的促改革运动，希望在内部和外部与其他意识形态对手开展对话。这个计划名叫"新埃及"，它遭到了主要领导人的否决，因为在他们看来，"埃及政权是压迫的，和它发生矛盾是没有用处的"。

25 D. D. Kirkpatrick and M. El-Sheikh, "Push for Retribution in Egypt Frays Muslim Brotherhood," *New York Times*, 5 August 2015. Available at http://www.nytimes.com/2015/08/06/world/middleeast/younger-muslim-brotherhood-members-inegypt-bridle-at-nonviolent-stance.html?_r=0 [accessed 23 October 2017].

26 2014 年，该组织据说替换了 65% 以上的前领导层成员。艾哈迈德·阿卜杜勒·拉赫曼（Ahmed Abdel Rahman）是领导人之一，他估计有 90% 的新上任者是年轻人。Bella Hudud program, Aljazeera Arabic, 23 April 2015. Available at https://www.youtube.com/watch?v=Yey7EC8cCM8 [accessed 23 October 2017].

索 引

（此部分页码为英文版页码，即本书页边码）

图书在版编目（CIP）数据

信仰与权力：阿拉伯世界的裂变与重生 /（英）法
瓦兹·A.格吉斯（Fawaz A. Gerges）著；苑默文，罗康
译.--北京：社会科学文献出版社，2025.8
书名原文: Making the Arab World: Nasser, Qutb,
and the Clash That Shaped the Middle East
ISBN 978-7-5201-7182-3

Ⅰ.①信…　Ⅱ.①法…②苑…③罗…　Ⅲ.①政治-
研究-埃及　Ⅳ.①D741.1

中国版本图书馆CIP数据核字（2020）第161086号

信仰与权力：阿拉伯世界的裂变与重生

著　　者 / 〔英〕法瓦兹·A.格吉斯（Fawaz A. Gerges）
译　　者 / 苑默文　罗　康

出 版 人 / 冀祥德
组稿编辑 / 段其刚
责任编辑 / 周方茹
责任印制 / 岳　阳

出　　版 / 社会科学文献出版社·教育分社（010）59367151
　　　　　地址：北京市北三环中路甲29号院华龙大厦　邮编：100029
　　　　　网址：www.ssap.com.cn
发　　行 / 社会科学文献出版社（010）59367028
印　　装 / 南京爱德印刷有限公司

规　　格 / 开　本：889mm×1194mm 1/32
　　　　　印　张：16　字　数：399千字
版　　次 / 2025年8月第1版　2025年8月第1次印刷
书　　号 / ISBN 978-7-5201-7182-3
著作权合同
登 记 号 / 图字01-2025-2821号
定　　价 / 129.00元

读者服务电话：4008918866